锦天城法律实务丛书

ALLBRIGHT
LAW OFFICES
锦天城

金融债权保护之道

JINRONG ZHAIQUAN BAOHU ZHIDAO

ANLI POUXI YU SHICAO ZHIYIN

案例剖析与实操指引

贾丽丽 / 著

法律出版社 LAW PRESS · CHINA | 北京

图书在版编目(CIP)数据

金融债权保护之道:案例剖析与实操指引 / 贾丽丽著. -- 北京:法律出版社,2023
(锦天城法律实务丛书)
ISBN 978-7-5197-7474-5

Ⅰ. ①金… Ⅱ. ①贾… Ⅲ. ①债权法-研究-中国 Ⅳ. ①D923.34

中国国家版本馆 CIP 数据核字(2023)第 005093 号

锦天城法律实务丛书	**金融债权保护之道** ——案例剖析与实操指引 **JINRONG ZHAIQUAN BAOHU ZHI DAO** —ANLI POUXI YU SHICAO ZHIYIN	贾丽丽 著	策划编辑 赵明霞 田 浩 责任编辑 赵明霞 田 浩 装帧设计 汪奇峰

出版发行 法律出版社
编辑统筹 法商出版分社
责任校对 杨锦华
责任印制 胡晓雅
经　　销 新华书店

开本 710 毫米×1000 毫米 1/16
印张 35 **字数** 568 千
版本 2023 年 3 月第 1 版
印次 2023 年 3 月第 1 次印刷
印刷 固安华明印业有限公司

地址:北京市丰台区莲花池西里 7 号(100073)
网址:www.lawpress.com.cn
投稿邮箱:info@lawpress.com.cn
举报盗版邮箱:jbwq@lawpress.com.cn

销售电话:010-83938349
客服电话:010-83938350
咨询电话:010-63939796

书号:ISBN 978-7-5197-7474-5
定价:136.00 元

凡购买本社图书,如有印装错误,我社负责退换。电话:010-83938349

序

金融是现代经济的核心，金融安全是国家安全的重要部分。防范金融风险是金融工作的永恒主题，金融债权的安全问题成为影响金融市场稳健的关键因素。有效化解金融风险，依法保护金融债权的首要责任是金融机构，探索金融债权保护之道，在理论与实践中为金融从业人员提供必要的指引，具有特别的现实意义。

金融风险的化解、不良资产的处置以及在破产语境下如何保护金融债权，迫切需要良好的法治环境。《金融稳定法》《银行业监督管理法》《商业银行法》《信托法》《企业破产法》《强制执行法》《银行业不良资产处置条例》《民法典》等的司法解释尚在制定或者修订之中，依法保护金融债权首要任务是完善金融法制。其次是如何将现有的法律法规规范正确实施，“徒法不足以行”，司法机关、监管机构、金融机构如何在强调对“弱者”保护的大环境下，切实依法维护金融机构合法权益，同样需要关注、研究。尤其是在破产领域，金融债权人的权益时常被当作利益博弈的筹码和缓解破产冲击的工具，其自身利益往往会为债务人和社会群体利益让路，破产程序下的金融债权保护存在不足，问题突出。甚至出现利用破产程序逃废金融债务问题。涉及金融债权保护的一些细节问题仍然缺乏统一规制，如金融债权利息、罚息、复利、担保权益以及撤销权等问题仍需细化规范。金融机构债委会、政府部门在金融机构债权保护中的法律地位问题同样需要规范。

本书以金融债权保护为视角，分别从指南和破局两个维度，探讨了合规与破产视角下的金融债权保护问题，比较系统梳理了审查、签订、履行、处置、尽调、催收、收购等阶段债权保护典型案例，提出了具有可操作性的方法和合规建议。解析了破产的概念与趋势，从主动出击、如何共赢、重点突破三个方面阐释金融债权保护问题与解决策略。突出以案释法，侧重实务方略，特别对不良资产处置、困境企业、房地产企业当前业界比较关注的金融债权问题给予了较为详细的分析。

本书作者具有较为丰富的金融债权保护实践经验，也具有较好的理论研究功底，突出了理论性、实用性、指导性。我相信本书一定会成为法律服务工作者、金融从业人员人员乃至金融监管工作者案头工具书，也相信本书对防控金融风险、完善金融法制、推动金融法治和金融业稳健发展会有裨益。

是为序。

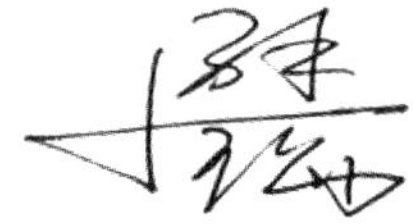 *

2022 年 10 月 20 日

---

* 卜祥瑞，中国银行业协会原首席法律顾问、中国仲裁法学研究会金融仲裁专业委员会主任。

自　序

金融风险防范化解，不良资产高效处置，在破产语境下如何保护金融债权，一直是金融债权人不得不面对的难题。而金融债权的保护、底层资产的盘活又事关金融秩序及国民经济稳定健康发展。

作为一名破产与不良资产领域的执业律师，本书源自三年前的一个简单想法：把平时遇到的在不良资产处置及破产程序中有关金融债权保护的问题、案例、学习成果、经验总结等，与大家分享并交流。从某种意义上讲，也是通过输出的方式对自己的知识体系进行了一次巩固与升华。正所谓温故而知新，积跬步至千里。

本书立足于金融债权人在实践中遇到的常见问题，以实务经验为依托，对于疑难问题进行了剖析并由此阐明观点，最终引入解决路径。如指南篇中通过大量的案例警示，对金融机构业务操作流程进行了类型化的合规总结，对金融债权的催收、执行与收购等实务中的难题进行了总结并介绍了实操建议；破局篇中，对金融债权人在破产程序中遇到的一系列痛点问题进行了分析并给予实务建议，如表决权问题、债转股问题、债权人的追偿权问题、担保物权的行使受限问题及如何拯救困境企业实现共赢，房地产企业破产下的金融债权保护以及如何投资困境企业做“白马骑士”。但，诚然我们相信，实践中不同案件的复杂程度、背后的社会效应等方面均不尽相同，本书旨在总结经验的同时能够抛砖引玉，欢迎对本书所讨论内容感兴趣的广大读者们与我们深入交流，同时对本书中可能存在的瑕疵进行批评指正。

与此同时，感谢本所高级合伙人、管委会主任冯俊武律师，带我进入律师行业，做我执业道路上的领路人，同时感谢冯俊武律师对本书的大力支持及对我们整个团队的不断鼓舞。感谢北京中企华资产评估有限责任公司的高文忠总裁及王进江老师对本书评估内容的指点与把关，感谢上海交通大学韩长印教授对本书的指点与建议，感谢法律出版社对本书的指导与帮助，感谢总所上海锦天城律师事务所对本书的支持与赞助。感谢团队夏蕊、王巍、刘博文、高畅、实习生张美萱及本团队其他成员对本书的积极贡献及付出，感谢家人一如既往对我默默的支持与付出。

贾丽丽

2022 年 12 月 18 日

目·录

金融债权保护概述 背景篇

合规视角下的金融债权保护 指南篇

破产视角下的金融债权保护

破局篇

相关案例

背景篇

金融债权保护概述

近年来，我国市场经济不断发展与完善，随着加大对外开放、优化营商环境等基本政策的出台与推进，金融行业与金融市场不断焕发活力。但同时，债务违约事件频发。实践中，市场上的某些企业试图通过破产或重组的方式逃废债务，扰乱市场秩序，对金融市场的发展造成了消极影响。金融债权安全问题自始至终是决定金融市场稳定的关键一环。为防范金融风险，维护金融安全，需重点关注金融债权保护问题。本篇中，编者将聚焦于金融债权的概念与特点、金融债权保护的重要性与必要性、金融债权保护的困境与路径问题，以宏观视角解读金融债权及其保护问题。

第一章 金融债权概述

一、金融债权的概念

金融债权是债权的一种，在界定金融债权概念之前我们首先要厘清什么是债，什么是债权。从法律层面来看，债是指特定的当事人之间得以请求为特定行为的法律关系①。《民法典》第一百一十八条规定，民事主体依法享有债权，债权是因合同、侵权行为、无因管理、不当得利以及法律的其他规定，权利人请求特定义务人为或者不为一定行为的权利。也就是说，债权是依约定或法律规定，在当事人之间产生的特定权利义务关系，享有权利的一方是债权人，负有偿还义务的一方是债务人。

基于此，金融之债的原始产生即金融机构与贷款人之间的借贷关系而形成的债的法律关系。金融机构是权利主体，对特定主体享有请求权，称为金融债权人；与金融机构形成借贷关系的一方是义务主体，承担特定的还款义务，称为金融债务人。金融债权人对金融债务人享有金融债权。金融债权是站在金融之债关系的债权人角度予以定义的，其关注的焦点在于债权人所拥有的权利。此外，金融债权的原始产生是基于金融机构与债务人之间的合同约定及金融机构给付货币的行为，其区别于企业因经营活动而发生的应收账款、应收票据、应收股利、应收利息、其他应收款、预付账款等经营性债权。概括而言，原始的金融债权是商

---

① 刘家安等：《债法：一般原理与合同》，高等教育出版社2012年版，第4页。

业银行、政策性银行和信用合作社等经营贷款业务的金融机构根据借款合同发放贷款而产生的，以借款方到期给付一定数额金钱为内容的债权①。

金融债权人既可以是信托公司、银行，也可以是继受原债权人地位的债权人如 AMC、AIC②、涉外资产公司、民营资产公司等，还可以是持有开展信用卡、贷款业务牌照的机构如消费金融公司等。小额贷款、网络借贷等准金融机构开展的业务形成的债权同样具有一定的金融属性。依照《商业银行法》，我国商业银行的主要业务便是发放短期、中期和长期贷款，故而最普遍的金融债权便是银行债权。

二、金融债权特征

金融债权的特征有以下几点：

1. 相对性。该特征是金融债权与其他债权具有的共性特征，是指债权人只能向债务人请求给付，而不能向其他人请求给付。

2. 平等性。该特征亦为共性特征，是指同一债务人对应发生数个相同位阶的债权时，债权之间各自平等，债务人应以其全部财产对债务按比例清偿。

3. 主体特殊。金融债权的原始债权人是金融机构，其他债权的债权人既可以是自然人，也可以是非金融机构。金融机构尤其是银行，作为我国市场经济中最主要的资金融通媒介，直接或间接决定了国民经济的命运走向。

4. 数额庞大。金融债权不仅是市场上的主导债权，也是破产程序中申报占比最高的债权。2022 年 1 月 6 日，银保监会新闻发言人张忠宁在第 278 场银行业保险业例行发布会公布，截至 2021 年 11 月末，银行业金融机构不良贷款率为 1. 89% 。2021 年第四季度末，商业银行不良贷款余额 2. 8 亿元，较上季末增加135 亿元。

5. 法律关系明确。金融债权人出于合规管理与风险防控，发放贷款时均会签署书面协议，约定金融债权的权利义务关系。

6. 多为有财产担保的债权。金融债权人出于自身风险控制要求，发放贷款时非常关注增信措施，尽可能选择设立担保，如抵押、保证，尤以物的担保为主要形式。

① 黄纲：《论债权保全制度——以金融债权为例》，湖南大学 2003 年硕士学位论文，第 5 页。
② 资产管理公司，Asset Management Companies；金融资产投资公司，Asset Investment Companies。

第二章 金融债权保护的重要性与必要性

党的十九大报告指出，要坚决打好防范化解重大风险、精准脱贫、污染防治三大攻坚战。中央经济工作会议再次强调，打好防范化解重大风险攻坚战，重点是防控金融风险。做好金融债权保护工作，合理处置不良金融债权，是防控金融风险的应有之义。金融机构能否收回金融债权、能收回多少金融债权，直接决定了金融机构的兑付能力，关系到金融环境的稳定性。因此，加快解决我国不良金融债权问题，加大金融债权保护力度迫在眉睫。

金融债权保护问题影响金融市场稳定，影响金融业发展，若没有及时解决不良金融债权问题会对金融机构、企业产生负面影响，影响金融机构声誉，影响企业的正常经营，进而又直接影响整个国民经济效益的实现。因此，保护金融债权有其重要性。

一、金融债权保护与金融风险的关系

金融是国家重要的核心竞争力，金融安全是国家安全的重要组成部分，金融制度是经济社会发展中重要的基础性制度。20 世纪 80 年代初拉美主权债务危机（Latin American Debt Crisis）爆发后，系统性金融风险引发学界和业界的共同关注。改革开放以来，我国金融风险管理从无到有、不断发展。与此同时，在金融市场全球化程度快速攀升的同时，各类金融风险也在不断积累。如果不认真加以防范和化解金融风险，就有可能引发金融风险，酿成金融危机。一直以来，防控金融风险都是金融领域的热点问题。我国也出台了多项规范性文件旨在强调防范金融风险的重要性。

2021 年 3 月 11 日发布的《国民经济和社会发展第十四个五年规划和 2035 年远景目标纲要》强调要健全金融风险预防、预警、处置、问责制度体系，守住不发生系统性风险的底线。要加强系统重要性金融机构和金融控股公司监管，强化不良资产认定和处置。要完善债务风险识别、评估预警和有效防控机制，严惩逃废债行为。除行政规制外，司法规制也是防控金融风险的重要路径，金融法院的设立即彰显出对金融审判工作的重视与加强。最高人民法院《关于进一步加强金融审判工作的若干意见》强调全国各级人民法院要牢牢坚持党对金融工作的统一领导，紧紧围绕服务实体经济、防控金融风险、深化金融改革三项任务，积极稳妥开展金融审判工作，切实维护国家金融安全，促进经济和金融良性循环、健康发展。

回到金融债权保护问题，目前，金融债权保护的主要工作对象是有效遏制逃废金融债权的行为。所谓逃废金融债权是指金融债务人通过各种手段拖欠、规避金融机构债权的行为。借款人抱着拒绝履行给付行为的目的，通过各种直接逃避、间接规避的手段躲避或者悬空金融债权。金融债务人逃避金融债权的行为，使金融债权人不能收回或者不能全部收回到期债权的本金及利息，从而造成对金融债权的损害。逃废金融债权现象的存在意味着金融债权能否实现具有不确定性，这就会产生金融债权风险，严重的话甚至引发金融风险。

二、金融债权保护对金融体系的影响

（一）金融债权保护对市场秩序的影响

金融市场中，金融秩序是保障金融业健康正常发展的必备条件。在一个有序的市场之中，多元互动的市场主体才能获得充分发挥和扩展其自由的机会，金融业才能进入制度化、可持续的发展轨道，金融市场才能完善①。

对于金融市场秩序而言，逃废金融债权是以非等价的交易对价来纯获利益的行为，其违背了市场交易的正常规则，债务人获利，债权人受损，破坏了金融市场的稳定，对金融体系产生负面影响。因此，需对金融债权进行有力的保护。

---

① 黄卫华、凌秀丽：《论自由、秩序与金融市场完善》，载《金融理论与实践》2005 年第 1 期。

（二）金融债权保护对金融业的影响

金融业具有指标性、垄断性、高风险性、效益依赖性以及高负债经营性的特点，实际上是一个内在极其脆弱的行业，且金融业承载着为实体经济服务的使命，是提升我国经济竞争力的有力支撑，更加需要尽最大可能降低风险。

银行尤其是商业银行，是吸收公众存款、发放贷款、办理结算等业务的企业法人，是金融债权债务关系中最常见的权利主体，信贷业务又是商业银行的重要业务，其承担的市场风险更多，受不良金融债权影响也更大。通过吸收公众存款聚集小额存款，再对外投放大额贷款，这种转换是基于银行自身信誉产生的，而信誉源自国家对银行业的隐性担保以及银行自身的核心资本。银行要进行持续的经营活动，既要取决于储户对银行的信心，又要取决于借款人按时偿还贷款的执行。然而，金融市场信息不对称程度较高，银行等金融机构无法通过实质审查完全避免风险。对于银行来说，这种存贷方面的矛盾弱化了债权的软约束力，从而产生大量的不良资产，逆向选择问题随之加剧，久而久之不仅影响金融机构的发展，而且会造成中小企业融资难问题，造成整个金融业的震动。

银行等金融机构具备的产业特殊性质，使其在金融债权保护上处于劣势地位，在计划经济时代国家对不良资产采取剥离措施使该劣势被遮盖，而在市场经济中，需关注与解决不良资产、金融债权保护问题。

（三）金融债权保护对国民经济的影响

首先，金融债权保护对现代企业制度产生影响。目前，银行作为我国金融体系的主体，其拥有的金融债权也占据着主导地位。对于大批量的逃废债，如果不能有效控制，会导致金融机构资产大量流失，商业银行企业法人地位的合法权益必然受到侵害。同时，企业采取各种手段逃避金融债务的行为也会使建立现代企业制度成为空话。

其次，金融债权保护对社会信用产生影响。信用作为金融债权存在的基础，其要求有借有还，到期还本付息。债权人利益的能否实现就取决于债务人是否履行其应付的义务。这一义务的履行还体现在人们逐渐增强的信用观念，以及人们对债务的自觉履行程度。近年来，在市场交易过程中，企业信用普遍恶化，社会信用也随之产生大量问题。在亏损和逃废债产生之后引发的企业信用危机将会造成更深层次的金融危机。

作为现代经济的核心，金融始终贯穿于社会经济生活运行中的生产、分配、交换和消费全过程，我国要求发展社会主义市场经济，要求必须充分发挥金融的作用，那么首要任务是保障金融安全，积极有效地防范金融风险的发生，其中金融债权风险的防范不可忽视。

目前，银行贷款已经成为我国大部分流动资金的主要来源，如果企业不能够按照规定日期准时归还贷款和利息，那么就会导致银行信贷资产质量下降，危及银行的业务经营，最终造成经济危机和金融动荡。这关系整个国家的经济安全。为了保障国民经济的稳定发展，为了保障社会的安定，我们必须要加强对金融债权的保护，依照法律规定保护金融债权，有效防止国有资产的流失。

金融债权有其内在的风险性。金融债权的法律保护问题针对的是金融债权存在风险，而金融债权风险是金融机构不得不面对的问题，这是由金融机构内在的特点决定的①。若债务人进入破产程序，一方面，金融债权人的债权无法得到有效实现；另一方面，破产企业重整成功也需要金融债权人的支持。金融债权自身存在的风险以及不断上升的风险趋势更凸显保护金融债权的必要性。

三、金融债权风险的危害

显而易见，大量金融债权无法收回将从根本上损害金融机构的利益，甚至可能诱发系统性金融风险。大量金融债权无法收回将导致银行的兑付能力大幅下降，甚至影响银行信用。作为银行竞争力的兑付能力和信用的下降将使银行难以在越发激烈的金融业竞争环境中脱颖而出，倒闭风险大大升高。一家或数家银行的倒闭的“多米诺骨牌效应”可能引发系统性金融风险，导致整个金融系统崩溃，进而使社会的总体产能下降，也容易激发社会不稳定因素。20 世纪发生在美国、俄罗斯和东南亚的金融危机，都在一定程度上说明了这点。防范化解系统性金融风险，要求金融市场的各方主体，包括银行、债务人、服务机构都做好金融债权保护工作。

与此同时，金融债权风险上升趋势明显。大量金融债权无法收回在当今的经济形势下较为普遍。2020 年年初，新冠肺炎疫情肆虐全球。疫情之下，众多产业

---

① 王洁：《金融债权保护法律问题研究》，山西财经大学 2011 年硕士学位论文，第 3 页。

链、供应链断裂，国际循环受阻，无论是大型企业还是中小型企业都面临巨大的经营危机。不幸的是，许多中小型企业现金流断裂，深陷不可挽回的破产深渊。企业一旦进入破产程序，债权的收回概率十分渺茫。破产率的上升大幅提高了金融机构的坏账风险。除此之外，某些企业在经营压力下选择逃废债务，这也为金融债权无法收回埋下了祸根。越来越高的金融债权风险给金融债权保护摆出了新的难题，提出了更高的要求。

现阶段我国法治日渐完善，企业制度不断健全，金融监管秩序趋向稳定。但在实务中，不规范、不合规的借贷和担保操作仍有发生，加上金融债权在民商法体系中并无特别的地位，不具有特殊的性质，不存在法律的特殊保护，这将共同导致金融债权风险上升。诸如未经决议的公司担保、无权代理、后让与担保的不规范实务操作将消减金融债权受司法保护的力度，增加金融债权人的维权难度，导致金融债权风险激增。这要求金融债权人需在金融借贷全过程中规范操作，提升风险意识，加强对金融债权的管理与保护。

四、金融债权通过破产程序实现的周期较长

破产程序包括破产清算、破产重整与破产和解三种类型。债权的认定环节包括四个阶段，即个别债权人申报债权阶段、管理人审核债权阶段、债权人会议核查债权阶段以及法院裁定确认阶段。资产处置、程序转换、财产分配等环节，导致一般破产程序持续时间较长，往往金融债权人虽获得清偿，但要付出巨大的时间成本。如破产重整案件，从法院裁定受理至重整方案的提交通常需要六个月至九个月，重整时间长的可达到一年以上。重整方案通过后，重整计划执行时间一般也会持续几年。此外，金融债权人不仅要持续投入资金和人员进行管理，还要承担长时间遭受不确定因素影响的风险。若不充分保护金融债权，金融债权极大可能在破产程序中无法得到有效实现，这将会影响金融业稳健发展。

五、企业破产重整的成功依赖于金融债权人的支持

企业重整成功离不开金融债权人的支持。只有在金融债权人于重整中做出让步的基础上，债务人采取企业兼并、不良资产处置及持续经营改善等手段实现债务的重组，恢复经营，其经营所得才有可能使金融债权人的损失降到最低。重整

能否真正完成，除了符合重整的经济特征外，还要满足企业的大金融债权人减免对该企业的债权。这是由于大金融债权人所持有的债权数额巨大，其是否减免债务，减免债务数额的多少，都直接影响着重整是否顺利实施。若不充分保护金融债权，金融债权人可能会拒绝向破产重整企业提供支持，企业复兴之路失败，整个金融债权亦受到影响。

第三章 金融债权保护的困境

理论上，金融债权法律关系明晰，且一般存在财产担保，相较于一般债权而言更为安全。但是，基于前述金融债权的实践特征，一旦金融债权无法收回，将对债权人本身以及经济社会造成较大损失。因此，厘清金融债权保护中的困境十分有必要。

第一节 合规视角下的困境

一、受法律限制无法得到充分的保护

当前我国金融债权保护存在立法滞后的问题，针对金融债权保护的金融立法体系尚不健全，主要依据《中国人民银行法》《商业银行法》《证券法》《保险法》等法律及配套实施细则和相关司法解释，涉及具体问题时便依靠部门规章或其他规范性文件。金融债权作为特殊债权，当然可以通过这些规范性文件得到保障，但问题在于现行的法律法规及其他规范性文件关于金融债权保护的规定较为笼统和概括，在如何保护、保护的力度、保护的内容方面缺乏细节性规定，且对

部分问题进行规制的规范性文件的法律效力层级不高，导致对金融债权的保护不够充分。我国尚未出台专门针对金融债权保护的相关法律，立法空白和重复现象并存。申言之，我国当前关于金融债权保护的立法仍不完善，这会导致金融债权人在金融债权受到损害时放弃通过司法途径维护金融债权安全，转而寻求与债务人进行谈判或者寻求地方政府从中斡旋，力图通过合意的方式予以解决，实际上其金融债权处在不确定的状态之中。

二、合同签订前未尽谨慎审查义务

借贷合同签订前即在债权担保方面存在诸多风险。首先，受限于公司担保规则的规制，如债权人未能对公司决议做到一定程度的审查，担保合同将存在无效的可能。其次，如债权人和登记机关未能对担保物上存在的权利进行足够审查，担保物上存在潜在的权利负担也会妨碍金融债权人在将来行使担保权。再次，如抵押权与租赁权的冲突。当租赁权先于抵押权设立时，债权人要求拍卖租赁物，承租人有权要求买受人继续履行租赁合同或对租赁物主张优先购买权，这在一定程度上影响抵押物的拍卖变价。租赁与抵押发生的时间先后顺序直接影响拍卖价款的高低，间接影响了债权人等抵押权人对抵押物拍卖价款的优先受偿权。复次，最高额抵押中，金融债权人可能面临抵押物被查封后的放贷风险，无法就抵押物变价款优先受偿。最后，金融债权人未对质物履行谨慎注意义务，会面临质权瑕疵风险，其债权无法得到清偿。

三、合同签订过程及内容约定的瑕疵

合同签订过程中，金融债权人也面临诸多风险。首先，金融债权人在合同签订中往往存在多种不规范行为。例如，在使用客户盖章的空白合同时，金融债权人工作人员填写合同内容后若未将合同送达合同当事人，合同将存在不成立的风险。其次，实践中常常会发生“假公章”事件，合同相对人的单位公章的真实性也必须予以重视。最后，抵押人可能未按照抵押合同及时办理抵押登记，抵押权并未真正设立或并未获得登记对抗效力，平添抵押权人未来不能受偿的风险。

借贷合同约定不规范和不全面也可能为金融债权的收回埋下隐患。首先，借贷合同一般会采用格式合同条款，格式合同条款的法律效力问题、解释规则问题都可能成为金融债权保护的“绊脚石”。其次，实践中，借贷双方经常对合同中约定不明的复利、罚息事项发生争议，最终使金融债权人无法收回其预期应当收回的债权。再次，实践中存在保证合同保证人约定不明确的情形，例如以保证人配偶身份签字且未明确标注为保证人的，此种情形下难以请求保证人配偶承担责任。复次，实务中常见的签订多份最高额保证合同的做法容易引发责任覆盖，金融债权人的“多重保险”落空。又次，旧贷转新贷中的担保人往往依法无须承担担保责任，金融机构将直接失去债权担保。最后，最高额抵押合同中双方约定的最高额数值可能引发“本金最高额”与“债权最高额”的争议。

四、合同签订后，履行中无法得到保障

金融债权无法收回的风险也会因合同履行而产生。首先，抵押物和质物存在毁损、灭失的风险，在没有购买保险的情况下，担保物权将无从实现。其次，合同履行过程中，金融债权人的工作人员出具的函件在多数情况下将会产生表见代理的效力，对金融债权人直接发生效力，而这些效力往往对金融债权人不利。再次，如果债务人不按照合同约定的用途使用借款，将极有可能导致借款无法收回。复次，实践中，金融债权人不规范地行使抵押权导致抵押权丧失的，也将直接损害债权人自己的利益。最后，债务人的出资人抽逃出资也将是导致金融债权人无法收回金融债权的一颗“地雷”。

五、其他

除上述风险外，金融债权保护中还存在一些并不常见但同样致命的风险，成为金融债权保护的困境。首先，金融债权人虽通常会对债务人企业的债权设定担保，但在破产重整案件中，为保证企业的正常运营，金融债权人的担保债权往往不能正常行使，担保财产处于不被监管的状态中。其次，抵押权的诉讼时效是一个可能会妨碍维权但不少金融债权人经常忽略的问题。最后，在金融借贷纠纷中，债务人的行为可能被认定为破坏国家金融管理秩序，触犯刑法。当案件涉及刑事问题后，债权人的维权路径将变得更加烦琐和复杂，甚至由于案件涉刑，债权人提起的民事诉讼存在被驳回的可能。此外，案件涉刑可能导致借贷合同无效，妨碍债权人主张权利。

第二节

破产视角下的困境

若债务人进入了破产程序，金融债权也将面临诸多困境。即使金融债权为有担保的债权，其受偿顺位也劣后于消费型购房者优先权以及建设工程价款优先权，且在破产重整案件中，为保证企业的正常运营，金融债权人的担保物权往往不能正常行使，金融债权人无法自行申请处置担保物，担保财产处于不被监管的状态中。

若金融债权金额高于担保物价值，金融债权还将面临部分灭失或转为普通债权的风险，普通债权不仅顺位劣后于破产费用、共益债务、职工债权、税款债权，且因普通债权人数量众多、种类庞杂、牵涉较广，导致普通债权最终的实际清偿率并不可观。而在破产重整程序中，为优先满足职工债权、弱势群体债权人等可能引发社会风险的债权人利益，进而顺利推动重整程序，可能需要金融债权人作出相对更大的让步。因债务人进入破产程序而滋生的金融债权人风险主要表现为以下几个方面。

一、进入破产程序后，金融债权利息停止计算

根据《企业破产法》第四十六条第二款“附利息的债权自破产申请受理时起停止计息”的规定，一旦法院受理企业破产，破产受理日之后的债权利息应当停止计算。此外，具有惩罚性的利息，如基于判决文书产生的加倍履行期间的债务利息，在破产程序中往往被认定为劣后债权，待普通债权全部受偿完毕后债务人财产如有剩余再行受偿，而在绝大多数破产案件中，就能否受偿而言，认定为劣后债权与债权不被认定并无二致。

二、担保物权的实现可能受到限制，债权能否实现具有更高风险

《企业破产法》第七十五条第一款规定：“在重整期间，对债务人的特定财产享有的担保权暂停行使。但是，担保物有损坏或者价值明显减少的可能，足以危害担保权人权利的，担保权人可以向人民法院请求恢复行使担保权。”因此，

原则上一旦人民法院裁定受理债务人破产重整，对债务人特定财产享有担保权的债权人即不再能行使担保权。此外，管理人可能通过重整计划调整担保物权人的权益，尤其是在债权人对于担保物权金额相对较小，债权人人数相对较多的情况下，即使该债权人对重整计划草案投反对票，有损其权利的重整计划仍然有可能获得通过，即重整程序内的金融债权人权利，相对于清算程序或非破产程序的情况，权利能否实现具有更大的风险以及不确定性。

三、担保权人需支付管理人报酬

破产中，享有担保权的债权人在经管理人处分担保物、实现担保债权时，应当向管理人给付一定的报酬。最高人民法院在《关于审理企业破产案件确定管理人报酬的规定》第十三条规定了管理人收取担保债权报酬的标准："管理人对担保物的维护、变现、交付等管理工作付出合理劳动的，有权向担保权人收取适当的报酬。管理人与担保权人就上述报酬数额不能协商一致的，人民法院应当参照本规定第二条规定的方法确定，但报酬比例不得超出该条规定限制范围的10%。"由此可见，管理人收取报酬的前提是其对担保物的维护、变现、交付等管理工作付出了合理的劳动，而确定费用金额的方式有两种：一是管理人与担保权人协商确定，二是参照一般管理人费用的计算标准进行确定。综上，相对于非破产程序，破产程序内的担保权人通过担保物受偿的金额可能因为支付管理人报酬而减少。

四、债务人向金融债权人提供的担保或清偿可能因其进入破产程序而被撤销

首先，《企业破产法》第三十一条规定，"人民法院受理破产申请前一年内，涉及债务人财产的下列行为，管理人有权请求人民法院予以撤销：（一）无偿转让财产的；（二）以明显不合理的价格进行交易的；（三）对没有财产担保的债务提供财产担保的；（四）对未到期的债务提前清偿的；（五）放弃债权的"。作为金融机构债权人，需要警惕该条第三项行为：在法院受理破产前一年内，债务人企业对没有财产担保的债务提供财产担保的行为，即实践中追加或增加抵押的情形，管理人有权请求人民法院予以撤销。

其次，根据《企业破产法》第三十一条第四项的规定，实践中债务未到期而

约定加速到期、提前清偿的行为存在被法院撤销的风险。

最后，根据《企业破产法》第三十二条的规定，在债务人具备破产条件的情形下，受理破产申请前6个月内，仍对个别债权人进行清偿的，管理人可请求法院予以撤销。实践中，很多银行将债务人放款及还款账户均设置在本行，在债务人具有破产原因的情形下，金融债权人仍将到期债权扣划至自身账户的，由于违反6个月内个别清偿可撤销的规定，管理人接管债务人企业后会对该行为予以撤销，追回扣划资金。

第四章 金融债权保护的路径

基于前文对于金融债权保护所处困境的描述，金融债权人在实际操作中存在的各类潜在风险因素，导致当前金融债权风险不断提高，从而印证了我国金融债权保护工作的必要性。而金融债权的法律保护不仅仅是对静态的法律体系的完善，更重要的是在推动法律制度完善的基础上，重视执法和司法救济手段的运用，规范金融债权保护的路径。金融债权人可以从贷前审查、合同内容的规范、合同签署的规范以及贷后监管四个方面保护其金融债权，同时还应注意有效利用各种法律制度，推动信贷信用的法制化，加强金融债权保护的执法力度。在破产程序中，金融债权人应充分认识到金融债权在破产程序中的机遇与挑战，正面出击，以期最大限度实现自身利益。

第一节 合规视角下的路径

一、贷前审查

金融债权人应当在贷前对诸多因素进行审查。首先，金融债权人在借贷合同签订前应当对债务人、担保人的主体资格与行为能力作出形式审查，尤其应当对担保人的担保决议作出形式审查，防止合同无效的情形出现。其次，金融债权人应当对债务人、担保人的资信情况、财务状况以及公司治理结构进行实质调查，评估债务人、担保人的还款能力。同时查询债务人、担保人的涉诉情况、涉执行情况，了解债务人、担保人的信用程度。最后，金融债权人应当对担保物的权属和实际状况进行细致调查，以保证将来能够正常行使担保物权。

二、合同内容及合同签署的规范

首先，金融债权人应当减少格式合同条款的使用，若确实需使用格式条款，应附带相应的释明内容。其次，对借贷合同中的法律效力、解释规则进行审查，并且在合同中应写明借款人、保证人的送达地址，明确规定复利、罚息事项等，以确保能够收回其应得债权。再次，在保证合同的签订过程中，应明确保证人的身份，以免出现难以请求保证人担责的情况。最后，金融机构应注意主从合同内容、签订时间、保证人的统一，避免落入担保合同无效的境地。

金融债权人应当注意借贷合同签署的规范，保证内容的准确性、主体的真实性以及签章的准确性。具体而言，金融债权人要杜绝合同空白页签章现象，注意释明义务的履行，通过现场签章从多方面审查合同相对方的主体身份，力求身份无瑕疵，在保证合同签署过程中，要注意各方签章的位置和顺序。

三、贷后监管

金融债权人放贷后仍应注意贷后监管事项。虽然在借款前，金融债权人通常会进行详细的尽职调查以规避风险，但这并不意味着放贷后就无发生风险的可能性。金融债权人在放款后，借款人、抵押人、质押人、抵押物、质押物等多方要素都可能发生变化，从而出现坏账呆账，故而金融债权人需建立动态管理制度，对合同主体、合同标的进行动态监管，进行周期性评级。

四、积极利用现行法律框架下的制度及规则

由于各种隐藏风险的存在，并非所有的金融债权都可以通过变卖担保物、抵押物以及拍卖质押物等方式得到偿还，此时，金融债权人可以充分利用各种法律制度维护自己的权益。例如，依照《民法典》合同编相关规定，行使代位

权、撤销权等权利。如果债务人在还款期限届满时怠于履行债务，同时享有对第三人的到期债权却不积极催收，金融债权人可以通过行使代位权，向第三人提起诉讼。如果债务人在还款期限届满前一定期间内出现恶意处分财产的行为，并因此影响债权人金融债权的实现，债权人可以通过行使撤销权，撤销债务人的上述行为。

五、推动信贷信用的法制化

信用经济是市场经济的基本特征之一。在金融领域，信用危机现象较为突出，影响金融债权的保护。针对此现状，应积极推动我国信贷信用制度的法制化，在法律中对信用制度作出原则性规定，要求金融债权人严格按照信用制度审批贷款，落实信贷信用的审查工作，以期一定程度上缓解贷款企业逃废金融债权行为的发生所引起的金融机构与企业之间的信用危机。

六、加强金融债权保护执行力度

司法救济是金融债权保护的“最后一道防线”，而执行又是保证债权得以实现的关键。但当前，执行难问题一直没能得到有效解决，在金融债权实现过程中，我国仍存在执行力度不足的问题。究其原因，有的系因为案件本身无可供执行的财产；有的虽然有财产，但是因为债权人未取得首封，从而执行法院无法取得处置权；有的是执行法官业务能力不足导致；有的系执行过程中存在执行效率低以及地方保护等问题。要想加强金融债权的执行力度，债权人或法院在现有制度基础上，一是可充分利用“执转破”制度；二是执行法院通过积极与首封法院沟通协调，并向首封法院出具商请移送执行函，待取得执行权后积极处置抵押、质押物。另外，在未来的制度设计上，为加强执行力度，可有效降低诉讼费用和执行费用的收费标准。除此之外，通过加强业务人员的执行培训，提高业务人员基本素质，加强对执行程序和执行行为的监督，严格责任机制，保证有法可依、有法必依，执法必严，尽可能地提高执行效率和执行效果。

第二节
破产视角下的路径

虽然企业破产是金融债权人不愿面对的局面，但随着金融债权人逐渐意识到破产程序制度的优越性，一些金融债权人积极主动地成为破产程序的启动者。金融债权人可以利用破产程序实现债权人利益最大化。现实中大多数破产案件，金融债权人是最大的债权人，在破产程序中具有很大的影响力。当发现债务人存在资不抵债的风险时，或者在诉前保全、与债务人沟通谈判均不能解决债务危机的情况下，及时申请破产是一种有效的办法，防止企业经营状况、财务状况进一步恶化。此时，主动向法院提出破产申请，可以起到更好的效果，避免债务人资产状况进一步恶化，起到及时拯救的作用，有效避免金融债权风险的加剧。在债务人进入破产程序后，无论破产企业是主债务人还是担保人，金融债权人均有权向管理人申报债权。

企业破产程序受到严格的法律规范。基于制度理念、立法目的、立法精神，依据相关法律法规司法解释的规定，金融债权人会面临利息受损、担保物权实现受限、支付管理人报酬及法律行为被撤销等风险，其债权得以清偿受到一定阻碍。但同时，债权人也应看到破产程序中存在的诸多机遇。

一、金融债权人可充分利用破产程序实现自身权利

若债务人已进入破产程序，金融债权人应从以下各方面积极采取行动维护自身合法权益：及时申报债权；行使债权人权利；避免自身债权被撤销；对担保人主张权利；止损或优化债务人的财产等。且在条件合适的情况下，金融债权人应当转守为攻，对进入破产重整程序的债务人主动进行投资，化危机为转机，化腐朽为神奇，在实现金融债权的同时谋求长期利益。

债务人进入破产程序为金融债权人带了风险的同时，也伴随机遇。金融债权人应当充分了解并合理利用破产程序相关规则，破产程序在以下方面更有助于债权人实现权利：

（1）抵押物的“变现”成功率相较执行程序大力提升；

（2）抵押债权优先于税收债权受偿；

（3）劣后查封可获得同等顺位受偿；

（4）破产加速到期制度增加受偿率；

（5）破产撤销权、破产追回权、受到限制的抵销权可能会使债务人财产增加；

（6）有利于降低金融机构的不良率；

（7）刑涉医疗费用清偿顺位会被推后。

以上具体内容，将在本书指南篇第二部分第一章第二节具体阐述。

二、金融债权人可主动拯救困境企业，通过重整实现共赢效果

破产重整是指当困境企业存在再生希望时，引入投资人，通过业务重组和债务调整，使破产企业摆脱财务困境、恢复营业能力。对于很多有拯救价值的企业，现在越来越多的金融债权人不再被动等待债务人企业破产，他们在收到困境企业的风险预警信号后，选择通过积极与债务人沟通，通过引入专业的服务团队，对债务人企业进行诊断把脉，无论是自己作为投资人还是帮困境企业引入投资人，目的均系通过对困境企业的拯救，提升自身的债权清偿比例或者在投资环节，赚取更多利益。

对于具有盈利潜力的困境企业，若金融债权人以投资等方式帮助其脱困，将有助于实现长远的经济利益与社会利益，达到点石成金的效果。

三、在房企破产程序中重点突破，最大化保护金融债权人权益

房地产企业的破产与其他类型企业相比存在特殊性，房地产企业涉及公共安全，具有公共属性，当房地产企业破产时会牵扯多方利益，可能产生清偿顺位冲突问题，房地产企业的破产还涉及多学科交叉。在房企破产程序中，往往存在相较于金融债权人享有的抵押权更加优先的消费型购房者优先权与建设工程价款优先受偿权，导致金融债权人受偿顺位降低。但与该风险相伴的，是金融债权人可投资续建或积极寻找投资人续建进而实现重整并持续盈利；或进行共益债投资并获取短期回报的机遇。对于烂尾楼的处理，本书将主要介绍共益债重整式、股权调整式、出售资产式三种破局方式，金融债权人可根据实际情况选择最有利于自身利益的止损或投资方式。

四、金融债权人可主动寻找向破产重整企业投资的合适机会

近年来，世界经济整体下行，经济运行稳中有变、变中有忧。随着国际环境愈发复杂紧张以及全球疫情扩散，经济恢复势头有所放缓。多重考验下，全国企业面临着资金链断裂、陷入财务危机的难题，不少企业走到破产程序，部分企业最终破产清算，具有挽救价值的企业经过重组、重整恢复经营。破产重整制度有利于通过市场化、法治化途径挽救困境企业，不断完善社会主义市场主体救治机制，因此在当今社会形势背景下，全国范围内的司法系统都积极高效地开展着对于适格企业的破产重整工作，这对于金融企业来说无疑也意味着倍增的投资机遇。本书将在破局篇第五部分重点介绍有关特殊投资的内容并分析投资者如何通过投资困境企业获益。

指南篇

合规视角下的金融债权保护

第一部分

案例警示：司法实践思考

第一章 审查阶段

第一节 保证

保证行为不是法定代表人所能单独决定的事项，必须以公司股东（大）会、董事会等机关作出的决议为授权的基础和来源。金融债权人需要对作出授权的决议尽到全面审查义务，否则，决议内容可能会因违反《公司法》的相关规定，侵害其他股东权益导致保证合同无效。

【相关案例】

亿＊信通公司与华＊公司企业借贷纠纷案（2019）最高法民终451号

【基本事实】

2016年9月20日，亿＊集团作出股东会决议，同意向华＊公司借款2亿元。亿＊信通公司于2016年9月20日作出了同意为亿＊集团就涉案债务提供担保的董事会决议。2016年9月26日，华＊公司（委托人）与＊银行股份有限公司朝阳北路支行（以下简称＊银行朝阳北路支行）（受托人）、亿＊集团（借款人）签订《委托贷款协议》一份，同日，华＊公司与亿＊集团签订《借款合同》，约定双方自愿签订该合同作为《委托贷款协议》的补充。

【争议焦点】

亿＊信通公司对涉案债务应否承担保证责任。

【法院认定】

亿＊信通公司于2016年9月20日作出了同意为亿＊集团就涉案债务提供担保的董事会决议，不符合《公司法》第十六条第二款“公司为公司股东或者实际控制人提供担保的，必须经股东会或者股东大会决议”的规定，且涉案担保并未经过亿＊信通公司作出有效决议。同时，华＊公司未要求亿＊信通公司提交相关股东会决议，反而直接接受了亿＊信通公司提供的不符合《公司法》第十六条第二款规定的董事会决议，未尽到必要的审查义务，主观上具有过错。在亿＊信通公司对涉案担保不予追认的情况下，一审以涉案担保有效判决亿＊信通公司对涉案借款承担连带清偿责任理据不足，本院予以纠正。

【案例警示】

实务中，金融债权人需要对作出授权的决议尽到全面审查义务，否则会侵害其他股东权益导致保证合同无效。因此从全面审查义务角度出发，编者提出以下3点建议：

1. 金融债权人作为债权人为了确保公司提供担保的真实有效性，负有必要的审查义务。

2. 经披露的公司章程、《公司法》、证监会和证券交易所制定的有关上市公司的规范性文件和规则，均是判定公司担保行为是否成立、有效的规范性文件，金融机构在接受担保时，应当结合相关规则，对担保事项进行全面审查。

3. 为避免此类纠纷，债权人应积极主动履行审查义务，并留存证据，在诉讼中争取更有利的形势。

第二节 抵押

一、未全面审查抵押物导致受偿风险

租赁权先于抵押权设立时，租赁物被拍卖的，承租人有权要求买受人继续履

行租赁合同或对租赁物主张优先购买权。该权利虽然不能排除法院对租赁物的强制执行，但可以在一定程度上影响抵押物的拍卖变价，如抵押物为不动产，租赁与抵押发生的时间先后顺序直接影响拍卖价款的高低，间接影响了抵押权人对抵押物拍卖价款的优先受偿权。

【相关案例】

利＊投资公司、利＊担保公司申请监督案（2013）执监字第67号

【基本事实】

2004年11月6日，出租人晟＊公司与承租人利＊担保公司签订《房屋及设备租赁合同》，利＊担保公司于同年12月29日接管诉争房屋。2004年5月19日前，＊银行与晟＊公司共签订了四份借款合同，共计7000万元，分别办理了抵押登记。晟＊公司于2005年11月28日又与＊银行签订抵押担保借款合同，借款7000万元，借款用途为贷新还旧，期限自2005年11月28日至2006年11月23日，并以晟＊公司的房地产（包含诉争房屋部分）作为抵押，办理了抵押登记手续。＊银行因晟＊公司到期未偿还借款，向法院起诉，法院判令晟＊公司向＊银行偿还本金7000万元及利息。晟＊公司未履行义务，＊银行向淄博中院申请强制执行，查封了诉争房屋，委托评估后，后续法院委托拍卖机构对诉争房屋进行拍卖并发布拍卖公告。利＊担保公司认为该拍卖公告未明示其作为承租人的权利，故提出执行异议，请求撤销该拍卖公告，未被支持，后向最高人民法院申诉。

【争议焦点】

租赁权设定在先还是抵押权设定在先的问题。

【法院认定】

第一，关于租赁权和抵押权的设立时间问题。租赁权作为物权化的债权，应以租赁人对租赁物实际占有、使用作为设立的时间，本案中，根据利＊公司提交的证据，可以推定租赁权设立的时间应为2005年4月利＊集团淄博购物广场开业前。根据《担保法》第五十二条的规定“抵押权与其担保的债权同时存在，债权消灭的，抵押权也消灭”。随着原四份贷款合同的主债务履行完毕，相应的抵押权也一并消灭。本案中，＊银行对涉案房屋的抵押权，应当视为自2005年

11 月 28 日起重新成立，晚于利＊担保公司租赁权的设立时间，即租赁在先，抵押在后。

第二，关于利＊担保公司租赁权的保护问题。本案中，利＊担保公司的租赁权先于＊银行抵押权设立，故有权要求买受人继续履行租赁合同，但该权利不应与对租赁物的优先购买权同时行使，否则过分保护了承租人的权益，亦对申请执行人和被执行人的权益造成影响。因此，执行法院应当在拍卖前告知利＊担保公司对优先购买权和继续履行租赁合同的权利择一行使。

综上，利＊担保公司对涉案房产享有的承租权利和相应租赁合同关系应予保护，不受抵押房屋拍卖的影响，但利＊担保公司应当在继续履行租赁合同和优先购买租赁物之间作出选择。

提示：由于《民法典》的颁布，《合同法》和《担保法》已失效，本案例原先适用的《合同法》第二百三十条对应适用《民法典》第七百二十六条之规定“出租人出卖租赁房屋的，应当在出卖之前的合理期限内通知承租人，承租人享有以同等条件优先购买的权利；但是，房屋按份共有人行使优先购买权或者出租人将房屋出卖给近亲属的除外。出租人履行通知义务后，承租人在十五日内未明确表示购买的，视为承租人放弃优先购买权”，以及《民法典》第四百零五条之规定“抵押权设立前，抵押财产已经出租并转移占有的，原租赁关系不受该抵押权的影响”。

【案例警示】

实务中，金融债权人要想高效实现抵押权，抵押物要权属清晰、无权利瑕疵、无他项权利，优先选择变现能力强的资产。此外还需在业务过程中重视时间节点带来的法律后果，增加受偿风险意识，谨慎行事。对此，编者提出如下 5 点建议：

1. 详细核实拟抵押资产是否被租赁，尤其价值较大的资产须到租赁管理部门核实租赁情况。

2. 核实拟抵押资产是否存在他项权利，是否已抵押等。

3. 核实拟抵押资产是否存在优先受偿款，如购房情况、应付未付工程款、土地出让金、储备土地中征地拆迁费等。对在建工程应要求承包人出具放弃优先受偿权的承诺。

4. 对性质为综合用地的土地，客户经理须在规划部门核实该地块片区的整体规划用途，以判定抵押物建成后的受偿风险。

5. 若金融债权人采取贷新还旧的方式，将直接导致抵押权设立的时间发生变更，新贷偿还旧贷之时抵押权即消灭，抵押权应自新贷成立时间重新设立并登记，因此导致租赁权设立时间早于抵押权设立时间，从而影响了金融债权人的受偿，所以建议谨慎采用贷新还旧的方式。

二、最高额抵押中抵押物被查封后的放贷风险

最高人民法院《关于人民法院民事执行中查封、扣押、冻结财产的规定》（以下简称《查封规定》）第二十五条规定，人民法院查封、扣押被执行人设定最高额抵押权的抵押物的，应当通知抵押权人。抵押权人受抵押担保的债权数额自收到人民法院通知时不再增加。最高额抵押中，抵押物被查封后金融债权人仍发放贷款的，那么该抵押物担保的债权应为该抵押物被查封之前的债权，不包括抵押物被查封之后而形成的债权。金融债权人在最高额抵押中应全面履行审查义务，一旦发现抵押物被查封，便应当谨慎考虑后续贷款的发放问题，这样才能避免抵押物被查封后发放的贷款不能就抵押物变价款优先受偿的风险。

【相关案例一】

上＊商行与王＊执行分配方案异议之诉（2018）最高法民终787号

【基本事实】

2010年5月18日，荣＊公司（借款人）与上＊商行（贷款人、抵押权人）、林＊（抵押人）签订一份《最高额抵押借款合同》。合同签订后，上＊商行依据合同约定，从2010年5月18日起向荣＊公司发放多笔贷款，前期发放的9笔贷款已偿还，但最后4笔贷款未得到偿还。福建省高级人民法院根据王＊的申请，于2011年7月15日作出诉讼保全裁定，冻结林＊银行存款5723万元或查封、扣押等值的财产。2013年6月13日，上＊商行作为申请人，以林＊、吴＊为被申请人，荣＊公司作为第三人，在上杭县人民法院提出实现担保物权申请。

【争议焦点】

上＊商行最高额抵押权的债权何时确定。

【法院认定】

《查封规定》第二十七条规定："人民法院查封、扣押被执行人设定最高额抵押权的抵押物的，应当通知抵押权人。抵押权人受抵押担保的债权数额自收到人民法院通知时起不再增加。人民法院虽然没有通知抵押权人，但有证据证明抵押权人知道查封、扣押事实的，受抵押担保的债权数额从其知道该事实时起不再增加。"据此，人民法院在查封、扣押设定有最高额抵押权的抵押物时，应当通知最高额抵押权人，最高额抵押权人自收到人民法院查封通知时起受抵押担保的债权数额确定。因现有证据不能证明上*商行在最高额抵押期限和范围内发放1200万元贷款前知道案涉抵押房产被查封的事实，故其对案涉抵押房产处置所得价款享有优先受偿权。

【相关案例二】

磊*公司与*银行温州分行金融借款合同纠纷案（2014）浙温商终字第1657号

【基本事实】

2011年5月5日，*银行温州分行与磊*公司签订了《房地产最高额抵押合同》，约定以磊*公司的厂房作抵押为*银行温州分行与磊*公司在2011年5月5日至2016年5月5日的期限内签署的一系列主合同提供担保，担保债权最高额为5000万元，办理了抵押登记。2011年7月29日，上述抵押房产被太仓市人民法院查封。*银行温州分行按合同约定在2011年9月27日依约放款，贷款到期后磊*公司未能按时偿还贷款本息。截至2013年8月13日，磊*公司欠借款本金250万元、利息59,939.44元，期内复利6852.72元、逾期利息及其复利。

【争议焦点】

本案的抵押房产是否属于抵押担保范围，*银行温州分行对抵押物是否享有优先受偿权。

【法院认定】

依照《物权法》第二百零六条第四项规定，抵押财产被查封、扣押，抵押权人的债权确定，本案抵押的房产于2011年7月29日被江苏省太仓市人民法院查封，那么该抵押物担保的债权应为该抵押物被查封之前的债权，不包括抵押物被查封之后而形成的债权。《物权法》第二百零六条第四项规定虽与《查封规定》第二十七条第一款规定“人民法院查封、扣押被执行人设定最高额抵押权的抵押物的，应当通知抵押权人。抵押权人受抵押担保的债权数额自收到人民法院通知时起不再增加”就抵押物被查封后抵押债权何时确定存在不同表述，但《物权法》的法律效力高于《查封规定》，且颁布时间晚于《查封规定》，根据物权法定原则，本案应适用《物权法》规定。《商业银行法》第三十五条第一款规定：“商业银行贷款，应当对借款人的借款用途、偿还能力、还款方式等情况进行严格审查。”本案属于流动资金贷款，＊银行温州分行未履行严格审查义务，在磊＊公司有经济纠纷案件，且抵押房产被法院查封的情况下，仍于2011年9月27日向磊＊公司发放250万元贷款，由此产生的法律后果，应由＊银行温州分行自行承担。

提示：由于《民法典》的颁布，《合同法》、《物权法》和《担保法》已失效，本案例原先适用的《物权法》第二百零六条应当适用《民法典》第四百二十三条之规定“有下列情形之一的，抵押权人的债权确定：……（四）抵押权人知道或者应当知道抵押财产被查封、扣押；（五）债务人、抵押人被宣告破产或者解散；（六）法律规定债权确定的其他情形”。

【案例警示】

实务中，金融债权人要想高效实现抵押权，需在业务过程中全面审查抵押物是否还存在查封、扣押等情形，因此为确保高效实现抵押权，编者提出如下3点建议：

1. 金融债权人应当对借款人的借款用途、偿还能力、还款方式等情况进行严格审查。其作为最高额抵押权人，在向借款人发放借款前，应当根据相关规定进行贷前调查，核实抵押物状况，如查询抵押物是否已被查封，一旦发现抵押物被查封，便应当谨慎考虑后续贷款的发放问题，这样才能避免抵押物被查封后发放的贷款不能就抵押物变价款优先受偿的风险。

2. 需核实保证人担保意愿、担保能力或抵（质）押物价值及变现能力。《流动资金贷款管理暂行办法》规定了贷款人应采取现场与非现场相结合的形式履行尽职调查，形成书面报告，并对其内容的真实性、完整性和有效性负责。

3. 在发放贷款后，金融债权人也应当进行贷后管理，定期查询抵押物状态。一般情况下，金融债权人的注意义务要重于一般的商业主体。

第三节

质押

一、应收账款质押（合同关系不存在，应收账款质押登记无效）

根据《民法典》物权编第四百四十条第六项的规定，应收账款属于法定权利质押的范围。由于应收账款本身只是一项合同权利，以应收账款出质的权利质权必须以用作质押登记的基础合同关系真实、合法、有效为前提，如果基础合同关系无效，应收账款质押登记当然无效。

【相关案例】

＊银行武汉分行与武＊资源公司、本＊公司借款合同纠纷案（2016）鄂民终29号

【基本事实】

2014年3月25日，＊银行武汉分行向本＊公司授信1亿元，并通过其对武＊原料分公司2014年3月25日至2016年3月24日发生的全部应收账款债权作为授信中的质押担保。同日，本＊公司和银行分别出具了应收账款质押通知书，而武＊原料分公司也在应收账款质押通知确认书上予以了确认。2014年6月4日，在3762万元应收账款质押的担保下，＊银行武汉分行向本＊公司发放贷款1000万元，但本＊公司无力偿还该笔贷款的利息。同年10月，本＊公司由于拖欠银行利息9万多元被银行要求提前偿还贷款本金及利息。但武＊原料分公司和武＊资源公司却称，两家公司并没有和本＊公司签订过原材料供销合同，也未在应收账款质押通知书、应收账款质押通知确认书及询证函上签字盖章，银行所主张的应收账款根本不存在。

【争议焦点】

应收账款质押效力问题。

【法院认定】

本案中，＊银行武汉分行主张的应收账款质权基础合同为两份《铁精矿供矿合同》，如该项质权主张成立，需以《铁精矿供矿合同》合法有效为前提，且供货一方的合同义务已实际履行。就此待证事项，＊银行武汉分行提交《铁精矿供矿合同》、结算表及应收账款质押通知确认书等证据予以证明。＊银行武汉分行一、二审中均未申请司法鉴定，亦未完成举证义务，故其待证的应收账款欠缺真实性、特定性，由此导致其应收账款质押权主张缺乏事实及法律基础。此外，武＊原料分公司及武＊资源公司与＊银行武汉分行之间未签订保证合同，且＊银行武汉分行未举证证明武＊原料分公司、武＊资源公司确认应收账款单证上印章的真实性以及武＊原料分公司、武＊资源公司对应收账款不实具有过错，因此，＊银行武汉分行在原审及二审中关于武＊资源公司应在所质押应收账款金额范围内对＊银行武汉分行未受清偿的债权本金和利息承担清偿责任的主张缺乏事实依据。原审判决驳回＊银行武汉分行该项请求并无不当。

【案例警示】

实务中，为确保高效实现应收账款质押权，编者提出如下 8 点建议：

1. 应收账款本身只是一项合同权利，因此金融债权人在审查阶段应对质押的应收账款全面履行审查义务，仔细核实确认其用作质押登记的基础合同关系真实、合法、有效，从而减少应收账款质权瑕疵风险。

2. 审查付款人的支付能力信用状况及可能行使的付款抗辩权。

3. 审查出质人是否已经履行基础合同义务，如尚未履行，还需审查出质人的履约能力情况。

4. 向信贷征信机构查询确认出质人的应收账款质押情况，防止出现重复质押。

5. 与出质人签订质押合同，明确双方权利义务及违约责任，严格约束出质人的行为。与出质人、付款人签订三方协议，明确付款人只能通过质权人指定的银行账户付款，加强资金监管。

6. 及时办理应收账款质押登记，并严格按规定时限办理展期登记。

7. 最大限度争取付款人放弃抵销权等付款抗辩权，并在相关协议中明确。

8. 加强贷后检查，及时行使权利。

二、质押风险（未对质物进行谨慎注意义务，导致质权瑕疵风险）

根据《商业银行法》第三十六条、《贷款通则》第十条均规定，贷款人应当对质物的权属、价值以及实现质权的可行性进行严格审查。如果金融债权人在质押过程中未能对质物进行谨慎注意义务，那么将导致质权瑕疵风险，进而会导致金融债权人贷款本息的损失。

【相关案例】

＊银行乌苏支行与＊物流新疆分公司委托合同纠纷申诉案（2016）最高法民申3304号

【基本事实】

2013年9月12日，＊银行乌苏支行与鑫＊公司签订《商品融资合同》，约定由鑫＊公司向＊银行乌苏支行借款8500万元、借款期限为7个月。双方约定了利息计算方式、还款时间和违约责任，并约定鑫＊公司为此提供质押担保、质物交由＊物流新疆分公司进行监管并由其出具保管凭证、质物移交程序在双方及监管人三方签署的《商品融资质押监管协议》中约定等。＊银行乌苏支行于2013年9月17日、10月8日分两次向鑫＊公司发放贷款共计8500万元。＊物流新疆分公司已收取监管费用42.5万元。2014年3月，鑫＊公司主管人员向＊银行乌苏支行相关人员说明用以水代油质押获取贷款的事实。＊银行乌苏支行会同＊物流新疆分公司对涉案油罐燃料油进行检测发现存在作假行为，遂向公安机关报案。

【争议焦点】

＊物流新疆分公司是否应承担民事赔偿责任（质物损失风险谁来承担）。

【法院认定】

《商业银行法》第三十六条、《贷款通则》第十条均规定，贷款人应当对质物的权属、价值以及实现质权的可行性进行严格审查。本案中，＊银行乌苏支行并未对质物进行严格审查。鑫＊公司从2011年开始以燃料油作为质物先后数次向＊银行乌苏支行贷款。2012年，鑫＊公司生产经营亏损，为了获取贷款，该公司联系会计师事务所作出虚假的审计报告，组织财务人员提交虚假财务报表，同时安排工作人员向质押的燃料油罐体注水，通过上述手段，鑫＊公司获得了＊银行乌苏支行的涉案8500万元贷款。＊银行乌苏支行没有聘请有资格的专业机构对质物的真实性进行检验，而给出核查意见为："押品真实存在、足值有效。"对于＊银行乌苏支行的贷款被鑫＊公司骗取具有过错，＊银行乌苏支行要求＊物流新疆分公司赔偿其未能收回的贷款本息损失，缺乏事实和法律依据，二审法院未予支持，并无不当。

【案例警示】

实务中，为了金融债权人高效实现质押权，编者提出如下3点建议：

1. 需在业务过程中全面审查质押物，全面履行对质物谨慎注意义务，必要时需自行委托专业机构进行质物价值鉴定，从而减少质权瑕疵风险。

2. 委托监管机构监管质物时应注意的法律风险：（1）重复质押；（2）以次充好；（3）违规出货；（4）测量失实；（5）价值高估；（6）监管不力。

3. 商品融资业务项下质权法律风险控制：（1）谨慎选择出资财产；（2）防范质物存在权利瑕疵的风险；（3）防范质物被指示交付的风险；（4）防范质物被第三人善意取得的风险；（5）防范质物被留置的风险；（6）强化监管人责任；（7）根据存货周转设立赎货期；（8）积极运用善意取得的抗辩。

第二章 签订阶段

第一节 借款合同

一、格式条款无效

金融债权人一般对合同条款的约定十分严苛，如合同内约定“借款人未按约定按期足额偿还借款时，贷款人有权提前收回借款”。但这类免除一方责任或加重一方责任的法律条款存在被法院认定无效的风险，因此金融债权人在业务办理过程中须注意格式条款问题。

【相关案例】

＊＊银行张掖分行、增＊公司金融借款合同纠纷案（2020）最高法民申2963号

【基本事实】

2016年6月16日，＊＊银行张掖分行与中＊公司签订《流动资金借款合同》，约定借款用途为日常经营周转，还款计划为到期还本。同日，＊＊银行张掖分行与增＊公司、富＊公司签订的《保证合同》。2018年5月30日借款合同到期后，＊＊银行张掖分行在向增＊公司、富＊公司下发的承担担保责任通知书中

明确告知，因中＊公司未按期履行《流动资金借款合同》约定的义务，要求增＊公司、富＊公司按照2016年6月16日签订的《保证合同》承担担保责任。

【争议焦点】

增＊公司、富＊公司应否承担涉案贷款的连带清偿责任。

【法院认定】

《合同法》（已失效）第三十九条第一款规定："采用格式条款订立合同的，提供格式条款的一方应当遵循公平原则确定当事人之间的权利和义务，并采取合理的方式提请对方注意免除或者限制其责任的条款，按照对方的要求，对该条款予以说明。"第四十条规定："格式条款具有本法第五十二条和第五十三条规定情形的，或者提供格式条款一方免除其责任、加重对方责任、排除对方主要权利的，该条款无效。"第四十一条规定："对格式条款的理解发生争议的，应当按照通常理解予以解释。对格式条款有两种以上解释的，应当作出不利于提供格式条款一方的解释。"本案中，涉案《保证合同》系＊＊银行张掖分行提供的预先拟定的合同文本，在订立合同时，除贷款数额、期限、用途等之外，其他格式条款均未与对方协商，其内容具有定型化特点，增＊公司、富＊公司基本上没有选择的余地，在订约时居于相对弱势地位，制定格式条款的＊＊银行张掖分行处于相对优势地位。该合同第五条第一款约定："如果乙方与债务人协议变更主合同条款……甲方同意对变更后的主合同项下债务承担连带保证责任。"该条款增加了保证人风险，＊＊银行张掖分行应尽提示和说明义务，但其在签订涉案《保证合同》时，没有以合理、适当的方式提示增＊公司、富＊公司注意免除、限制其责任的条款，没有将格式条款的基本含义、存在的风险以及风险的大小等予以解释。二审认定增＊公司、富＊公司不应承担涉案贷款的连带清偿责任，并无不当，本院予以维持。

提示：注意重大立法修改。《民法典》对于格式合同的规定限缩了对原合同法格式条款无效的解释，对于合理的免除或者减轻责任的格式条款，提供格式条款的一方具有提示或者说明义务，未履行的致使对方没有注意或者理解与其有重大利害关系的条款的，对方可以主张该条款不成为合同的内容。不能当然认为凡是免除或者减轻责任的条款均为无效条款。

应当适用《民法典》第四百九十六条，格式条款是当事人为了重复使用而预先拟定，并在订立合同时未与对方协商的条款。

采用格式条款订立合同的，提供格式条款的一方应当遵循公平原则确定当事人之间的权利和义务，并采取合理的方式提示对方注意免除或者减轻其责任等与对方有重大利害关系的条款，按照对方的要求，对该条款予以说明。提供格式条款的一方未履行提示或者说明义务，致使对方没有注意或者理解与其有重大利害关系的条款的，对方可以主张该条款不成为合同的内容。

《民法典》第四百九十七条之规定，有下列情形之一的，该格式条款无效：（1）具有本法第一编第六章第三节和本法第五百零六条规定的无效情形；（2）提供格式条款一方不合理地免除或者减轻其责任、加重对方责任、限制对方主要权利；（3）提供格式条款一方排除对方主要权利。

【案例警示】

金融债权人在业务办理、签订合同等过程中，关于格式条款问题，编者提出如下 2 点建议：

1. 遵循公平原则确定当事人之间的权利和义务，避免过于强调金融债权人利益，违反公平原则，造成格式条款无效的风险。

2. 注意履行法定的程序性提示义务，采取合理的方式提请对方注意免除或者限制其责任的条款，并对该条款予以说明。

二、复利、罚息约定不明风险

有关复利、逾期利息的相关争议，金融债权人可以与借款人对逾期罚息是否计收复利作出约定，但格式条款未作出约定的，应作出对条款方不利的解释。

【相关案例】

耀＊经贸公司、＊＊银行重庆高新区支行金融借款合同纠纷案（2016）最高法民终 495 号

【基本事实】

本案中，涉案《借款合同》第 5.3 条约定，乙方须于每一计息日当日付息，甲方可以从乙方存款账户直接扣收。乙方未按时付息，甲方有权按同期贷款利率就未付利息加收复息。因对该格式条款的理解不同，就逾期罚息是否应当计收复利，双方当事人产生了争议。

【争议焦点】

涉案借款产生的逾期罚息是否应当计收复利。

【法院认定】

案涉《借款合同》第5.3条系债权人＊＊银行重庆高新区支行提供的格式条款，应当适用格式条款的解释规则。根据《合同法》（已失效）第四十一条关于“对格式条款有两种以上解释的，应当作出不利于提供格式条款一方的解释”的规定，就《借款合同》第5.3条的理解应当作出对条款提供方＊＊银行重庆高新区支行不利的解释，认定该条约定中的“未付利息”不包括逾期罚息，＊＊银行重庆高新区支行无权就逾期罚息计收复利。耀＊经贸公司关于涉案借款复利的计算基数应仅为合同期内未按期支付的利息的上诉理由成立，本院予以支持。

提示：由于《民法典》的颁布，《担保法》已失效，本案例原先适用的《合同法》被《民法典》废止。

原《合同法》对应条款适用《民法典》第四百九十八条，对格式条款的理解发生争议的，应当按照通常理解予以解释。对格式条款有两种以上解释的，应当作出不利于提供格式条款一方的解释。格式条款和非格式条款不一致的，应当采用非格式条款。

【案例警示】

金融债权人在业务办理、签订合同等过程中，关于复利、逾期利息约定事宜，编者提出如下2点建议：

1. 鉴于法律规定对格式条款不利解释风险，拟定合同时，内容要明确具体，语言规范，避免出现对同一条款的理解产生歧义。

2. 格式条款和非格式条款不一致的，应当采用非格式条款。在订立借款合同时应注意，要保持借款合同在内容上前后一致，避免非格式条款的内容与格式条款矛盾。对借款合同进行修改制定补充条款时，如补充条款内容与格式条款不一致，补充条款效力优先等①。

---

① 和燕：《借款合同中格式条款的采用及风险防范》，载豆丁网2014年8月22日，https://www.docin.com/p-899036054.html。

第二节

担保合同

一、保证人提供保证：保证人主体不明风险

贷款人应注意，保证合同中的保证人主体身份应明确，以保证人配偶身份签字且未明确标注为保证人的，不承担保证人责任。

【相关案例】

张＊＊与吉林＊＊银行及科＊公司、王＊＊金融借款合同纠纷案（2017）吉民终153号

【基本事实】

2011年9月1日，科＊公司与吉林＊＊银行签订两份抵押合同，分别以房屋、土地、机器设备为其借款提供抵押担保。张＊＊与吉林＊＊银行签订一份抵押合同，以其名下一处房屋为科＊公司借款提供抵押担保。上述抵押财产均已办理抵押登记。2011年9月1日，王＊＊与吉林＊＊银行签订《最高额自然人保证合同》。张＊＊在该保证合同中“保证人配偶”处签字确认。

【争议焦点】

张＊＊是不是本案保证人及承担保证责任。

【法院认定】

民事主体作出民事法律行为，应当意思表示清晰明确，以产生明确的法律后果。本案中，《最高额自然人保证合同》在合同开篇的主体身份部分和合同末尾签字盖章部分均列明合同甲方为保证人王＊＊，张＊＊在该保证合同签字的身份为“保证人（甲方）配偶”和“甲方配偶”，均未明确标注为保证人，其虽在合同上签字，但未表明其具有保证人身份或者承担保证责任。另外，张＊＊以其房屋等财产设定担保属于作为抵押人履行抵押合同义务，亦不能通过该事实推定其为保证人。因此，吉林＊＊银行以《最高额自然人保证合同》请求张＊＊承担保

证责任，并无事实及法律依据。

【案例警示】

金融债权人在与保证人签署保证合同时，为避免保证人配偶“脱保”，编者有如下2点建议：

1. 通过以上案例，我们知道了单纯在“保证人配偶”处签字，对配偶不会产生保证效力，那么夫妻一方作为保证人后，该债务是否属于“夫妻共同债务”呢？根据最高人民法院《关于适用〈中华人民共和国婚姻法〉若干问题的解释（二）的补充规定》，保证之债需要用于夫妻共同生活、共同生产、共同经营或者保证之债有保证人配偶的书面同意，才能作为“夫妻共同债务”。所以金融债权人的正确做法系在合同文本中明确配偶系保证人的地位或让配偶书面同意保证人作出的保证行为。

2. 作为金融债权人，适时根据法律调整合同文本。这就要求金融债权人实时关注最新的法律法规、司法解释，使合同文本或相关规范文件适应最新的法律动态，有效规避新的法律规定带来的法律风险，维护金融债权人应有的合法权益。

二、多份最高额保证合同下的责任覆盖风险

实践中，贷款人为保险起见，有时会就相同债务让同一保证人签订多份最高额保证合同，但司法审判中该行为往往存在保证责任被覆盖的风险。

【相关案例一】

＊＊银行临安支行与三＊公司、艾＊公司等金融借款合同纠纷案（2013）浙杭商终字第936号

【基本事实】

2011年8月10日，艾＊公司、来＊公司、易＊公司分别与＊＊银行临安支行签订《最高额保证合同》，对三＊公司于2011年8月10日至2012年8月9日期间向＊银行临安支行的借款，在保证额度内提供连带责任保证。其中艾＊公司保证最高本金限额为800万元，来＊公司保证最高本金限额为2500万元，易＊公司保证最高本金限额为1700万元。同时在该期间内，王＊、董＊提供最高额个人保证（连带责任保证），担保主债务限额均为2500万元。2011年8月11日，

＊＊银行临安支行与三＊公司签订《流动资金借款合同》，借款500万元，合同第九条明确约定“下列合同为本合同的担保合同：艾＊公司、来＊公司、王＊、董＊做担保，担保方式均为保证”。2011年8月17日，＊银行临安支行与三＊公司又签订了借款金额为1000万元的《流动资金借款合同》，第九条明确约定“下列合同为本合同的担保合同：易＊公司、来＊公司、王＊、董＊做担保，担保方式均为保证”。两笔借款到期后，三＊公司均未按约归还。来＊公司、艾＊公司、易＊公司、董＊、王＊也均未按约承担保证责任。

【争议焦点】

艾＊公司、易＊公司保证责任承担问题。

【法院认定】

＊＊银行临安支行分别与艾＊公司、易＊公司签订的《最高额保证合同》系各方当事人真实意思表示，合法有效。这两份合同均明确约定，“本合同项下被保证担保的债权为债权人（＊＊银行临安支行）与债务人（三＊公司）在保证额度有效期内发生的在保证最高本金限额项下的所有债权”，“保证额度有效期自2011年8月10日至2012年8月9日止”。涉案＊银行临安支行与三＊公司的两笔借款分别发生于2011年8月11日和8月17日，故艾＊公司与易＊公司应按合同约定分别对最高本金限额800万元、1700万元项下的债权余额承担保证责任。＊银行临安支行与三＊公司签订的两份《流动资金借款合同》第九条“担保”一栏中，虽未将＊银行临安支行分别与艾＊公司、易＊公司签订的《最高额保证合同》列入其中，但合同中亦未明确艾＊公司、易＊公司无须对此承担保证责任，且艾＊公司、易＊公司并未在借款合同中签字，不存在＊银行临安支行与艾＊公司、易＊公司就三＊公司借款担保形成新的合意的情形，故艾＊公司、易＊公司仍应按《最高额保证合同》承担保证责任。

如果在同一决算期内出现同一保证人为相同债务签订多份最高额保证合同，则应当采用效力吸收、覆盖原则。如果采取金额累加的方式确定最高额保证数额，则失去了最高额保证合同的“最高额”原意和区别于普通保证的最重要特征。因此，债权人对同一保证人为同一笔债务先后签订的两笔最高额保证合同中最高额保证期间重合部分的保证责任只能择一而定，且这种选择一旦作出不得变更。

【相关案例二】

长＊公司与余＊＊、王＊＊等保证合同纠纷案（2015）浙商终字第139号

【基本事实】

2010年1月11日，王＊及余＊＊分别与＊＊银行鹿城支行签订《最高额保证合同》，二人均自愿为＊＊银行鹿城支行与华＊销售公司在2010年1月11日至2013年1月11日签订的主合同项下的一系列债务提供连带责任保证，保证责任的最高限额均为人民币2亿8000元，担保范围为主合同项下全部债务。2012年2月，＊＊银行鹿城支行与华＊销售公司签订两份《流动资金贷款合同》，共向华＊销售公司贷款4000万元。此后，华＊销售公司未依约还本付息。2013年2月，王＊过世，王甲、王乙、王丙、王丁、王戊、王已作为王＊的法定继承人，应在继承王＊财产范围内对本案债务承担连带清偿责任。＊＊银行鹿城支行在起诉后，已将涉案债务转让给长＊公司，该转让事实已登报公告，故长＊公司已合法取得本案的诉讼债权。一审中上述继承人除王戊外均表示放弃继承权。王戊表示保证合同真实性存疑。

【争议焦点】

长＊公司能否依据62＊14号《最高额保证合同》主张余＊＊、王＊＊的涉案担保债权。

【法院认定】

同一债权人与保证人前后签订两份《最高额保证合同》，虽然前后两份《最高额保证合同》项下约定的“债务人”有所差异，但相同的是：（1）本案所涉的“华＊销售公司”均为前后两份《最高额保证合同》约定的债务人；（2）本案所涉债务发生的时间均在前后两份《最高额保证合同》所约定的期间内。在这种情况下，债权人对同一保证人为同一笔债务先后签订的两笔最高额保证合同中最高额保证期间重合部分的保证责任在作出选择以后即确定，且这种选择作出以后未经双方协商同意不得变更。本案中，债权人已经作出了明确选择：（1）本案诉争的编号为62＊69、62＊70号的《最高额保证合同》均形成于2010年1月11日，编号为62＊14号的《最高额保证合同》的落款时间显示为2011年4月8日，编号为62＊85、62＊94号的两份《流动资金贷款合同》分别签订于2012年

2月10日、2月13日。（2）债权人与债务人在主合同即合同编号为62＊85、62＊94号的两份《流动资金贷款合同》第十一条第十二项约定了协议项下债权所对应的担保合同，其中包括62＊14号《最高额保证合同》，但并不包括62＊69、62＊70号两份《最高额保证合同》。（3）＊＊银行鹿城支行在（2013）浙温商初字第20号、第21号、（2013）浙温商外初字第99号［与本案所担保主债务相关的为（2013）浙温商初字第20号］中曾持落款时间为2011年4月8日、合同编号为62＊14号《最高额保证合同》主张余＊＊等本案被上诉人的担保责任。这一事实行为也表明＊＊银行鹿城支行就前后两份《最高额保证合同》作出了相应选择。故长＊公司持编号为62＊69、62＊70号的《最高额保证合同》向余＊＊、王＊继承人主张涉案担保债权，依据不足，不予支持。

【案例警示】

金融债权人在签署最高额保证合同时，编者有如下3点建议：

1. 建议金融债权人在合同中就最高额担保的范围进行明确，最高额担保的范围包括主债权及其利息、罚息、复利、违约金、损害赔偿金、律师费、实现债权或担保物权的费用及破产管理人或清算组报酬等在内的全部债权。

2. 对同一保证人为同一笔债务尽量签署一笔最高额保证合同。

3. 若同一保证人先后为同一笔债务签订了两笔最高额保证合同，建议金融债权人对最高额保证期间重合部分的保证责任审慎做出对自身更有利的选择。

三、新贷偿还旧贷的保证风险

金融债权人的借款合同中经常出现借新还旧的情形，即新贷偿还旧贷。需要注意的是，在新贷偿还旧贷过程中，借款用途未明确告知保证人的，保证人不承担保证责任。

【相关案例】

＊＊银行锦江支行与同人＊＊公司、兰＊科技公司借款担保合同纠纷案（2006）民二终字第211号

【基本事实】

2003年，同人＊＊公司（原称天＊集团）与＊＊银行锦江支行签订了第0134号、第0136号《流动资金借款合同》，共向＊＊银行锦江支行借款3900万元。

合同期限届满后，同人＊＊公司未按约定期限还款。2004 年 4 月 29 日，同人＊＊公司归还＊银行锦江支行借款本金 1000 万元。当天，又签订第 0157 号《流动资金借款合同》约定，＊＊银行锦江支行向同人＊＊公司贷款 1000 万元。同人＊＊公司在收到 1000 万元贷款后，又以 394＊＊＊6 号转账支票归还旧贷 1000 万元。与此同时，兰＊科技公司为同人＊＊公司 3900 万元最高贷款余额内提供连带责任保证。后，同人＊＊公司又与＊＊银行锦江支行签订第 0158 号、第 0159 号《流动资金借款合同》，共向＊银行锦江支行借款 2000 万元。＊＊银行锦江支行将 2000 万元贷款支付给同人＊＊公司。在收到贷款后，同人＊＊公司分别用 394＊＊＊7 号、394＊＊＊8 号转账支票归还旧贷 1000 万元及 900 万元。至此，同人＊＊公司归还了旧贷 3900 万元。

2004 年 12 月 16 日，＊通信公司为同人＊＊公司与＊＊银行锦江支行签订的第 0157、0158、0159 号《流动资金借款合同》中三笔 1000 万元借款提供连带责任保证。

【争议焦点】

涉案担保人＊通信公司对以贷还贷事实是否知道或应当知道，其是否应承担担保责任。

【法院认定】

本案中，在借款合同签订时隔八个月之后，担保人＊通信公司与＊＊银行锦江支行就＊公司的 3000 万元贷款签订担保合同，与担保人是否知道以贷还贷没有必然因果关系。＊公司与担保人＊通信公司存在互保关系属于正常的商业交易行为，亦不足以因此推定保证人明知以贷还贷仍提供担保的事实。上诉人＊＊银行锦江支行关于担保人＊通信公司知道或应当知道以贷还贷没有证据支持，其要求判令担保人承担担保责任的上诉理由不能成立，本院不予支持。

【案例警示】

金融债权人在办理“借新还旧”业务中，应当充分重视其存在的法律风险，对此，编者提出如下 2 点建议：

1. 金融债权人在办理“借新还旧”业务时，应主动向担保人告知其担保借款的实际用途，并取得担保人对“借新还旧”已知情但仍愿意承担担保责任的书面承诺。

2. 金融债权人应审慎开展“借新还旧”业务。根据中国银行业监督管理委员会第54号通知《贷款风险分类指引》，“借新还旧”属于关注类贷款，很明显，“借新还旧”对于金融债权人来说具有较大的商业风险。因此，为了确保债权实现，金融债权人应密切关注企业还款能力。

四、未提示说明保证期间起算日风险

依据《民法典》第四百九十六条之规定，格式条款提供方应采取合理的方式提请对方注意免除或者限制其责任的条款，按照对方的要求，对该条款予以说明。如格式条款提供人未尽提示说明义务，该条款无效。金融债权人以格式条款确认保证期间起算日但未明确提示保证人，保证人提出异议的，对条款方做不利解释。

【相关案例】

＊＊银行虞城支行、东方＊＊公司金融借款合同纠纷案（2017）豫14民终3334号

【基本事实】

东方＊＊公司向＊＊银行虞城支行借款，诚＊担保公司、许某1、许某2分别为其提供担保（最高额保证），朱某、刘某分别出具同意以夫妻共同财产承担其夫与＊＊银行虞城支行签订《最高额保证合同》项下的担保责任同意函，诚＊担保公司向＊＊银行虞城支行提供保证金质押。许某2与原告签订的《最高额保证合同》第六条约定：本合同项下的保证期间为本合同第二条确定的主债权发生期间届满之日起两年。后东方＊＊公司未能全部偿还清本息，＊＊银行虞城支行诉请保证人承担连带保证责任。

【争议焦点】

上诉人请求被上诉人许某2、刘某承担连带责任有无事实和法律依据。

【法院认定】

从《担保法》（已失效）第二十六条“连带责任保证的保证人与债权人未约定保证期间的，债权人有权自主债务履行期届满之日起六个月内要求保证人承担保证责任”规定看，六个月保证期间系法律规制的在保证期间没有约定或者约定

不明情况下保证人可以免除保证责任的权利，该法定权利基于公平原则，有普适性。＊＊银行虞城支行与许某2签订《最高额保证合同》用格式条款的形式予以确定保证期间的行为，虽然不违反法律规定，但确定的两年保证期间自2015年1月6日起算亦明显长于本案主债务履行期间届满之日及之后六个月，属于免除＊＊银行虞城支行相应责任、加重许某2相应负担的行为，＊＊银行虞城支行应当履行提请对方注意的义务。现许某2、刘某对“主债权发生期间届满之日起两年”的理解与＊＊银行虞城支行产生争议。本案＊＊银行虞城支行无证据证明已经就该格式条款提请许某2、刘某注意且业已产生对“主债权发生期间届满之日起两年”理解一致之结果，＊＊银行虞城支行应当承担举证不能的不利后果。

【案例警示】

金融债权人在与保证人签署保证合同中关于保证期间，应注意如下问题：

1. 关于保证期间，因《民法典》下不再区分没有约定或约定不明的保证期间，保证期间一律为6个月。重点关注约定不明的保证期间的变化。

2. 建议金融债权人在与保证人签署保证合同时对保证期间做出明确约定。

3. 金融债权人应以格式条款确认保证期间起算日的应尽提示义务，否则有争议时，会做出对自身不利的解释。

4. 金融债权人应当在保证期间内要求保证人承担保证责任，自债权人第一次要求连带保证人承担保证责任之日起开始计算连带保证人的诉讼时效。

5. 金融债权人向保证人主张权利后要保存好相应证据留存。

五、最高额抵押中最高数值问题

一般最高额抵押合同中会明确最高额数值，意指在最高额数值范围内对抵押物的变价款享有优先受偿性。实践中最高额数值的约定有两种方式：一是“本金最高额说”，即把最高额明确为按照本金累计后的额度，比如，合同中明确约定最高额本金为8亿元，那么总债权额应为8亿万元对应的本金及合同中明确约定的利息、复利、实现债权的其他费用等；二是“债权最高额说”，即把所有债权额累加起来的额度，比如，合同中明确约定最高额为8亿元，那么总体享有担保权的贷款额应为所有的本金、利息、复利及实现债权的其他费用累加后的值。如金融债权人意图是将本金累计的额度确定为最高额的，一定要在合同中明确为本金累加最高额，否则会被认定为包含所有债权额累加后的额度。

（一）本金最高额说

【相关案例】

＊＊银行科技支行与甘肃华＊东方公司、乐＊公司金融借款合同纠纷案（2016）最高法民终595号

【基本事实】

2015年6月20日，乐＊公司形成如下股东会决议："1. 甘肃华＊东方公司向贵行申请办理总金额伍仟万元整的综合授信，期限三年，我公司同意将公司名下＊房产……作为抵押担保。"2015年7月3日，＊＊银行科技支行与乐＊公司签订了《最高额抵押合同》，约定所担保债权之最高本金余额为5000万元整，当债务人不履行债务或发生本合同约定的实现抵押权的情形，＊＊银行科技支行有权在最高债权额度内就该担保财产优先受偿。

【争议焦点】

关于＊＊银行科技支行实现担保物权的范围问题。

【法院认定】

《物权法》（已失效）第一百七十三条规定："担保物权的担保范围包括主债权及其利息、违约金、损害赔偿金、保管担保财产和实现担保物权的费用。当事人另有约定的，按照约定。"本案合同双方在涉案《最高额抵押合同》中有如下约定："……一、本合同所担保债权之最高本金余额为：人民币伍仟万元整……二、在本合同第二条所确定的主债权发生期间届满之日，被确定属于本合同之被担保主债权的，包括但不限于全部主债权之本金所发生的利息（包括法定利息、约定利息、复利、罚息）、违约金、损害赔偿金、实现债权的费用（包括但不限于诉讼费、仲裁费、保全费、差旅费、执行费、评估费、拍卖费、审计费、查询费、公证费、送达费、公告费、律师费等）、债务人应向××支付的其他款项（包括但不限于有关手续费、电讯费、杂费、受益人拒绝承担的有关银行费用等）、因债务人违约而给××造成的损失和其他所有应付费用、其他因被担保债务而产生的一切费用和损失等，也属于被担保债权，其具体金额在其被清偿时确定。"根据上述约定，双方对于抵押财产限额5000万元只针对本金，而利息、违

约金、损害赔偿金、实现债权的费用、债务人应向债权人支付的其他款项均属于被担保债权的约定是具体、明确的，在查明涉案欠款本金数额在5000万元以内的情况下，应就抵押财产折价或者以拍卖、变卖该抵押财产所得的价款优先受偿合同所约定的全部债权。故＊＊银行科技支行该上诉理由成立。

（二）债权最高额说

【相关案例】

明＊酒店公司与海口＊银行金融借款合同纠纷案（2017）最高法民终230号

【基本事实】

2014年10月16日，海口＊银行与明＊酒店公司签订了《固定资产贷款合同》，约定贷款种类为固定资产贷款，贷款金额为人民币15,000万元。同日，双方又签订了《最高额抵押合同》，以明＊酒店公司名下房产及其土地使用权提供最高额抵押担保并办理了最高额抵押登记，最高额贷款余额19,000万元，担保范围包括主合同项下全部借款本金、利息、复利、罚息、违约金、赔偿金、实现抵押权的费用和所有其他应付的费用。

【争议焦点】

一审法院关于海口＊银行在19,000万元限额内享有优先受偿权的认定是否正确问题。

【法院认定】

最高额抵押是指抵押人与抵押权人协议，在最高债权额限度内，以抵押物对一定期间内连续发生的债权作担保。根据《物权法》（已失效）第二百零三条和《担保法》（已失效）第五十九条的规定，最高额抵押权本质在于其所担保的债权为不特定债权，且具有最高限额。最高额抵押所担保债权的范围，可包括主债权及其利息、违约金、损害赔偿金等，但总计不得超过已登记的预定最高限额，超过部分，抵押权人不能行使抵押权。最高人民法院《关于适用〈中华人民共和国担保法〉若干问题的解释》（已失效，以下简称《担保法司法解释》）第八十三条第二款亦明确规定，抵押权人实现最高额抵押权时，如果实际发生的债权余额高于最高限额的，以最高限额为限，超过部分不具有优先受偿的效力。

法院认为，从海口＊银行办理的最高额抵押登记及质押登记看，最高债权限额均为19,000万元。《最高额抵押合同》第4.1条虽约定抵押担保的范围包括主合同项下全部借款本金、利息、复利、罚息、违约金、赔偿金、实现抵押权的费用和所有其他应付的费用，但该担保范围内本金、利息、复利等合计已超过了19,000万元。若依此，将使抵押权所担保的债权突破最高债权限额，事实上成为无限额。这与抵押人签订《最高额抵押合同》的合同预期不符，亦与《物权法》（已失效）、《担保法》（已失效）的立法本意相悖。同时，根据《物权法》（已失效）第二百二十二条、第十六章第二节最高额抵押权的规定，海口＊银行所享有的最高额质权也不应超过最高债权额19,000万元。故海口＊银行在19,000万元限额内享有优先受偿权，但在19,000万元限额外不能行使优先受偿权。

【案例警示】

在最高额担保合同中，为确保自身利益最大化且为避免歧义，建议金融债权人在合同中明确如下几点：

1. “最高额”仅为本金余额的最高额，且其担保范围包括本金以及利息、罚息、复利、违约金、保管费用、实现债权的费用。

2. 金融债权人在实现债权时，本金以“最高额”为限，也就是本金只要在“最高额”限度内，由此产生的利息、迟延利息以及违约金、实现债权的费用等即便超出最高额仍可获得优先受偿。

六、未成年人财产抵押效力问题

实务中，相关利害关系人经常以监护人的行为损害了被监护人的利益为由，主张签订的抵押合同无效，侵害抵押权人的利益。我国现行法律对抵押人的身份并无限制。换言之，未成年人可以作为抵押人，其监护人或法定代理人代其签署抵押合同并不违反法律的禁止性规定。即使监护人代为签署合同的行为损害了被监护人的利益，也应当由监护人承担赔偿责任，并不能因此否定合同的效力。

【相关案例一】

陈某1与＊＊银行常熟支行金融借款合同纠纷案（2017）最高法民申4061号

【基本事实】

再审申请人陈某1因与被申请人＊＊银行常熟支行，一审被告天＊公司、陈某2、龚某、陈＊＊、江苏中＊投资实业有限公司、江苏常＊钢结构工程有限公司金融借款合同纠纷。陈某2、陈某1等人与＊＊银行常熟支行订立的两份最高额抵押合同，涉案抵押合同订立时，陈某1系未成年人，该合同系由其法定代理人陈某2代为签署。

【争议焦点】

涉案最高额抵押合同是否有效。

【法院认定】

陈某1之父陈某2及其母龚某的委托代理人龚＊＊以监护人身份代陈某1订立抵押合同并不违反法律禁止性规定。陈某1虽为涉案房产的所有权人之一，但该房产系陈某1父母出资购买，陈某1亦由其父母抚养。陈某1父母以该房产作为公司融资抵押担保，收益亦属于陈某1父母所有，故不能当然认定该抵押担保行为损害陈某1利益，且陈某1亦未提供证据证实其利益受损的情形。《民法通则》（已失效）第十八条第三款规定，监护人不履行监护职责或者侵害被监护人的合法权益的，应当承担责任。即便监护人陈某2、龚某代陈某1订立抵押合同的行为损害了陈某1的利益，法律也仅规定由监护人来承担相应责任，而非由此否定抵押合同效力并由合同相对人承担责任。此外，陈某1的监护人陈某2、龚某为获取银行贷款，利用未成年人陈某1名下的财产进行抵押，并出具房地产抵押承诺书，承诺房地产抵押贷款的行为也是为了陈某1的利益，保证该房地产作为抵押不损害陈某1的合法利益。在获得贷款之后，陈某1的监护人又以损害未成年人利益为由，主张抵押合同无效，属恶意抗辩，有违诚实信用原则。

【相关案例二】

杨＊1与＊＊银行金融借款合同纠纷案（2016）最高法民申900号

【基本事实】

再审申请人杨＊＊因与被申请人＊＊银行、一审被告大连嘉＊农业发展有限公司、刘爱＊、丁玉＊、丁孝＊、营口＊＊电器有限公司、唐明＊、丁会＊、沈丽＊、杨传＊金融借款合同纠纷，限制行为能力人杨＊＊以其房屋为抵押物签订《最高额抵押合同》。

【争议焦点】

杨＊1与＊＊银行之间签订的《最高额抵押合同》是否有效，杨＊＊是否应当承担担保责任。

【法院认定】

我国现行法律对抵押人的身份并无限制，尽管杨＊＊签订《最高额抵押合同》时系限制民事行为能力人，但其签字行为并不违反法律的禁止性规定。首先，《民法通则》（已失效）第十二条规定：“十周岁以上的未成年人是限制民事行为能力人，可以进行与他的年龄、智力相适应的民事活动；其他民事活动由他的法定代理人代理，或者征得他的法定代理人的同意。”《合同法》（已失效）第四十七条亦规定，限制民事行为能力人订立的合同，经法定代理人追认后该合同有效。根据上述规定，限制民事行为能力人完全可以通过其法定代理人代理或者征得其法定代理人同意而进行民事活动。本案中，涉案《最高额抵押合同》落款处有杨＊1、沈＊＊、杨＊2三人共同签名确认，该事实足以证明沈＊＊、杨＊2、杨＊1对涉案房产提供抵押担保事宜已经全面了解而且同意。因此，二审法院认定，涉案《最高额抵押合同》的订立不仅取得了全体房屋共有人同意，而且也得到了限制行为能力人的法定代理人的认可，具有相应的事实依据。其次，经本院再审审查查明，在签订涉案《最高额抵押合同》之前，杨＊1、沈＊＊、杨＊2于2014年9月16日向＊＊银行出具同意抵押证明，三人分别在该份证明落款处签字按印，进一步证明三人对房产抵押的事实完全知悉并同意。

【案例警示】

金融债权人在对未成年房产办理抵押担保业务时，要充分保障相关抵押合同的效力。为避免争议，编者提供如下2点建议：

1. 抵押合同由未成年人本人及其法定监护人签署。

2. 建议取得其监护人作为法定代理人就上述抵押未损害未成年人利益的相关声明或承诺文件。

七、混合担保问题

（一）物保、人保同时存在，应按照《民法典》规定执行

根据《民法典》第三百九十二条规定，被担保的债权既有物的担保又有人的担保的，债务人不履行到期债务或者发生当事人约定的实现担保物权的情形，债权人应当按照约定实现债权；没有约定或者约定不明确，债务人自己提供物的担

保的，债权人应当先就该物的担保实现债权；第三人提供物的担保的，债权人可以就物的担保实现债权，也可以请求保证人承担保证责任。提供担保的第三人承担担保责任后，有权向债务人追偿。

主债权既有担保物做担保，又有第三人做保证，金融债权人应按照《民法典》规定主张权利。在有实现担保物权的明确约定下，忽略担保物权主张要求保证人承担保证责任，将不被法律支持，因此产生的风险由金融债权人自担。

【相关案例】

＊＊支行与＊支行及索＊公司、儒＊公司保证合同纠纷案（2016）最高法民终40号

【基本事实】

2011年6月28日，＊＊支行与天＊公司签订了《流动资金借款合同》，约定＊＊支行向天＊公司提供借款17670.7万元人民币。借款合同签订当日，＊＊支行与索＊公司、儒＊公司签订了三份《保证合同》，约定索＊公司、儒＊公司对上述借款提供连带共同保证，其中第6.14条约定当债务人未履行债务时，无论债权人对主合同项下的债权是否拥有其他担保，债权人均有权直接要求保证人承担保证责任。

同日，＊＊支行又与天＊公司签订了《最高额抵押合同》，抵押担保的主债权为天＊公司与＊＊支行自2011年6月28日起至2019年6月26日止期间签订的多个业务合同所形成的债权，其中第11.7条约定："当债务人未履行债务时，无论抵押权人对所担保的主合同项下的债权是否拥有其他担保，抵押权人均有权直接要求抵押人在其担保范围内承担担保责任。"

【争议焦点】

有关实现担保物权的约定是否明确以及应否免除保证人责任。

【法院认定】

根据对《物权法》（已失效）第一百七十六条规定理解，结合对本案《保证合同》以及两份《最高额抵押合同》相关条款的审查，在本案被担保债权既有物的担保又有人的担保，且物的担保既有债务人提供的、也有第三人丁＊公司提供时，＊＊支行无疑应当先依照两份《最高额抵押合同》的明确约定，先行向债

务人天＊公司以及第三人丁＊公司主张实现其债权，而不应当依照本案《保证合同》的约定实现其债权。这是因为，本案《保证合同》的前述约定，仅仅是关于实现保证债权而非实现担保物权的约定，且没有明确涉及实现担保物权的内容。但两份《最高额抵押合同》第11.7条是关于抵押权人直接要求抵押人在其物保范围内承担物保责任的约定，无疑属于就实现担保物权所作的明确约定。在此情形下，按照《物权法》（已失效）第一百七十六条之规定，当发生当事人约定的实现担保物权的情形时，债权人即应当按照该约定实现债权，即本案＊＊支行不仅应当先就债务人天＊公司的物保实现其债权，而且也应当先就第三人丁＊公司的物保实现其债权。＊＊支行能够理解本案《保证合同》第6.14条的约定明确，却偏偏置本案两份《最高额抵押合同》第11.7条的明确约定于不顾，这与其作为专业银行应当正确理解《物权法》（已失效）精神以及应当全面审查《保证合同》与《最高额抵押合同》的基本要求均相违背，对由此片面理解法律精神以及片面审查合同条款所可能引发的行为后果，＊支行应自行承担。故索＊公司、儒＊公司关于＊＊支行应先向债务人天＊公司以及第三人丁＊公司实现债权的主张，因两份《最高额抵押合同》已就此作出明确约定，应予支持。

（二）合同未明确释明，不能排除保证人以抵押物变价款不能清偿债务的情况下才承担保证责任的可能

债务人提供预售房产做物保，保证人签订保证合同。虽保证合同有约定，但在没有特别释明的情形下，并不能够排除保证人在签订保证合同时，存在以处置债务人抵押物获得的房款不能偿还贷款时，保证人才承担保证责任的理解的可能。基于此，保证合同的约定不能得出双方当事人已就担保物权的实现顺序与方式作出约定。保证人在债务人抵押物销售款不得以清偿债务时才承担保证责任。

【相关案例】

＊＊银行大庆分行与施某等保证合同纠纷案（2018）最高法民终966号

【基本事实】

2013年6月19日，＊＊银行大庆分行与益＊公司、施某等保证人分别签订了案涉《固定资产贷款合同》、《抵押合同》和《自然人保证合同》。《固定资产贷款合同》约定，为了建设“大庆益＊商务中心·御湖湾”一期项目需要，＊银行大庆分行向益＊公司发放2亿元贷款。该合同附件1《项目及借款基本情

况》载明合同项下借款的还款源于项目销售收入。附件3《人民币借款项目资金封闭管理协议》约定，益＊公司开发项目的土地、在建工程或竣工房屋作为贷款的担保抵押给＊＊银行大庆分行。同日签订的《抵押合同》抵押财产即为约定的“大庆益＊商务中心·御湖湾”土地使用权及上述A区在建房屋工程。

【争议焦点】

施某等保证人是否应对益＊公司欠付＊银行大庆分行涉案借款本息承担连带保证责任。

【法院认定】

上述事实表明，在签订案涉贷款合同、保证合同时益＊公司提供的抵押物，不仅作为益＊公司到期不能偿还贷款的担保，其售房款亦为偿还贷款的资金来源，且应偿还的贷款数额与抵押房产的销售情况存在直接关联关系。保证人系在明知债务人以在建房产作抵押，且贷款合同中对贷款的使用及还款来源、还款计划、资金监管等作出的安排体现的抵押物与贷款偿还之间存在特殊关联关系的情形下签订保证合同，在没有特别约定或释明的情形下，并不能够排除各保证人在签订保证合同时存在以处置案涉抵押的房产售房款不能偿还贷款时其方才需要承担保证责任的理解的可能。故在银行签约时没有向保证人释明的情形下，并不足以认定保证人在签订保证合同时对该争议条款的理解与银行诉讼中主张的意思表示一致，不能得出双方当事人已就担保物权的实现顺序与方式等作出了明确约定。

【案例警示】

金融债权人在办理混合担保业务时，需要注意如下2点：

1.《民法典》和第九次《全国法院民商事审判工作会议纪要》（以下简称《九民会议纪要》）均规定混合担保中担保人之间不能相互追偿，但“担保人在担保合同中约定可以相互追偿的除外”。建议金融债权人注意该变化：对于原先《担保法》第十二条关于共同保证人相互之间可以追偿的规定，《民法典》第七百条已予以删除。

2. 如果当事人间对实现担保方式有约定的，一律按照当事人的约定。因此建议金融债权人在合同中明确被担保的债权既有物的担保又有人的担保的，当事人约定在任何情形下担保人都应当承担担保责任，要求担保人放弃先处置债务人抵押（质）物后再追究保证责任的顺位抗辩权。

第三节

签署与登记

一、空白合同由客户盖章，存在合同不成立风险

实践中，合同由金融债权人业务人员在客户盖章后填写，填写后未送达合同相对人，合同相对人有权主张合同双方未达成合意，合同不成立。

【相关案例】

＊＊银行无锡分行与方＊公司、红＊公司、汇＊公司等信用证纠纷案（2011）民申字第1238号

【基本事实】

红＊公司及其关联企业汇＊公司等自2005年年底及2006年年初开始与＊＊银行无锡分行发生业务往来，多次向＊＊银行无锡分行借款，并均由方＊公司予以担保，后续红＊公司破产无法偿还＊＊银行无锡分行的借款，＊银行无锡分行要求方＊公司承担红＊公司第五次借款的保证责任，但方＊公司认为第五次借款的保证合同存在问题，未达成双方合意。双方发生纠纷，一审＊＊银行无锡分行申请再审。

【争议焦点】

方＊公司是否应依据＊＊银行无锡分行与方＊公司于2008年4月15日签订的《最高额保证合同》承担红＊公司欠款及利息的连带责任。

【法院认定】

从本案有关事实看，落款时间为2008年4月15日的《最高额保证合同》是＊＊银行无锡分行制作的格式合同，虽然在合同尾部所盖方＊公司的公章和金＊的私章是真实的，但该印章的形成时间早于合同中合同编号、被担保的主债务人的名称、主债权的种类、最高债权额、被担保的主债权的发生期间等合同主要内容的填写时间，合同主要内容均系＊＊银行无锡分行的工作人员事后在空白的格式合同上填写，且＊＊银行无锡分行的经办人承认填写相关内容后的合同文本并

未交给方＊公司。《最高额保证合同》尾部“金＊”的签名亦系他人冒签。在方＊公司否认其为本案所涉债务出具《最高额保证合同》情况下，＊＊银行无锡分行没有举出充分的证据证明方＊公司提供了最高额保证。《最高额保证合同》必备条款未经方＊公司与＊＊银行无锡分行协商一致达成合意，不符合合同成立的条件。

【案例警示】

在金融债权人业务办理、签订合同等过程中，关于规范合同签订事宜，编者提出如下3点建议：

1. 当合同文本不是格式文本时，尽量不要在合同文本中留空白内容。对于必须要含有空白内容的格式合同文本，则需要在合同文本拟定时注意提示就手写内容效力生效，或者优先性的专门条款。为了谨慎起见，对于手写内容，可以要求双方在手写处签章以示认可。

2. 订立合同时需注意当场填写好合同内容并盖章；若采用非现场签约，须双方前期沟通好合同内容，若存在客户签章后的空白合同，金融债权人填写后及时送达合同相对人，否则合同相对人有权主张合同双方未达成合意，仅视为要约，合同不成立，这将造成不必要的损失。

3. 另外，建议原则上不要向相对方交送自己一方已加盖印章但含有空白内容的合同文本。

二、用印过程中未尽到谨慎注意义务，担保人不承担保证责任

金融债权人在合同盖章过程中未对公章的真实性尽到谨慎的注意义务，在存在问题的情况下（如公章不在合同相对人处、公章名称存在问题等）未对公章的真实性进行调查，存在保证合同无效、保证人不承担保证责任的风险。

【相关案例】

＊＊银行浦东分行与＊基＊公司等借款合同纠纷案（2001）民二终字第155号

【基本事实】

1996年8月19日＊＊银行浦东分行与上海＊益公司签订外汇借款合同。当日，＊＊银行浦东分行依约将450万美元划入上海＊益公司账户。嗣后，上海＊益公司除向＊＊银行浦东分行支付自借款日至1996年12月23日止的利息和于

1998 年 1 月 25 日，又支付利息 12 万美元外，余款拖欠至今。＊基＊公司为本案系争贷款向＊＊银行浦东分行出具《不可撤销担保书》，载明担保金额为 450 万美元以及贷款项下所发生的利息和相关费用，该担保书上有薛＊的签章并加盖公章。担保书上所盖的＊基＊公司公章与＊基＊公司预留在国家工商部门备案的公章印文样式不相一致。上海＊益公司系＊基＊公司与案外人＊益集团共同投资设立。在办理上海＊益公司设立登记手续时，＊基＊公司在递交的有关设立登记材料上多处使用了本案系争担保章。另外，＊基＊公司在 A 银行的两笔打包贷款业务中亦使用了本案系争担保章。

【争议焦点】

《不可撤销担保书》是否成立。

【法院认定】

＊基＊公司是否应当依据该《不可撤销担保书》承担担保责任，需要根据本案的相关事实综合判定。如果加盖变造印章的行为是＊基＊公司本人所为，则该印章虽为变造，但仍能代表＊基＊公司的意思表示，＊基＊公司应当承担担保责任。但是，在原审庭审过程中变造印章系由＊基＊公司加盖的事实不能得到印证。

＊＊银行浦东分行主张其相信变造印章可以代表＊基＊公司的理由一是盖章的过程，二是该变造印章的多次使用。如上所述，＊＊银行浦东分行不能证明《不可撤销担保书》上所盖印章系＊基＊公司加盖的变造印章，而变造印章的多次使用本身并不产生当然代表＊基＊公司意思表示的效果，况且，＊＊银行浦东分行在接受《不可撤销担保书》时，并不知道该印章曾多次被使用，该行是在争议发生后，才收集到有关证据。可见，＊＊银行浦东分行在接受《不可撤销担保书》时，并未将该印章的多次使用作为其相信该印章可以代表＊基＊公司意思表示的理由。＊＊银行浦东分行作为专业性的金融机构，在从事金融业务时，本应尽到谨慎的注意义务，但其经办人员疏于履行职责，接受加盖变造印章的担保，对此，＊基＊公司无过错，不应承担《不可撤销担保书》项下的义务。

【案例警示】

在金融债权人业务办理、签订合同等过程中，关于印鉴问题，编者提出如下 3 点建议：

1. 金融债权人在合同盖章过程中须对公章的真实性尽到谨慎的注意义务，

如遇到公章不在合同相对人处或公章名称存在问题等情况，需对公章的真实性进行调查，避免因加盖变造或伪造的印章而造成相关损失。

2. 金融债权人可在内部风控层面制定完备的印鉴鉴别操作规程，并向工作人员明示其重要性及进行相关培训。

3. 金融债权人可在保险公司购买相关保险，为机构及员工办理业务过程中出现的此类风险提供保险补偿。

三、未办理股权质押，金融债权人无法就股权价值享有优先受偿权

根据《民法典》第四百四十三条之规定，以基金份额、股权出质的，质权自办理出质登记时设立。基金份额、股权出质后，不得转让，但是出质人与质权人协商同意的除外。出质人转让基金份额、股权所得的价款，应当向质权人提前清偿债务或者提存。质权自办理出质登记时设立。故股权的设立以登记为生效要件，金融机构应及时办理股权质押，否则被认定为股权质押未生效，难以就股权价值主张优先受偿。

【相关案例】

商＊公司与刘＊＊、中鼎＊公司买卖合同纠纷案（2019）最高法民再202号

【基本事实】

2012年8月22日，商＊公司、中鼎＊公司与固＊公司签订《业务合作协议》，主要约定固＊公司特别授权商＊公司按其销售计划定向采购。同日，商＊公司作为出卖人与固＊公司作为买受人签订《产品买卖合同》，同时，商＊公司作为需求方又与固＊公司指定的中鼎＊公司作为供货方签订《产品购销合同》。2013年8月20日，中鼎＊公司向商＊公司发出确认函，确认实欠商＊公司1040万元。2014年6月5日至7月28日，中鼎＊公司陆续支付商＊公司1,203,019.50元，尚欠9,196,980.50元。2016年1月27日，刘＊＊向商＊公司出具担保函，承诺为中鼎＊公司在履行《业务合作协议》《产品购销合同》等合同过程中欠付商＊公司9,196,980.50元的债务及自2014年2月起至今的利息（利息率11%）承担担保责任，担保范围包括但不限于商＊公司的欠款本息及商＊公司实现债权产生的费用。

【争议焦点】

刘＊出具的担保函的法律性质；刘＊是否应承担民事责任以及承担责任的性质；刘＊承担民事责任的金额。

【法院认定】

第一，根据《合同法》（已失效）第一百二十五条第一款规定，对于当事人之间有争议合同条款的解释，应依次采取文义解释、整体解释、目的解释、习惯解释以及诚实信用原则解释等方法来确定该条款的真实含义。根据刘＊出具的担保函内容，从文义解释出发，刘＊以股权作为担保实现的基础，担保责任实现范围为股权价值，刘＊并未设立其他的担保方式，该担保方式符合股权质押担保的特点。因此，刘＊在担保函中以涉案股权为中鼎＊公司欠商＊公司债务提供担保，其真实意思表示系将涉案股权质押给商＊公司。从目的解释或者诚实信用原则解释看，亦不能认定刘＊出具担保函含有保证担保的意思表示。综上所述，刘＊所出具的担保函应认定为系以其在担保函中声明的股权价值为限向债权人商＊公司提供股权质押担保，而非保证担保。

第二，涉案质权虽然因未办理质押登记而未设立，但双方之间的质权设立合同是双方的真实意思表示，并不违反法律法规的强制性规定，应属有效，刘＊与商＊公司之间成立股权质押合同关系。质押合同成立后，双方均应按合同约定履行自己的义务。刘＊向商＊公司出具担保函后，应按照法律规定向工商行政管理部门申请办理出质设立登记，其未申请设立登记，导致商＊公司最终无法就涉案股权的交换价值享有优先受偿权，对商＊公司构成了违约，应承担相应的违约责任。商＊公司主张刘＊出具的担保函是提供连带责任保证担保，并据此要求刘＊承担连带保证责任缺乏事实和法律依据，本院不予支持。

第三，依据《合同法》（已失效）第一百零七条关于“当事人一方不履行合同义务或者履行合同义务不符合约定的，应当承担继续履行、采取补救措施或者赔偿损失等违约责任”的规定，刘＊应向商＊公司承担违约损害赔偿责任。刘＊虽然没有办理股权质押登记，但是商＊公司也未举示证据证明其有催告刘＊办理股权质押登记或其他积极主张自身权利的行为，其对于案涉股权质押未办理登记也存在过错。综合各方的违约情况和过错程度，本院酌定刘＊就其违约行为承担其在担保函中声明的担保物价值（1000万元）50%的民事责任。

【案例警示】

在金融债权人业务办理、签订合同等过程中，关于质押合同，编者提出如下3点建议：

1. 金融债权人在签订了质押合同后，双方均应按合同约定履行自己的义务。出质人应按照法律规定向主管部门申请办理出质设立登记，未申请设立登记，将会导致质权人最终无法就涉案股权的交换价值享有优先受偿权。

2. 质押合同是从合同，其效力附属于主合同。因此，主合同中主债权的具体内容直接关系到质押合同所担保的范围，乃至质押权实现的可操作性。质押合同必须明确其所担保的债权，如债权人和债务人（质押权人和出质人）、被担保的主债权种类、被担保的主债权数额、债务人履行债务的期限等，避免日后纠纷。

3. 建议合同中不要约定当债务履行期届满债权人未获清偿时，质物的所有权即转归债权人所有，此类表述因系流质条款而无效。

四、提供抵押担保：抵押登记事项与抵押合同约定不一致，以登记为准

依据相关法律规定，当抵押物登记记载的内容与抵押合同约定的内容不一致时，应以登记记载的内容为准。如合同约定借款金额为5亿元，但实际抵押登记记载债权金额为4亿元，依照法律规定，应认定享有抵押权的借款金额为4亿元。此时金融债权人的合同债权不能就抵押物变价款全部优先受偿，而仅能就4亿元借款优先受偿。

【相关案例一】

＊＊银行鞍山分行与科＊消防公司金融借款合同纠纷案（2018）最高法民终352号

【基本事实】

＊＊银行鞍山分行与科＊消防公司于2014年签订多份借款合同，科＊消防公司向＊＊银行鞍山分行借款9500万元，该笔借款于2015年通过借新还旧方式予以重组，原借款本金通过重组已还清，但原借款本金产生的利息并未偿还，重组后科＊消防公司9500万元借款再次整体发生逾期，＊＊银行鞍山分行一审起诉要求科＊消防公司除应偿还重组后9500万元本金及其罚息、复利外，同时也要求其偿还重组前未偿还的利息。＊＊银行鞍山分行与科＊房地产公司于2015

年7月31日签订《最高额抵押合同》，为科＊消防公司在2015年10月27日至2016年10月27日所发生一系列债务提供最高额抵押担保。担保的最高额限度为债权本金人民币4500万元及其相应的利息等债权和费用之和，科＊房地产公司提供56套房产所有权和一块土地使用权作为提供担保的财产。一审法院在判决中认定了＊＊银行鞍山分行对房产和土地享有抵押权，但只认定了房产担保的债权额而忽视了土地担保的债权额，导致＊＊银行鞍山分行4500万元债权的抵押担保无法全部得到实现。

【争议焦点】

＊＊银行鞍山分行应否对科＊房地产公司就涉案抵押物享有优先受偿权的问题（抵押登记与合同不一致，金额的认定问题）。

【法院认定】

最高额抵押合同是科＊房地产公司为保证履行科＊消防公司与＊＊银行鞍山分行在一定期限内连续发生的多债务而签订的合同。《最高额抵押合同》在2.3约定科＊消防公司债权最高额限度为债权本金人民币4500万元及相应的利息等债权和费用，在第十三条中又约定“我公司（科＊房地产公司）已知晓本次为科＊消防公司担保的9500万元……”因该处的9500万元未明确是《最高额抵押合同》中的最高债权限额，故应认定《最高额抵押合同》约定的最高债权额为本金4500万元及其利息和相关费用。但是，在房屋他项权证上均载明他项权种类为最高额抵押权，债权数额明确登记为38,906,652元。依据《担保法司法解释》（已失效）第六十一条“抵押物登记记载的内容与抵押合同约定的内容不一致的，以登记记载的内容为准”的规定，本案的最高额抵押所担保的最高债权额应认定为38,906,652元。

思考：如果抵押合同中约定的担保范围包括利息、复利、罚息等项目，但抵押登记记载事项中仅登记为借款本金，那么抵押权效力是否及于利息、复利、罚息等合同约定的除本金外的其他事项?

依据最高人民法院的相关判例，在满足如下条件的情况下，可以认定其效力及于利息、复利、罚息等合同约定的担保范围其他事项：

1. 非因登记人自身原因导致的无法登记其他的事项。

2. 不损害善意第三人的合法利益。

【相关案例二】

华＊重庆分公司与晋＊地产公司金融借款合同纠纷案（2018）最高法民终950号

【基本事实】

中国华＊资产管理股份有限公司重庆市分公司、重庆晋＊地产（集团）股份有限公司签订的《抵押合同》第1条“主债权的基本情况”中约定“贷款金额”为7亿元，第3条“担保范围”约定抵押物担保范围为主合同项下的全部债权，包括但不限于主债权、利息（包括复利和罚息）、违约金、赔偿金、及抵押权人实现债权与担保权利而产生的费用。抵押权证记载：抵押金额为7亿元。

【争议焦点】

华＊重庆分公司（受让渤＊信托公司债权）就晋＊地产公司所欠其借款的利息、复利、逾期罚息和复利，能否在峰＊房地产公司抵押的土地使用权拍卖所得价款中享有优先受偿权。

【法院认定】

关于担保物权的担保范围，因不动产登记簿设置的原因，除个别省份不动产登记机构提供的不动产登记簿上设有“担保范围”栏目，多数省份不动产登记机构提供的不动产登记簿上仅有“被担保主债权数额（最高债权数额）”的表述，且规定只能填写固定数字。从本案的实际情况看，应以合同约定来确定抵押权担保债权的范围。第一，登记机构相关的登记制度不接受当事人就不确定金额的利息、复利、逾期罚息和复利等担保债权办理登记。根据《国土资源部关于印发〈土地登记表格〉（试行）的通知》（国土资发〔2008〕153号，已失效，以下简称《土地登记通知》），其所附的“土地登记申请书”中“土地抵押金额”一栏，明确要求记载的是“土地抵押合同约定的贷款金额”。故峰＊房地产公司和渤＊信托公司共同提交的“重庆市土地房屋抵押登记申请书”中“抵押金额”一栏填写的是7亿元，即本案借款本金。而且，根据《土地登记通知》的要求，仍只要求对抵押权权利信息仅记载“抵押方式”和“被担保的主债权金额”。由此可见，本案当事人未将利息、复利、逾期罚息和复利等担保债权在登记证书中予以登记，并非当事人自身的原因造成的，而是登记机构的登记制度要求所致。第二，由于利息、复利、逾期罚息和复利是借款合同在履行过程中基于主债权和违约情形的出现才产生的，即便允许当事人将利息、复利、逾期罚息和复利等担保债权进行登记，客观上也无法实现登记。

从登记公示的效果看，将本案抵押权设立的效力及于利息、复利、逾期罚息和复利债权，不会造成善意第三人利益的损害。通常而言，不动产物权的登记具有公信力，可以有效保护交易相对方和善意第三人的利益。渤＊信托公司和峰＊房地产公司在办理抵押登记时已将《抵押合同》备案，故第三人也可以通过查询备案合同得知担保范围及于主债权产生的利息、违约金、损害赔偿金等。本案认定渤＊信托公司就利息、复利、逾期罚息和复利债权主张成立抵押权，不仅符合合同当事人的真实意思表示，也不会损害善意第三人的利益。

综上所述，渤＊信托公司就其对晋＊地产公司享有的借款利息、复利和逾期后罚息和复利债权请求所设立的抵押权，依法能够成立。

可见，在满足非因登记人自身原因导致的无法登记其他的事项，不损害善意第三人的合法利益的前提下，可以认定抵押权效力及于利息、复利、罚息等合同约定的担保范围事项。

【案例警示】

在金融债权人业务办理、签订合同等过程中，关于抵押合同，编者提出如下4点建议：

1. 金融债权人须注意在办理抵押登记时，抵押范围需要与抵押合同进行核对，不能小于抵押合同范围，因为当抵押物登记记载的内容与抵押合同约定的内容不一致时，会以登记记载的内容为准，避免因抵押登记小于抵押合同范围而造成不必要的损失。

2. 建议拟定抵押合同时，注意约定担保范围包括利息、复利、罚息、律师费、实现债权的费用及管理人或清算组报酬等项目，使抵押权人的利益最大化；同时，抵押合同中可以明确办理抵押登记涉及的费用、保险费用等承担主体，避免纠纷。

3. 签订抵押合同时，应注意审查抵押人主体资格、抵押物权属、抵押物价值，尽到审查义务，避免受到损失。

4. 建议到主管部门办理相关合同的备案手续。

第三章 履行阶段

第一节 履行主体层面

一、债务人未按约定用途使用贷款从而造成回收风险

在合同履行过程中，债务人未按约定用途使用贷款，易引发金融债权人回收风险。建议金融债权人对债务人的履约进行关注并建立动态管理机制，以期第一时间甄别债务人履约能力的风险，为后续采取维权措施做好相应准备。

【相关案例】

浙＊银行温州分行与华＊公司金融借款合同纠纷案（2020）浙民终 338 号

【基本事实】

2018 年 7 月 31 日，华＊公司与浙＊银行订立《物业通借款合同》；2018 年 7 月 31 日，华＊公司与浙＊银行订立《抵押合同》《最高额保证合同》。后华＊公司多次逾期偿还当期利息，且未按《物业通借款合同》约定将租金收入通过在浙＊行处开立的租金收入专户收取。2019 年 8 月 8 日，浙＊行通过 EMS 中国邮政速递向华＊公司寄送浙＊银行债务提前到期通知书、浙＊银行债务逾期催收通知书、浙＊银行督促履行担保责任通知书宣告其全部债务于 2019 年 8 月 8 日提

前到期并催收债务，向华＊公司寄送浙＊银行督促履行担保责任通知书督促其履行担保责任。

【争议焦点】

二审判决确定的华＊公司应向浙＊银行温州分行支付的利息及律师费是否正确。

【法院认定】

因华＊公司违反合同义务，浙＊行有权依约提前收回贷款。华＊公司未在浙＊行确定的提前收回贷款日履行义务，全部未还贷款即转化成逾期贷款，应当按照约定的逾期罚息利率计收罚息。华＊公司应当赔偿浙＊行为此支付的律师费用。浙＊行的上诉请求成立，应予支持。

【案例警示】

金融债权人发放贷款后，债务人未按约定用途使用贷款的，存在贷款回收风险。为确保金融债权人自身资金安全，确保自身利益最大化，编者提出如下3点建议：

1. 建议金融债权人在合同条款的设定上注意设置加速到期条款，一旦金融债权人发现债务人有此情形的，即向债务人及相关担保主体宣布借款提前到期并通知到位。

2. 金融债权人相关工作人员要进一步提高认识，增强风险意识，严格落实贷款“三查”制度①，通过现场核实、信息咨询、面谈面签、资金流监控等方式深入了解借款人经营状况、资金需求及资金支付使用的真实情况，有效防范同质同类问题的发生。

3. 加大风险排查力度。条线部门要加大同质同类问题的风险排查力度，重点排查受监管客户的账户交易流水、客户还款来源的可靠性以及客户经理的贷后管理等情况，综合评估风险情况。对风险排查中发现的问题要摸清风险底数、认真分析原因、落实整改措施、严格责任追究。

---

① 贷款“三查”制度，是指贷前调查、贷时调查和贷后调查。

二、股东抽逃出资（包括董监高协助抽逃出资）造成还款不能的风险

根据《关于适用〈中华人民共和国公司法〉若干问题的规定（三）》（以下简称《公司法司法解释三》）第十四条，股东抽逃出资，公司或者其他股东请求其向公司返还出资本息，协助抽逃出资的其他股东、董事、高级管理人员或者实际控制人对此承担连带责任的，人民法院应予支持。

公司债权人请求抽逃出资的股东在抽逃出资本息范围内对公司债务不能清偿的部分承担补充赔偿责任，协助抽逃出资的其他股东、董事、高级管理人员或者实际控制人对此承担连带责任的，人民法院应予支持；抽逃出资的股东已经承担上述责任，其他债权人提出相同请求的，人民法院不予支持。

公司成立之后，股东的出资已经成为公司的法人财产，股东如果存在以下情形，将已经投入公司的资金抽逃，则构成对公司财产的侵权行为：（1）将出资款项转入公司账户验资后又转出；（2）通过虚构债权债务关系将其出资转出；（3）制作虚假财务会计报表虚增利润进行分配；（4）利用关联交易将出资转出；（5）其他未经法定程序将出资抽回的行为。

因此金融债权人发现债务人董监高协助抽逃出资的，可要求其承担责任，股东滥用权利损害债权人利益的，应当对所欠债务承担连带清偿责任。

【相关案例一】

＊＊银行坪山支行与科瑞＊公司、＊房海外公司等金融借款合同纠纷案（2015）民申字第996号

【基本事实】

＊＊银行坪山支行与科瑞＊公司签订《借贷合同》，由＊房海外公司提供担保。李＊在担任＊房海外公司法人代表期间，协助抽逃出资。债权人＊银行坪山支行向法院诉请由李＊承担责任。

【争议焦点】

关于李＊是否为本案适格被告以及是否构成协助抽逃出资而应承担法律责任问题。

【法院认定】

首先，李＊主张贷款行为发生在2001年8月，其在2001年3月9日就不再

担任中房海外公司的法人代表，故不应承担责任。法院认为，该案判决李＊承担责任的法律依据是其协助股东抽逃出资行为，并非借贷关系本身直接导致其承担法律责任，故李＊不是借贷法律关系的当事人并不影响其因协助抽逃出资行为而承担责任。李＊协助股东抽逃出资行为是在其担任＊房海外公司法人代表时发生，故李＊是本案的适格被告。本案中，抽逃出资行为是以＊房海外公司对外开具转账支票的形式进行的，出资款转入＊房海外公司账户的当日，＊房海外公司出具转账支票，加盖了李＊的名章将出资款转出，李＊不能提供证据证明其名章的使用系他人盗盖，即李＊作为＊房海外公司的董事长，在＊房海外公司出具的转账支票上加盖其法人印章将出资款转出，其行为符合最高人民法院《公司法司法解释三》第十二条第一款第一项“将出资款项转入公司账户验资后又转出”的情形，应认定李＊实施了协助抽逃出资行为。

【相关案例二】

镇江＊银行京江路支行与蒋某1、王某、正＊公司等金融借款合同纠纷案（2020）苏11民终2887号

【基本事实】

2015年6月2日，镇江＊银行京江路支行与正＊公司签订了《流动资金借款合同》，镇江＊银行京江路支行向正＊公司提供470万元借款用于偿还原有借款。同日，镇江＊银行京江路支行和博＊公司签订了《最高额保证合同》，约定由博＊公司为正＊公司债务提供连带责任保证，担保的最高本金限额为470万元；上述合同签订后，镇江＊银行京江路支行向正＊公司发放贷款470万元。截至2017年3月20日，正＊公司尚欠镇江＊银行京江路支行本金470万元，利息508,553.51元。

【争议焦点】

1. 蒋某1、王某作为正＊公司的股东是否存在虚假出资、抽逃出资及滥用股东权利损害镇江＊银行京江路支行利益的情形，应否对正＊公司所欠债务承担连带清偿责任。

2. 乾正＊公司、荣＊公司、宝＊公司与正＊公司是否存在人格混同，应否承担连带责任。

【法院认定】

针对争议焦点 1，蒋某 1、王某作为正＊公司的股东已实际缴纳出资，镇江＊银行京江路支行所提交的证据并不能证明蒋某 1、王某在公司成立后存在抽逃出资和滥用股东权利损害债权人利益的情形，蒋某 1、王某不承担连带清偿责任。

针对争议焦点 2，乾正＊公司与荣＊公司的法定代表人均为蒋某 1，宝＊公司与正＊公司的法定代表人均为王某，虽然公司因法定代表人相同而存在一定的关联性，但镇江＊银行京江路支行的举证并不足以证明该四家公司存在法人人格混同，故乾正＊公司、荣＊公司、宝＊公司对正＊公司所欠债务不应承担连带责任。

【案例警示】

金融债权人发放贷款后，在某些情况下特别是在债务人资不抵债情形下，股东往往会违规减资、抽逃出资或董监高协助股东抽逃出资，贷款人存在还款不能的风险。对此，编者提出如下 3 点建议：

1. 在合同履行过程中，金融债权人应密切关注债务人及相关责任主体是否存在抽逃出资的行为，如股东构成对公司财产的侵权行为，金融债权人可向其主张侵权责任，甚至可以主张刑事责任（职务侵占罪）。

2. 如金融债权人发现董监高协助抽逃出资的，亦可要求董事、监事、高级管理人员承担相应责任。

3. 如认为债务人有抽逃出资的可能，可委托律师查阅公司的工商登记信息及年报公示信息，如股东信息、出资及实缴信息、公司章程、股东会决议、财务公示报告等内容，以从中发现股东抽逃出资的蛛丝马迹。也可在诉讼过程中，依法申请法院调取公司的账户流水，查看转账信息，从而判断股东是否有抽逃出资的行为。

三、滥用法人独立地位和出资人有限责任问题

《公司法》第二十条第三款规定：“公司股东滥用公司法人独立地位和股东有限责任，逃避债务，严重损害公司债权人利益的，应当对公司债务承担连带责任。”因此应谨防债务人滥用法人独立地位和出资人有限责任等问题的出现。

【相关案例一】

陈*交与佳*公司股东损害公司债权人利益责任纠纷案（2020）最高法民申463号

【基本事实】

再审申请人陈*因与被申请人佳*公司、一审被告陈*朝股东损害公司债权人利益责任纠纷一案，不服福建省高级人民法院（2016）闽民终983号民事判决，申请再审。

【争议焦点】

一审、二审判决认定陈*交与易*公司连带承担涉案债务是否有误。

【法院认定】

佳*公司主张陈*交滥用公司法人独立地位和股东有限责任，应与易*公司连带承担涉案债务，为此提供了易*公司的相关工商注册信息，2012年度易*公司年检报告表、资产负债表，漳州市中级人民法院协助执行通知书、执行庭证明，转账电子回单及陈*交个人出具的收条等证据材料，可以证明陈*交为易*公司控股股东、易*公司2012年年末资产总额565.05万元、易*公司没有财产可供执行、陈*交个人账户直接收取易*公司的工程款等基本事实。一审、二审判决基于陈*交为易*公司法定代表人、绝对控股股东，易*公司财务账簿缺失、财务管理混乱，公司资产流向不明，陈*交代收公司工程款，致使佳*公司对易*公司债权至今无法清偿等案件事实，认定佳*公司主张陈*滥用公司法人独立地位和股东有限责任，损害公司债权人利益的理由成立，判决陈*交对易*公司欠付佳*公司的债务承担连带责任，有基本的事实和法律依据，并无明显不当。

【相关案例二】

中*集团公司与中*阳公司借款合同纠纷案件（2020）最高法民申2302号

【基本事实】

再审申请人中*集团公司因与被申请人嘉*公司及二审上诉人中*阳公司借款合同纠纷一案，不服辽宁省高级人民法院（2019）辽民终1503号民事判决，申请再审。

【争议焦点】

判决认定中*阳公司对嘉*公司的债务承担连带责任。

【法院认定】

原审查明，中＊集团公司系中＊阳公司的出资人，二者均属集体所有制企业。2004 年改制后，中＊阳公司不经营具体业务，不享有资产处置权，财务来源于中＊集团公司拨款，中＊阳公司的员工工资及一切福利待遇由中＊集团公司发放，中＊阳公司事实上已不具备自主经营，自负盈亏的条件。中＊集团公司于 2012 年通过查封实际控制了中＊阳公司名下的主要资产，但一直未申请对上述资产进行拍卖，同时又将中＊阳公司的楼房销售款、房屋动迁款、房屋出租租金等全部资产收益转移至中＊集团公司账户，导致中＊阳公司丧失独立的偿债能力，损害了中＊阳公司债权人的利益。原审判决认定中＊集团公司的行为构成滥用法人独立地位和出资人有限责任，应当对中＊阳公司对嘉＊公司的债务承担连带责任，并无不当。

【案例警示】

在实务中，常见的滥用行为主要有三种：（1）人格混同；（2）过度支配与控制；（3）资本显著不足。针对上述情形，编者提示如下 2 点：

1. 实践中，在人格混同的有些案件中债权人仅能证明公司存在员工混同、住所混同、业务混同，但却未能证明存在财务混同，法院亦不认定为人格混同。

2. 实践中，在股东滥用对公司的控制情形下承担责任的主体不拘泥于公司的股东，可为股东的股东以及关联方等。

四、业务人员表见代理风险

在合同履行过程中，金融债权人的工作人员出具承诺函构成表见代理，相应法律后果应由金融机构来承担。

【相关案例】

农＊支行与简＊保证合同纠纷案（2017）最高法民申 4155 号

【基本事实】

2014 年 4 月 14 日，简＊与金＊公司、刘＊在农＊支行签订《借款合同》。当日，简＊向指定账号支付了 1900 万元。金＊公司后用该款偿还了其在农＊支行的贷款。由于农＊支行重新为金＊公司办理的贷款手续迟迟不能到位，金＊公司多次在借款合同中承诺延展期限，但因公司破产一直未能清偿。农＊支行申请再审称本案不是农＊支行的单位担保，而是刘＊的个人担保，原判决认定刘＊的签字系代表农＊支行的职务行为没有事实和法律依据。

【争议焦点】

农＊支行在本案中是否应承担责任的问题。

【法院认定】

农＊支行作为中国农业发展银行的分支机构，法律规定其不能作保证人，本案中亦没有证据证明其提供的保证行为经过中国农业发展银行的授权，故该保证无效，农＊支行应承担保证无效的过错赔偿责任。农＊支行作为专业金融机构，应当知晓其对外担保是无效的，为了确保金＊公司的贷款能够及时偿还，其时任行长刘＊仍在《借款合同》担保人处签字，农＊支行存在过错。

【案例警示】

在实务中，金融债权人如在履行阶段不加强对业务人的管理，则易引发业务人员表见代理风险，因此为避免上述风险，编者提出以下2点建议：

1. 尽可能避免在营业场所外办理业务，有些不可避免的营业场所外的业务，要给经办的工作人员明确的授权委托书，而且要求其在每次经办业务时向客户出具，形成规范良好的交易习惯。

2. 主要负责人和对外业务人员的变更情况，应当及时告知客户。

第二节
履行内容层面

一、金融债权人行使抵销权，存在被撤销风险

在合同双方互负债务的情况下，抵销权的行使已经作为一种常态出现。但对于金融债权人同样需要重视的是，抵销权的行使应当在合同中进行明确的约定，

否则，其行使容易诱发侵权行为的发生。

对应《民法典》第五百六十八条，当事人互负债务，该债务的标的物种类、品质相同的，任何一方可以将自己的债务与对方的到期债务抵销；但是，根据债务性质、按照当事人约定或者依照法律规定不得抵销的除外。

当事人主张抵销的，应当通知对方。通知自到达对方时生效。抵销不得附条件或者附期限。

【相关案例】

云县＊＊银行与李＊＊金融借款合同纠纷案（2020）云09民终363号

【基本事实】

2003年7月18日，李＊＊向原＊＊银行凤庆分理处贷款10万元。2004年，原＊银行凤庆分理处撤销，相关业务也因此全部划并云县＊＊银行处。因李＊＊怠于履行还款义务，云县＊＊银行诉至一审法院，调解结案。后因李＊＊拒不履行民事调解书内容，云县＊＊银行申请强制执行，被执行人在履行部分款项后，由于暂时无可供执行的财产，执行程序终结。2016年8月19日，李＊＊通过云县＊＊银行柜台归还贷款本金87,813.27元。因李＊＊指定的还款扣划账户已销户，2017年7月21日，云县＊＊银行在未通知李＊＊的情况下，从李＊＊在云县＊＊银行处开设的其他账户自动扣收64,219.93元。李＊＊向一审法院提起诉讼，请求法院判令云县＊＊银行上述行为构成侵权并承担赔偿责任。

【争议焦点】

云县＊＊银行扣划李＊＊账户64,219.93元的行为是否构成侵权。

【法院认定】

李＊＊向云县＊＊银行贷款10万元，已由生效的民事调解书确定了双方的权利义务，云县＊＊银行在已经申请法院强制执行的情况下，发现被执行人财产线索后，未通过法定程序申请恢复执行，擅自从上诉人的账户扣划款项，以实现其债权，并不属于行使抵销权，而是妨碍了司法权的正常行使且侵害了李＊＊的合法权益，构成侵权。

【案例警示】

在金融债权人行使抵销权过程中，关于需要注意的问题，编者提出以下2点建议：

1. 金融债权人行使抵销权的同时，一定注意严格按照合同约定行使，如果要在同一金融债权人的不同分支机构之间进行抵销，应在合同中明确约定，即金融债权人行使合意抵销权，否则构成侵权，除此之外，金融债权人一定要通知对方。通知自到达对方时生效。

2. 在执行程序终结后，金融债权人又发现新的财产线索，如在其他账户发现存款，在合同未约定可抵扣的情况下，不可私自扣划，需要向法院申请恢复执行，通过法律程序维护权益。

二、未在时效内行使抵押权引发的风险

根据《民法典》第四百一十九条之规定，抵押权人应当在主债权诉讼时效期间行使抵押权；未行使的，人民法院不予保护。如债权人因已就其主债权提起诉讼并形成具有强制执行效力之生效判决，其主债权之诉讼时效不再继续存在，故与之相关的行使抵押权的期限也可能随之届满，即存在抵押权因未及时行使而消灭的风险，从而将导致金融债权人作为抵押权人无法对抵押财产主张优先受偿权。

【相关案例】

＊＊银行上海分行诉李某4抵押权纠纷案（2016）沪01民终6773号

【基本事实】

李某1与诸某系夫妻，共育有一子李某2、一女李某3。涉案房屋系李某1拆迁所得，并于2002年9月17日取得上海市房地产权证。2004年5月27日，李某4冒用李某1名义与其本人签订《上海市房地产买卖合同》买卖涉案房屋，并据此取得产权证。2006年7月3日，一审法院判决上述《上海市房地产买卖合同》无效。上海市松江区房地产登记处将涉案房屋权利人更正登记为李某1。此前，李某4以购买涉案房屋为由，于2004年5月26日与＊＊银行上海分行签订《个人住房抵押借款合同》借款17.5万元，并以涉案房屋作抵押，办理了抵押登记。2005年，＊＊银行上海分行提起诉讼，要求解除其与李某4之间签订的《个人住

房抵押借款合同》，并由李某 4 归还贷款本息。诸某、李某 3 向一审法院起诉请求判令李某 4、＊＊银行上海分行办理撤销房屋抵押权登记手续，一审法院以抵押权人未及时行使担保物权为由支持原告诉讼请求，＊＊银行上海分行不服一审判决提起上诉。

【争议焦点】

未在主债权诉讼时效内主张抵押权，抵押权是否消灭。

【法院认定】

根据本案所查明的事实，上诉人就涉案房屋所享有的抵押权设定于 2004 年，而与之相关的主债权即原审被告与上诉人之间就涉案房屋所签订的抵押贷款合同，已于 2005 年由上诉人向法院提起诉讼而判决解除。上诉人在该案诉讼中未主张抵押权，而该生效判决因原审被告无可供执行的财产而被法院裁定终结执行。现涉案房屋产权已经恢复登记原权利人即李某 1 之名下。根据我国《物权法》（已失效）规定，抵押权人应当在主债权诉讼时效期间行使抵押权；未行使的，人民法院不予保护。因此，上诉人因已就其主债权提起诉讼并形成具有强制执行效力之生效判决，其主债权之诉讼时效不再继续存在，故与之相关的行使抵押权的期限也随之届满，即上诉人的抵押权因未及时行使而消灭。被上诉人在一审时起诉要求上诉人撤销设定在涉案房屋上的抵押登记，具有合法依据，一审对此予以支持，当属正确。

【案例警示】

在金融债权人行使抵押权过程中，关于需要注意的问题，编者提出如下 2 点建议：

1. 诉讼过程中，建议在对主债权提起诉讼的同时，主张抵押权。否则抵押权，避免因超过时效无法取得对抵押财产的优先受偿。

2. 若抵押权人在时效内向主债权人提起诉讼并胜诉，且在诉讼中主张了抵押权，后续需要注意在执行时效内及时行权。

3. 若抵押权人在时效内向主债权人提起诉讼但未主张抵押权，后续一定要注意在执行时效内行权。［有实务案例认为，如（2021）最高法民审 154 号，只要主债权仍在法律保护期间，抵押权即应得到支持。］

第三节

他物权监管层面

合同履行过程中，金融债权人要注重贷后管理，定期查勘抵押物、质物状况，以确保抵押物、质物价值没有毁损、灭失风险。另外，建议对抵押物、质物及时购买财产保险，以对抗抵押物、质物毁损风险。

【相关案例】

辽＊公司与＊＊银行大连分行金融借款合同纠纷案（2017）辽民终620号

【基本事实】

2013年11月15日，元＊公司与＊＊银行大连分行签订《银行承兑汇票承兑协议》，＊＊银行大连分行依照元＊公司申请开立银行承兑汇票两张，票面金额合计6000万元。2013年4月24日，元＊公司与＊＊银行大连分行签订《最高额动产质押合同》，约定由元＊公司提供22,760吨玉米作为质物向＊＊银行大连分行提供最高额3000万元质押担保。2013年5月29日，元＊公司（乙方）、辽＊公司（丙方）与＊＊银行大连分行（甲方）签订《动产质押监管协议》（总量控制模式）。随后，辽＊公司、元＊公司向＊＊银行大连分行签发质物清单，确认出质人提供的22,760吨玉米已在监管人的占有监管之下，知晓该质物已质押给＊＊银行大连分行。

2013年11月15日，元＊公司未按期足额偿还汇票款项，导致＊＊银行大连分行垫款。扣除元＊公司交纳的保证金及保证金利息后，元＊公司尚欠＊＊银行大连分行垫款本金26,922,931元。诉讼中，元＊公司及辽＊公司均认可元＊公司提供22,760吨质押玉米现已不存在。

【争议焦点】

辽＊公司应否对涉案质权不能设立所造成的损失承担责任、承担多少责任。

【法院认定】

《物权法》（已失效）第二百一十二条规定："质权自出质人交付质押财产时

设立。”虽然＊＊银行大连分行、元＊公司向辽＊公司发出查询及出质通知书，以此确认22,760吨玉米（在库）并将设立质押的事实通知辽＊公司，辽＊公司亦依约签发了质物清单，但从现有证据来看，＊＊银行大连分行、元＊公司、辽＊公司均没有证据证明该22,760吨玉米已交付，所以本案质权实际并未设立，故辽＊公司应对质权未设立给＊＊银行大连分行造成的损失承担相应的赔偿责任。

从现有证据来看，＊＊银行大连分行确认质物“在库”在先，且依据《商业银行法》第三十五条第一款规定“商业银行贷款，应当对借款人的借款用途、偿还能力、还款方式等情况进行严格审查”。第三十六条第一款规定“商业银行贷款，借款人应当提供担保。商业银行应当对保证人的偿还能力，抵押物、质物的权属和价值以及实现抵押权、质权的可行性进行严格审查”。＊＊银行大连分行作为金融机构在审核贷款过程中，对借款人的资信，保证人的偿还能力，抵押物、质物的权属和价值及实现抵押权、质权的可行性承担的审查义务属于法定义务，不能通过委托协议全部转移给他人。＊＊银行大连分行怠于履行该法定义务，对其债权的实现疏于管理，使债权不能实现的风险放大，应承担主要责任。而辽＊公司未按合同约定履行核查质物及报告的义务，给＊＊银行大连分行造成了债权不能实现的风险，应承担相应的违约责任，其承担责任份额酌定为给＊＊银行大连分行造成的损失的30%为宜。

【案例警示】

在金融债权人发放贷款、抵押、质押活动过程中，关于抵押物、质押物问题，编者提出以下2点建议：

1. 金融债权人须注重贷后管理，定期查勘抵押物、质物状况，避免抵押物、质物价值毁损、灭失造成不必要的风险。

2. 建议金融债权人通过对抵押物、质物投保财产保险来抵抗风险，保障自身利益。

第四章 处置阶段

第一节 诉讼

一、涉刑影响原告维权

最高人民法院《关于在审理经济纠纷案件中涉及经济犯罪嫌疑若干问题的规定》第十一条规定，“人民法院作为经济纠纷受理的案件，经审理认为不属经济纠纷案件而有经济犯罪嫌疑的，应当裁定驳回起诉，将有关材料移送公安机关或检察机关查处”，由此可知，当经济纠纷被法院认定具有经济犯罪嫌疑时，法院会驳回原告起诉，但这影响了原告维权。

【相关案例】

中＊银行厦门分行与鑫达＊公司、永＊公司金融借款合同纠纷案（2021）最高法民终859号

【基本事实】

2017年6月16日，中＊银行厦门分行与鑫达＊公司签订《综合授信合同》，约定中＊银行厦门分行为嘉＊公司提供12500万元综合授信额度。陈＊勇、丁＊玲签订《最高额保证合同》、永＊公司签订《最高额抵押合同》提供担保。中＊

银行厦门分行于2019年4月8日向＊市公安局报案称，卢＊山等人故意隐瞒借款企业由其控制的事实，以非法占有为目的，存在故意以隐瞒真相的欺骗手段取得银行贷款的行为，涉嫌贷款诈骗犯罪。2020年5月21日，＊市公安局决定对“中＊银行告鑫达＊公司、祥兴＊公司等骗取贷款案”立案侦查。

【争议焦点】

一审法院是否应当受理中＊银行厦门分行的起诉。

【法院认定】

首先，从涉案主体来看，案外人卢＊山既是上诉人中＊银行厦门分行客户部总经理，系涉案贷款发放的银行经办人之一，又是本案主债务人鑫达＊公司及所涉刑事案件关联的高＊公司、嘉＊公司实际控制人。其次，从案件主要事实以及法律关系来看，根据银保监会厦门监管局的行政处罚决定书，中＊银行厦门分行2012～2017年陆续向高＊公司、鑫达＊公司、嘉＊公司三家企业授信，上述借款人授信中存在部分关联人、抵押物一致等较明显关联关系，及贷款资金被挪用的客观事实。结合卢＊山身份的特殊性（其既为中＊银行厦门分行的机构集团客户部总经理，亦是鑫达＊公司、嘉＊公司、高＊公司实际控制人），以及担保人永＊公司、谢＊＊、周＊＊、陈＊＊、丁＊＊分别为鑫达＊公司、嘉＊公司、高＊公司向同一家金融机构中＊银行厦门分行贷款提供担保的客观事实，对于本案金融借款合同效力以及担保合同效力的认定，需结合行政处罚以及刑事犯罪立案侦查的客观情况，待刑事诉讼程序终结后再作出判断。考虑到刑事案件与民事案件裁判的一致性，本院认为原审将本案移送公安机关并驳回中＊银行厦门分行的起诉具有合理性。

二、案件涉刑导致担保合同无效风险

如金融债权人工作人员渎职擅自用假合同、假印章制作担保等资料，该人员因涉嫌刑事犯罪被立案，保证人以资料造假未达成民事合意为由主张保证合同无效或部分保证责任无效的，法院支持。

【相关案例】

发＊农村银行与金＊公司金融借款合同纠纷案（2018）最高法民申61号、（2017）吉刑终71号

【基本事实】

2014年3月6日，发＊农村银行与金＊公司签订《借款合同》。圣＊公司以其自有财产提供最高额抵押担保以及提供6000万元最高限额的连带责任保证。2017年5月31日，吉林省高级人民法院作出刑事裁定，维持一审判决，负责涉案贷款的发＊农村银行工作人员杨某因未仔细审核金＊公司提供的贷款材料等行为构成违法发放贷款罪。借款合同到期后，逾期未还，发＊农村银行诉至法院要求圣＊公司承担担保责任。

【争议焦点】

涉案《借款合同》是否合法有效，涉案《保证合同》和《抵押合同》是否合法有效，圣＊公司应否承担金＊公司所欠贷款的连带责任。

【法院认定】

本案中，根据已经生效的刑事判决书和刑事裁定书的查明和认定，金＊公司骗取贷款的行为、发＊农村银行信贷人员杨某违法发放贷款的行为均已被上述生效刑事裁判书认定构成犯罪。杨某的行为属于职务行为，在杨某已经构成违法发放贷款罪的情况下，足可认定发＊农村银行在涉案贷款合同签订和履行过程中存在明显过错，导致金＊公司在采取多种违法行为之后以“签订《借款合同》”之合法形式进而掩盖“骗取银行贷款”的非法目的得以实现。根据以上事实和法律，涉案《借款合同》明显构成《合同法》（已失效）第五十二条第三项关于“以合法形式掩盖非法目的”的合同无效情形，《借款合同》无效。

本案中，因涉案《借款合同》被认定为无效，涉案《保证合同》和《抵押合同》为从合同，依据《担保法》（已失效）第五条第一款、《担保法司法解释》（已失效）第八条，应认定为无效。发＊农村银行主张圣＊公司承担借款损失，应当举证证明圣＊公司存在过错。发＊农村银行工作人员违法发放贷款造成损失，其在没有证明圣＊公司参与了犯罪或者对该犯罪行为知情并仍然提供抵押担保的情况下，要求圣＊公司承担民事责任缺乏法律依据。综上，圣＊公司对金＊公司所承担债务不承担连带给付责任。

【案例警示】

在金融债权人贷款、收购债权等过程中，关于涉及犯罪问题，编者提出如下

4 点建议：

1. 金融债权人在贷款、收购不良资产时需要注意审查是否有经济犯罪嫌疑，避免因涉及经济犯罪，影响债权人采取法律措施维权。

2. 对内，金融债权人应做好内部风险防控措施，完善工作人员管理规定，防止工作人员擅自参与或协助使用假合同、假印章制作担保资料，给自身带来损失。

3. 对外，金融债权人在审查担保行为基础材料时，应尽到审慎审查的义务，除可能涉刑导致保证无效外，还应注意其他导致无效的情形，如担保人主体不适格、当事人恶意串通损害国家、集体或第三人利益，欺诈和胁迫等。

4. 除此之外，因担保合同是主合同的从合同，主合同无效，担保合同亦无效。故还应注意审查主合同的相关内容。

三、实际控制人利用虚假诉讼转移资产问题

企业破产中虚假诉讼行为是企业在特定情形下，明知虚构债权债务关系会损害债务人或者第三人的合法权益，仍旧采取欺诈手段，造成资不抵债的假象，通过破产程序来逃避债务，谋取不正当利益。①

【相关案例一】

张＊＊与魏＊＊第三人撤销之诉案（2016）最高法民终 782 号

【基本事实】

2015 年，魏＊＊以民间借贷纠纷诉请杨＊＊偿还借款本息，获法院支持。诉讼中，法院依魏＊＊申请，裁定冻结了杨＊＊在实业公司的煤款 8800 万余元。随后，张＊＊以煤炭买卖合同纠纷为由起诉杨＊＊、实业公司，法院调解书确认杨＊＊在前述煤款中未实际出资，实业公司付清张＊＊煤款 8800 万余元。魏＊＊以该调解书系虚假诉讼形成，导致其利益受损为由，提起第三人撤销之诉。

【争议焦点】

魏＊＊等是不是第三人撤销之诉的适格原告；一审法院将涉案债权确认为杨＊＊所有是否错误。

---

① 参见王朝勇、孙铭等：《说赢就赢：虚假诉讼案例指导》，中国经济出版社 2017 年版，第 159 页。

【法院认定】

魏＊＊虽非前案所涉及煤炭买卖合同关系当事人，但前案调解书所涉债权在魏＊＊与杨＊＊民间借贷案件中，已被法院冻结，调解书作出在冻结债权之后，调解书对该查封债权处分直接影响了魏＊＊对杨＊＊所享有债权的清偿，故前案处理结果与魏＊＊有法律上的利害关系。且魏＊＊未参加前案诉讼不存在可归责于其本人事由。其于知道其民事权益受损之日起6个月内提起本案第三人撤销之诉，并未超过6个月的起诉期间。根据《民事诉讼法》第五十六条和最高人民法院《关于适用〈中华人民共和国民事诉讼法〉的解释》（以下简称《民事诉讼法解释》）第二百九十二条规定，魏＊＊系本案第三人撤销之诉适格原告。张＊＊等人明知涉案债权已被法院查封，却在缺乏事实依据情况下，确认杨＊＊在涉案煤款中未实际出资，将涉案煤款进行分配，属恶意调解，该调解书内容存在错误，损害了魏＊＊民事权益，应予撤销。

【相关案例二】

梁某1与梁某2买卖合同纠纷案（2021）最高法民申4488号

【基本事实】

力＊公司的实际出资人和发起人为安＊、梁某1及梁某2，孙＊、杨＊受力＊公司实际控制人梁某1和梁某2的指示担任公司法定代表人、监事，力＊公司的经营收入已由梁某1和梁某2转入由其控制的关联公司泰＊公司。张＊＊受泰＊公司实际控制人梁某1和梁某2指示代持股份并担任公司法定代表人，未参与公司经营和管理，该公司全部业务均由梁某1和梁某2负责处理。宁夏回族自治区石嘴山市惠农区人民法院作出限制消费令认定梁某1为泰＊公司实际控制人。梁某1在一审中虽对与梁某2、张＊＊、杨＊之间的亲属关系予以否认，但在二审中认可其系梁某2之父、杨＊和张＊＊之舅。丰＊公司预付力＊公司的涉案部分货款4200万元由泰＊公司收取，泰＊公司未能提供充分证据证明其收取力＊公司款项存在正当合理理由。力＊公司现已不再实际经营，无力偿还多笔到期债务。

【争议焦点】

梁某1与力＊公司是否具有关联关系，实际控制人是否向其关联公司转移公司财产。

【法院认定】

一审、二审法院综合全案事实和证据，认定梁某1利用其实际控制人地位，转移力＊公司财产，致使力＊公司无力偿还丰＊公司债务，严重损害了债权人丰＊公司的合法权益，判令梁某1对力＊公司案涉债务承担连带赔偿责任，结果并无不当。

【相关案例三】

安发＊公司与＊＊银行福州鼓楼支行股东损害债权人利益责任纠纷案（2019）最高法民终20号

【基本案情】

绿＊公司、胜＊公司存在巨额债务的情形下，利用虚假诉讼，转移绿＊公司、胜＊公司的资产，逃避清偿巨额债务，严重侵害债权人的利益。

【争议焦点】

安发＊公司与绿得公司、胜＊公司之间是否存在法人人格混同，安发＊公司应否对绿＊公司债务承担连带清偿责任。

【法院认定】

安发＊公司、绿＊公司、胜＊公司存在利用关联关系通过不当方式将绿＊公司、胜＊公司巨额资产转移至安发＊公司，根据抚州市中级人民法院民再3号判决及抚州中院民再4号判决查明的事实，安发＊公司、胜＊公司、绿＊公司以虚假的投资合作法律关系，向人民法院提起诉讼，并在诉讼中自行达成和解协议取得人民法院的民事调解书，通过民事调解书的强制执行以及执行中达成以物抵债协议，将胜＊公司所有的工业划拨用地以及绿＊公司所有的房产等资产转移至安发＊公司名下，构成关联公司之间的财产混同。

2008年2月15日，神龙＊＊公司作出通知："……经香港董事局研究决定：将福州绿得饮料厂的设备迁至江西南丰项目使用。"安发＊公司二审庭审中亦确认绿＊公司曾将生产设备送至该公司无偿使用的事实。陈＊＊实际控制的神龙＊＊公司仅以一纸内部文件即可将绿＊公司生产线迁移至安发＊公司处无偿使用，并未作任何财务账册的记载，亦构成两公司之间财产混同。

根据以上分析，安发＊公司、胜＊公司及绿＊公司均由陈＊＊等实际控制，属于同一利益主体。在同一实际控制人控制下，在胜＊公司、绿＊公司负债累累的情况下，三公司通过虚假诉讼方式将胜＊公司及绿＊公司巨额资产转移至安发＊公司。安发＊公司、胜＊公司及绿＊公司缺乏独立意志，不具有独立人格，其法人人格成为实际控制人恶意转移资产以逃避胜＊公司、绿＊公司巨额债务的工具，严重损害了债权人的利益。上述行为与《公司法》第二十条第三款规定的情形相当，故应参照《公司法》第二十条第三款的规定，安发＊公司对胜＊公司及绿＊公司债务承担连带清偿责任。

【案例警示】

实务中，为了实现金融债权人利益最大化，防范债务人利用虚假诉讼转移资产，编者提出以下4点建议：

1. 通过抵押财产承诺，明确抵押资产无关联债务关系，明确抵押登记的优先受偿权。

2. 审查债务人主体财务经营情况、偿债能力、押品状态，做好风险把控。

3. 密切关注债务人押品状况，及时采取抵押品保全措施，适时监测债务人资产情况，谨防债务人私下转移资产及法人主体外逃。

4. 若债务人通过虚假诉讼转移资产，则可以通过提起撤销权之诉，提起确认转移财产逃避债务行为无效之诉，依法对恶意转移财产逃避债务的债务人、第三人及其他相关人员提出虚假诉讼罪、拒不执行判决裁定罪的刑事控告等途径保障金融债权人合法权益。

第二节 执行

一、以物抵债裁定撤销风险

经过法定拍卖、流拍程序后，可将抵押物以物抵债给申请执行人，但以物抵债裁定违反了程序规定或损害了其他第三人权益时，经相关异议债权人申请，人民法院可撤销以物抵债裁定。

【相关案例一】

凯＊公司与＊＊金融租赁公司合同纠纷案（2020）最高法执监486号

【基本事实】

北京市第二中级人民法院在执行中＊公司与凯＊公司、临澧凯＊公司其他合同纠纷一案过程中，依法冻结了凯＊公司持有的临澧凯＊公司100%的股权，后经北京高院随机确定委托北京市京价价格评估有限公司（以下简称评估机构）对涉案股权进行价值评估。中＊公司对评估结果提出书面异议，评估机构出具评估报告（补）。法院将该评估报告（补）及其送达通知单邮寄给凯＊公司。凯＊公司向该院执行实施部门提出异议。评估机构对凯＊公司的异议作出回复。2019年2月进入拍卖程序。2月11日，北京市第二中级人民法院向凯＊公司邮寄了拍卖通知书。2月25日，涉案股权首次拍卖，但最终流拍。后来，北京市第二中级人民法院作出执行裁定，依据中＊公司以物抵债申请，裁定将涉案股权过户至中＊公司名下抵债。凯＊公司提起异议。

【争议焦点】

凯＊公司的异议请求内容是否包括对法院拍卖行为的异议，以及法院根据评估报告所进行的拍卖和以物抵债行为是否应予撤销。

【法院认定】

凯＊公司在收到评估报告（补）后，及时对评估报告的参照标准、计算方法及评估结果等提出异议，且在评估机构作出说明之后仍然提出异议，根据最高人民法院《关于人民法院确定财产处置参考价若干问题的规定》第二十三条的规定，人民法院应当交由相关行业协会在指定期限内组织专业技术评审，并根据专业技术评审出具的结论认定评估结果或者责令原评估机构予以补正。执行法院并未按照上述规定将评估报告（补）交由行业协会组织专业技术评审，即以该评估报告（补）为依据启动拍卖程序，存在明显程序违法。且评估报告（补）与之前的评估报告相比，存在重大调整，本案标的物股权最终是以流拍价以物抵债，评估报告（补）涉及当事人重大利益。因此，执行法院以评估报告（补）为依据的拍卖行为及以物抵债裁定应予撤销。

凯＊公司提出的执行法院对评估报告未依法组织专业技术评审的申诉理由成立，执行法院以评估报告为基础的拍卖行为及以物抵债裁定不当，应予撤销。执行法院应当在依法保障当事人对评估报告（补）异议权的前提下，重新启动拍卖程序。

【相关案例二】

神泉之＊公司与赵＊＊民间借贷纠纷执行案（2018）最高法执监848、847、845号

【基本事实】

陈＊＊、郭＊＊、春＊＊、贾＊＊分别将其依据生效法律文书拥有的对博＊公司、闫＊＊、孙＊＊的债权转让给了神泉之＊公司。河南省平顶山市中级人民法院（以下简称平顶山中院）将四案合并执行，神泉之＊公司变更为申请执行人。此后，平顶山中院对博＊公司部分土地使用权及部分地上建筑物进行拍卖，因无人竞买而流拍，神泉之＊公司申请将流拍财产（＊地块内的温泉酒店除外）以物抵债。因案外人汝州及时＊公司对流拍财产中的1号住宅楼提出执行异议，平顶山中院作出执行裁定，将扣除温泉酒店及1号住宅楼后的流拍财产，以保留价153,073,614.00元以物抵债给神泉之＊公司。赵＊＊不服该裁定，提出异议。

【争议焦点】

以物抵债裁定是否损害查封顺位在先的其他债权人利益。

【法院认定】

最高人民法院《关于人民法院执行工作若干问题的规定（试行）》第八十八条第一款规定，多个债权人对同一被执行人申请执行，各债权人对执行标的物均无担保物权的，按照执行法院采取执行措施的先后顺序受偿。平顶山中院在陈＊＊、郭＊＊、春＊＊、贾＊＊将债权转让给神泉之＊公司后将四案合并执行，但该四案查封土地、房产的顺位情况不一，也并非全部首封涉案土地或房产。贾＊＊对涉案建筑物及该建筑物占用范围内的土地使用权均系轮候查封。陈＊＊、郭＊＊虽仅对土地使用权采取查封措施，但根据查封土地使用权的效力及于地上建筑物的规定精神，对本案所涉建筑物的查封顺序亦同于对土地使用权查封顺序。执行法院虽将春＊＊、贾＊＊的案件与陈＊＊、郭＊＊的案件合并执行，但仍应按照春＊＊、贾＊＊、陈＊＊、郭＊＊依据相应债权申请查封的顺序确定受偿顺序。

截至2017年2月28日，原陈＊＊、郭＊＊债权本息合计76,736,464.09元，远低于本案所涉财产抵债价值153,073,614元。对原陈＊＊、郭＊＊相应债权抵债后剩余部分财产价值，应当由查封顺序在郭＊＊之后，在贾＊＊、春＊＊之前，且未受偿的债权人优先受偿。因神泉之＊公司受让了贾＊＊、春＊＊及陈＊＊、郭＊＊债权，平顶山中院裁定将全部涉案财产抵债给神泉之＊公司，实质上是将查封顺位在后的原贾＊＊、春＊＊债权受偿顺序提前，影响了在先轮候的债权人的合法权益。平顶山中院未按照法律规定据采取执行措施的先后顺序确定受偿顺序，将博＊公司的部分土地使用权及地上部分建筑物裁定以物抵债给神泉之＊公司，该执行行为违反法律规定，侵害了顺位在先的其他债权人利益。

【案例警示】

在金融债权人拟采取以物抵债方式清偿债权过程中，编者提出如下3点意见供参考：

1. 对于以物抵债，程序上要注意是否经过法定拍卖、流拍的程序，且充分尊重当事人对执行程序方面的异议权，如上述案例提到的案外人对评估报告存异议，由于法院疏忽了该问题，即使法院已裁定以物抵债，但仍被上级法院撤销。

2. 实体上要注意，以物抵债裁定是否损害了第三人利益，如果侵害了其他债权人的利益，以物抵债裁定仍面临被撤销风险。

3. 在不良资产收购环节，充分尽调拟收购债权所在的查封顺位或是否具有优先权，是否能顺利实现以物抵债。另外，即便在收购债权时，原债权人已拿到了以物抵债裁定，仍应注意该裁定是否已过提起执行异议的期限，以及是否存在异议债权人。

二、申请人以以物抵债裁定行使取回权问题

《企业破产法》第三十八条规定：“人民法院受理破产申请后，债务人占有的不属于债务人的财产，该财产的权利人可以通过管理人取回。但是，本法另有规定的除外。”实践中，在执行程序中，经常会出现抵押物经拍卖、变卖程序仍无法实现抵押物变现的情形，金融债权人往往为了避免流拍后导致的法律后果，通常会接受以物抵债，根据相关法律规定，物权自人民法院做出改变原有判决的裁定书之日起发生变动。但实践中，有些金融债权人并非经过拍卖流拍程序，而

进行的以物抵债，有些是基于执行调解书达成的以物抵债，但又基于高额税费的原因不及时办理物权变更登记。那么，此种情形下，如果被执行人进入破产程序，债权人是否有权对该“物”行使取回权？

【相关案例一】

城＊集团与泰＊公司一般取回权纠纷案（2019）最高法民申 1087 号

【基本事实】

2003 年 1 月 23 日，北京市第一中级人民法院就城＊集团诉泰＊公司保证合同纠纷一案作出民事调解书。调解书发生法律效力后，泰＊公司未履行义务，城＊集团申请执行。执行过程中，泰＊公司与城＊集团经协商，将原属泰＊公司所有的房屋所有权过户给城＊集团，用以折抵欠款。2015 年 6 月，泰＊公司进入破产清算程序。城＊集团向泰＊公司管理人及受理泰＊公司破产清算的北京市第二中级人民法院提交《申请书》，主张涉案房屋不属于泰＊公司所有，请求将涉案房屋取回。

【争议焦点】

城＊集团是否依据北京市第一中级人民法院（2003）一中执字第 563 号民事裁定书取得涉案房屋的所有权，并据此有权主张取回涉案房屋。

【法院认定】

第 563 号民事裁定书仅明确了泰＊公司应当履行将涉案房屋产权过户给城＊集团的交付义务，并未直接裁定该房屋所有权归城＊集团所有，故在性质上属于仅具有执行效力的法律文书，而非具有直接变更物权关系的形成裁定，城＊集团仍需在泰＊公司履行完交付义务并办理过户登记完成物权变动公示后，才能依法取得所有权。故原审判定城＊公司不能依据（2003）一中执字第 563 号民事裁定书直接取得案涉房屋所有权，并无不当。

虽然本案中泰＊公司于 2007 年向城＊集团交付了涉案房屋的钥匙和门卡，（2015）二中民终字第 10430 号民事判决书和（2016）京 02 民终 2014 号民事判决书也支持了城＊集团的排除妨害请求权，但在案涉房屋未办理权属登记和过户登记的情况下，泰＊公司作为案涉房屋建造人仍享有所有权，城＊集团仅享有占有使用权，其权利不能对抗原始权利人的所有权。故城＊集团据此主张有权取回涉案房屋的再审理由，亦不能成立。

【相关案例二】

元＊公司与刘＊＊所有权确认纠纷案（2019）皖民终1024号

【基本事实】

刘＊＊因与元＊公司、石＊＊、费＊＊、诚＊建公司民间借贷纠纷一案向安徽省池州市中级人民法院提起诉讼，审理过程中，各方当事人自愿达成调解协议，元＊公司自愿将其开发的位于石台县旅游接待中心8#楼一、二层六套商业用房折价抵偿给刘＊＊。刘＊＊申请强制执行，法院作出执行裁定，明确刘＊＊可持裁定书到有关机关办理相关产权过户登记手续。之后，元＊公司进入破产清算程序。刘＊＊向破产管理人主张物权，申请办理房产证。破产管理人对刘＊＊主张的物权不予确认，确认其债权金额为2,381,704元，为担保类债权。

【争议焦点】

刘＊＊是否享有涉案房产的所有权。

【法院认定】

《物权法》（已失效）第二十八条规定，因人民法院、仲裁委员会的法律文书或者人民政府的征收决定等，导致物权设立、变更、转让或者消灭的，自法律文书或者人民政府的征收决定等生效时发生效力。最高人民法院《关于适用〈中华人民共和国物权法〉若干问题的解释（一）》（已失效）第七条规定，人民法院、仲裁委员会在分割共有不动产或者动产等案件中作出并依法生效的改变原有物权关系的判决书、裁决书、调解书，以及人民法院在执行程序中作出的拍卖成交裁定书、以物抵债裁定书，应当认定为《物权法》（已失效）第二十八条所称导致物权设立、变更、转让或者消灭的人民法院、仲裁委员会的法律文书。《民事诉讼法解释》第四百九十三条规定，拍卖成交或者依法定程序裁定以物抵债的，标的物所有权自拍卖成交裁定或者抵债裁定送达买受人或者接受抵债物的债权人时转移。依据上述法律、司法解释的规定，人民法院在执行程序中作出的以物抵债裁定，具有发生物权变动的法律效果。就本案而言，池州市中级人民法院在刘＊＊与元＊公司民间借贷纠纷案的执行程序中，已于2014年5月9日作出（2014）池执字第00034－1号执行裁定书，裁定将涉案房屋抵偿给刘＊＊，该裁定已发生法律效力，刘＊＊已据此依法取得相应权利。

【案例警示】

金融债权人取得经调解达成的以物抵债裁定书后，不能想当然认为取得了标的物的物权，仍应注意的事项有：

1. 债权人拿到以房抵债裁定后，及时向主管部门办理房产过户手续，只有物权登记到债权人名下，债务方能消灭。否则被执行人进入破产程序后，标的财产将被列为破产财产，管理人予以处置后，按照债权性质及顺位向各债权人予以分配。

2. 如果系被执行人不配合办理过户手续的，债权人应积极向法院提起诉讼要求被执行人配合办理过户手续。

三、债务人加入问题

有时金融债权人为了续贷借新还旧，对过桥资金提供方作出新贷款用于归还过桥资金的承诺，法院一般认为金融债权人该种行为构成债务加入。在债务加入法律关系中，债务加入方将在其承诺范围内和债务人承担连带清偿责任。债务加入方清偿后，原债权债务关系消灭，面临丧失抵押权及担保人“脱保”的风险。

【相关案例】

＊＊银行西安分行与杨＊＊追偿权纠纷案（2021）最高法民申1642号

【基本事实】

荟鑫＊公司在＊＊银行西安分行处办理贷款2500万元，杨某1提供抵押。2014年2月，时任＊＊银行西安分行业务发展七部经理白＊＊向马＊＊提出由马＊＊向荟鑫＊公司出借2500万元，用以归还其2500万元的到期贷款，并向马＊＊出具承诺书，加盖公章。马＊＊（出借人）与荟鑫＊公司（借款人）、杨某1（保证人）、杨某2（保证人）签订《借款合同》，马＊＊向荟鑫＊公司转借款2300万元。后荟鑫＊公司未能向马＊＊偿还借款。截至2015年12月底，马＊＊通过各种途径领取执行款项共计5,205,407.25元。2016年2月，马＊＊向西安中院提起诉讼，要求＊＊银行西安分行偿还荟鑫＊公司借款2300万元及逾期利息。

【争议焦点】

＊＊银行西安分行的行为是否构成债务加入；＊＊银行西安分行是否有权向

杨某 1、杨某 2 追偿。

【法院认定】

关于争议焦点一，＊＊银行西安分行向马＊＊出具承诺书的行为构成债务加入。＊＊银行西安分行向马＊＊提出由马＊＊向荟鑫＊公司借款，用于归还荟鑫＊公司在＊＊银行西安分行处的到期贷款，以实现其债权债务关系中的债权，并出具了承诺书。承诺书中记载有“……介绍马＊＊给该企业借款 2300 万元归还了此笔贷款，我部承诺贷款还清后七日内我行续做此笔业务，贷款发放后用于归还马＊＊借款。若贷款不能按时发放则负责将陕西荟鑫＊实业有限公司此笔贷款的抵押物解押后转抵押给马＊＊……”之内容。已经生效的（2017）陕民终 174 号民事判决结合承诺书的内容，认定＊＊银行西安分行向马＊＊做出的意思表示即为保证马＊＊债权的实现，其愿意以第三人的身份加入涉案新债权债务关系，构成债务加入。

关于争议焦点二，首先，在债务加入法律关系中，债权人可以请求第三人在其愿意承担的债务范围内和债务人承担连带债务。具体到本案，因荟鑫＊公司怠于履行债务，马＊＊向人民法院提起诉讼，要求＊＊银行西安分行在其愿意承担的债务范围内承担连带债务，＊银行西安分行亦根据人民法院生效判决向马＊＊支付了相应款项。至此，涉案债权债务关系为马＊＊（债权人）向荟鑫＊公司（债务人）借款（杨某 1、杨某 2 以全部财产为上述债权提供连带责任保证）这一债权债务关系，则基于＊＊银行西安分行的清偿而归于消灭。此外，保证合同属于从合同，从合同因主合同的无效或消灭而相应地无效或消灭。上述债权债务关系基于＊＊银行西安分行的清偿归于消灭，杨某 1、杨某 2 提供的保证担保亦归于消灭。其次，根据法律规定，在债务加入法律关系中，债务加入人承担连带债务后，不构成债权转移，其与债务人之间的关系，按照其与债务人之间法律关系的性质处理，法律未规定债务加入人承担连带债务后可以向债务人的保证人追偿。故＊＊银行西安分行无权向杨某 1、杨某 2 追偿。

【案例警示】

实务中，为避免金融债权人丧失抵押权及担保人“脱保”风险的出现，编者提出以下 2 点建议：

1. 从源头上避免债务加入法律关系的成立，即金融债权人应拒绝向过桥资金方提供任何承诺。

2. 若必须提供承诺，金融债权人可以仅向过桥资金方作出直接受让其债权的承诺，构成债权转移法律关系。从而金融债权人可以行使抵押权、请求保证人承担保证责任。

四、经执行拍卖后，拍卖财产返还问题

根据最高人民法院《关于人民法院民事执行中拍卖、变卖财产的规定》（2020年修正）第二十四条，对于第二次拍卖仍流拍的动产，人民法院可以依照本规定第十六条的规定将其作价交申请执行人或者其他执行债权人抵债。申请执行人或者其他执行债权人拒绝接受或者依法不能交付其抵债的，人民法院应当解除查封、扣押，并将该动产退还被执行人。第二十五条，对于第二次拍卖仍流拍的不动产或者其他财产权，人民法院可以依照本规定第十六条的规定将其作价交申请执行人或者其他执行债权人抵债。申请执行人或者其他执行债权人拒绝接受或者依法不能交付其抵债的，应当在60日内进行第三次拍卖。第三次拍卖流拍且申请执行人或者其他执行债权人拒绝接受或者依法不能接受该不动产或者其他财产权抵债的，人民法院应当于第三次拍卖终结之日起7日内发出变卖公告。自公告之日起60日内没有买受人愿意以第三次拍卖的保留价买受该财产，且申请执行人、其他执行债权人仍不表示接受该财产抵债的，应当解除查封、冻结，将该财产退还被执行人，但对该财产可以采取其他执行措施的除外。

执行法院对被执行人名下财产采取强制评估、拍卖措施，经过二次拍卖或进入变卖程序后流拍的，有部分申请执行人因为政策或个人意愿等其他原因，不愿接受以物抵债，这就带来一个问题，当申请执行人不接受以物抵债时，法院是否可以或应再次启动评估、拍卖程序？还是只能将财产退还被执行人？

根据最高人民法院2014年11月19日出具的最高人民法院执行局《关于“转变执行作风、规范执行行为”专项活动中若干问题的解答》其中第七点，“案件清理过程中，不动产经三次拍卖流拍后，如果市场价格变化，是否可以重新拍卖？答：不动产经三次拍卖流拍，不能依法变卖或以物抵债的，执行法院可以根据市场价格变化，重新启动（评估）拍卖程序”。可见，相关财产或财产权经三次拍卖一次变卖后，重新拍卖和变卖在理论上具有可行性。编者认为，为了实现债权债务清偿最大化，在此种情形下，申请执行人又重新申请启动拍卖、变

卖程序的，人民法院可以行使自由裁量权决定启动再行评拍卖、变卖程序。另外，如果人民法院决定启动再行拍卖时，原执行拍卖标的物已经解除查封、扣押措施的，启动之前应当先查封或者扣押。

【相关案例】

东＊公司与＊＊银行借款合同纠纷案（2014）执复字第19号

【基本事实】

＊＊银行与东＊公司借款担保合同纠纷一案，青海省高级人民法院判决东＊公司偿还＊＊银行借款，并承担抵押担保责任。判决生效后，东＊公司未履行义务，＊＊银行申请执行。执行中，青海市高级人民法院（以下简称青海高院）委托评估机构对东＊公司的全部土地、地上建筑物进行了评估，并进行了三次整体拍卖，均因无人竞买流拍。2009年4月24日，青海高院裁定终结本次执行程序，并解除对东＊公司财产的查封。

2013年9月2日，经＊＊银行申请，青海高院恢复执行。2014年2月27日，青海高院作出（2013）青执恢字第1-2号执行裁定，认为终结本次执行程序的裁定系由该院依法作出，并非东＊公司的原因造成，据此确定自该院（2007）青执字第10-5号执行裁定送达之日起，终结本次执行程序期间的利息及迟延履行金均不再计算。＊＊银行提出异议，认为青海高院认定事实错误，评估、拍卖程序违法，不予计算终结本次执行程序期间的利息及迟延履行金缺乏法律依据。东＊公司提出，青海高院恢复执行不当，不应当对已经流拍且退还给被执行人的财产再次查封并重新拍卖。

【争议焦点】

终结本次执行程序以及恢复执行是否正当。

【法院认定】

执行法院依据《关于人民法院民事执行中拍卖、变卖财产的规定》第二十八条第二款规定，将涉案标的物解封后退还给被执行人，并不意味着被执行人可以不再履行生效法律文书确定的义务，亦不意味着该标的物因此具有了不可执行性。该标的物作为债务人的责任财产，仍可用于清偿债务。只要申请执行人的债权未得全部受偿，人民法院可依法对被执行人的包括已解封、退还财产在内的可执行财产采取执行措施。本案中，涉案标的物在前次拍卖程序中未能变现，被执行人也未以其他财产清偿全部债务，只有对涉案标的物重新评估、拍卖才能实现债权人之债权。

【案例警示】

在金融债权人行使抵押权的过程中，关于执行程序，编者提出如下2点建议：

1. 经法定程序未拍卖变卖成功的抵押物，即使执行程序终结，抵押物退还债务人，金融债权人依然可以重新申请启动拍卖、变卖程序，由法院决定是否启动再行评估拍卖、变卖程序。

2. 如果人民法院决定启动再行拍卖时，原执行拍卖标的物已经解除查封、扣押措施的，金融债权人应注意与法院沟通启动之前先查封或者扣押。

第三节 债权转让

一、通知义务是否为抵押权效力及于法定孳息的生效要件

《民法典》第四百一十二条规定，债务人不履行到期债务或者发生当事人约定的实现抵押权的情形，致使抵押财产被人民法院依法扣押的，自扣押之日起，抵押权人有权收取该抵押财产的天然孳息或者法定孳息，但是抵押权人未通知应当清偿法定孳息义务人的除外。根据该条规定再结合编者检索的两个案例（实务裁判不一，有的判例认为通知系对抗要件，有判例按照通知系生效要件来处理），编者建议抵押权人在查封抵押物时，一定要通知承租人，否则抵押权人不得主张承租人的清偿行为无效。

【相关案例一】

万＊公司与＊＊银行天保支行执行异议之诉案（2020）最高法民申2989号

【基本事实】

2016年1月26日，＊＊银行天保支行就涉案房产办理抵押登记手续。2016

年 11 月 22 日，万＊公司就涉案房产现时及以后租金收益办理了出质登记。后在＊＊银行天保支行执行程序中，万＊公司提起执行异议之诉，请求法院中止执行汇＊公司名下坐落北京市朝阳区商业房产，主要理由为万＊公司与汇＊公司签订了《担保合同》，且办理了动产权属统一登记，＊＊银行天保支行是否对涉案房产享有抵押权，均不能对抗万＊公司对涉案房产享有租金质押权。

【争议焦点】

万＊公司有关中止执行汇＊公司名下位于北京市朝阳区商业房产的诉讼请求能否成立。

【法院认定】

关于《物权法》（已失效）第一百九十七条第一款所规定的抵押权人通知义务的法律性质问题。万＊公司主张抵押权人的通知义务为抵押权效力及于租金收益孳息的生效要件，而非对抗要件。法院认为，首先，抵押权作为非占有性担保物权，在设立后，抵押财产产生的孳息应由抵押人所有。但是，在抵押财产被扣押后，则抵押权人的权益通过执法机关代为占有的方式得以实现。基于此，抵押财产被扣押后的孳息理应归属于抵押权人。其次，从立法目的角度考量，法律关于抵押财产孳息的规定，是为了防止抵押权进入实现程序后抵押人为收取孳息而拖延处理抵押物的行为。抵押财产的孳息由抵押权人享有有利于抵押权的实现，符合法律规范的目的。最后，抵押财产的孳息，通常涉及清偿法定孳息义务人的权益，赋予抵押权人的通知义务，有利于防止债务人的错误给付，也有利于维护抵押权人的权益。但抵押权人是否履行通知义务，并不对抵押权效力是否及于孳息产生影响，即如抵押权人未履行通知义务，则清偿义务人因不知财产被抵押的情形将法定孳息支付给抵押人，其法律后果仍产生清偿的效力，抵押权人不得主张清偿无效，不得对抗善意的清偿义务人。

【相关案例二】

＊＊银行慈溪市支行与侯＊＊、华＊公司执行异议之诉案（2017）浙 01 民终 4618 号

【基本事实】

2013 年 6 月 3 日，浙江省宁波市中级人民法院对＊＊银行慈溪市支行诉华＊

公司等金融借款合同纠纷一案作出民事调解书，确认＊＊银行慈溪市支行对华＊公司提供抵押的房地产在16,200万元范围内享有优先受偿权。同年9月24日，浙江省宁波市中级人民法院查封了该房产，并作出公告。

2014年1月28日，原审法院对侯＊＊诉华＊公司民间借贷纠纷一案，确认华＊公司归还侯＊＊借款本金4950万元等。因华＊公司未按调解书履行债务，侯＊＊向原审法院申请强制执行。2014年9月4日，原审法院向田＊＊、周＊＊、袁＊送达协助执行通知书，要求三人将应支付给华＊公司的该公司北区房屋租金交付原审法院执行。2016年7月19日，＊＊银行慈溪市支行向原审法院提出执行异议，认为其系房产抵押权人，房产所产生的租金理应依法由其享有，要求原审法院将房产被依法拍卖前所产生的租金依法转移给其享有。原审法院经审查，认为，因抵押权人并未向原审法院提供已履行了将扣押抵押物的事实通知应当清偿法定孳息的义务人的相关证据，故华＊公司的房屋租金收入原审法院可以执行，由此驳回＊＊银行慈溪市支行的执行异议请求。本案审理期间，＊银行慈溪市支行于2017年2月26日通过挂号信方式分别向田＊＊、周＊＊、袁＊邮寄了租金收取通知书，但该三人是否收到信函情况不明。

【争议焦点】

＊＊银行慈溪市支行对涉案租金是否享有足以排除强制执行的民事权益。

【法院认定】

根据《物权法》（已失效）第一百九十七条第一款“债务人不履行到期债务或者发生当事人约定的实现抵押权的情形，致使抵押财产被人民法院依法扣押的，自扣押之日起抵押权人有权收取该抵押财产的天然孳息或者法定孳息，但抵押权人未通知应当清偿法定孳息的义务人的除外”之规定，＊＊银行慈溪市支行作为抵押权人，在抵押房产被查封后，应当将房产扣押的事实通知承租人，对房产享有抵押权的效力才能及于涉案租金。本案所涉房屋租金发生于2016年11月之前，在此之前并无充分证据证明＊＊银行慈溪市支行已履行通知义务，因此＊＊银行慈溪市支行对涉案租金并不享有足以排除强制执行的民事权益。

【案例警示】

实务中，囿于抵押物变现难，通常情况下，抵押物产生的租金如果能够先行收取，那么在一定程度上，能够实现债权人利益最大化。因此为确保高效实现抵押权，编者提出以下 3 点建议：

1. 在抵押物尽调阶段，了解拟抵押物上是否有租赁。如存在租赁情况，充分了解租赁状况，如租金、租期以及支付方式，是否设定权利限制等。这些都有可能影响是否继续放贷给债务人以及后续是否影响抵押权的实现，以便金融债权人充分评估风险。

2. 在出现了不履行到期债务或者发生当事人约定的实现抵押权的情形时，建议在起诉的同时，及时申请查封抵押物，如果抵押人的债务多，万一抵押权人不能获得首封顺位，即便是通知了承租人，法院也不支持抵押权人就租金享有优先受偿权。

3. 查封抵押物后，一定要通知承租人直接向抵押权人缴纳租金。

二、受让债权时注意审查债务人主体

投资人受让债权时，应注意审查债务人的主体性质，避免因违反法律规定而致使转让无效，造成不必要的损失。根据《民法典》第五百四十五条债权人可以将债权的全部或者部分转让给第三人，但是有下列情形之一的除外：

（1）根据债权性质不得转让；

（2）按照当事人约定不得转让；

（3）依照法律规定不得转让。

国家以法律禁止转让的，违反禁止性规定的，合同当然无效。在我国禁止转让债权多以行政规章形式出现，根据财政部《关于进一步规范金融资产管理公司不良债权转让有关问题的通知》之规定，下列资产不得对外公开转让：债务人或担保人为国家机关的不良债权；经国务院批准列入全国企业政策性关闭破产计划的国有企业债权；国防、军工等涉及国家安全和敏感信息的债权以及其他限制转让的债权。由此可见，投资人在受让债权时须对债务人主体以及债权性质进行审查。

【相关案例一】

东＊资产管理公司与吉林市＊＊局、吉林市＊行等债权转让合同纠纷案（2014）吉民二终字第 15 号

【基本事实】

1993 年 7 月 1 日，吉林市＊＊局与＊银行吉林市松江办事处（以下简称松江

办事处）签订《流动资金借款合同》一份，并加盖了公章。2002 年开始，吉林市＊行将全市的金融不良债权（包括上述债权）交由吉林市＊行北大街支行办理。2005 年 7 月 31 日，吉林省＊行将对吉林市＊＊局的债权本金及利息转让给东＊资产管理公司。2009 年 5 月 20 日，东＊资产管理公司又将该笔债权转让给吉林省国资公司。2011 年 5 月 9 日，吉林省国资公司再次将此债权转让给长＊资产管理公司长春办事处。2013 年 1 月 25 日，吉林市＊＊局到吉林市中级人民法院起诉，要求确认债权转让合同无效。

【争议焦点】

吉林省国资公司与长＊资产管理公司长春办事处于 2011 年 5 月 9 日签订的债务人为吉林市财政局的《债权转让协议》是否有效的问题。

【法院认定】

最高人民法院《关于审理涉及金融不良债权转让案件工作座谈会纪要》关于不良债权转让合同无效和可撤销事由的认定规定，在审理不良债权转让合同效力的诉讼中，人民法院应当根据《合同法》（已失效）和《金融资产管理公司条例》等法律法规，并参照国家相关政策规定，重点审查不良债权的可转让性、受让人的适格性以及转让程序的公正性和合法性。金融资产管理公司转让不良债权存在债务人或者担保人为国家机关的，人民法院应当认定转让合同损害国家利益或社会公共利益或者违反法律、行政法规强制性规定而无效。本案经一审、终审和最高人民法院再审，认定《债权转让协议》无效。

【相关案例二】

刘＊＊、何＊＊借款合同纠纷案（2019）桂执复 74 号

【基本事实】

2000 年 3 月 14 日，中国＊银行凭祥市支行将凭祥市水利电力局欠其债权转让给长＊资产管理公司南宁办事处（以下简称长＊公司南宁办）。因凭祥市水利电力局未按期归还借款，2003 年 2 月 10 日，长＊公司南宁办起诉至法院，胜诉。判决生效后，长＊公司南宁办申请强制执行。2007 年 1 月 31 日，长＊公司南宁办将债权转让给索＊＊公司，2007 年 9 月 19 日索＊＊公司再次将债权转让给李＊＊、何＊＊两个自然人。法院于 2008 年 9 月 23 日裁定变更申请执行人为

李＊＊、何＊＊。2018年11月19日，李＊＊、何＊＊又将债权转让给刘＊＊。李＊＊、何＊＊向法院申请变更申请执行人为刘＊＊。法院未裁定把刘＊＊列为本案当事人。2018年12月2日，李＊＊、何＊＊和刘＊＊向该院提交书面申请，要求变更本案申请执行人。2009年11月3日，法院执行得款456,378元，并发放给申请执行人李＊＊、何＊＊。

【争议焦点】

刘＊＊主张变更其为本案申请执行人是否应予支持。

【法院认定】

首先，关于债权是否具有可转让性的问题，即被转让的不良债权是否属于国家禁止或限制转让的债权。《关于进一步规范金融资产管理公司不良债权转让有关问题的通知》第二条规定："债务人或担保人为国家机关的不良债权，不得对外公开转让。"《关于规范境内金融机构对外转让不良债权备案管理的通知》（已失效）第五条规定："对外转让不良债权中不得含有我国各级政府及其所属行政部门作为债务人或提供担保的债权。"《关于审理涉及金融不良债权转让案件工作座谈会纪要》（以下简称《海南会议纪要》）第六条规定："在审理不良债权转让合同效力的诉讼中……金融资产管理公司转让不良债权存在下列情形的，人民法院应当认定转让合同损害国家利益或社会公共利益或者违反法律、行政法规强制性规定而无效。（一）债务人或者担保人为国家机关的……"本案债务人为凭祥市水利电力局即国家机关，欠债的原因是用于建设凭祥市城网输变电工程，该工程属于民生工程项目，本案债权转入协议是在《海南会议纪要》实施后签订的，本案债权明确具有不可转让性。因此，本案债权转让合同无效。刘＊＊主张变更其为本案申请执行人，本院不予支持。

通过上述案例，可知债务人或担保人为国家机关的不良债权不得对外公开转让，那如果是国家机关子公司是否转让受限？根据编者检索的相关案例［可参考（2019）京03民终7893号民事判决书］，法院认为对上述法律规定，从文义解释和体系解释的角度出发，此处的债务人仅为直接债务人和合同债务人，不应解释为责任的最终承担者。由此可见，国家机关的子公司不受该条法律依据限制。

【案例警示】

在金融债权人收购债权等业务过程中，关于债务人和担保人主体问题，编者提出以下2点建议：

1. 金融债权人在收购债权时需要注意审查是否有限制转让的情形：债务人或担保人为国家机关的不良债权；经国务院批准列入全国企业政策性关闭破产计划的国有企业债权；国防、军工等涉及国家安全和敏感信息的债权以及其他限制转让的债权，避免因转让无效带来损失。

2. 根据编者检索的相关案例，债务人和担保人是国家机关子公司转让不受限，法院认为对相关法律规定，从文意解释和体系解释的角度出发，债务人仅为直接债务人和合同债务人，不应解释为责任的最终承担者。由此可见，国家机关的子公司不应受该条法律依据限制。

第二部分

风险防范：规范操作流程

第一章 尽职调查

第一节 调查主体

尽职调查可以深入了解企业的基本信息、债权债务情况和可能存在的经营风险。其目的就是保证安全，控制风险来实现预期收益。

一、网络调查

随着移动互联网的加速发展，云计算、大数据、物联网等新技术更快融入我们日常的工作和生活中，很多尽职调查工作可先行通过网络检索方式进行，再带着疑问进行现场调查，两者相辅相成，可以更高效地获取想要的信息。金融机构在对债务人和担保人的网络调查中可从如下 4 个方面着手。

（一）企业基本信息调查

企业基本信息调查的目的系查看企业状态：存续情况、营业期限、注册资本、实缴情况、股东信息、股权结构、企业年报、信用状况等，以此掌握企业的基本信息。编者列出常用的网站及网址供参考：

1. 国家企业信用信息公示系统：http://www.gsxt.gov.cn/index.html。

2. 企查查：https://www.qcc.com。①

3. 天眼查：https://www.tianyancha.com。②

4. 信用中国网：https://www.creditchina.gov.cn/。

5. 中国人民银行征信中心：http://www.pbccrc.org.cn/。

6. 中国人民银行征信中心动产融资统一登记公示系统：https://www.zhongdengwang.org.cn/。

（二）知识产权调查

知识产权调查的目的系通过网络检索企业专利、商标、地理标志、软件、作品等情况，以此来了解企业无形资产情况。编者列出常用的网站及网址供参考：

1. 国家知识产权局：https://www.cnipa.gov.cn/。

2. 专利检索及分析：http://pss-system.cnipa.gov.cn/sipopublicsearch/portal/uilogin-forwardLogin.shtml。

3. 商标查询：http://sbj.cnipa.gov.cn/sbj/sbcx/。

4. 地理标志：https://www.cnipa.gov.cn/col/col116/index.html。

5. 中国版权保护中心：https://register.ccopyright.com.cn/query.html。

（三）处罚情况调查

处罚情况调查的目的系通过网络检索了解企业是否存在经营异常记录，交通运输、环境保护、土地使用、安全生产、市场秩序、涉金融违法违规、工程建设质量及安全以及政府采购等领域的违法失信记录，重大税收违法案件记录等，以此来了解企业受处罚情况。编者列出常用的网站及网址供参考：

1. 中华人民共和国生态环境部网站：http://www.mee.gov.cn/。

2. 中华人民共和国应急管理部网站：https://www.mem.gov.cn/。

3. 中国市场监管行政处罚文书网：https://cfws.samr.gov.cn/。

4. 国家税务总局“重大税收违法案件信息公布栏”：http://hd.chinatax.gov.cn/xxk/。

5. 中华人民共和国住房和城乡建设部全国建筑市场监管公共服务平台：

---

① 内容仅供参考，仍需以国家企业信用信息公示系统公示信息为准。

② 内容仅供参考，仍需以国家企业信用信息公示系统公示信息为准。

http://jzsc. mohurd. gov. cn/。

6. 中华人民共和国交通运输部网站“信用交通”页面：https://credit. mot. gov. cn/。

7. 中华人民共和国自然资源部网站：http://www. mnr. gov. cn/。

8. 中国证券监督管理委员会“证券期货市场失信记录查询平台”：http://neris. csrc. gov. cn/shixinchaxun/。

9. 国家外汇管理局网站：https://www. safe. gov. cn/。

10. 中国政府采购网网站：http://www. ccgp. gov. cn/。

（四）涉诉信息调查

涉诉信息调查的目的系通过网络检索了解企业诉讼及执行情况，通过司法文书了解企业债权债务情况。编者列出常用的网站及网址供参考：

1. 中国裁判文书网：https://wenshu. court. gov. cn/。

2. 全国法院失信被执行人名单信息公布与查询系统：http://zxgk. court. gov. cn/shixin/。

3. 中国执行信息公开网—失信被执行人查询系统：http://zxgk. court. gov. cn/shixin/。

4. 中国执行信息公开网被执行人信息查询系统：http://zxgk. court. gov. cn/zhixing。

二、现场调查

除网络调查外，很多问题的落实需要金融机构进行现场调查，方法为向债务人、担保人提供问题清单，对方根据实际情况提供相关材料，或通过访谈形式形成相关笔录文件，必要时亦可持相关手续去当地各个行政部门调查相关情况。现场调查通常需要注意以下3个方面。

（一）经营情况

调查经营情况的目的系针对企业资质，行业等方面，了解其所处行业的地位，侧面了解其经营实力，也就是企业软实力部分。通常包括如下内容：

1. 公司概况（主营业务、发展沿革、股权架构、管理架构、行业地位等）。

2. 借款合同（或担保合同）签署是否通过了内部决策机制。

3. 借款用途及还款来源介绍。

4. 抵押物、质押物情况介绍（权属、所在地、状态、数量、是否有其他权利负担等）。

（二）资产情况

调查资产情况的目的系通过了解企业资产情况预估其偿债能力。通常包括以下内容：

1. 不动产：土地、房产等。

2. 动产：车辆、设备等。

3. 无形资产：商标、专利、著作、软件等。

4. 存款：库存现金、银行账户余额、应收账款、预付账款等。

5. 金融资产：股票、股权、期权、信托、理财、基金等。

（三）负债情况

调查负债情况的目的系通过财务报表了解企业运营是否健康。通常包括以下内容：

1. 对外欠款情况。

2. 对外担保情况。

3. 资产上的权利负担情况。

金融债权人应根据上述内容，结合资产负债表、审计报告等财务文件，综合分析和评估债务人及担保人基本情况及偿债能力，对相关风险进行预判，作出最适合的决定。

第二节
调查对象之抵押物

抵押物是指债务人（抵押人）为担保某项义务的履行而移转给债权人（抵押权人）的担保物。可以是有形财产，也可为登记的无形财产。抵押物既可以是土地、房屋，也可以是车辆、设备等，鉴于实务中大部分抵押物为房产，故本书将围绕房地产抵押物的尽职调查做深入分析。

一、建设工程优先受偿问题

（一）法律依据

1. 根据《民法典》第八百零七条，发包人未按照约定支付价款的，承包人可以催告发包人在合理期限内支付价款。发包人逾期不支付的，除根据建设工程的性质不宜折价、拍卖外，承包人可以与发包人协议将该工程折价，也可以请求人民法院将该工程依法拍卖。建设工程的价款就该工程折价或者拍卖的价款优先受偿。

2. 最高人民法院《关于审理建设工程施工合同纠纷案件适用法律问题的解释（一）》第三十六条，承包人根据《民法典》第八百零七条规定享有的建设工程价款优先受偿权优于抵押权和其他债权。

（二）关注焦点

鉴于上述法律规定，在对房地产设定抵押时，我们需要：

1. 核查内容：标的物上是否存在工程未完工情况，工程是否验收，是否存在工程款未完全支付情形。

2. 核查方式：调查开发商与施工方签订的合同书、资金支付情况、财务报告、增项签证情况、结算书等。

3. 处理方式：要求开发商、承包人就工程价款未付情况出具书面的承诺。对尚欠工程款的情况，应要求工程施工单位出具书面证明材料、承包人放弃优先受偿权的声明。

（三）需要探讨的问题

1. 建设工程优先受偿权是否可以放弃

（1）相关法理基础和规范依据

2021年1月1日起施行的最高人民法院《关于审理建设工程施工合同纠纷案件适用法律问题的解释（一）》第四十二条规定，发包人与承包人约定放弃或者限制建设工程价款优先受偿权，损害建筑工人利益，发包人根据该约定主张承包人不享有建设工程价款优先受偿权的，人民法院不予支持。

（2）编者观点

放弃的债权原则上有效，因为承包方有权利处分自身权利。但如因放弃该笔债权导致施工单位资不抵债，无法支付农民工工资进而损害农民工利益的，理论上农民工可作为债权人行使代位撤销权，鉴于农民工的特殊身份，此种情形下，承包人的放弃行为因严重威胁农民工生存权，所以无效。

（3）实操建议

从 2021 年 1 月 1 日起施行的最高人民法院《关于审理建设工程施工合同纠纷案件适用法律问题的解释（一）》中可以看出，相关指导性文件不能找寻出对金融机构有利的解决方案。但通过相应的案例分析，编者认为对于金融机构解决放弃建设工程优先受偿权问题的有效方式为：

①金融机构直接将给开发商或贷款人的部分贷款支付给施工方确保放弃优先受偿权的效力；

②找寻其他替代担保，担保农民工工资可以得到有效支付，而不用再行行使建设工程价款优先受偿权，因为被保护的法益不能重复保护。

【相关案例】

四＊公司与润＊公司建设工程施工合同纠纷案（2013）通中民初字第 0046 号

【裁判要旨】

关于四＊公司出具给＊商行公司的承诺函的效力。根据最高人民法院《关于建设工程价款优先受偿权问题的批复》（已失效）第一条的规定，“人民法院在审理房地产纠纷案件和办理执行案件中，应当依照《合同法》第二百八十六条的规定，认定建筑工程的承包人的优先受偿权优于抵押权和其他债权”。

【法院认定】

如四＊公司未出具承诺函，其建设工程价款优先受偿权应当优先于＊商行公司的抵押权。由于建设工程价款往往涉及材料款和农民工工资等，材料款债权在一定程度上具有所有权取回权的性质，而农民工工资债权则具有基本生存保障的性质，法律创设建设工程价款优先受偿权即是为保护这些特定法益，如承包人放弃优先受偿权将损害这些特定法益，则承包人的放弃行为应属无效。但如果承包人放弃优先受偿权的同时，已经有一定的担保措施确保承包人工程款的有效实现，则承包方放弃优先受偿权的行为可以认定为有效。本案中，在润*公司无力支付工程款、农民工为索要工资到政府信访的背景下，从各方的行为看，*商行公司、润*公司、四*公司三方达成润*公司以在建工程抵押给*商行公司，四*公司承诺放弃4000万元贷款本息范围内的优先受偿权，*商行公司通过受托支付的方式将4000万元贷款直接支付给四*公司的一致意见。由此可见，四*公司放弃该部分建设工程价款优先受偿权，本身就是为了保障这些特定法益得以实现，其承诺放弃工程款优先受偿权的条件即润*公司向*商行公司贷款4000万元用于支付其工程款已于承诺函出具之次日成就，故其放弃优先受偿权的行为应为有效。否则，如其在*商行公司抵押权之前实现工程款权利，事实上属于对同一法益进行了重复保护，会导致四*公司与*商行公司之间的权利义务明显失衡，有违公平原则与诚实信用原则。综上，本院认定四*公司出具给*商行公司的承诺函有效。

二、土地性质问题

（一）法律依据

最高人民法院《关于适用〈民法典〉有关担保制度的解释》（以下简称《担保制度司法解释》）第五十条之规定，抵押人以划拨建设用地上的建筑物抵押，当事人以该建设用地使用权不能抵押或者未办理批准手续为由主张抵押合同无效或者不生效的，人民法院不予支持。抵押权依法实现时，拍卖、变卖建筑物所得的价款，应当优先用于补缴建设用地使用权出让金。

当事人以划拨方式取得的建设用地使用权抵押，抵押人以未办理批准手续为由主张抵押合同无效或者不生效的，人民法院不予支持。已经依法办理抵押登记，抵押权人主张行使抵押权的，人民法院应予支持。抵押权依法实现时所得的价款，参照前款有关规定处理。

（二）关注焦点

鉴于上述法律规定，我们在办理房地产抵押时应注意：

1. 核查内容：土地性质是划拨还是出让。

2. 核查方式：通过查看土地出让合同、政府招拍挂网站、土地证。

（三）以案释法

1. 背景介绍

下文所述案件为编者亲自办理的司法拍卖案件：案件标的物位于天津河西友谊北路，总建筑面积12,000多平方米，司法拍卖经过三拍降价后标的额为2.7亿元（不足偿还银行贷款本金及利息），该土地性质为划拨，司法拍卖网上都会有类似如下表述“请竞买人在拍卖前必须仔细审查拍卖标的物，调查是否存在瑕疵，认真研究查看所竞买标的物的实际情况，并亲临展示现场，实地看样，未看样的竞买人视为对本标的实物现状的确认，慎重决定竞买行为，竞买人一旦作出竞买决定，即表明已完全了解，并接受标的物的现状和一切已知及未知的瑕疵”。

2. 编者观点

此处的未知瑕疵应限定在与拍卖标的物有关的物理瑕疵，并不能包含所有权利瑕疵，包括上一节提到的建设工程款的问题以及本节土地出让金问题，都应属于权利瑕疵的范畴，按照法律规定，这些都优先于抵押权。

3. 实操建议

作为金融债权人，在办理抵押登记前，标的物的相关状况以及抵押金额等的确立，均应把标的物的土地性质以及对应的未来可能涉及的土地出让金金额提前予以考虑，这样才能保障自身权益。

三、税收问题

（一）法律依据

《税收征收管理法》第四十五条第一款规定，纳税人欠缴的税款发生在纳税人以其财产设定抵押、质押或者纳税人的财产被留置之前的，税收应当先于抵押权、质权、留置权执行。

（二）关注焦点

1. 核查内容

根据上述法律规定，金融债权人在设定抵押物时，需要了解抵押物上是否存在未结的税款，如果税款发生在抵押之前，直接影响抵押权的受偿顺序。

2. 核查方式

向该标的房产所属税务机关调查了解欠税情况、查阅欠税公告。

（三）以案释法

编者办理的一起不良资产案例中，充分运用了前述法律规定，最终为金融机构及买受人节省了340余万元的税款。

1. 背景介绍

在金融债权人一抵押物执行拍卖后（在办理过户过程中，抵押物拍卖款项尚未分配），税务局即提出要求把原先该标的物上已欠缴的税款缴纳后才能给办理过户手续，编者介入该案后，第一时间向税务局出示法律依据，并表达了原所有权人欠缴的税款不应影响本次过户，且由于税款欠缴时间晚于抵押时间，因此税款并不能从本次拍卖价款中优先受偿。当时税务局并未听取我方意见，而是直接向法院发出请求法院代为扣缴税款的函，请求法院按照相关税法规定，协助将欠缴的税款及滞纳金340余万元解缴入库。在此情况下，我们积极与主办法官进行沟通，最终执行法官向税务局出具了《协助执行通知书》，税务局拿到该通知书后又经过努力沟通，最终抵押物拍卖款项获得全额分配。本案中，编者认为这份通知书最具有价值的信息即为执行法院明确了抵押时间点。

2. 实操建议

实践中，当金融债权人的抵押财产拍卖时，建议应注意财产设定抵押、质押或财产被留置的时间以及发生欠缴的税款时间。如设定抵押的时间早于税款发生时间，应积极与法院执行法官沟通说明此情况，让法院与税务局沟通并协助执行。

四、房屋销售情况

（一）法律依据

1. 最高人民法院《关于人民法院办理执行异议和复议案件若干问题的规定》第二十八条规定的金钱债权执行中，买受人对登记在被执行人名下的不动产提出异议，符合下列情形且其权利能够排除执行的，人民法院应予支持：

（1）在人民法院查封之前已签订合法有效的书面买卖合同；

（2）在人民法院查封之前已合法占有该不动产；

（3）已支付全部价款，或者已按照合同约定支付部分价款且将剩余价款按照人民法院的要求交付执行；

（4）非因买受人自身原因未办理过户登记。

2. 第二十九条规定的金钱债权执行中，买受人对登记在被执行的房地产开发企业名下的商品房提出异议，符合下列情形且其权利能够排除执行的，人民法院应予支持：

（1）在人民法院查封之前已签订合法有效的书面买卖合同；

（2）所购商品房系用于居住且买受人名下无其他用于居住的房屋；

（3）已支付的价款超过合同约定总价款的50%。

（二）关注焦点

根据上述法律规定，金融机构办理抵押登记前，以下几点需注意：

1. 核查内容：需要核查标的房产是否存在销售情况。

2. 核查方式：通过查看预售许可证、网站核实销售信息、或去所属房管局核查是否办理预售登记，核查是否存在抵债协议、认购协议等。

（三）实操建议

鉴于法律对消费者生存权的特殊保护，对金融机构设立抵押时的建议如下：

1. 在建工程抵押设立前，现场考察已完工部分房屋是否存在被占有行为。

2. 在抵押合同中明确约定如果将来因购房人优先权等问题导致在建工程抵押权落空，那么在建工程抵押权人有权要求抵押人更换抵押物（可在附件中列明可备选更换的抵押物清单），并要求其承担相应的违约责任。

五、房屋租赁情况

（一）法律依据

1.《民法典》

第四百零五条规定：抵押权设立前，抵押财产已经出租并转移占有的，原租赁关系不受该抵押权的影响。

2. 最高人民法院《关于人民法院办理执行异议和复议案件若干问题的规定》

第三十一条规定：承租人请求在租赁期内阻止向受让人移交占有被执行的不动产，在人民法院查封之前已签订合法有效的书面租赁合同并占有使用该不动产的，人民法院应予支持。

承租人与被执行人恶意串通，以明显不合理的低价承租被执行的不动产或者伪造交付租金证据的，对其提出的阻止移交占有的请求，人民法院不予支持。

（二）关注焦点

1. 核查内容：金融机构设立抵押时，一定要核查该标的房产是否有租赁。

2. 核查方式：房管局核查标的房产是否有租赁备案，现场核查房屋是否实际占有并拍照。如房屋所有人出具不存有租赁关系承诺、房屋未实际占有情况留证，如有必要，进行公证。

（三）探讨的问题

1. 租赁期限内，次承租人是否也享有买卖不破租赁的权利

【相关案例】

A 公司、B 银行与案外人 C 公司的执行异议纠纷（2008）沪一中民二（民）终字第 1556 号

【裁判要旨】

（1）次转租赁关系在原租赁合同的有效期内存在，对抵押权人的利益并未产生实质性影响，故该转租赁关系仍予以保护。

（2）实际为贷款关系的租赁合同认定问题。

【基本事实】

A 公司向 B 银行借款 2 亿元，抵押物为其自有房屋，但 A 公司未还。B 银行胜诉后在处置抵押物过程中，案外人 C 先后提出了执行异议、执行异议之诉主张租赁权。其主张租赁权的理由系：其在抵押前已经承租了 20 年，一次性租金 1 亿元已转入 A 公司，并提供了租赁合同与转账凭证（确早于抵押前），之所以未入住，是因为其将办公楼又返租给了 A 公司，并提供了返租合同与转账凭证（逐年付 600 万元租金，如任一期未付将解除返租合同），现 A 公司未付租金其要求解除返租合同，并要求法院带租拍卖。

【案例警示】

上述案例中，如 B 银行无法证明上述一次性租费系贷款的，那么金融机构面临着无法对抗租赁优先的风险。建议金融债权人在相关合同签署及抵押物登记前，要求债务人出具，抵押物上不存在任何租赁情形的承诺；并建议金融债权人向债务人企业索要财务报表等资料，分析财务科目，尽最大可能排除以上风险情形。

2. 承租人主张买卖不破租赁来对抗抵押权，所承担的证明责任较高

【相关案例】

郭＊与＊＊银行城阳支行执行异议之诉案（2018）鲁民终 1254 号

【争议焦点】

郭＊对涉案执行标的是否足以排除强制执行。

【法院认定】

涉案房屋抵押登记时间为 2014 年 10 月 23 日、查封时间为 2015 年 8 月 19 日，郭＊提起案外人执行异议之诉，负有举证证明其在 2014 年 10 月 23 日前已经签订合法有效的书面租赁合同并占有使用涉案房屋的责任。虽然郭＊提供了合同、送货单、收据、对账单、发票等证据，用以证明其与李＊于 2014 年 8 月 25 日以货款抵顶租金的方式签订了房屋租赁合同并实际占有使用涉案房屋，但从现有证据看，本案存在以下问题：（1）李＊出具的收据载明的房租数额与玻璃款抵房租协议书关于“送货额度达到 130 万元为一个结算单位，达到结算节点后，郭＊转交案涉房屋房租 130 万元”的约定不完全相符；（2）郭＊与李＊约定的租赁

期限长达25年，承租价格总额达5,073,000元，与李＊购买涉案房屋的购房款6,378,338元差距不大；(3) 涉案房屋的装修装饰施工合同系李＊与施工单位签订，施工单位出具的装修预算书名称为“龙湖合院3001李总福宅预算书”；(4) 李＊及其配偶孙＊与＊银行城阳支行签订的最高额抵押合同第十三条“甲方陈述与保证”第七款明确约定“抵押财产不存在任何未书面告知乙方的瑕疵或负担，包括但不限于抵押财产……被出租……”(5) 郭＊提供的交付证据中，物业公司出具的证明无法采信，2014年12月22日住宅物管费收据、2016年12月19日天然气费发票、2017年2月25日（计费时间为2016年12月和2017年2月）的电费发票显示的客户名称均为李＊，2016年10月28日（计费时间为2016年10月）的电费发票显示的客户名称为淄博洪顺机动车驾驶有限公司，上述发票显示的客户名称均非郭＊，而2017年9月7日天然气费发票、2017年9月7日（计费时间为2017年4月、6月、8月）电费发票显示的客户名称为郭＊。上述问题与郭＊关于其已在2014年8月25日签订合法有效的书面租赁合同并占有使用涉案房屋的主张相矛盾。因此，一审判决认定郭＊提供的证据不足以证明其对涉案执行标的享有足以排除强制执行的民事权益，并无不当。

【案例警示】

通过上述案例，金融债权人面临承租人提起执行异议的，应注意以下几个方面：(1) 租赁合同的订立时间；(2) 租金支付账户、户名与租赁合同出租人是否保持一致；(3) 是否办理房屋租赁登记备案手续；(4) 租赁房屋是否实际转移占有使用；(5) 是否存在其他违反商业习惯或商业常理的情形。

六、财产保险

(一) 法律依据

《民法典》第三百九十条规定，担保期间，担保财产毁损、灭失或者被征收等，担保物权人可以就获得的保险金、赔偿金或者补偿金等优先受偿。被担保债权的履行期限未届满的，也可以提存该保险金、赔偿金或者补偿金等。

(二) 关注焦点

鉴于以上法律规定，应做到以下几点：

1. 核查内容：建议放贷前，核查标的房产是否上保险。

2. 核查方式：(1) 查验保险合同，并与保险公司核实；(2) 金融机构与贷款人、抵押人签订相关合同时，明确要求其缴纳房产险。

(三) 实操建议

关于财产保险问题，建议金融机构注意贷后管理：每年查验是否续保。

七、产权资质问题

特别是对于房地产企业，在抵押权设定时，金融机构需要考虑抵押拍卖时的成交难度。因此需注意如下几点：

1. 核查内容：在选定抵押物或对抵押物进行调查时即需要核查在建工程产权办理资质标的房屋是否存在其他问题影响售卖难度，如对于在建工程而言，抵押时或贷后管理时需要注意：(1) 各项资质是否齐全；(2) 是否可以顺利办理大产权证。

2. 核查方式：(1) 核查环评登记备案材料、建设用地规划许可证、设计方案批复、审图证、建设工程规划许可证（地上、地下）、建设工程施工许可证（地上、地下）等；(2) 影响办理大产权的因素：如超建，未按规划建设、消防环保未能验收等。

八、房屋居住权情况

(一) 法律依据

《民法典》首次引入了居住权制度，根据《民法典》第三百六十六条至第三百六十九条的规定，居住权是物权的一种，是对他人的住宅享有占有、使用的用益物权。设立居住权，当事人应当采用书面形式订立居住权合同。且居住权的设立，应当向登记机构申请居住权登记。居住权自登记时设立。除此之外，居住权不得转让、继承。设立居住权的住宅不得出租，但是当事人另有约定的除外。

(二) 新规对抵押权的挑战

根据以上规定，居住权与抵押权的并存有可能会对抵押权的行使造成实质障碍。如果抵押人提供已设立居住权的住宅作为抵押物，居住权的存在将或多或少影响抵押物的变换价值。如果抵押人在已设立抵押权的住宅上再设立居住权，居住权的存在同样可能会影响抵押权的顺利行使。因此抵押权与居住权并存将会对抵押权人的权利产生重大影响。

（三）探讨的问题

已设立抵押权的房屋，能否设立居住权？抵押权和居住权同时存在时，哪个权利更为优先？

1. 高圣平教授观点

依据《民法典》的规定，居住权可依合同或遗嘱设立。就依合同而设的居住权而言，物权变动模式为登记生效主义，“设立居住权，当事人应当采用书面形式订立居住权合同”“居住权自登记时设立”。居住权属于有期限的物权，因此，已经设定抵押权的住宅，并无碍于居住权的设立；设立居住权的住宅，也不否定其抵押能力。在居住权与抵押权竞合时，也就应当依据两者登记的时间先后确立彼此之间的优先顺位。以遗嘱设立居住权的，不适用登记生效规则，而是根据《民法典》第二百三十条的规定，自继承开始时居住权设立。为保护交易安全，《民法典》第二百三十二条规定了处分非依法律行为享有的不动产物权，依照法律规定需要办理登记的，未经登记，不发生物权效力。以遗嘱方式设立的居住权，居住权人自继承开始时所取得的就是具有完全效力的物权，若设立居住权的房屋同时负担有抵押权的，居住权与抵押权间的优先次序应依据继承开始的时间与抵押权登记的时间先后确定。[①]

2. 马明明观点

在《民法典》颁布之前，最高人民法院已经对实务中存在的有关居住权与抵押权的冲突顺位问题进行了回应。在最高人民法院裁定的交通＊公司陕西省分行与张某执行异议之诉再审案中，最高人民法院认为从价值衡量的角度考虑，房屋购买者的居住权与抵押权相比，居住权在效力上具有优先性。因此，在《民法典》颁布之后，有学者提出可依据最高人民法院对于此案中关于居住权与抵押权实现顺位的裁定，得出当一个房屋上既有居住权又有抵押权的情形时，居住权与

① 参见高圣平、范佳慧：《不动产上抵押权与利用权的冲突与协调》，载《山东大学学报（哲学社会科学版）》2020 年第 6 期。

抵押权相比，效力具有优先性的结论。编者认为，该案例发布于《民法典》颁布之前，由其案情可知，此案中的居住权指的是房屋购买人本人对已经购买的房屋享有居住的权利。根据该案所依据的《关于人民法院办理执行异议和复议案件若干问题的规定》第二十九条第二款规定可得出，第三人对于已经设立抵押负担的房屋合法受让后，因其名下没有其他房屋可以居住，且为房屋的所有权人，在此种情形下，为了保护房屋所有权人对于涉案房屋的居住权利，不至于使其流离失所，才从价值衡量的角度，优先保护房屋所有权人的所有权。因此，该案法院所提及的居住权与《民法典》确定的以自己房屋无偿供他人占有、使用的居住权不属同一概念，虽二者的本质都是为了保障困难人民有房屋可以居住，其裁判结果具有一定的借鉴意义，但是仍应对两种“居住权”所体现含义进行区分处理。若在居住权被纳入《民法典》之后，仍不区分情形，一味地肯定居住权人应优先于抵押权人得到保护，则会有损抵押权人的权益，不利于资金的有效流通。因此，在争议的房屋上有居住权和抵押权并存时，在法律未做规定的前提下，司法应在充分发挥法官的自由裁量权的基础上，平衡居住权人与抵押权人的合法权益。在这种权利冲突之时的利益取舍，必须最大限度地兼顾双方利益。进而，为了保障司法发挥其定分止争的中立者功能，就有必要对居住权与抵押权的权利冲突解决机制进行研究，使法院裁决案件时有法可依。①

（四）实操建议

1. 金融债权人在对标的物设定抵押之前，不仅要关注上文讨论的其他优先类债权，亦应关注是否存在居住权，合理评估风险。

2. 为避免后设立的居住权影响先设立的抵押权，建议在交易条款中明确约定禁止抵押人设立居住权，并在合同中明确如果设立居住权，抵押人的行为属于足以使抵押财产价值减少的行为，抵押权人有权根据《民法典》第四百零八条之规定，请求抵押人提供与减少的价值相应的担保，或请求债务人提前清偿债务，从而维护自身合法权益。

---

① 参见马明明：《居住权与抵押权之顺位冲突》，载《平顶山学院学报》2021年第1期。

九、其他

1. 员工问题

编者曾遇到过这样一起案件：银行在行使抵押物拍卖权时，遇到的不可控或前期无法预料的因素是由于标的房产的产权人的25%股权系国有股权，旗下200多名员工的阻挠导致抵押物一直未能顺利拍卖，直到相关利益方基本妥善安置完毕200余名员工后，银行才得以将抵押物处置，最后法院基于员工问题的不确定性以及持续发生的员工生活费问题，最终在拍卖价款中预留了几千万元作为员工安置储备金，所以编者建议金融机构在选定抵押物时，可适当考虑企业的性质及员工问题（特别是已停产的国有企业），设定贷款金额前评估值中一定要预留出足够份额确保抵押物的价值可以涵盖自身债权暨员工债权。

2. 夫妻财产问题

一般金融债权人除了要求有相应房产或在建工程做抵押外，通常均会让主债务人主要股东或实际控制人承担连带担保责任，而金融债权人在拍卖担保人名下房产时，也经常会遇到阻却执行的各种因素，其中比较难处理的就是夫妻共同财产的问题，金融债权人需要格外关注。案例如下：

【相关案例】

张＊与万＊执行异议之诉案（2017）最高法民终42号

【争议焦点】

离婚协议对房产的约定能否对抗申请执行人。

【裁判要旨】

离婚协议对房产的约定可以对抗申请执行人。本案中，支持该结论的观点有如下两点：

（1）离婚协议形成时间早于申请执行人申请执行时间；

（2）离婚协议中的变更房产登记基于物权请求权优先于申请执行人的一般金钱的债权请求权。

【基本事实】

位于上海××新区潍坊××街坊××室的涉案房产，购买时间为2008年7月，产权登记人为成*。该期间为张*与成*婚姻存续期间。该房产已办理按揭，归还贷款的钱均由成*支付，至2012年9月止。张*与成*于2008年10月20日在广东省罗湖区民政局办理了离婚登记手续，《离婚协议书》第3条第2款约定："上海××新区潍坊××街坊××室房产归女方（张*）所有。"

最高人民法院（2013）民一终字第133号民事判决书确认，富*贸易公司应偿还万*借款6750万元及利息，成*承担连带责任，该案借款发生时间为2011年8月。江西省高级人民法院（2016）赣执异字第1号执行裁定书载明，江西省高级人民法院在执行申请执行人万*与被执行人富*贸易公司、成*民间借贷纠纷一案中，案外人张*对江西省高级人民法院拍卖涉案房产提出执行异议，被驳回。张*于2016年2月29日收到该裁定书。

【法院认定】

综合本案具体情况，张*虽不能直接确认为涉案房产所有权人，但其对该房产享有变更登记为所有权人的请求权，该请求权可以排除人民法院根据万*的申请对涉案房产的强制执行。理由是：一方面，从两种请求权产生的时间来看，张*对涉案房产享有的请求权是基于2008年其与成*签订的离婚协议产生，而万*享有的请求权是基于2011年成*出具的担保承诺书产生。张*的请求权成立在前，其与成*不存在通过离婚协议预定转移、逃避此后成*可能发生的担保债务。万*的请求权与张*的请求权相比较，在时间上不具有优先性。另一方面，从两种请求权的性质和内容来看，张*享有的是针对涉案房产要求变更登记为所有权人的请求权，而万*享有的是针对成*的一般金钱债权，该金钱债权并非基于对涉案房产公示的信赖而产生。具体而言，成*为富*贸易公司向万*借款提供连带责任担保时，未将涉案房产设定为抵押担保物，万*亦并非基于成*名下登记有涉案房产而同意其为借款人富*贸易公司提供保证担保。故张*关于停止对涉案房产强制执行的上诉请求成立，本院予以支持。

第三节

调查对象之质押物

债务人或第三人提供质押担保的，在确定签订质押合同办理相应登记手续前，金融债权人应对该出质的质押物、权利进行详细的调查，以保证出质权利无瑕疵，可以实现优先受偿，否则将失去设立质押权的意义。

一、法律依据

（一）质押担保的标的

出质物、出质权利应属依法可以出质的物品、权利。

1. 出质物：依据我国《民法典》第四百二十六条，法律、行政法规禁止转让的动产不得出质。

2. 出质权利：依据我国《民法典》第四百四十条，债务人或者第三人有权处分的下列权利可以出质：

（1）汇票、本票、支票；

（2）债券、存款单；

（3）仓单、提单；

（4）可以转让的基金份额、股权；

（5）可以转让的注册商标专用权、专利权、著作权等知识产权中的财产权；

（6）现有的以及将有的应收账款；

（7）法律、行政法规规定可以出质的其他财产权利。

（二）质押担保的合同和设立条件

1. 合同

《民法典》第四百二十七条规定，设立质权，当事人应当采用书面形式订立质押合同。

质押合同一般包括下列条款：

（1）被担保债权的种类和数额；

（2）债务人履行债务的期限；

（3）质押财产的名称、数量等情况；

（4）担保的范围；

（5）质押财产交付的时间、方式。

2. 设立条件

《民法典》第四百二十九条规定，质权自出质人交付质押财产时设立。

第四百四十一条规定，以汇票、本票、支票、债券、存款单、仓单、提单出质的，质权自权利凭证交付质权人时设立；没有权利凭证的，质权自办理出质登记时设立。法律另有规定的，依照其规定。

第四百四十三条第一款规定，以基金份额、股权出质的，质权自办理出质登记时设立。

第四百四十四条第一款规定，以注册商标专用权、专利权、著作权等知识产权中的财产权出质的，质权自办理出质登记时设立。

第四百四十五条第一款规定，以应收账款出质的，质权自办理出质登记时设立。

二、关注焦点

（一）核查内容

1. 对出质物、出质权利的权属问题进行核查

（1）出质物、出质权利的出质人必须是该出质物及出质权利的所有权人，且权利的获得方式应为依法获得或依据合法的事实行为而获得，所有权不存在任何争议。需注意，股权出质需要调查股权是否代持的问题。

（2）出质物、出质权利如为共有，出质行为应经过共有人同意；出质物、出质权利的所有人如为法人或其他组织，应通过召开股东会，作出股东会决议的方式同意出质行为，且股东会的召开程序、内容应符合法律和公司章程的规定，股东会决议的作出不存在瑕疵。

2. 对出质物、出质权利的状态进行核查

（1）出质物：

①出质物现存完好，不存在毁损、灭失情形；

②出质物应为出质人所有且占有，如出质物存在他人占有、借用、租赁、留置等情形，将因无法交付使质权未设立；

③出质物是否存在查封、扣押情形，查封、冻结会影响质物交付从而影响质权设立。

（2）出质权利：

①权利真实有效。如应收账款出质，该应收账款确实存在；

②权利的行使不存在障碍。如商标、专利等知识产权出质的，出质前该知识产权可能存在出质人授权他人使用的情形，如该授权使用期限较长，在质权人处置权利时该授权仍有效，那么可能影响权利出质的收益；

③权利是否存在查封、冻结等情形，权利出质多以登记设立质权，如存在查封、冻结的情形将无法办理质押登记手续，从而导致质权不能设立；

④出质权利的价值评估。对出质的无论是股权、知识产权、还是应收账款等权利，需要进行专业评估，评估后贷款金额应在此基础上打折，保证质押物拍卖变价后，其变价款可以涵盖金融债权人的贷款利息、罚息、复利及实现债权产生的相关费用。

（二）核查方式

1. 通过质押物及质押权利的相关权属文件以及去往所属行政机关进行权属核实。

2. 现场查阅质押物实际情况，同时去往所属行政机关查询质押物是否存在其他权利负担等。

三、实操建议

（一）质押物选择很重要，编者建议要避免如下问题

1. 标的物本身权属瑕疵问题；

2. 标的物流通性差，不易变现；

3. 不易仓储、运输、易损坏；

4. 价格波动大，容易在质押过程中有贬值和不足值风险；

5. 标的物存在其他权利负担。

（二）贷后管理问题

金融债权人应关注质押物的贷后管理工作，建议为质押物购买财产保险，以规避意外损失。

第二章 金融债权的产生与管理

第一节 金融债权的产生

一、原始产生

（一）银行借贷

银行是金融机构的主要形式之一，银行债权是《商业银行法》所规定的具有经营贷款业务的银行机构按合同约定贷给借款人货币而形成的权利，它包括借款期满后债权人请求债务人偿还借款本金和利息的权利，以及借款人不履行还款义务，债权人实现权利受阻碍时向国家司法机关请求保护的权利。可以说，基于放贷行为所产生的债权构成了银行债权最主要的部分。因此，银行债权主要体现为贷款行为所产生的债权。

（二）非银行金融机构因资管业务产生

如债权类投资信托产品，往往多投资于政府平台或房地产项目，只是在当下地产行业去杠杆的严峻形势下，很多地产商资金链断裂，直接导致部分信托产品难以兑付，形成很多不良债权。证券、基金、期货、金融租赁、保险等非金融机构以发行资管产品的方式形成金融债权。《关于规范金融机构资产管理业务的指导意见》后，以往资管产品的风险暴露，因产生大量的业务违约，形成大量不良债权。

二、继受产生

继受产生，顾名思义系通过收购原始产生的债权，从而继受原债权人的地位。为便于理解，编者依不同的收购主体分别予以阐述。

（一）AMC 公司收购

1. 五大 AMC

五大 AMC，指信达资产管理公司、东方资产管理公司、长城资产管理公司、华融资产管理公司四大资产管理公司以及银河资产管理公司。从体量和资金实力来看，五大 AMC 依然是不良资产管理市场的主力，业务开展基本不受限制，有完善的监管法规规范，虽然在 2004 年后四大 AMC 纷纷寻求转型，一定程度上偏离了主业，甚至异化为影子银行，但随着 2018 年 1 月 1 日《金融资产管理公司资本管理办法（试行）》开始实施，新一轮的内部调整和整顿，管理层的更换不断推进，尤其是 2020 年，监管对四大 AMC 回归主业施加了更大的政策压力，要求四大 AMC 清理与不良资产处置无关的投资，将资源更加聚焦于不良资产处置主业，提升四大 AMC 全牌照金融控股公司的主业能力，更好地利用全牌照，通过多种渠道、采用多种金融工具提高处置不良资产的效率。① 因此，五大 AMC 公司是最主要的金融债权继受主体。

2. 地方 AMC

从 2012 年开始，政策一直扶持地方 AMC 的发展，不断放开设立数量，放宽业务范围。地方 AMC 在前一段时间部分业务异变为银行资产出表的通道，2019 年 7 月 5 日《关于加强地方资产管理公司监督管理工作的通知》（银保监办发〔2019〕153 号）的发布加强了对地方 AMC 的监管，要求其回归主业，同时对于资质、进入门槛、融资、税收等方面也表达了积极鼓励扶持的政策导向。截至今，经银保监会批准成立的地方 AMC 约 60 家，地方 AMC 的发展历程与政策准入门槛的变化紧密联系，目前地方 AMC 已进入“全面严监管”阶段。地方

---

① 参见杨瑾：《不良资产行业的 3.0 时代》，载微信公众号“金融监管研究院”2020 年 10 月 26 日，https://mp.weixin.qq.com/s/z7WWz-wn3rmQPnUpC_hf3Q。

AMC 机构在不良资产转让方面的主要受让主体包括个人、民营企业等；在处置规模方面，多数地方 AMC 机构的不良资产处置规模在 5 亿元以上。[①] 因此，地方 AMC 公司同样是金融债权的继受主体，专用来化解不良资产。

（二）AIC

为推动市场化、法治化银行债权转股权健康有序开展，规范银行债权转股权（以下简称债转股）业务行为，2018 年 6 月 29 日，银保监会发布《金融资产投资公司管理办法（试行）》，允许设立金融资产投资公司（AIC），主要从事银行债权转股权及配套支持业务。鼓励 AIC 通过先收购银行对企业的债权，再将债权转为股权的形式实施债转股。2020 年 4 月 16 日银保监会发布《关于金融资产投资公司开展资产管理业务有关事项的通知》（银保监发〔2020〕12 号），允许 AIC 开展资产管理业务，接受投资者委托，设立债转股投资计划并担任管理人。其中债转股投资计划应当主要投资于市场化债转股资产，包括以实现市场化债转股为目的的债权、可转换债券、债转股专项债券、普通股、优先股、债转优先股等资产。

（三）涉外资产公司

随着金融领域对外开放的不断扩大，投资不良资产行业的外资也日渐增加。2020 年 1 月《中美第一阶段经贸协议》放开外资申请地方 AMC 牌照，8 月第一家外资 AMC 新创建资产管理股份有限公司成立，成为第一个参与到一级市场的外资机构。[②]

（四）民营资产公司

为助力银行间坏账消化，化解金融系统性风险，国家早已放开了民营资产管理公司的市场准入，民间资本介入的方式也是多样化的，其可以直接从一级市场买断债权作为新的债权人，并通过包装项目去化后赚取利润，也可以和五大 AMC 合作共同处置债权等。

---

① 参见《2020 年中国地方不良资产处置行业发展现代分析，数量达 57 家，处置规模大多超 5 亿元》，载雪球网 2020 年 12 月 30 日，https://xueqiu.com/9006637539/167146343。

② 参见杨瑾：《不良资产行业的 3.0 时代》，载微信公众号“金融监管研究院”2020 年 10 月 26 日，https://mp.weixin.qq.com/s/z7WWz-wn3rmQPnUpC_hf3Q。

第二节
合规管理

“合规”意为符合规定，合为协调、匹配，规为法度、准则。对于金融债权人来说“合规”是其内部一项核心的风险管理活动，即确保金融债权人的活动与所适用的法律法规、监管规定、规则、自律性组织制定的有关准则，以及适用于金融债权人自身业务活动的规章制度和行为准则相一致。在第一部分中，我们从金融债权人典型案例出发，披露罗列了原始产生金融债权方式下其合同签订前、合同签订过程中、合同履行过程中存在的诸多风险，以警示金融债权人在业务中应防范的风险。风险防范本身是一套管理措施，发挥的是有效应对功能，而业务合规相较于风险防范，是一个更独立的系统，发挥的是基础、统筹作用，是金融债权人经营中的重中之重。如果原始基础合同的签署或管理过程中有瑕疵，会影响该笔债权的催收与处置，更会影响继受主体的多寡及债权对价。本节将在第一部分的基础上，立足业务合规这一出发点，围绕原始基础合同内容的规范、合同签署的规范、登记及贷后监管三个层面，重点例举几个点来说明金融债权人在业务办理过程中如何重视合规及风险防范。

一、合同内容的规范

（一）主合同

1. 对格式条款应附带相应的释明内容

格式条款的风险已在第一部分案例警示中提出过，本段内容再次提出旨在提示金融债权人在特殊背景下，如在借款合同中明确约定以抵押的商品房销售款作为还款来源，在没有特别约定或释明的情况下不能排除保证人在签订保证合同时存在涉案房屋售楼款不能偿还贷款时方承担保证责任的意思表示，即使格式条款有约定，也将做出对金融债权人不利的解释。

参见（2018）最高法民终966号案例，法院认定：鉴于本案的特殊情况，债务人抵押的房产已销售且金融债权人与借款人已约定了还款来源，在未对格式条款“无论……无论……”作出释明的情况下，且保证人签订保证合同时明知抵押房屋售房款作为还款来源的情况，“并不能够排除各保证人在签订保证合同时存在以处置涉案抵押的房产售房款不能偿还贷款时其方才需要承担保证责任的理解的可能”。

基于此，编者建议金融债权人在格式条款后增加相应释明条款，对“无论”这个条件进行释明，明确提示借款人、保证人该词义涵盖的所有含义，以保证格式条款的效力。如未做释明，可在借款合同、保证合同的尾部针对特别情况（如上文）下保证责任的承担进行约定。

2. 对借款人、保证人的送达地址应约定明确

合同内应明确写明借款人、保证人的送达地址。一般金融债权人的《借款合同》《保证合同》中均会对合同相对方的地址进行列明，但并未强调送达地址。为避免借款人、保证人以未收到金融债权人催收文件等借口造成金融债权人履行义务方面的瑕疵，编者建议在合同内明确借款人、保证人的送达地址，金融债权人应以此为标准履行通知、催收等义务，保障自身权益。

3. 对罚息、逾期利息计收复利应约定明确

对罚息、逾期利息计收复利的问题在实务中存在争议，但有一点是明确的，即在合同中明确约定对罚息、逾期利息计收复利，发生纠纷时较多被法院认可。

参见（2019）最高法民终840号案例，法院认定：“综上，双方当事人明确约定对罚息计收复利作为对借款逾期行为约定的违约责任，双方对此达成合意，且前述约定并未违反法律、行政法规的强制性规定，上诉人亦无证据证明约定的利息总额存在超过按本金计算的年利率24%的问题，故一审法院在尊重当事人双方意思表示的基础上，支持对罚息计收复利并无不当，钒*公司应当依据其与*银行威远支行签订的《最高额保证合同》约定，对鑫*公司应偿还的罚息计算的复利承担连带保证责任。”

参见（2014）民申字第1563号案例，法院认定：“涉案《流动资金借款合同》明确约定：逾期还款按合同利率加收50%的利率计收罚息，合同期内未按期支付的利息，按合同约定利率计收复利，借款逾期后未支付的利息，按罚息利率计收复利。该约定并不违反法律法规的禁止性规定，属有效约定。原判决依据该约定判令对逾期部分利息的利率按照罚息利率计收复利，并无不当。”

综上，在合同双方明确约定对罚息、逾期利息计收复利的情况下，其该计算结果不超过法律规定的最高标准，即应视为约定有效。金融债权人为了最大限度地维护自身权益，应在《借款合同》中明确约定对罚息、逾期利息计收按一定标准计收复利。

（二）从合同

1. 为避免“脱保”，保证合同中注意设置必要条款

举例说明，如《保证合同》应对变更还款来源无须经过保证人同意事宜作出明确约定，未约定的前提下，金融债权人擅自变更还款来源，如该行为客观上增加了保证人的风险，将产生免除保证人保证责任的风险。

参见（2018）最高法民终966号案例，截取法院对于金融债权人变更还款来源的认定：＊银行大庆分行与益＊公司在解除涉案抵押房产后新设的抵押权，不仅涉及抵押物的变化，还涉及贷款合同约定的还款来源的变化。涉案《自然人保证合同》第五条合同变更中也没有明确约定变更还款来源时无须征得保证人同意……客观上加大了各保证人承担责任的风险。在＊大庆分行并无证据也没有主张在其解除抵押时施＊等保证人承诺继续承担保证责任的情形下，施＊等保证人在＊银行大庆分行丧失抵押房产优先受偿权益范围内的保证责任应当免除。

结合法院认定，编者建议金融债权人在《保证合同》中增加类似于“还款来源变更时无须征得保证人的同意，保证人就变更后的还款来源仍承担保证责任”的约定。

2. 最高额保证合同的应注意事项

举例说明，如金融债权人的《最高额保证合同》中对于担保债权的最高额往往有两种理解方式，一种即“最高额本金”，最高额本金金额与贷款金额一致，因逾期产生的复利、罚息、违约金、实现债权的费用等将在该本金金额外发生，因此，该情况下最高额保证人往往最终承担的保证责任要超出本金的金额。另一种即“最高额债权”，最高额债权的金额与贷款金额一致，但其包含的内容往往不仅是贷款本金，还涵盖着复利、罚息、违约金、实现债权的费用等，此情况下最高额保证人承担保证责任往往以最高额债权金额为限。但如果《最高额保证合同》未约定最高限额为本金还是债权金额，产生争议后，将存在被法院认定为“最高额债权”的风险。

参见（2020）最高法民申1166号案件，法院认定：本合同的最高限额为3700万元，主债权为最高限额内主合同项下的所有债务，担保范围是主合同项下的本金、利息、复利、罚息等。按照通常文义理解，天＊公司所承担的保证担保的范围是最高限额3700万元内主合同项下的本金、利息、复利、罚息等。不能认为最高限额3700万元仅为本金，而利息、复利、罚息额外计算人天泰公司承担的担保责任内。若按照晋城银行的主张认为3700万元为最高本金限额，那么根据担保范围的约定，最终天＊公司承担的保证责任将超出3700万元，有悖最高额保证担保的立法目的。涉案《最高额保证担保合同》没有明确约定3700万元为本金最高限额的情况下，最高限额3700万元应认定为最高债权限额。

结合法院认定，在未约定最高限额为本金还是债权的情况下，结合担保范围分析，得出最高限额为债权额的结论更符合法理。因此，为避免争议，建议金融债权人在《最高额保证合同》中约定明确担保的最高债权额系“最高限额为本金”，以保障自身利益。

3. 抵押合同中应注意抵押范围的约定

抵押合同应对抵押范围进行明确的约定，同时考虑金融债权人的合同内容往往严谨且繁复，大多数情况下金融债权人的《借款合同》《保证合同》《最高额保证合同》均为格式合同或含有较多的格式条款，这导致合同对于利息、罚息、复利、律师费等各项费用约定明确的同时又约定了违约金条款。但如抵押范围不包括违约金，单独列明违约金条款即存在无法清偿违约金的风险。

参（2020）最高法民申3001号案例，法院认定涉案《抵押合同》中约定的担保范围包括主合同项下的债务本金、利息、逾期利息、复利、罚息、违约金、损害赔偿金以及诉讼费、律师费、抵押物处置费、过户费等抵押权人实现债权的一切费用。故＊＊农商行按照抵押合同约定的担保范围内的主张权利有法律依据和合同依据。虽然涉案他项权证在抵押范围方面未记载除债务本金之外的其他费用，但从该证相关栏目内容来看，仅在债权数额一栏填写数字，并无其他费用项目可供登记。此种情况下，人民法院以合同约定认定担保物权的担保范围，符合实际。

另参见（2018）云0111民初3594号案例，法院认定“对于原告要求被告支付违约金的诉请，由于逾期贷款损失已经约定以复利和罚息的计算方式收取，故本院不再支持违约金”。

因此，建议金融债权人，应明确抵押范围和损失赔偿范围，同时要约定担保范围涵盖违约金，避免违约金条款单独约定而遗漏。

（三）主从合同相统一

1. 内容的统一

对《借款合同》约定的主要内容需与抵、质押合同内容相统一。《借款合同》约定的借款人、借款金额、用途、还款方式、期限、保证条款等内容应与该笔借款对应的抵、质押合同内容相符。

2. 签订时间的统一

抵、质押合同的签订时间不可早于借款合同。抵、质押权利是跟随债权设立的从权利，因从权利不可能发生于主权利发生之前，所以抵、质押合同的签订时间不应早于《借款合同》，可以与《借款合同》同时签订，也可以稍晚于《借款合同》。

3. 保证人的统一

举例说明，如系“借新还旧”业务，应核查两次保证人是否一致。依据我国最高人民法院《关于适用〈中华人民共和国民法典〉有关担保制度的解释》第十六条规定，主合同当事人协议以新贷偿还旧贷，债权人请求旧贷的担保人承担担保责任的，人民法院不予支持；债权人请求新贷的担保人承担担保责任的，按照下列情形处理：(1) 新贷与旧贷的担保人相同的，人民法院应予支持；(2) 新贷与旧贷的担保人不同，或者旧贷无担保新贷有担保的，人民法院不予支持，但是债权人有证据证明新贷的担保人提供担保时对以新贷偿还旧贷的事实知道或者应当知道的除外。主合同当事人协议以新贷偿还旧贷，旧贷的物的担保人在登记尚未注销的情形下同意继续为新贷提供担保，在订立新的贷款合同前又以该担保财产为其他债权人设立担保物权，其他债权人主张其担保物权顺位优先于新贷债权人的，人民法院不予支持。

“借新还旧”必须要对抵、质押人进行审查，否则将出现保证责任免除风险。此风险在本篇第一部分案例警示中有过详细阐述。

二、合同签署的规范

（一）内容准确

1. 合同不留白

结合第一部分案例警示中的案例可知，由于借款、保证合同相对方和金融债权人内部均存在审核、流程、风控等程序，这导致业务办理的周期较长。为了方便快捷，某些金融债权人的客户经理习惯让客户盖合同的时候盖空白页，导致客户对相关事宜不认可，并以存在欺诈、重大误解等理由主张合同可撤销，加大了金融债权人的风险。因此，一定要杜绝合同空白页签章的现象，并加强金融债权人对从业人员行为的监管。

2. 重要条款释明

结合第一部分案例警示中的案例可知，部分案件审理过程中，法院对于格式条款或对借款人、保证人利益密切相关的条款在审查过程中极其严格，且最终做出不利于金融债权人的解释案件比例较高。主要原因为：金融债权人未对该条款做出释明，结合借款人、保证人签订合同时的情况解释为借款人、保证人的理解与合同约定不一致。基于此，再次强调金融债权人的释明义务，在释明后需让借款人、保证人在合同内手写写明“甲方对该条款已进行释明，本人已明确知悉该条款含义，同意甲方对该条款的解释”。

（二）主体真实

1. 合同签订相对方为自然人：现场签订

合同成立的条件之一即合同相对方的主体身份无瑕疵。往往自然人作为合同相对方时审查其身份的真实性、签字的真实性时存在较大困难，因此，为避免金融债权人的审查瑕疵风险，建议金融债权人应要求借款、保证合同现场签订，同时注意以下几点：

（1）借款人、保证人身份证照片与其本人核对一致；

（2）借款人、保证人身份证信息与拟签订借款、保证合同内容一致；

（3）借款人、保证人现场签署合同且仅签署个人姓名，签字姓名需与身份证姓名一致；

（4）有条件的情况下可要求借款人、保证人用不同字体、不同书写习惯书写本人姓名，由金融债权人保留签字印鉴。

2. 合同签订相对方为法人或其他组织：现场签订＋程序性审查

借款、保证合同相对方多为盈利性法人，属于按照法律、行政法规规定应申请注册社会组织。对其主体资格地审查要比自然人容易得多，往往这些审查可以提前进行，即属于贷前尽职调查内容，本段不再赘述。但在合同签订时，仍应结合尽职调查时得到的信息进行现场核查，以保证其真实性。主要注意以下几点：

（1）按照合同约定的合同成立要求签订合同。即合同约定法定代表人签字、公司加盖公章合同成立，应由法定代表人签字且加盖公司公章。

（2）核实法定代表人真实性。应将法定代表人姓名与公司营业执照登记信息中的法定代表人姓名进行核对。并要求企业出具最新的公司章程、股东会决议，现场核实是否有法定代表人变更但未进行工商登记变更的情形，以避免出现无权代理的风险。

（3）现场核实借款、保证合同相对方的公司印章情况，了解其对外使用且有效的公章、合同章、业务章的数量。尤其注意是否存在公章挂失的情形。实践中极易出现新旧公章同时使用的情况。如新旧公章存在明显差异方可辨别，在无明显差异的情况下极易出现合同无效的风险。因此，借款、保证合同相对方印章的情况必须现场了解并现场加盖印章，以避免印章导致的合同无效风险的发生。

（4）加盖印章内的公司名称需与合同内借款人、保证人名称一致。

（三）签章准确

签字、盖章属于法人经营过程中较为常见的行为，但往往这种常见行为不加以注意就会存在一定风险。参考（2018）最高法民终206号案件，配偶在保证合同共有人声明处签名，法院认为不能认定为配偶有意思表示对本案债务提供保证，仅能解释为其表明同意以夫妻共同财产对保证责任予以清偿，因此金融债权人无权请求配偶承担连带清偿责任即保证人责任。基于此，金融债权人在合同签署过程中，要明确配偶应承担的责任，让配偶在正确的位置如借款人、保证人、共有人后签字。如合同内无相应位置应手写做修改，并由双方盖章、签字确认，不可在空白处签字。

（2018）最高法民终206号案例，法院判决原文：“＊银行日照分行要求辛＊、辛＊对本案债务承担连带清偿责任，于法有据，应予支持。而陈＊、焦＊分别作为辛＊、辛＊的配偶，其在《保证合同》后附的共有人声明条款处签字，仅表明其知悉其配偶作为保证人为本案债务提供保证，同意以夫妻共同财产予以清偿，但其并无为本案债务提供保证的意思表示，＊银行日照分行要求陈＊、焦＊对本案债务承担连带保证责任，没有依据，该院不予支持。”

三、登记及贷后监管

（一）登记注意事项

1. 登记的担保范围

抵、质押登记的抵押范围应与抵、质押合同约定的抵押范围相一致。如因登记机关原因导致无法按照合同约定的抵、质押范围进行登记的，金融债权人应问明原因，留存相应证据，同时，建议金融债权人在登记机构留存的备注栏载明相关内容，并将对应的抵押合同、借款合同做好备案工作，以供第三方查询。

2. 登记的担保金额

抵、质押登记的担保数额应与抵、质押合同约定的抵、质押金额一致。

3. 登记的办理主体

抵、质押人应由其本人或授权委托人办理相关登记，由于各地政策不同，但大多数以本人到场办理为准。如办理人未授权委托人的，金融债权人应告知办理人携带二份以上的授权委托书，在交予登记债权人留存后，金融债权人应留存一套原件，以证明办理人登记行为的合法性。

（二）建立动态管理制度

在借款前，金融债权人对借款人、抵押人、质押人提供的尽职调查可以更好地规避风险，降低坏账、不良的发生率，但是这并不意味着金融债权人放款后即可高枕无忧，无风险发生。在金融债权人放款后，合同履行过程中，借款人、抵押人、质押人、抵押物、质押物等任何要素发生变化，都会出现坏账、不良的风险。因此，金融债权人在放款后还需要建立动态管理制度，对借款人、抵押人、质押人、抵押物、质押物等要素状态定期更新、周期性评级。

1. 合同主体的动态评估

借款人、担保人属于公司法人或其他组织的，应对如下情形重点关注：

（1）出现分立、兼并、重组、破产等重大事项；

（2）出现股东变化，包括但不限于老股东退出、新股东进入、股东去世后因继承问题导致的股东变化；

（3）出现法定代表人、经营范围的变化；

（4）董事、监事、高级管理人员离职后入职同类行业其他公司或另行在行业内开设公司；

（5）出现停业、停产情况；

（6）大量人员入、离职变化。

借款人、担保人属于自然人的，应对如下情形重点关注：

（1）与配偶离婚；

（2）因意外事故出现人身伤亡；

（3）被开除或因个人原因离职；

（4）身患重大疾病。

关注借款人、担保人在贷款期间的资信变化：

（1）本人及其配偶或法定代表人、主要负责人被列为失信被执行人或限制高消费；

（2）本人及其配偶或法定代表人、主要负责人征信查询出现逾期；

（3）本人及其配偶或法人、其他组织被有关行政主管部门处罚，甚至被吊销相关资质证书。

关注借款人、担保人在贷款期间法律风险变化：

（1）出现大量新增诉讼、仲裁或小量诉讼但纠纷金额较高的情形；

（2）出现本人或法定代表人、主要负责人因涉嫌刑事犯罪已被立案的情形；

（3）本人及其配偶、法人或其他组织名下财产出现被查封、冻结、扣押等情形。

2. 合同标的的动态管理

贷款期间应定期对抵押物、质押物的状态进行动态更新，这样才可以保证抵押物、质押物的担保价值，达到抵、质押效果。

每个周期对抵、质押物的现存状态进行检查，检查内容包括：

（1）抵、质押物现状是否良好，是否存在被破坏的情形；

（2）抵、质押物数量是否和抵、质押期间一致，是否存在灭失情况；

（3）抵、质押物是否现存在抵、质押人处或指定保管人处，如存在第三方入住或使用将影响抵、质押物的处置，需要立即上报并采取行动；

（4）结合抵质押物现阶段情况、市场行情、周围业态等因素自估抵质押物现阶段价值，对比担保范围，如无法覆盖需要补足担保；

（5）抵、质押物查封、扣押、冻结情况。

定期对抵、质押物是否存在查封、扣押、冻结等情形进行检查。

3. 定期风险评级

完成上述一、二项工作内容后，应将得到的信息汇总，综合分析重新评估贷款人的风险等级，并采取相应措施，以达到动态管理的目的。

（1）每三个月为一个周期，对上述情况进行核查；

（2）综合评估核查情况，重新定级；

（3）出现第一项内容中的任何一项，产生不良风险但满足如下情形的应要求债务人相应增加保险、追加抵、质押物、保证人。

①债务人有合理的理由解释；

②非因债务人恶意而发生；

③该情形虽然发生但对贷款偿还无影响或影响较轻微可以通过其他手段避免；

④出现第二项内容中的任意一项都将影响抵、质押物的处置，除满足下述情形外，均应视为不良风险已出现，应约谈债务人，协商后续处理：

第一，债务人可提供新的抵、质押物或担保，价值可覆盖贷款且超出贷款一定比例（具体比例可根据金融债权人内部要求）；

第二，债务人具备偿还能力可提前还款。

金融债权人对抵押物做尽职调查及贷中贷后管理时建议参考上述操作流程，但对于房地产这种特殊抵押物，其因抵押享受的优先受偿权往往因为一些特定原因而受到影响，因此金融债权人对于房地产抵押物还应着重关注优先受偿权实现的风险。为了加深读者印象，对于房地产抵押物优先受偿权的风险和建议编者作为独立章节内容已在本部分第一章单独阐述。

第三部分

基本技能：金融债权催收

由于金融债权人可以为自然人、企业法人提供个人或企业经营性贷款，而债务人逾期还款的情形时有发生，导致金融债权催收一直是重点问题。本部分主要阐述如何更有效的利用法律手段对金融债权进行催收。

第一章 金融债权催收的监管现状

近年来，暴力催收事件频发，引发舆论热议。2021 年，中国人民银行、银保监会针对银行业金融机构暴力催收等侵害消费者合法权益的行为多次施加处罚，开出大额罚单。为规范金融机构及第三方机构的催收行为，促进行业健康发展，保护金融消费者权益，监管层面持续收紧，金融债权催收步入“强监管”时代。

银保监会于 2020 年 7 月 17 日发布的《商业银行互联网贷款管理暂行办法》就涉及针对委托催收机构的监管要求第五十六条规定：“商业银行不得委托有暴力催收等违法违规记录的第三方机构进行贷款清收。商业银行应明确与第三方机构的权责，要求其不得对与贷款无关的第三人进行清收。商业银行发现合作机构存在暴力催收等违法违规行为的，应当立即终止合作，并将违法违规线索及时移交相关部门。”但该办法主要是对商业银行委托第三方机构催收进行了规范，并未直接对商业银行自身开展催收行为进行明确要求。

聚焦到具体债权工具的催收，中国银行业协会于 2021 年 11 月 29 日发布了《关于印发〈中国银行业协会信用卡催收工作指引（试行）〉的通知》（以下简称《工作指引》），对信用卡催收工作进行了规范，被认为是历年来监管力度最强的有关催收行为的指引条例。依据《工作指引》第二条规定，该监管规则适用于经监管部门批准依规开办信用卡业务的中国银行业协会会员单位以及受委托的外部催收机构。同时，《工作指引》第三条规定了金融机构及外部催收机构开展信用卡催收行为应遵循的基本原则，即“严格遵循依法合规、平等保护债权人和债务人利益、诚实信用及公序良俗等原则”。《工作指引》第二章、第三章规定了催收方式及规范要求，第四章、第五章对外部催收机构管理、内控管理进行了规定。此外，还明确了银行与外部催收机构的法律责任以及中国银行业协会可以采取的惩戒措施。第三十九条规定："……对存在违法、违规及违反本指引行为的会员单位，经查证属实，中国银行业协会可以采取以下措施：（一）警告；（二）通报批评；（三）暂停行使会员权利；（四）取消会员资格；（五）依据《中国银行业协会章程》规定采取的其他自律措施。"第四十条规定："……会员单位及外部催收机构的工作人员在催收工作中涉嫌刑事犯罪的，应承担相应法律责任。"可以说，《工作指引》进一步规范了银行及其他第三方机构的信用卡催收行为，加强了对信用卡催收行为的管理与监督。银行等金融机构在未来开展银行卡催收行为时要避免违反监管规则，从而被追究法律责任。

此外，《关于银行业保险业常态化开展扫黑除恶斗争有关工作的通知》严禁金融机构委托涉黑涉恶机构和个人催收，《个人信息保护法》《数据安全法》《征信业务管理办法》等法律法规的出台也对金融债权催收产生了影响。金融机构在开展催收时，要注意对债务人个人信息、个人数据的保护，以免产生法律风险。

第二章 金融债权催收的常见手段

电话催收、信函催收、外访催收、司法催收等是金融债权催收的常见手段，本章主要介绍司法催收中的诉讼、仲裁、其他非诉讼以及刑事追诉这四种催收方式。

第一节 诉讼方式

通过诉讼程序进行债权催收，是金融债权人清理不良贷款的最主要方式，往往金融债权人通过向有管辖权的人民法院提起诉讼，请求人民法院判令借款人偿还借款本金利息、违约金和实现债权费用等。

一、诉讼的优势与劣势

以诉讼程序进行债权催收，具有以下优势：

第一，诉讼是指国家审判机关即人民法院依照法律规定，在当事人和其他诉讼参与人的参加下，依法解决讼争的活动。诉讼是一种有强制力的救济措施，经过两审终审，案件即告终结。

第二，经过法院审理与裁判，最终形成生效法律文书，金融机构可以依据生效法律文书申请强制执行。

与之对应的，诉讼程序具有以下劣势：

第一，诉讼程序比较繁杂，周期较长，需要耗费一定的精力和财力。金融机构有时需要尽快收回资金，选择诉讼程序则会增加成本。

第二，诉讼的保密性不强。除法律规定的特殊情形外，人民法院会进行公开审判，同时判决书也会上传至中国裁判文书网进行公开。

二、诉讼程序的注意事项

选择诉讼程序催收方式，应注意以下事项：

第一，做好诉前调查。对债务人、担保人的经营状况、偿债能力、偿债方式、偿债物的变现能力进行调查分析，预估诉讼成本等费用，制定切实可行的诉讼方案和策略，防止盲目诉讼。

第二，细致梳理相关证据。起诉时应当提供借款合同、借据、保证合同、抵押合同、抵押物等权属证明文件、催收通知单及相关协议等书面材料，承办人必须详尽审查向人民法院提供证据、资料的合法性、有效性，对于存在瑕疵或可能损害金融机构权益的，应采取谨慎补救措施。

第三，及时采取诉讼保全措施。对于情况紧急，不立即采取保全措施将使银行权益受到难以弥补损害的，可在起诉前向人民法院申请采取保全措施。

三、金融债权人充分利用保全保障债权实现

保全对案件的执行具有重要保障作用，可以有效防止债务人转移、隐匿、毁灭财产，同时促使双方谈判和解，有利于节省诉讼时间，对金融债权人维护自己的债权、保障利益实现具有重要意义，是金融债权人常用的手段。

（一）如何进行保全

1. 向法院提供具体财产线索

申请人如掌握被申请人明确的财产信息，可向法院第一时间提供，减少法官工作量，提升保全效率；如被申请人的房地产信息（提供在房地产管理局查询的被告房产、土地查询情况表）、银行账户信息（银行的具体名称、地址、具体账

号）等具体财产信息。

2. 如何查找被保全人财产信息

（1）网站

如启信宝、企查查、天眼查；全国企业信用信息系统；中国国家商标网；中国国家知识产权局官方网站；国家食品药品监督管理总局官方网站；中国土地市场网等。

（2）利用律师调查令

律师可携律师调查令前往国土资源与房屋管理局、银行、公安局及其派出机构调取所需信息。

（3）充分利用法院网络查控系统

如果没有被执行人具体的财产信息亦不能在短时间内找到有效财产线索，可以借力法院网络查控系统，但须向人民法院提出书面申请。

注意：有些法院要求必须提供财产线索才可以进行诉讼前保全、诉讼中保全，因此不接受当事人申请法院利用网络查控系统查询财产线索。建议金融机构根据不同法院的不同要求做好相应准备工作。

3. 保函

对银行申请财产保全的，由总行/分行开具保函即可，保全保险费用可要求被告承担。

（二）需要注意的问题

1. 首封法院与优先债权冲突问题

问题一：一般金融债权人都是优先债权人，如果发现自己的抵押物已被其他执行法院首封，怎么办？

［**实操建议**］

2016年最高人民法院《关于首先查封法院与优先债权执行法院处分查封财产有关问题的批复》中已明确：自首封之日起已超过60日，且首封法院就该查封财产尚未发布拍卖公告或进入变卖程序的，优先债权执行法院可以要求将该查封财产移送执行。所以金融债权人可采取如下措施：

（1）跟执行法院沟通，申请执行法院向首封法院移送执行函；

（2）跟首封法院沟通，及时出具移送执行函并将查封财产移送优先债权执行法院执行；

（3）如果查封法院跟优先债权执行法院就移送查封财产发生争议的，报送共同的上级法院指定该财产的执行法院。

［相关法理基础和规范依据］

最高人民法院《关于首先查封法院与优先债权执行法院处分查封财产有关问题的批复》（2016）：

“执行过程中，应当由首先查封、扣押、冻结（以下简称查封）法院负责处分查封财产。但已进入其他法院执行程序的债权对查封财产有顺位在先的担保物权、优先权（该债权以下简称优先债权），自首先查封之日起已超过60日，且首先查封法院就该查封财产尚未发布拍卖公告或者进入变卖程序的，优先债权执行法院可以要求将该查封财产移送执行。”

问题二：如果对同一标的物，除了执行法院的首封，保全法院已诉讼保全，怎么办？

［实操建议］

（1）原则上，应坚持以查封的先后顺序来确定优先权，即保全法院——执行程序中的首封法院——优先债权法院。

（2）如查封标的非争议标的，保全法院在1年内未处理的，执行程序中的首封法院商请保全法院移送执行。

（3）移送后首封法院60日内未处分的，优先债权执行法院可商请首封法院移送执行。

［相关法理基础和规范依据］

最高人民法院《关于人民法院办理财产保全案件若干问题的规定》第二十一条第一款、第二款：保全法院在首先采取查封、扣押、冻结措施后超过一年未对被保全财产进行处分的，除被保全财产系争议标的外，在先轮候查封、扣押、冻结的执行法院可以商请保全法院将被保全财产移送执行。但司法解释另有特别规定的，适用其规定。

保全法院与在先轮候查封、扣押、冻结的执行法院就移送被保全财产发生争议的，可以逐级报请共同的上级法院指定该财产的执行法院。

2. 轮候查封效力问题

依据最高人民法院《关于查封法院全部处分标的物后轮候查封的效力问题的

批复》，轮候期间不产生查封效力，轮候法院一般无权对该财产直接进行处分。但当被执行人财产不足清偿时，轮候查封清偿顺位变得尤为重要。《民事诉讼法解释》对被执行人财产不足清偿的情况做出规定，当被执行人为企业法人时或被执行人为公民、其他组织时，上述规定是不同的。

［实操建议］

（1）被执行人为法人单位

我国《民事诉讼法解释》第五百一十三条、第五百一十六条法律规定，被执行人具有破产原因时，法院在征得债权人或被执行人同意的基础上可将执行案件移送破产审查（执转破）。债权人不同意进入破产程序的，按照财产保全和执行中查封顺序清偿。

因此，建议当事人综合考虑债务人进入破产程序中自己的清偿率与按照财产保全和执行中查封顺序清偿进行比较，择优进行选择。如债权人系二封，被查封标的经拍卖后价款可覆盖二封债权额或可大部分覆盖的，此时二封债权人静等执行法院分配，但如被查封标的经拍卖后都不能覆盖一封债权的，二封债权人可申请债务人破产，以最大限度保护自身利益。

（2）被执行人为自然人

我国《民事诉讼法解释》第五百零八条法律规定，建议债权人在执行程序开始后及时申请参与分配，清偿顺序是按照各债权人的债权比例清偿。

［相关法理基础和规范依据］

（1）最高人民法院《关于查封法院全部处分标的物后轮候查封的效力问题的批复》中根据《查封规定》（法释〔2004〕15号）第二十八条第一款规定：轮候查封、扣押、冻结自在先的查封、扣押、冻结解除时自动生效，故人民法院对已查封、扣押、冻结的全部财产进行处分后，该财产上的轮候查封自始未产生查封、扣押、冻结的效力。

（2）《民事诉讼法解释》第五百零八条规定：参与分配执行中，执行所得价款扣除执行费用，并清偿应当优先受偿的债权后，对于普通债权，原则上按照其占全部申请参与分配债权数额的比例受偿。清偿后的剩余债务，被执行人应当继续清偿。债权人发现被执行人有其他财产的，可以随时请求人民法院执行。

（3）《民事诉讼法解释》第五百一十一条规定：在执行中，作为被执行人的企业法人符合《企业破产法》第二条第一款规定情形的，执行法院经申请执行人之一或者被执行人同意，应当裁定中止对该被执行人的执行，将执行案件相关材料移送被执行人住所地人民法院。

（4）《民事诉讼法解释》第五百一十四条规定：当事人不同意移送破产或者被执行人住所地人民法院不受理破产案件的，执行法院就执行变价所得财产，在扣除执行费用及清偿优先受偿的债权后，对于普通债权，按照财产保全和执行中查封、扣押、冻结财产的先后顺序清偿。

3. 房屋预查封问题

预查封，是指人民法院对未进行物权登记但又履行了一定的批准或者备案等手续的房地产（包括土地使用权、房产）所采取的控制措施，是最高人民法院、国土资源部（已撤销）、建设部（已撤销）《关于依法规范人民法院执行和国土资源房地产管理部门协助执行若干问题的通知》（以下简称《协助执行通知》）新创设的一项强制执行措施，在被申请人取得权属登记时，转为正式查封。

[预查封的范围]

（1）作为被执行人的房地产开发企业，已办理了商品房预售许可证且尚未出售的房屋。

（2）被执行人购买的已由房地产开发企业办理了房屋权属初始登记的房屋。

（3）被执行人购买的办理了商品房预售合同登记备案手续或者商品房预告登记的房屋。

4. 错误保全赔偿问题

依据《民事诉讼法》（2021 年修正）第一百零八条规定，申请有错误的，申请人应当赔偿被申请人因保全所遭受的损失。但何为“申请有错误”，法律及司法解释并未做明确规定。由此，我们引申出该问题：

什么时候可认定为“申请有错误”，如申请人败诉的情况下即认定有错误，可否？

[编者观点]

不可简单以败诉判决书认定申请人有保全错误，需要证明申请人主观上有故意，存在过错，因此应适用《民法典》侵权责任编过错责任原则。

[司法判例]

【裁判要旨一】

《最高人民法院公报》2018 年第 9 期（2018）最高法民申 2027 号载明：如

果仅以保全申请人的诉讼请求是否得到支持作为申请保全是否错误的依据，必然会对善意当事人依法通过诉讼保全程序维护自己权利造成妨碍，影响诉讼保全制度功能的发挥。

【裁判要旨二】

《最高人民法院公报》2018 年第 10 期（2017）最高法民终 118 号载明：申请财产保全错误的赔偿在性质上属于侵权责任。判断申请财产保全是否错误，不仅要看申请人的诉讼请求是否得到支持，还要看其是否存在故意或重大过失。

【法院认定】

判断申请保全人是否存在故意或重大过失，要根据其诉讼请求及所依据的事实理由等考察其提起的诉讼是否合理，或者结合申请保全的标的额、对象及方式等考察其申请财产保全是否适当。

关于赔偿数额的确定：

第一，如系冻结资金、有合同等证据证明存在借贷利息损失的，应赔偿的实际损失为该合同约定的利息损失，但该利息损失与被冻结资金的银行利息之和不能超过 2015 年最高人民法院《关于审理民间借贷案件适用法律若干问题的规定》规定的年利率 24% 上限（2020 年 8 月 20 日以后起诉的，上限为最近一期四倍 LPR），否则，赔偿的资金利息损失参照中国人民银行同期贷款基准利率（2019 年 8 月 19 日前按此标准计算）、全国银行间同业拆借中心公布的贷款市场报价利率（2019 年 8 月 20 日之后按此标准 LPR）或 2015 年最高人民法院《关于审理民间借贷案件适用法律若干问题的规定》规定的年利率 6% 的标准确定。

第二，若系查封房屋或其他存在市场价值变动的资产，如因被保全人未请求处分变现或请求不当未获准许的，被保全财产因市场价值变化产生的价值贬损风险由其自行承担，与申请财产保全行为没有直接的因果关系；如申请保全人阻碍被保全人行使处分权的，则被保全财产的价值贬损与申请保全人的行为具有直接因果关系，申请保全人应赔偿的数额为被保全财产在保全开始与保全结束两个时点的价差以及开始时的价款对应的资金利息损失。

第三，为财产保全提供的担保系司法担保，第三人在其担保承诺的范围承担责任，而非因共同侵权而承担连带责任。

[相关法理基础和规范依据]

最高人民法院《查封规定》

第十九条第一款规定：查封、扣押、冻结被执行人的财产，以其价额足以清偿法律文书确定的债权额及执行费用为限，不得明显超标的额查封、扣押、冻结。

[实操建议]

（1）如有错误或中止执行的，应主动解除。

（2）保全申请人在获悉财产保全可能存在错误之时，应及时与法院沟通，确认是否需要解除保全。

第二节 仲裁方式

依据《仲裁法》第二条之规定，平等主体的公民、法人和其他组织之间发生的合同纠纷和其他财产权益纠纷，可以申请仲裁。金融债权人发生纠纷大部分涉及财产权益，满足申请仲裁的条件。而与诉讼相比较，仲裁具有一定优势，某些情况下会更有利于金融债权人的债权催收。

一、仲裁的优势与劣势

以仲裁程序进行债权催收，具有以下优势：

第一，仲裁程序效率更高，时间成本更低。仲裁程序较为灵活、快捷、高效，当事人可以协议选择仲裁地、仲裁员，避免环节烦琐。且仲裁实行一裁终局，对比诉讼一审、二审、再审程序，仲裁程序的时间周期较短，而诉讼判决时间当事人无法准确预估。

第二，仲裁保密性强。仲裁的开庭审理以不公开为原则、公开为例外，只要没有特别的规定或约定，仲裁的进行均不对外公开。而民事诉讼以公开为原则、不公开为例外。

第三，可以依照生效的仲裁裁决向法院申请强制执行。依据《仲裁法》第六十二条之规定，当事人应当履行裁决，一方当事人不履行的，另一方当事人可以依照《民事诉讼法》的有关规定向人民法院申请执行；受申请的人民法院应当执行。因此，仲裁虽不是诉讼程序但仲裁裁决书与法院作出的判决书同样具有强制执行的效力。

与之对应的，仲裁程序具有以下劣势：

第一，仲裁受理费与诉讼程序相比较高，可能会成为金融债权人的负担。

第二，财产保全问题。仲裁裁决的财产保全需要向法院申请，增加了申请人的流程，但如不申请财产保全，一些转移财产行为无法被制止将不利于维护申请人的利益。

第三，仲裁“一裁终局”机制高效的背后反映出无二次救济问题。当事人无法像在诉讼程序中提起上诉、再审来维护自身合法权益。对仲裁的司法监督只能通过申请法院“撤销仲裁裁决”以及“不予执行仲裁裁决”进行，其救济力度有限。

二、仲裁程序的注意事项

选择仲裁程序此种催收方式，应注意以下事项：

（一）关于先予仲裁问题

“先予仲裁”是指仲裁机构在当事人未发生网络借贷纠纷时，先予作出的仲裁裁决或者调解书的行为。先予仲裁，是随着互联网仲裁兴起而发展出来的一种仲裁形式，其模式主要为当事人在签订、履行网络借贷合同且未发生纠纷时，即请求仲裁机构依其现有协议先行作出具有约束力和执行力的法律文书，包括仲裁调解书和根据调解协议制作的仲裁裁决。由于先予仲裁流程简单，效率较高，因此仲裁机构收到了大量的先予仲裁申请。

先予仲裁存在极大争议，如大众熟知的即是《厦门中院对“先予仲裁”执行说不!》的文章。该文章发布的背景即是湛江仲裁委员会将先予执行作为特色、亮点不断推广导致厦门中院就收到了大量由湛江仲裁委仲裁的北京某公司申请的网络 P2P 小额借贷纠纷执行案件。而该文章发布后，湛江仲裁委员会发文进行了反驳，驳斥了厦门市中级人民法院的观点。之后最高人民法院于 2018 年作出的法释（2018）10号《关于仲裁机构“先予仲裁”裁决或者调解书立案、执行等法律适用问题的批复》中指出：“但是，根据仲裁法第二条的规定，仲裁机构可以仲裁的是当事人间已经发生的合同纠纷和其他财产权益纠纷。因此，网络借贷合同当事人申请执行仲裁机构在纠纷发生前作出的仲裁裁决或者调解书的，人民法院应当裁定不予受理；已经受理的，裁定驳回执行申请。”由此，先予仲裁的部分争议以其不能被法院受理、执行而停止。

编者认为，先予仲裁存在争议的原因仍在于其行为发生于纠纷之前，不利于债权人利益的维护，因其被不法金融债权人利用更不利于法律维护公平、公正的社会秩序。但如果，后续对先予仲裁裁决出台相关法律法规，规范这一仲裁创新手段的适用，则能够维护债权人权益、保障公平，因此此种方式仍存在发展的可能性。

综上所述，现阶段，编者不建议金融债权人采用此方式，但随着金融债权人的业务形式不断发展，互联网技术的发展，如有一天该手段可以被有效使用，也不失为一种债权催收的好方式。

（二）互联网仲裁

互联网仲裁是近年来比较热点的话题。随着互联网技术的发展，国家不断推进“互联网+”战略，诉讼、仲裁程序也在不断地尝试与互联网结合。近几年各地仲裁委开始探索互联网仲裁，通过自建平台或与第三方技术平台合作达到为当事人双方更快更好地解决问题的目的。可以预测，互联网仲裁会是未来仲裁发展的趋势之一，编者认为金融债权人应不断关注互联网仲裁的发展趋势，做到了解、会用，这样才能实现全方位、多手段债权催收的效果。

（三）不予执行仲裁裁决的审查路径

《关于人民法院办理仲裁裁决执行案件若干问题的规定》设立了案外人申请不予执行仲裁裁决制度。该制度以仲裁当事人恶意串通、虚假仲裁损害案外人合法权益为核心，开启了案外人责问仲裁裁决、保护自身权利的救济之路。[①] 案外人想要对仲裁裁决所涉标的物主张权利的，可以采取申请不予执行仲裁裁决的救济路径。

---

① 参见蒋晓亮：《案外人申请不予执行仲裁裁决的审查路径》，载《人民司法》2020年第35期。

1. 申请不予执行仲裁裁决的受案要件

《关于人民法院办理仲裁裁决执行案件若干问题的规定》第九条规定：案外人向人民法院申请不予执行仲裁裁决或者仲裁调解书的，应当提交申请书以及证明其请求成立的证据材料，并符合下列条件：

（1）有证据证明仲裁案件当事人恶意申请仲裁或者虚假仲裁，损害其合法权益；

（2）案外人主张的合法权益所涉及的执行标的尚未执行终结；

（3）自知道或者应当知道人民法院对该标的采取执行措施之日起三十日内提出。

2. 仲裁裁决不予执行的实质要件

包括案外人对涉案标的物享有合法权益、仲裁当事人虚构法律关系捏造案件事实以及两者之间存在因果关系等。

《关于人民法院办理仲裁裁决执行案件若干问题的规定》第十八条规定：案外人根据本规定第九条申请不予执行仲裁裁决或者仲裁调解书，符合下列条件的，人民法院应当支持：

（1）案外人系权利或者利益的主体；

（2）案外人主张的权利或者利益合法、真实；

（3）仲裁案件当事人之间存在虚构法律关系，捏造案件事实的情形；

（4）仲裁裁决主文或者仲裁调解书处理当事人民事权利义务的结果部分或者全部错误，损害案外人合法权益。

3. 经典案例

龚＊＊、朱＊＊与王＊等申请不予执行仲裁裁决案（2019）渝05执异263号

【基本事实】

2002年12月4日，王＊与利＊＊公司签订商品房买卖合同，后王＊以利＊＊公司未交付房屋并办理过户登记为由，向重庆仲裁委员会申请仲裁。重庆仲裁委员会作出裁决，即利＊＊公司将涉案房屋交付王＊，并协助王＊办理产权登记手续。后因利＊＊公司未履行义务，王＊向重庆市第五中级人民法院申请强制执行。重庆五中院于2019年3月18日查封了涉案房屋。

2019年3月25日，案外人龚＊＊、朱＊＊以涉案房屋系其购买且归其所有为由提出执行异议，在异议审查期间，经重庆五中院释明，变更请求为不予执行仲裁裁决。

【争议焦点】

一是案外人申请不予执行仲裁裁决是否符合受案条件；二是对案外人不予执行仲裁裁决的申请应否予以支持。

【法院认定】

关于案外人所提申请是否符合受案条件的问题。本案中，龚＊＊、朱＊＊在法院查封涉案房屋之日起30日内即提出执行异议，主张上述房屋系其购买且归其所有，后经法院释明，其变更请求为不予执行仲裁裁决主文第一项。因执行异议与不予执行申请所依据的实体权益、基础事实及证据材料均相同，故应视为龚＊＊、朱＊＊在法定期限内提出了不予执行仲裁裁决的申请。同时，龚＊＊、朱＊＊在提出执行异议时即向法院提交了房屋买卖转让协议、商品房买卖合同、收据、民事判决等证据，拟证明利＊＊公司为谋取不正当利益与王＊签订购房合同以及王＊向仲裁庭隐瞒其与利＊＊公司、龚＊＊签订转让协议及龚＊＊、朱＊＊与利＊＊公司签订购房合同等事实，损害了龚＊＊、朱＊＊对上述房屋所享有的合法权益。此外，法院对上述房屋所进行的强制执行程序至今尚未终结。因此，龚＊＊、朱＊＊所提不予执行申请符合《关于人民法院办理仲裁裁决执行案件若干问题的规定》所规定的受案条件。

关于案外人所提申请应否予以支持的问题。本案中，龚＊＊、朱＊＊与利＊＊公司签订购房合同，购买了涉案房屋，已支付全部购房款，且利＊＊公司已将上述房屋交付其使用至今，故龚＊＊、朱＊＊对上述房屋享有物权期待权，且该权利符合法律规定及客观事实。同时，王＊向法院陈述利＊＊公司自始未向其交付房屋，且其对龚＊＊、朱＊＊占有上述房屋也从未提出权利主张，再加上其申请仲裁请求利＊＊公司交付房屋及协助过户距离签订购房合同之时已近15年，这与常情常理下积极要求交房过户、主动排除占有妨害的真实购房人有明显差异。至于王＊所称房屋买卖转让协议上的签名及捺印非其所为，结合龚＊＊、朱＊＊购买房屋及王＊向法院所作陈述等事实，反倒证明其与利恒旺公司之间并无真实的购房关系，上述房屋始终由利＊＊公司控制及处置，不受其意志所左右。因此，重庆仲裁委所作（2017）渝仲字第1473号裁决书主文第一项有误，损害了龚＊＊、朱＊＊所享有的物权期待权。

三、金融债权人利用仲裁有效维权的实例

【基本事实】

2012年1月，申请人A银行与第一被申请人B公司签订了《综合授信协议》，约定由申请人向第一被申请人提供最高额授信额度人民币5000万元，其中，一般贷款的具体授信额度人民币2000万元，贸易融资的具体授信额度人民币3000万元，有效使用期限为一年。当日，申请人还与第一被申请人签订了《贸易融资综合授信协议》和《国内信用证项下融资授信协议》。为保证《综合授信协议》项下债务的履行，第二被申请人C公司与申请人签订了《最高额保证合同》，第三被申请人D与申请人签订了《最高额保证合同》（自然人作为保证人），为上述债务提供连带保证责任担保；第四被申请人E、第五被申请人F分别与申请人签订了两份《最高额抵押合同》（自然人作为抵押人），将其有权处分的两处房产分别抵押给申请人；第一被申请人与申请人签订了《最高额质押合同》，将其有权处分的应收账款质押给申请人。2012年12月，根据第一被申请人申请，申请人开具了假远期信用证，开证金额人民币1000万元，并办理了假远期信用证的即期偿付业务，但第一被申请人在申请人开立的结算账户上没有足够的金额支付该笔款项，扣除保证金人民币600万元，尚欠申请人融资本金人民币400万元，且未支付所产生的承兑费、偿付费、议付验单费合计人民币4万元。2013年1月，申请人与第一被申请人签订了《流动资金贷款合同》，约定由申请人向第一被申请人发放贷款人民币2000万元，贷款期限半年，按月结息。合同签订当日，申请人即向第一被申请人发放了贷款人民币2000万元。贷款期限自2013年1月15日至7月14日，贷款年利率6.44%，按月结息，结息日为20日。至2013年5月，第一被申请人已连续3期未归还利息，累计欠息合计人民币320,113.58元，经申请人多次向被申请人催收，被申请人仍未支付利息。

2014年3月，申请人与五个被申请人签订了《关于变更争议解决方式的协议》，约定了仲裁解决争议的相关内容。随后申请人提起了仲裁申请。

【案例评析】

这是一起典型的银行贷款纠纷案件，该案件的特点在于双方当事人在仲裁规则的基础上对仲裁程序作出了特别约定，从而大大提高了纠纷解决的效率。申请人A银行与第一被申请人B公司签订了《综合授信协议》、《贸易融资综合授信协议》和《国内信用证项下融资授信协议》。同时，第二被申请人C公司和第三、四、五被申请人D、E、F为第一被申请人不能按时足额清偿其在《综合授信协议》项下将产生的全部债务提供担保。申请人依约向第一被申请人提供了相应贷款，第一被申请人却一直未予清偿。争议发生后，双方为快速有效解决争议，又签署了一份《关于变更争议解决方式的协议》，就仲裁程序中的文书送达方式、仲裁庭组成和审理方式以及缩短相关期限等仲裁程序事项作了新的约定。此后，申请人依据该争议解决协议提起仲裁，华南国际经济贸易仲裁委员会依据双方就仲裁程序事项的具体约定行使仲裁程序管理权，自仲裁机构受理案件到仲裁庭作出裁决，仅用时19个工作日，大大提高了争议解决的效率，节省了当事人的争议解决成本。

第三节 非诉讼方式

除了诉讼，实务中金融债权人债权催收最常用的是非诉讼方式，包括仲裁、支付令、公示催告、实现担保物权特别程序，执行中的参与分配以及赋强公证债权文书。公示催告程序适用于票据，是失票人恢复其票据权利的重要补救措施，本节篇幅有限，不再讨论该手段，将主要介绍支付令、实现担保物权特别程序、执行中的参与分配及赋强公证债权文书这四种手段。

一、支付令

支付令是指人民法院依照《民事诉讼法》规定的督促程序，根据债权人的申请，向债务人发出的限期内履行给付金钱或有价证券的法律文书。

（一）支付令的优势

1. 对比诉讼，支付令时间快，效率高

依据《民事诉讼法》（2021 修正）第二百二十二条，第二百二十三条第一款、第二款之规定，债权人提出申请后，人民法院应当在 5 日内通知债权人是否受理；人民法院受理后，符合条件的应当在受理之日起 15 日内向债务人发出支付令，债务人应当自收到支付令之日起 15 日内清偿债务，或者向人民法院提出书面异议。因此，如债务人未提异议，自受理到债务人应还款的期限最长为 35 日，对比从起诉到判决的周期优势明显。

2. 与判决书具有同样的执行效力，可直接申请强制执行

依据《民事诉讼法》（2021 修正）第二百二十三条第三款之规定，债务人在规定的期间不提出异议又不履行支付令的，债权人可以向人民法院申请执行。这说明支付令是具备强制执行效力的法律文书，生效的支付令可以直接申请执行，不必须经过诉讼程序。这也是支付令效率高的原因之一。

3. 支付令失效可直接转入诉讼程序，便于债权人提起诉讼

依据《民事诉讼法》（2021 修正）第二百二十四条之规定，人民法院收到债务人提出的书面异议后，经审查，异议成立的，应当裁定终结督促程序，支付令自行失效。支付令失效的，转入诉讼程序，节省了债权人另行诉讼的时间，但申请支付令的一方当事人不同意提起诉讼的除外。如支付令满足法律规定条件失效的，督促程序终结，但并不影响债权人的诉讼权利，就债务人不履行债务的行为债权人仍可以起诉。

（二）支付令的风险

依据《民事诉讼法》（2021 修正）第二百二十四条第一款之规定，债务人提出书面异议且异议成立的，法院应当裁定终结督促程序，支付令自行失效。但实务中，法院对于支付令异议的审查属于形式审查，只要债务人针对债务有异议，法院即可裁定督促程序终结，支付令自行失效。

但根据最高人民法院《民事诉讼法解释》（2020 修正）第四百三十八条之规定，债务人对债务本身没有异议，只是提出缺乏清偿能力、延缓债务清偿期限、变更债务清偿方式等异议的，不影响支付令的效力。

支付令失效对债权人的影响主要在于申请支付令的费用问题。虽然法律规定支付令失效转入诉讼程序，但债权人申请支付令花费的费用是否转入诉讼费的问题并无相关明确规定。[①] 因此，存在该笔费用存在无法转入诉讼费的风险。

（三）申请支付令应注意的事项

1. 申请支付令的条件

《民事诉讼法》（2021修正）第二百二十一条规定：“债权人请求债务人给付金钱、有价证券，符合下列条件的，可以向有管辖权的基层人民法院申请支付令：（一）债权人与债务人没有其他债务纠纷的；（二）支付令能够送达债务人的。申请书应当写明请求给付金钱或者有价证券的数量和所根据的事实、证据。”可知，支付令仅能由债权人申请，申请内容应为给付金钱或有价证券，该债务应简单明确不存在争议，且支付令可以送达债务人。同时还要注意申请书的内容。

2. 管辖法院为基层人民法院

依据《民事诉讼法》（2021修正）第二百二十一条规定，债权人可以向有管辖权的基层人民法院申请支付令。依据最高人民法院《民事诉讼法解释》（2020修正）第四百二十七条规定，债权人可以向都有管辖权的基层法院之一申请支付令，由最先立案的人民法院管辖。

3. 支付令对担保人无约束力

依据最高人民法院《民事诉讼法解释》（2020修正）第四百三十六条之规定：“对设有担保的债务的主债务人发出的支付令，对担保人没有拘束力。债权人就担保关系单独提起诉讼的，支付令自人民法院受理案件之日起失效。”

4. 支付令的自行失效或督促程序终结

债权人提请支付令后应注意不要提起如下诉讼，否则支付令自行失效或督促程序终结：

（1）债权人就担保关系单独提起诉讼的，支付令自行失效。

（2）人民法院受理支付令申请后，债权人就同一债权关系又提起诉讼，督促程序终结。

---

① 参见邹琦：《支付令失效后转诉讼程序之思考》，载中国法院网2015年11月3日，https://www.chinacourt.org/article/detail/2015/11/id/1739672.shtml。

5. 对金融债权人使用支付令的建议

（1）申请支付令的债务应简单明确、争议不大，如单纯的借款关系。

（2）长期联系不到的当事人不建议申请支付令，因不符合支付令申请条件。

（3）申请支付令的金额应明确，本金、利息、复利要能够确定，如此项内容存有争议风险，不建议申请支付令。

二、实现担保物权特别程序

依据《民法典》第四百一十条，债务人不履行到期债务或者发生当事人约定的实现抵押权的情形，抵押权人可以与抵押人协议以抵押财产折价或者以拍卖、变卖该抵押财产所得的价款优先受偿。协议损害其他债权人利益的，其他债权人可以请求人民法院撤销该协议。抵押权人与抵押人未就抵押权实现方式达成协议的，抵押权人可以请求人民法院拍卖、变卖抵押财产。抵押财产折价或者变卖的，应当参照市场价格。

实现担保物权在我国程序法规定属于特别程序，非诉讼程序。申请实现担保物权也是金融债权人债权催收的有效途径之一。

（一）实现担保物权的优势

实现担保物权特别程序与一般诉讼程序相比具有下列优势：（如表 1）

表 1　优势比较

项目	实现担保物权特别程序	诉讼	对比结果
审级	一裁终局	二审终审	特别程序程序少
审限	30 日	（每个审级） 简易 3 个月/ 普通 6 个月	特别程序时间短
诉讼费用	按件收取（目前全国无统一标准）	按标的收取	特别程序收费低

1. 无须经过诉讼，时间快，效率高

依据《民事诉讼法》（2021 修正）第一百八十七条之规定，实现担保物权作为特别程序，应当在立案之日起 30 日内或者公告期满后 30 日内审结。有特殊情况需要延长的，需由审理法院院长批准。因此，对比诉讼的一审、二审、再审程序周期大大缩短，提高了维权效率。

2. 一审终审

依据《民事诉讼法》（2021 修正）第一百八十五条之规定，实现担保物权的特别程序实行一审终审制，程序简化、便利。

3. 费用低

实践中对于实现担保物权的特别程序是否应收费、收费标准是多少，各地法院标准不一。但可以肯定的是，收取费用的法院也非按照诉讼费用收取的计算标准计收，甚至部分地区实现担保物权的特别程序按件收费，这导致该特别程序申请的花费较大幅度低于诉讼费的收取标准。

（二）实现担保物权特别程序的风险

《民事诉讼法》及其相关司法解释虽然就实现担保物权特别程序的相关问题作出具体规定，但司法实践中仍存在以下争议，可能导致债权人实现担保物权的目的落空：

第一，因被申请人下落不明，无法送达法律文书，能否通过公告方式送达实践中有不同观点。

第二，关于“实现担保物权有实质性争议”的审查标准不统一。依据《民事诉讼法解释》（2020 修正）第三百七十二条规定，当事人对实现担保物权无实质性争议且实现担保物权条件成就的，裁定准许拍卖、变卖担保财产；当事人对实现担保物权有部分实质性争议的，可以就无争议部分裁定准许拍卖、变卖担保财产；当事人对实现担保物权有实质性争议的，裁定驳回申请，并告知申请人向人民法院提起诉讼。而实践中对“当事人对实现担保物权有实质性争议”的认定标准不一，部分法院将申请书、异议权利告知书等材料是否符合要求认定为审查标准，部分法院不进行实质审查而只进行形式审查。

（三）申请实现担保物权的注意事项

1. 申请实现担保物权案件应具备以下条件：

（1）主债务、担保债务真实合法；

（2）双方当事人对借款、担保的存在事实无争议；

（3）双方当事人对主债务、担保债务的金额、利息等无争议或争议不大。

如申请实现担保物权的法律关系不具备上述条件，可能出现另一方当事人提出异议的情形，将导致申请被法院驳回。原因主要在于，我国目前审查实现担保物权特别程序异议以形式审查为主，法官仅对申请人提供证据的合法性、完整性、有效性进行审查，一旦出现当事人对有关担保物权的实体法律关系提出异议，法院将驳回申请。因此，在不具备条件的情况下提出该申请极有可能出现“做无用功”的结果。

2. 一方当事人申请实现担保物权被法院受理且在执行中，当事人（不一定是程序申请人）又就同一担保法律关系提起担保物权纠纷诉讼的，法院不应受理。

3. 实现担保物权特别程序执行终了，拍卖财产仍不足以清偿申请人全部债权的，当事人可就同一借款担保法律关系另行向人民法院提起诉讼。

【相关案例】

＊信用社与天福制＊公司民间借贷纠纷案（2018）最高法民终562号

【基本事实】

＊信用社向天福利＊公司借款，借款本金为9729万元、利息为155,626,764.22元（2017年8月31日前利息及复利），合计252,916,764.22元。该笔借款天福利＊公司以其位于宁安市东京城镇天福百货大楼一期2～4层、二期2～7层商服房产及东京城林业局天福家园二期大厅房产向＊信用社作抵押担保。后＊信用社向法院提起诉讼，黑龙江高院于2017年11月15日立案。同时，天福利＊公司就＊信用社对其享有债权的涉案六份贷款合同项下贷款本金9729万元及借期内利息，于2017年8月向黑龙江省宁安市人民法院申请实现担保物权，该院于2017年9月20日作出（2017）黑1084民特3号民事裁定，准许拍卖、变卖担保财产。

【法院认定】

在借款担保法律关系中的一方当事人已经通过非诉程序申请实现担保物权的情况下，只有其申请被人民法院裁定驳回，或者申请实现担保物权的非诉案件已经执行完毕，债权人还存在尚未清偿的债权的，当事人才可以就同一借款担保法律关系另行向人民法院提起诉讼。若申请实现担保物权非诉案件的生效民事裁定准许拍卖、变卖抵押财产优先偿还借款债务，且该非诉案件正在执行过程中，实现担保物权的范围尚未最终确定，则债权人不得就同一借款担保法律关系再行提起诉讼，主张对抵押物优先受偿。这一原则，体现了民事诉讼一事不再理的基本原则。本案中，因黑龙江省宁安市人民法院（2017）黑1084民特3号民事裁定准许拍卖、变卖天福利亨公司所有的房产偿还涉案欠款及利息，该裁定现已发生法律效力并且在执行过程中，故＊信用社不得针对同一借款担保法律关系，提起本案诉讼请求对抵押物优先受偿。原审法院裁定驳回＊信用社的起诉，结果并无不当。

三、执行中的参与分配

执行中的参与分配制度是指在被执行人进入首个执行程序后，被执行人的其他已经取得执行依据的债权人发现被执行人的财产不能清偿所有债权时，可以向首个启动执行程序的人民法院申请对该执行程序获得的财产参与分配。

参与分配制度与上文的其他程序不同，其本质并非债权催收手段，但对金融债权人仍极其重要。因为实践中金融债权人的债务人往往对外存在多个债务，债务人的财产被申请进入执行程序后，将影响其他债权人的利益，因此，参与分配制度是维护债权人利益的有效手段。

（一）申请参与分配的条件

依据《民事诉讼法解释》（2020修正）第五百零八条至五百一十二条之规定，债权人申请参与分配，需具备以下条件：

1. 申请人需已取得执行依据，即申请人已申请执行并被法院受理。

2. 申请人申请执行后发现被执行人财产不能清偿所有债权。

关于申请人对被执行人不能清偿所有债权的证明问题，编者认为申请人的证明程度应限定在申请人申请执行后通过执行法官或自己所获得的信息显示被执行人无法偿还全部债权即可，申请人作为自然人、法人其证明能力因其权利限制存在证明不能的情形，不能用严苛的证明责任要求申请人。此处，参照（2016）冀09执异17号案。该案中，法院认为，在司法实践中，应当从宽把握该项要求，切实保障普通债权人申请参与分配的权利。规定参与分配制度的目的，即在于保障被执行人不具备破产资格情形下债权的平等受偿和实现，如在参与分配程序中严格要求债权人必须证明“被执行人的财产不能清偿所有债权”，则不符合设立参与分配制度的目的。虽然法律规定申请参与分配的债权人提交的申请书“应当写明参与分配和被执行人不能清偿所有债权的事实、理由”，但并未规定严格的证明责任。对于该规定的正确理解应当是，只要申请人在申请书中予以说明，执行法院在形式审查后即应准许，不能以“申请人主张被执行人不能清偿所有债权的证据不足”为由，不受理或驳回参与分配申请。实践中过于苛求申请人的证明责任，或给参与分配申请设置过多障碍，有违参与分配制度平等保护债权的立法本意。

3. 依照法律规定申请参与分配，申请人应当提交申请书。申请书应当写明参与分配和被执行人不能清偿所有债权的事实、理由，并附有执行依据。

4. 申请主体为债权人。参照（2016）冀09执异17号案，申请人上海天＊公司向沧州市中级人民法院申请参与分配，沧州市中级人民法院经研究答复异议人需向原执行法院提交申请并由原执行法院转交。之后，北京市海淀区人民法院将参与分配函及上海天＊公司提交的参与分配申请转交至沧州市中级人民法院。由此可知，申请主体是债权人，但申请材料的提交应由债权人交到其申请执行案件的法院，由该法院转交处置财产的法院。

5. 申请期限应为执行程序开始后，被执行人的财产执行终结前。

（二）申请参与分配的注意事项

1. 被执行人须为公民或者其他组织，企业法人不适用参与分配制度。1998年施行的最高人民法院《关于人民法院执行工作若干问题的规定（试行）》规定了参与分配制度有两类被执行人，一是第九十条规定的公民或其他组织，二是其在第九十六条规定未经清理或清算而撤销、注销或歇业的企业法人可参照适用参与分配制度。但2015年《民事诉讼法解释》中删除了第九十六条的内容，仅保留了被执行人须为公民或者其他组织的规定。

2. 优先权人可直接主张参与分配。对人民法院查封、扣押、冻结的财产有优先权、担保物权的债权人，实践中可以直接申请参与分配，主张优先受偿权，主张优先受偿的金额具体、明确且双方无争议。

3. 注意参与分配的期限。虽然参与分配申请期限为执行程序开始后、被执行人的财产执行终结前，但被执行人的财产执行终结如何认定，实务中存在不同观点。

一种观点认为，执行价款未拨付完毕，以物抵债产权未转移前申请人仍有权提出参与分配申请。主要支持法院有：浙江省高级人民法院《关于多个债权人对同一被执行人申请执行和执行异议处理中若干疑难问题的解答》（浙高法执〔2012〕5号）（十二）申请参与分配的截止日期确定问题，主持分配法院的执行程序中只有一个申请执行人的，其他债权人申请参与分配的截止日期，为执行价款支付给申请执行人的前一工作日，或者执行标的物因以物抵债而将产权转移给承受人的前一工作日。主持分配法院的执行程序中已有两个以上债权人参与分配的，其他债权人申请参与分配的截止日期，为执行法院将分配方案送达第一个当事人的前一工作日。江苏省高级人民法院作出的（2017）苏执监351号执行裁定书，认为拍卖标的物的拍卖成交款参与分配，如该成交款尚未拨付给申请执行人，即应视为对该成价款尚未执行终结，对其他债权人的参与分配申请应予以支持。广东省高级人民法院《关于执行案件法律适用疑难问题的解答意见》问题五处理意见各级法院可参考本院在（2014）粤高法执监字第131号《执行监督函》认定"在执行财产尚未实际支付给争议财产分配方案中确定的债权前，提出参与分配的申请，应当认定此时财产尚未执行完毕，其他债权人有权参与分配"。

另一种观点认为，若执行标的物为货币类财产，以案款到达主持分配法院的账户之日为截止日；若执行标的物为非货币类财产，需对该财产予以拍卖、变卖或以其他方式变价的，以拍卖、变卖裁定送达买受人之日或以物抵债裁定送达申请执行人之日作为申请参与分配的截止日。主要为北京地区法院适用，参见《北京市高、中级人民法院执行局（庭）长座谈会（第五次会议）纪要——关于案款分配及参与分配若干问题的意见》第十条。

编者认为，第一种观点更符合参与分配制度公平分配的立法初衷，但实务中存在各地区不同的执行差异，在未有相关法律明确统一之前，金融债权人应注意参与分配的期限问题，避免逾期。

四、赋强公证债权文书

除法院判决书、裁定书、民事调解书及仲裁委员会作出的仲裁裁决书外，赋强公证文书也具有强制执行力，可以直接申请法院执行。在赋强公证文书中赋强公证债权文书是金融债权催收的有效手段，一直备受关注。

依据《民事诉讼法》（2021修正）第二百四十五条第一款之规定，一方当事人不履行公证机关依法赋予强制执行效力的债权文书的，对方当事人可以向有管辖权的人民法院申请执行，受申请的人民法院应当执行。

（一）赋强公证债权文书的优势

1. 时间短、效率高。选择诉讼程序往往要经历一审6个月、二审3个月的审限，再加上立案、答辩、调查等时间，想要进入法院执行程序最长可能需要接近一年的时间。赋强公证过的债权文书，当出现债务人违约的情形时，债权人向公证机构提出申请，公证机构从受理到出具执行证书，最快仅需7个工作日，债权人就可凭原赋强公证书及执行证书向有管辖权的法院申请强制执行。

2. 费用少。对比一审、二审诉讼费用，赋强公证债权文书所花费的公证费用要低一些。

（二）赋强公证债权文书的劣势

主要是财产保全问题，赋强公证债权文书与申请仲裁裁决在财产保全方面类似，均是需要向法院申请进行财产保全，无法向公证机构或仲裁委员会申请，需要另行办理。

（三）赋强公证债权文书的注意事项

1. 根据相关法律规定，公证机关赋予强制执行效力的债权文书的范围包括

（1）借款合同、借用合同、无财产担保的租赁合同；

（2）赊欠货物的债权文书；

（3）各种借据、欠单；

（4）还款（物）协议；

（5）以给付赡养费、扶养费、抚育费、学费、赔（补）偿金为内容的协议；

（6）符合赋予强制执行效力条件的其他债权文书。

2. 公证债权文书应当具备的条件

根据最高人民法院、司法部《关于公证机关赋予强制执行效力的债权文书执行有关问题的联合通知》第一条，公证机关赋予强制执行效力的债权文书应当具备以下条件：

（1）债权文书具有给付货币、物品、有价证券的内容；

（2）债权债务关系明确，债权人和债务人对债权文书有关给付内容无疑义；

（3）债权文书中载明债务人不履行义务或不完全履行义务时，债务人愿意接受依法强制执行的承诺。

在办理公证债权文书时，尤其要注意公证的债权内容如给付内容、债权债务

的标的、数额或执行标的没有明确的利息、违约金数额的具体计算标准的或合同性质无法确定的，都有可能被法院认定为债权债务不明确，从而不具备赋予强制执行效力的条件。

3. 债权文书的申请执行

债权人申请执行公证债权文书，有下列情形之一的，人民法院应当裁定不予受理；已经受理的，裁定驳回执行申请：

（1）债权文书属于不得经公证赋予强制执行效力的文书；

（2）公证债权文书未载明债务人接受强制执行的承诺；

（3）公证证词载明的权利义务主体或者给付内容不明确；

（4）债权人未提交执行证书；

（5）其他不符合受理条件的情形。

金融债权人在办理债权文书执行公证的需要注意，不要出现上述情形。

4. 其他注意事项

（1）公证债权文书赋予强制执行效力的范围同时包含主债务和担保债务的，应全部申请执行，不可单独就某一项申请；

（2）对于利息、罚息、复利等要明确数额约定在合同中，避免公证后执行时出现麻烦；

（3）实现债权的费用如律师费等约定也可以明确数额约定在合同中，再进行公证；

（4）申请执行有 2 年期限要求，应按照法律规定在有效期限内申请。

第四节 刑事追诉方式

本篇第一节至第三节均为民事催收途径，如在民事催收过程中，金融债权人发现债务人有欺骗手段时，可以选择刑事追诉的途径维权并达到催收的目的。

一、刑事追诉的优势与劣势

以刑事追诉程序进行债权催收，具有以下优势：

第一，公安机关有权对犯罪嫌疑人采取刑事强制措施，具有一定震慑力，倒逼其迫于压力主动还款；一旦刑事控告成功，无论是对整个行业，还是对企业或金融机构的内部员工，都将起到严厉的警示教育作用，可以有效预防此类案件的再次发生，并进一步强化内部员工的廉洁自律意识。在实务中，当很多案件面临推进瓶颈的时候，启动刑事控告程序，使公安机关立案并对相对人采取刑事强制措施，通常都是解决问题的关键。

第二，公安机关有权调取相关证据材料，侦查力度强。民事诉讼中取证责任都在民事主体自身，我们都知道通过正常民事途径来取证往往是非常困难的，各方面都会遇到一定的阻碍。而一旦启动刑事立案，公安机关作为代表国家的侦查机关，可以充分利用公权力的各种资源和手段进行取证，不仅会加速对案件事实的调查，而且有利于彻底查清事实。

第三，可以通过追赃迅速控制财物。一旦刑事立案，公安机关可以对犯罪嫌疑人的银行存款、房屋、股票等所有资产进行冻结，防止其转移资产。这个资产冻结的范围远远大于民事诉讼中只限于公司财产的情况。一旦定罪，被害人可以通过法院发还赃物的形式迅速取回被骗取财物，而不必等漫长的执行过程。

第四，通过刑事谅解取得赔偿金提前挽回损失。犯罪嫌疑人被采取强制措施后，多数会提出通过赔偿的方式取得被害人谅解，以此换取取保候审或者轻判量刑的机会。最高人民法院关于实施修订后的《关于常见犯罪的量刑指导意见》的通知（法发〔2017〕7号）第三条第九项积极赔偿被害人经济损失并取得谅解的，综合考虑犯罪性质、赔偿数额、赔偿能力以及认罪、悔罪程度等情况，可以减少基准刑的40%以下；积极赔偿但没有取得谅解的，可以减少基准刑的30%以下；尽管没有赔偿，但取得谅解的，可以减少基准刑的20%以下。其中抢劫、强奸等严重危害社会治安犯罪的应从严掌握。在实务中也是决定被告人能否获取取保候审或缓刑的重要条件。因此，犯罪嫌疑人只要有履行能力，一般情况下会积极向被害人提出赔偿请求，求得谅解。

第五，刑事案件被害人损失优先于一般债权。即使因为赃款被善意第三人取得、被挥霍等导致追赃不能，依据有关司法解释，刑事案件被害人的损失，在清算被告人的财产时，优先于其他一般债权人的债权先行分配。

与之对应的，刑事追诉程序具有以下劣势：

第一，利息会受损失。如温州市瓯海区人民法院（2015）温瓯刑初字第415号刑事判决认定债权数额方面，王*仙虽有民事判决确定了包括借款本息的债权，但利息不属于刑事退赔的范围，不应计入待分配债权。

第二，刑民交叉案件，刑事优先，债权催收可能面临更长的周期。在司法实践中，对于民事纠纷与刑事犯罪相互交织类案件，受理民事诉讼的法院在审理过程中往往以“本案必须以另一案的审理结果为依据，而另一案尚未审结”为由中止审理。在刑事案件取得生效裁判后，民事诉讼才恢复审理，而刑事审判往往因为案情复杂，通常一个刑事案件从立案到案判只要6~8个月。短期内难以取得终审判决，从而导致民事诉讼长期陷于停滞，作为债权人的商业银行难以主动推进审判进程。

第三，通过刑事手段追赃后，案件属于公诉案件，一旦进入程序后，不能像民事诉讼般可随时撤案。根据最高人民检察院《关于公诉案件撤回起诉若干问题的指导意见》，对于“不存在犯罪事实的”公诉案件，“人民检察院可以撤回起诉”，因此金融债权人若通过刑事手段追赃，除上述缘由外不能随时撤案，从而缺少了与债务人谈判的筹码。

第四，金融债权人工作人员可能受到牵连。为了维护银行业安全稳健运行，监管机关对于“案防”工作保持高压态势，在追究案件直接责任人责任的同时，对有关管理人员的追究和问责力度较大。

二、刑事追诉程序的注意事项

第一，金融债权人选择刑事追诉程序进行债权催收，应注意经济纠纷与刑事犯罪并存案件的程序处理。

根据2018年1月1日实施的最高人民检察院、公安部《关于公安机关办理经济犯罪案件的若干规定》第二十条涉嫌经济犯罪的案件与人民法院正在审理或者作出生效裁判文书的民事案件，属于同一法律事实或者有牵连关系，符合下列条件之一的，应当立案：

（1）人民法院在审理民事案件或者执行过程中，发现有经济犯罪嫌疑，裁定不予受理、驳回起诉、中止诉讼、判决驳回诉讼请求或者中止执行生效裁判文书，并将有关材料移送公安机关的；

（2）人民检察院依法通知公安机关立案的；

（3）公安机关认为有证据证明有犯罪事实，需要追究刑事责任，经省级以上公安机关负责人批准的。

有前款第二项、第三项情形的，公安机关立案后，应当严格依照法律规定的条件和程序采取强制措施和侦查措施，并将立案决定书等法律文书及相关案件材料复印件抄送正在审理或者作出生效裁判文书的人民法院并说明立案理由，同时通报与办理民事案件的人民法院同级的人民检察院，必要时可以报告上级公安机关。

在侦查过程中，不得妨碍人民法院民事诉讼活动的正常进行。

因此，关于公安机关处理涉及经济纠纷的案件，若民事案件与刑事案件基于同一法律事实的，已逐步转变为公安机关有条件的立案侦查，即在人民法院决定将案件移送公安机关或者撤销该判决、裁定的或者人民检察院依法通知公安机关立案的情况下或者经省级以上公安机关负责人批准的情况下，公安机关应予刑事立案侦查。

第二，金融债权人在起诉阶段或者法院作出生效判决后，如发现债务人或相关主体在申请贷款时存在欺骗的手段，金融债权人有权申请法院将民事案件移送至公安机关审理。但是采用刑事追赃手段，风险较大，金融债权人须充分权衡利弊后再行采用此种手段。

第三章 金融债权催收手段的挑战与创新

市场经济不断发展、经济纠纷不断累积的大背景下，传统催收方式已经不能满足银行等金融债权人的需求，更多类型的催收方式应运而生。催收手段的变化使金融债权催收面临诸多挑战，如第三方催收、不当催收的风险，新冠肺炎疫情传播的影响等。同时，互联网技术、人工智能技术的快速发展，使得传统催收、第三种催收衍生出“互联网 + 催收”“人工智能 + 催收”的新模式，金融债权催收手段不断创新。在介绍常用手段后，本节将主要探讨金融债权催收手段的挑战与创新。

第一节 当前挑战

一、第三方催收

金融债权催收除了包括债权人自行催收此种类型外，还包括债权人交由第三方催收机构开展催收活动。基于维系自身商业形象、维持债务回收比例的考量，金融债权人在初步判断债务人清偿意愿后，会倾向于将难度大、成本高的催收工作外包给第三方机构开展。通过梳理第三方催收相关监管规则可知，选择该种催收方式存在一定风险，金融债权人应当谨慎选择。

（一）第三方催收的监管规则

银行等金融债权人可以委托第三方催收机构，对债务人所欠债务进行合法催收，且不需要经过债务人的同意。虽然我国关于第三方催收的法律法规散落于各文件中，但仍对第三方催收进行了规制。

2020 年发布的《商业银行互联网贷款管理暂行办法》明确要求“商业银行不得委托有暴力催收等违法违规记录的第三方机构”“商业银行应明确与第三方机构的权责”“商业银行发现合作机构存在暴力催收等违法违规行为的，应当立即终止合作，并将违法违规线索及时移交相关部门”，也就是说，商业银行在委托第三方催收机构时要调查其资质，要明确第三方催收机构开展催收活动时可行使的权利，界定好彼此的责任。同理，商业银行外其他金融债权人也应注意该要求。

《关于加强小额贷款公司监督管理的通知》明确要求小额贷款公司应按照法律法规和地方金融监管部门的要求，规范催收程序和方式。小额贷款公司及其委托的第三方催收机构，不得以暴力或者威胁使用暴力，故意伤害他人身体，侵犯人身自由，非法占有被催收人的财产，侮辱、诽谤、骚扰等方式干扰他人正常生活，违规散布他人隐私等非法手段进行催收。该规则侧重于强调第三方催收时的行为要规范。金融债权人应当注意此点，否则可能面临承担民事责任甚至刑事责任的风险。

《中国人民银行金融消费者权益保护实施办法》（银发〔2016〕314 号）明确要求金融机构向金融消费者追讨债务，不得采取违反法律法规、违背社会公德、损害社会公共利益和第三人合法权益的方式。金融债权人委托第三方追讨债务的，应当在书面协议中明确禁止受托人使用前款中的追讨方式，并对受托人的催收行为进行监督。

综上，银行等金融债权人可以委托具有外包催收资质的催收公司、催收机构协助催收金融债权，但催收的整个过程都要符合相关监管要求，否则债务人可以向监管部门举报，金融机构极大概率会受到处罚。

（二）第三方催收存在的风险

通过一则案例了解第三方催收存在的风险。

案情介绍：夏某为某学校教师，有一张某银行信用卡，自 2017 年 11 月起欠款逾期未还，经与银行协商约定该笔欠款在2019年9月10日前还清。在此期间，银行委托第三方催收公司工作人员多次联系其所在学校领导，并向当地教育局举报夏某在校外违规授课，虽然经教育局调查认定举报不实，但该事件导致夏某本人及所在学校声誉受损，造成不良社会影响。夏某认为银行催收方式不当，与银行及催收公司沟通多次未果，在还清所有欠款后，拨打中国人民银行投诉热线投诉，要求某银行进行解释说明并道歉。经中国人民银行投诉热线工作人员协调，某银行及催收公司向夏某进行道歉，并承诺积极整改，夏某表示认可。①

本案中，某银行未规范外包催收公司的催收行为，应对外包催收公司使用不当方式催收的行为承担责任。这提示各金融机构，虽然银行不使用不当催收方式，但银行通常无法管理其委托的第三方催收机构。而第三方催收机构又常常使用暴力催收、不实举报等违反法律法规、违背社会公德的方式进行催收，侵犯债务人的生命权、健康权、人格尊严等合法权益。本案中的外包催收公司采用多次联系第三人和不实举报等违法违规方式进行催收，既侵犯了夏某的信息安全权和人格尊严，也干扰了夏某同事及其朋友等第三人的正常生活，损害了学校等第三方的声誉。

在第三方催收法律关系中，金融机构通过与第三方催收机构签订委托合同，将债务催收事宜交由第三方机构代为处理，两者之间构成委托代理关系。金融机构是委托人，第三方机构是受托人，委托处理的事项是金融债权催收，双方在委托合同中对各自的权利义务进行明确约定，因委托授权而形成委托代理。依据《民法典》第一百六十七条，代理人知道或者应当知道代理事项违法仍然实施代理行为，或者被代理人知道或者应当知道代理人的代理行为违法未作反对表示的，被代理人和代理人应当承担连带责任，金融机构会因为第三方催收机构的不当行为承担责任。依据相关监管规则，金融机构对第三方催收机构的催收行为有监督义务，未监督到位，也要承担相应的责任。因此，金融机构在选择委托第三方催收机构进行催收时，一定要在书面协议中明确禁止第三方催收机构采用不当催收行为。

二、不当催收

由于缺乏效力层级高的法律规范进行直接约束，在金融债权催收方面，不当

① 《信息保护：把催收业务委托给第三方催收公司时，银行如何保护个人金融信息》，载微信公众号“中国银行业杂志”2022年1月7日，https://mp.weixin.qq.com/s/lDYYHfUuqaqf2Fj4CPfZaA。

催收现象层出不穷，影响社会的稳定，同时也使得金融机构面临承担侵权赔偿责任的风险。下文通过介绍不当催收的形式及法律后果，以提示金融债权人在开展催收活动时应注意规范自身行为。

（一）不当催收的形式

依据学界与业界研究，及各类监管规则，不当催收主要包括以下形式：

1. 催收人员采取暴力等非法催收手段。部分催收人员专业能力不强、法律意识淡薄，为了提高催收的成功率，采取短信轰炸、人身威胁等非法手段逼迫债务人偿还债务。①“51 信用卡事件”就是典型的暴力催收事件。暴力催收包括直接暴力手段如殴打，以及纠缠、骚扰、威胁等软暴力手段。例如，以列入虚构的黑名单、虚构的不良信用数据库为由威胁债务人，以虚假的债务数额、性质、法律后果做出误导债务人的表述等均属于暴力催收的形式。以行政机关、司法机关等虚假身份追查债务人信息、寄送催收信函、开展催收行为的属于冒名催收。

2. 催收人员非法获取、泄露债务人的金融信息与隐私数据。具体而言，是指金融机构或第三方催收机构的催收人员未经当事人同意擅自获取并将其身份信息、联系方式、社会关系等隐私数据进行公开通报或交易。②《中国人民银行金融消费者权益保护实施办法》（中国人民银行令〔2020〕第 5 号）第三章明确规定了金融机构对消费者的金融信息保护制度，《中国人民银行金融消费者权益保护实施办法》（银发〔2016〕314 号）第三十四条第一款明确规定金融机构保护消费者个人金融信息安全的义务不因其与外包服务供应商合作而转移、减免。金融机构应当充分审查、评估外包服务供应商保护个人金融信息的职责和保密义务，并采取必要措施保证外包服务供应商履行上述职责和义务。随着《个人信息保护法》《数据安全法》的出台，金融债权人更应谨慎保护消费者的金融信息与隐私数据，禁止以非法获取、泄露消费者信息等手段达到催收债务的目的。

（二）不当催收的法律后果

如金融债权人实施不当催收行为，可能会面临以下法律后果：

---

① 参见李云焕：《金融领域债务催收不当行为与规制研究》，载《吉林金融研究》2021 年第 6 期。

② 参见李云焕：《金融领域债务催收不当行为与规制研究》，载《吉林金融研究》2021 年第 6 期。

1. 受到银保监会处罚

2019 年 12 月，银保监会公布对上海浦东发展银行的行政处罚决定书，文件中显示上海浦东发展银行信用卡中心因催收外包管理严重违反审慎经营规则，被上海银保监局罚款 50 万元。第三方投诉网站也显示，浦发信用卡收到 4137 条投诉，主要投诉原因为暴力催收、骚扰通讯录好友等不当催收行为。金融机构催收迎来“强监管”时代，当金融机构的催收行为被认定为不当催收，极大可能受到银保监会处罚。

2. 承担民事赔偿责任

（2018）豫 1202 民初 4464 号案中，张某被人冒名在＊银行湖滨支行办理信用卡，后该信用卡被透支使用且逾期未还款。＊银行湖滨支行委托的第三方催债公司对张某及其家人进行施压、骚扰催债。张某经核实与查询发现被冒名办理了信用卡的情况。张某多次与银行进行协商，要求消除其在中国人民银行个人信用记录中的不良逾期记录并更改错误个人信息，但银行工作人员拖延办理，张某提起诉讼。法院最终判决＊银行湖滨支行停止侵权、向张某赔礼道歉并支付精神损害抚慰金与经济损失。若金融债权人实施不当催收行为，可能被判定承担赔偿责任。

3. 承担刑事责任

（2019）鄂 1126 刑初 503 号案中，被告人在债务人的店内、工厂实施威胁、滋扰、纠缠、静坐等行为，法院判处其触犯寻衅滋事罪。实践中，当金融债权人不当催收行为情形严重，限制了债务人的人身自由，危害了债务人的生命健康，会被追究刑事责任，涉嫌寻衅滋事罪、非法拘禁罪、非法侵入住宅罪以及《刑法修正案（十一）》第三十四条增设的催收非法债务罪。

第二节 未来创新

新冠肺炎疫情的传播对金融债权催收产生了诸多影响。传统催收方式中，除了电话催收外，其他催收方式都或多或少受到了不同程度的影响。在目前遏制新冠肺炎蔓延的疫情防控形势下，某城市暴发疫情后，所涉街道、社区会进行封控、管控、防范等不同程度的管理，企事业单位也会选择居家办公，无法进行面对面接触与交谈。例如，信函催收中，电子邮件途径可正常进行，但纸质信函可能就无法及时送达与签收。法律催收中，诉讼、仲裁、其他非诉讼、刑事追诉等手段因停工停产也无法顺利推进。

此外，众多企业停工停产，现金流状况紧张，特别是中小企业，面对新冠肺炎疫情的冲击，无力偿还借款，纵使金融债权人开展催收活动，企业也无能为力。加之多地政府出台企业扶持政策，金融债权人催收工作受阻。

在看到后疫情时代金融债权催收面临挑战的同时，我们也应观察到新技术与催收的深度融合。随着互联网、人工智能技术的发展与成熟，金融债权人所采用的各种手段逐渐显露出新技术的身影。法院、仲裁机构积极研发各类电子系统便于当事人解决纠纷。如若选择诉讼、仲裁的方式，可以尝试通过互联网法院、智慧法院、互联网仲裁等解决。同时，人工智能、深度学习技术也被应用于催收之中，被称为智能催收方式。智能催收狭义指以机器人形态代替人工外呼或催收提醒，广义指智能技术在催收中的扩展运用。一些科技公司研发出 AI 智能系统，指定催收策略并将策略实际落地运用，通过数据模型降低逾期风险、降低控制成本、提高实际回款率、提高处置效率。目前市面上已开始出售“智能催收机器人”“全流程智能催收系统”等产品。当然，智能催收还处于初步发展阶段，较为复杂的工作还是由业务人员负责，但人工智能技术确定一定程度上提高了催收效率。

面对挑战，后疫情时代金融债权人应积极探索新的催收方式，拥抱新技术，依据自身情况、债权情况、债务人情况酌情选择无接触、智能催收方式。同时，金融债权人应当响应国家政策，履行其社会责任，延长中小企业的还款期限，扶持中小企业。故金融债权人应该在其内部设置规范、科学的风险评估机制，在借贷环节做好风险评估。

第四部分

强执突破：金融不良资产处置

第一章 金融不良资产的形成与现状

近年来，我国经济下行压力不断增大，结构性矛盾凸显，加之新冠肺炎疫情全球传播的影响，如何防控金融风险、推动金融机构及时处置风险资产成为需要迫切解决的难题。

作为金融风险累积的源头之一和系统性金融风险的一个重要衡量指标，不良资产是金融资源在市场经济周期性波动中形成错配现象的客观存在，[①] 其形成与累积受到多方面因素影响，如宏观环境、国家政策、金融机构自身经营管理及风险管理体系等。具体而言，若国家宏观经济状况良好，处于上升周期，企业的经营状态也通常较好，现金流充足，银行等金融机构的信用风险亦随之降低，资产质量相对良好。但若处于经济下行周期，企业尤其是中小企业产量缩减，甚至面临破产，无法如期偿还金融机构贷款，金融机构不良资产累积。国家政策亦是如此。国家政策直接影响金融机构的钱流向何种行业、何种企业。比如当下国家政策要求扶持中小企业，商业银行等金融机构对中小企业贷款条件放宽，但中小企业的经营状态与大型国有企业存在切实差距，金融机构的不良资产率必然有所变化。

金融机构自身经营管理及风险管理体系对不良资产的形成更为直接。金融机构缺乏规范的信贷管理与风险控制，贷前审查不充分、贷中审查不严格、贷后管

① 参见杜尔功：《新一轮不良资产的形成机理、清收障碍与处置创新》，载《求是学刊》2018 年第 3 期。

理不细致，没有制定科学有效的风险防范机制与手段，这都构成了银行等金融机构信用风险。此外，融资结构不均衡也是不良资产形成的一个重要原因。我国间接融资比例较大，使大部分企业只能选择向银行贷款或民间借贷的方式缓解资金压力。申言之，各种因素共同促成了不良资产的累积。

截至2021年11月末，银行业金融机构不良贷款率为1.89%，较年初下降0.04%；商业银行不良贷款余额达到2.8亿元，较上季末增加427亿元。由于近年来金融机构风险防控手段越发成熟、风险抵御能力逐渐增强、不良资产处置方式相对丰富，整体资产质量呈向好趋势。但不良资产处置仍是值得金融机构关注的话题。

监管层面，近期出台了多项有关不良资产、不良贷款的政策规定。2021年1月7日，中国银行保险监督管理委员会发布了《关于开展不良贷款转让试点工作的通知》，突破了过去个人不良贷款依赖银行自主清收的局面，拓宽了金融企业不良资产处置方式。同年2月25日，国家发展改革委、最高人民法院等多部门共同发布《关于推动和保障管理人在破产程序中依法履职进一步优化营商环境的意见》，指出要完善资产处置配套机制。同年12月29日，财政部发布《关于规范国有金融机构资产转让有关事项的通知》，为资产转让提供了规范依据。监管不断加码，在规范不良资产处置行业的同时，也为金融机构不良资产处置提供了新思路。

第二章 执行程序

第一节 相关执行问题

一、申请执行的内容

除了申请执行已经生效法律文书，申请人还可以申请以下执行种类以维护自身合法权益：

1. 申请失信被执行人。

2. 限制被执行人高消费。

3. 申请搜查令，搜查被执行人隐匿的财产。依据《民事诉讼法》（2021 修正）第二百五十五条第一款规定，“被执行人不履行法律文书确定的义务，并隐匿财产的，人民法院有权发出搜查令，对被执行人及其住所或者财产隐匿地进行搜查”。

二、公证债权文书的执行

公证债权文书具有强制执行力，即无须经过诉讼审判程序，在一方当事人不履行时，申请人即可向公证机构申请执行证书，公证机关向申请人出具执行证书后，债权人依据公证债权文书、执行证书等相关材料后即可向人民法院申请强制执行。

（一）申请执行公证债权文书的管辖问题

1. 管辖法院

根据《民事诉讼法》及相关法律规定，强制执行公证不适用合同约定管辖，依据执行证书申请强制执行由被执行人住所地或者被执行的财产所在地人民法院执行。

2. 实操建议

如被执行人是异地企业或被执行财产在异地的，如金融机构开展的各类资管业务，大多债务人都在异地且债权人或维权主体都是信托、资管类公司。从某种程度上来讲，异地执行会增加执行难度及成本。所以金融债权人在选择是否采公证债权文书时须审慎考虑管辖问题。

3. 相关法理基础和规范依据

（1）《民事诉讼法》（2021 修正）

第二百三十一条规定：发生法律效力的民事判决、裁定，以及刑事判决、裁定中的财产部分，由第一审人民法院或者与第一审人民法院同级的被执行的财产所在地人民法院执行。法律规定由人民法院执行的其他法律文书，由被执行人住所地或者被执行的财产所在地人民法院执行。

（2）最高人民法院《关于人民法院执行工作若干问题的规定（试行）》（2020 修正）

第二条规定：执行机构负责执行下列生效法律文书：

①人民法院民事、行政判决、裁定、调解书，民事制裁决定、支付令，以及刑事附带民事判决、裁定、调解书，刑事裁判涉财产部分；

②依法应由人民法院执行的行政处罚决定、行政处理决定；

③我国仲裁机构作出的仲裁裁决和调解书，人民法院依据《仲裁法》有关规定作出的财产保全和证据保全裁定；

④公证机关依法赋予强制执行效力的债权文书；

⑤经人民法院裁定承认其效力的外国法院作出的判决、裁定，以及国外仲裁机构作出的仲裁裁决；

⑥法律规定由人民法院执行的其他法律文书。

（3）最高人民法院《关于人民法院执行工作若干问题的规定（试行）》（2020修正）

第九条规定：在国内仲裁过程中，当事人申请财产保全，经仲裁机构提交人民法院的，由被申请人住所地或被申请保全的财产所在地的基层人民法院裁定并执行；申请证据保全的，由证据所在地的基层人民法院裁定并执行。

（二）申请执行公证债权文书的时效期间

1. 结论

申请执行公证债权文书的时效期间为2年；自公证债权文书确定的履行期间的最后一日起计算。

2. 相关法理基础和规范依据

最高人民法院《关于公证债权文书执行若干问题的规定》第九条规定：申请执行公证债权文书的期间自公证债权文书确定的履行期间的最后一日起计算；分期履行的，自公证债权文书确定的每次履行期间的最后一日起计算。债权人向公证机构申请出具执行证书的，申请执行时效自债权人提出申请之日起中断。

（三）不予执行的强执文书

最高人民法院《民事诉讼法解释》（2020修正）第四百八十条规定：有下列情形之一的，可以认定为《民事诉讼法》第二百三十八条第二款规定的公证债权文书确有错误：

①公证债权文书属于不得赋予强制执行效力的债权文书的；

②被执行人一方未亲自或者未委托代理人到场公证等严重违反法律规定的公证程序的；

③公证债权文书的内容与事实不符或者违反法律强制性规定的；

④公证债权文书未载明被执行人不履行义务或者不完全履行义务时同意接受强制执行的。

人民法院认定执行该公证债权文书违背社会公共利益的，裁定不予执行。

公证债权文书被裁定不予执行后，当事人、公证事项的利害关系人可以就债权争议提起诉讼。

（四）有关公证债权文书的注意事项

（1）完善债权文书的合同条款

金融机构应与债务人（包括担保人）约定并载明债务人不履行义务或不完全履行义务时同意接受强制执行，并对在出具执行证书过程中如何核定债务人不履行或不完全履行债务做出约定。

（2）注意“阴阳合同”导致的公证债权文书不予执行风险

现实中，有些债权人为赚取高额利息，债务人为尽快借到钱，往往会有两份合同，其中真正执行的合同是一份高利率的合同，而公证的文书则是另一份利率相较比较低的为了规避民间借贷利息标准的规定的合同。这种情况下，由于公证的债权文书并非真实履行的合同，因而以其内容为依据做出执行证书，必然与真实情况不一致，也就失去了公证的意义。正如海淀法院公告的案例中，由于履行的合同未公证，公证的合同未履行，属于公证书内容与事实不符，应当不予执行。

（3）公证债权文书对主债务和担保债务具有强制执行效力

根据最高人民法院《关于人民法院办理执行异议和复议案件若干问题的规定》第二十二条，公证债权文书对主债务和担保债务同时赋予强制执行效力的，人民法院应予执行；仅对主债务赋予强制执行效力未涉及担保债务的，对担保债务的执行申请不予受理；仅对担保债务赋予强制执行效力未涉及主债务的，对主债务的执行申请不予受理。

人民法院受理担保债务的执行申请后，被执行人仅以担保合同不属于赋予强制执行效力的公证债权文书范围为由申请不予执行的，不予支持。

三、唯一住房的执行问题

（一）实操建议

申请执行人有如下两种措施可以选择，保证申请能够得到法院执行：

1. 申请人为被执行人及所扶养家属提供居住房屋。

2. 从该房屋的变价款中扣除5～8年租金，租金标准参照当地房屋租赁市场平均租金标准。

（二）注意事项

1. 如果被执行人是有赡养义务的人（其父母），其父母没有维持生活必需的居住房屋的，则不能执行该唯一住房。

举例说明，被执行人 A 有需要赡养的父母 B，有兄弟 C。此时，如 B 有房屋或者 C 有房屋，则 A 的房屋仍可执行（C 有房屋视为被赡养人 B 仍有维持生活必需的居住房屋）。

2. 实践中，虽为被执行人提供住房，但强制腾房一般为被执行人所不接受。故法院一般难以执行。需要申请执行人、法院和被执行人积极沟通并协商，才能更好地保障执行的实施。

（三）相关法理基础和规范依据

根据最高人民法院《关于人民法院办理执行异议和复议案件若干问题的规定》第二十条，金钱债权执行中，符合下列情形之一，被执行人以执行标的系本人及所扶养家属维持生活必需的居住房屋为由提出异议的，人民法院不予支持：

1. 对被执行人有扶养义务的人名下有其他能够维持生活必需的居住房屋的。

2. 执行依据生效后，被执行人为逃避债务转让其名下其他房屋的。

3. 申请执行人按照当地廉租住房保障面积标准为被执行人及所扶养家属提供居住房屋，或者同意参照当地房屋租赁市场平均租金标准从该房屋的变价款中扣除 5 年至 8 年租金的。

4. 执行依据确定被执行人交付居住的房屋，自执行通知送达之日起，已经给予 3 个月的宽限期，被执行人以该房屋系本人及所扶养家属维持生活的必需品为由提出异议的，人民法院不予支持。

四、腾退抵押房产问题

金融债权人的抵押物在依法拍卖后，执行过程中最常遇到也是最难处理的一个问题就是如何让被执行人腾退房屋，如果被执行人不腾退，会直接影响成交成功率及成交金额，直接侵害金融债权人的利益。实务中，往往存在被执行人通过倒签租赁合同等手段设置障碍，阻碍执行程序的进行。很多租赁关系系虚假的，并不是真实的租赁关系，那么金融债权人应采取哪些措施实现腾退房屋的目的呢？

（一）积极与法院沟通，依次通过实施如下五种措施形成的威慑体系，刚柔并济，逐步威慑占有人实现腾退

1. 执行腾退告知书。通过发布执行腾退告知书，告知占用人配合腾退，打消占用人的侥幸及拖延心理，打消拒不腾房“老赖”的“垂死挣扎”念头。

2. 司法拘留措施。适度延伸司法拘留措施的后续威慑力。因占用人具有配合义务，因此可以先与占有人沟通，通过告知拒不腾退的司法后果，威慑打消占用人的侥幸及拖延心理，若告知后仍拒不配合，则由法官带上拘传票前往不动产现场将占有人强制拘传带回执行局。

3. 占用人书面承诺。当发现通过上述两个措施，占有人已有所动摇，倾向于腾退房屋，则可以让占有人签订书面承诺。一般在书面承诺的“紧箍咒”下，一般占用人会选择配合，而不会继续对抗。

4. 依法追究拒执罪。无论占有人有无签订书面承诺，在占有人拒不配合的情况下，都可通过该措施作为最终的威慑措施，依法启动追究占有人涉嫌拒不执行判决、裁定罪（简称拒执罪）的法律程序，同时这也是威慑体系中成本最高的方式。另外电子封条也是现在新型的技术手段，但该措施同样面临成本过高的弊端。

5. “三停”政策。即联系水务、电力和燃气公司，对拒不腾退房产采取停水、停电和停燃气的惩戒措施，改变基层法院“单兵作战”的腾房模式，依靠各方力量协作配合。

（二）相关原则

1. 说服教育与强制执行相结合的原则。根据此类案件的特点，将说服教育作为重要的方式方法，对被执行人及相关人员加强法律释明和思想疏导，促使其自动履行。经说服教育仍不自动履行的，坚决采取法律规定的强制执行措施和强制措施予以执行。

2. 直接执行与间接执行相结合的原则。经说服教育仍拒不腾退的，可依法采取直接强制执行措施予以腾退，也可采取法律、司法解释规定的间接强制执行

措施，迫使其自动履行腾退房屋的义务。

3. 实务中应刚柔并济，以“主动腾退为主、强制腾退为辅”，促进高效执结。

4. 多管齐下，充分利用各种社会力量，借助执行合力化解纠纷。法院整合社会资源，充分借助包括党委政府、基层组织、新闻媒体在内的各种社会力量来推动执行，基层组织协助做思想工作，到腾退现场维持秩序，新闻媒体对现场进行曝光，促进案件的执行。

五、其他

（一）利用拒不执行判决、裁定罪

1. 实操建议

如遇被执行人拒不执行判决、裁定的，构成拒不执行判决、裁定罪的，通常有两种做法，一是法院直接将卷宗移交公安机关；二是申请执行人去人民法院提起刑事自诉。建议金融债权人可以利用该刑事工具，积极跟执行法官沟通或自行准备材料后向法院提起自诉，以更加严苛的方式敦促被执行人履行义务，更大限度维护自身权益。

2. 相关法理基础和规范依据

《刑法》第三百一十三条【拒不执行判决、裁定罪】规定：对人民法院的判决、裁定有能力执行而拒不执行，情节严重的，处三年以下有期徒刑、拘役或者罚金；情节特别严重的，处三年以上七年以下有期徒刑，并处罚金。单位犯前款罪的，对单位判处罚金，并对其直接负责的主管人员和其他直接责任人员，依照前款的规定处罚。

（二）查封、扣押、冻结的相关问题

1. 法院查封、扣押、冻结的对象

（1）执行人占有的动产、登记在被执行人名下的不动产、特定动产及其他财产权。

（2）未登记的建筑物和土地使用权，依据土地使用权的审批文件和其他相关证据确定权属。

（3）对于第三人占有的动产或者登记在第三人名下的不动产、特定动产及其他财产权，第三人书面确认该财产属于被执行人的，人民法院可以查封、扣押、冻结。

［依据：最高人民法院《查封规定》第二条］

2. 依法不得查封、扣押、冻结的对象

（1）被执行人及其所扶养家属生活所必需的衣服、家具、炊具、餐具及其他家庭生活必需的物品。

（2）被执行人及其所扶养家属所必需的生活费用。当地有最低生活保障标准的，必需的生活费用依照该标准确定。

（3）被执行人及其所扶养家属完成义务教育所必需的物品。

（4）未公开的发明或者未发表的著作。

（5）被执行人及其所扶养家属用于身体缺陷所必需的辅助工具、医疗物品。

（6）被执行人所得的勋章及其他荣誉表彰的物品。

（7）根据《缔结条约程序法》，以中华人民共和国、中华人民共和国政府或者中华人民共和国政府部门名义同外国、国际组织缔结的条约、协定和其他具有条约、协定性质的文件中规定免于查封、扣押、冻结的财产。

（8）法律或者司法解释规定的其他不得查封、扣押、冻结的财产。

［依据：最高人民法院《查封规定》第三条］

（9）社会保险基金不得查封、冻结、扣划。

［依据：《关于在审理和执行民事、经济纠纷案件时不得查封、冻结和扣划社会保险基金的通知》（法〔2000〕19号）］

（10）法院已受理破产申请企业的存款不得冻结、扣划。

［依据：《企业破产法》第十九条］

3. 法院查封、扣押、冻结期限

（1）冻结存款（账户）的期限最长可以为一年。

（2）查扣动产期限最长可以为二年。

（3）查冻其他财产（如房地产、股权等）的期限最长可以为三年。

4. 不能强制执行的银行账户常见类别

如社会保险基金、商品房预售资金、信托资金/证券专户资金、政府财政经费账户、工会经费、党费、存款准备金、备付金等。

第二节

追加被执行人

金融债权人执行存有困难的，金融债权的执行应开辟新途径。建议金融债权人在诉讼阶段尽量将股东或拟追加人列为共同被告，以免执行法院直接驳回追加请求。再有法律明确规定，变更、追加被执行人应以明文规定为限，防止“以执代审”。

一、追加配偶问题

对金融债权人来讲，一笔贷款中，除了相应的抵押物之外，一般经常会有贷款主体方的股东或实际控制人为信用担保方，而有时候可能只有夫妻一方为担保人，那么配偶可以在执行阶段被追加为被执行人吗?

（一）结论

原则上，不能在执行阶段直接追加配偶为被执行人。除非债权人可证明该债务用于夫妻共同生活、共同生产经营。

（二）立法变化

1. 旧规：2004 年最高人民法院《关于适用〈中华人民共和国婚姻法〉若干问题的解释（二）》第二十四条规定：只要在婚姻关系存续期间，应按照夫妻共同债务处理。同样，实务中，在执行阶段，债权人可以直接申请追加配偶为被执行人（原则上，应按照夫妻共同债务处理，配偶认为不应承担的，举证责任在该配偶）。

2. 旧规：2018 年最高人民法院《关于审理涉及夫妻债务纠纷案件适用法律有关问题的解释》第一条、第二条、第三条规定：债权人未经诉讼程序，不得直接追加配偶为被执行人，除非该债权人能够证明该债务用于夫妻共同生活、共同生产经营或者基于夫妻双方共同意思表示的。（原则上不可以追加，要想追加，举证责任在于债权人。）

3. 新规：《民法典》第一千零六十四条第二款规定：夫妻一方在婚姻关系存续期间以个人名义超出家庭日常生活需要所负的债务，不属于夫妻共同债务；但是，债权人能够证明该债务用于夫妻共同生活、共同生产经营或者基于夫妻双方共同意思表示的除外（举证责任在债权人）。

（三）夫妻共同债务的认定

1. 如债务为夫妻合意负债

如债务为夫妻合意负债，夫妻以其双方的个人财产及夫妻共同财产承担连带责任。

2. 如债务不是夫妻合意负债

如债务不是夫妻合意负债，法院应判定该债务是否系夫妻共同受益，如果是，则借款一方财产与夫妻共同债务承担责任。如果非夫妻共同受益，则借款一方个人债务承担责任。

3. 相关法理基础和规范依据

（1）《民法典》

第一千零六十四条规定：夫妻双方共同签名或者夫妻一方事后追认等共同意思表示所负的债务，以及夫妻一方在婚姻关系存续期间以个人名义为家庭日常生活需要所负的债务，属于夫妻共同债务。

夫妻一方在婚姻关系存续期间以个人名义超出家庭日常生活需要所负的债务，不属于夫妻共同债务；但是，债权人能够证明该债务用于夫妻共同生活、共同生产经营或者基于夫妻双方共同意思表示的除外。

（2）最高人民法院《关于适用〈中华人民共和国民法典〉婚姻家庭编的解释（一）》

第三十四条规定：夫妻一方与第三人串通，虚构债务，第三人主张该债务为夫妻共同债务的，人民法院不予支持。

夫妻一方在从事赌博、吸毒等违法犯罪活动中所负债务，第三人主张该债务为夫妻共同债务的，人民法院不予支持。

（四）实操建议

为了在执行中使金融债权人的利益最大化，编者有以下2点建议：

1. 建议金融债权人在设立担保合同时，要求保证人及其配偶共同签字。

2. 建议金融债权人在诉讼阶段尽量将保证人及其配偶列为共同被告，以免执行法院直接驳回追加请求。

二、追加股东问题

（一）法律规定如下情形追加股东为被执行人

1. 违反资本充实原则，未足额出资的（出资期限已届的）股东，在未足额出资范围内承担赔偿责任。

《关于民事执行中变更、追加当事人若干问题的规定》第十七条规定：“作为被执行人的营利法人，财产不足以清偿生效法律文书确定的债务，申请执行人申请变更、追加未缴纳或未足额缴纳出资的股东、出资人或依公司法规定对该出资承担连带责任的发起人为被执行人，在尚未缴纳出资的范围内依法承担责任的，人民法院应予支持。”

注意：非破产情形下，股东出资义务是不加速到期的，即出资义务未届的股东不能被追加为被执行人。

但是，依据《九民会议纪要》第六条之规定，下列情形下，债权人可以公司不能清偿到期债务为由，请求未届出资期限的股东在未出资范围内对公司不能清偿的债务承担补充赔偿责任：

（1）公司作为被执行人的案件，人民法院穷尽执行措施无财产可供执行，已具备破产原因，但不申请破产的；

（2）在公司债务产生后，公司股东（大）会决议或以其他方式延长股东出资期限的。

2. 抽逃出资的，在抽逃出资范围内股东承担赔偿责任。

《关于民事执行中变更、追加当事人若干问题的规定》第十八条规定：作为被执行人的营利法人，财产不足以清偿生效法律文书确定的债务，申请执行人申请变更、追加抽逃出资的股东、出资人为被执行人，在抽逃出资的范围内承担责任的，人民法院应予支持。

3. 未出资完毕即股权转让的，在未出资范围内股东承担赔偿责任。

相关法理基础和规范依据：《关于民事执行中变更、追加当事人若干问题的规定》第十九条规定，作为被执行人的公司，财产不足以清偿生效法律文书确定的债务，其股东未依法履行出资义务即转让股权，申请执行人申请变更、追加该原股东或依《公司法》规定对该出资承担连带责任的发起人为被执行人，在未依法出资的范围内承担责任的，人民法院应予支持。

4. 公司法人人格混同，特指一人公司下，推定法人人格混同，股东应承担赔偿责任，除非股东自证个人财产独立于公司财产。

《关于民事执行中变更、追加当事人若干问题的规定》第二十条规定，作为被执行人的一人有限责任公司，财产不足以清偿生效法律文书确定的债务，股东不能证明公司财产独立于自己的财产，申请执行人申请变更、追加该股东为被执行人，对公司债务承担连带责任的，人民法院应予支持。

5. 公司因非法注销无法清算的，其股东可以被追加为执行人。

《关于民事执行中变更、追加当事人若干问题的规定》第二十一条规定，作为被执行人的公司，未经清算即办理注销登记，导致公司无法进行清算，申请执行人申请变更、追加有限责任公司的股东、股份有限公司的董事和控股股东为被执行人，对公司债务承担连带清偿责任的，人民法院应予支持。

6. 无偿接受被执行人财产的股东。

《关于民事执行中变更、追加当事人若干问题的规定》第二十二条规定，作为被执行人的法人或其他组织，被注销或出现被吊销营业执照、被撤销、被责令关闭、歇业等解散事由后，其股东、出资人或主管部门无偿接受其财产，致使该被执行人无遗留财产或遗留财产不足以清偿债务，申请执行人申请变更、追加该股东、出资人或主管部门为被执行人，在接受的财产范围内承担责任的，人民法院应予支持。

（二）实操建议

为了在执行中最大化金融债权人的利益，编者有以下 2 点建议：

1. 查阅债务人工商资料，厘清未履行出资义务的股东及出资情况、转让情况等，以此作为追加股东的线索。

2. 对于出资期限未届满的股东，如果符合在执行程序中穷尽执行措施无财产可供执行，可根据《九民会议纪要》第六条第一项，追加股东为被执行人或选择启动破产程序，使出资期限“加速到期”。

第三章 执行救济程序

执行异议是执行过程中，金融债权人当事人及利害关系人对执行可能影响自己合法权益的救济程序，主要分为执行行为异议、执行标的异议、执行依据异议及执行分配异议等。不同异议程序所对应的救济目的均不相同。

第一节 执行行为异议

一、目的

金融债权人认为法院在执行过程中有违法行为，目的是阻却法院的违法执行。

二、救济途径

金融债权人如对异议结果不满意的，可以自裁定送达之日 10 日内向上一级人民法院申请复议。

三、常见问题

（一）提出异议的时间

法律明确规定提出异议的时间，即当事人或利害关系人依照《民事诉讼法》第二百二十五条提出异议的，应当在执行程序终结前提出，但对终结执行行为提出异议的除外。

（二）“执行行为”的范围

依据最高人民法院《关于人民法院办理执行异议和复议案件若干问题的规定》第七条主要分三种：一是查封、扣押、冻结、拍卖、变卖、以物抵债、暂缓执行、中止执行、终结执行等执行措施；二是执行的期间、顺序等法定程序，常见的有查封的期限、顺序；三是法院作出的侵害当事人、利害关系人合法权益的其他行为。

此执行行为一般应当指的是积极行为，但并不是法院在执行中作出的所有行为均可对此提出异议，例如法院内部因管理需求所作出的行为，如变更承办法官、延长执行期限等行为，不得对此提出执行行为的异议。

但目前针对消极行为即不作为是否可以提出执行行为异议并没有定论。(2017）最高法执复58号案中，最高院认为《民事诉讼法》第二百二十五条规定的“执行行为”并未限定为执行法院在执行程序中的积极作为，因此，海南高院在收到执行款后不与及时发放的不作为行为，侵害了民＊分行的合法权益；(2015）执申字第50号案中，法院认为执行法院在法定期限内未执行的，申请执行人可申请上一级法院督促执行，督促事由是执行法院消极执行、怠于执行。东＊公司对于执行法院具体执行措施或程序并未提出异议，而是认为执行法院消极执行，请求执行法院尽快采取相应的执行措施，将本案执行完毕。从其主张来看，应适用督促执行程序予以救济。本案中，东＊公司的诉求是尽快执行，并无撤销或更正的具体对象，通过上一级法院督促执行才是正当的救济途径。

因此，金融债权人在执行程序中认为法院的执行行为（积极行为和消极行为）损害了其自身合法权益时，应当根据不同情况采取不同方式的救济，适当地与法院执行法官进行沟通，才能更有效、更及时地提出异议，更有利于维护自身合法权益。

（三）如何抗辩申请人提出的“执行行为”的异议

【相关案例】

李＊＊、＊＊银行苏州分行等借款合同纠纷执行复议案（2020）最高法执复144号

【争议焦点】

复议申请人的异议请求是否属于执行异议审查的范畴。

【法院认定】

复议申请人的复议请求是撤销异议裁定，并要求退还购房款并支付违约金，与异议阶段提出在拍卖款中优先受偿、退还购房款并支付违约金的请求一致。江苏高院在执行过程中，裁定拍卖、变卖被执行人戴＊、张＊＊名下涉案房地产以清偿债务，并通过公告要求涉案房地产占有人于一个月内自行迁出。李＊＊不服该执行行为提出异议。李＊＊系当事人以外的公民，其通过异议主张对变价执行标的所得款优先受偿。该异议并非基于实体权益阻却对执行标的的执行，李＊＊也不属于可以提出执行行为异议的利害关系人的范围。因此，江苏省高级人民法院在受理李＊＊的异议后驳回其申请并释明权益救济途径，有事实和法律依据，依法应予维持。李＊＊的复议申请亦因此缺乏法律依据，依法不予支持。

【实操建议】

为了在执行中使金融债权人的利益最大化，面对申请人提出的执行行为异议，编者有以下2点建议：

1. 审查其是否属于可以提出执行行为异议的利害关系人的范围。
2. 审查其异议申请是否属于法院执行异议程序审查的范围。

若存在上述情形，可直接抗辩申请人提出的执行行为的异议，从而保证金融债权人自身权益。

（四）如何利用执行异议对抗“带租拍卖”问题？

1. 抵押发生在租赁前

【相关案例】

洪＊中行与中＊公司等金融借款合同纠纷（2018）苏08执异4号

【争议焦点】

洪＊中行要求对中＊公司的财产在变卖成交后清场交付标的物的异议理由是否成立。

【法院认定】

本案中，中＊公司未经抵押权人同意将已抵押给洪＊中行的房地产出租给新兴公司，该租赁关系不得对抗异议人洪＊中行的抵押权。本院在变卖公告中明确变卖的财产租赁未到期，且无变卖成交后清场交付标的物的内容，应视为全部财产变卖成交后，适用“买卖不破租赁”的原则，不办理标的物交付手续。法院变卖公告第四条内容不符合法律规定，应予纠正，应在变卖公告中增加变卖成交后本院负责清场交付房地产的内容。

综上所述，异议人洪＊中行关于房地产变卖成交后本院负责清场交付标的物的异议理由成立，法院予以支持。

2. 抵押发生在租赁后

【相关案例】

林某、平＊资产管理公司等借款合同纠纷执行复议案（2021）粤执复244号

【争议焦点】

本案的焦点问题是复议申请人所主张的对案涉房产的租赁关系能否排除对涉案房产的执行。

【法院认定】

根据复议申请人提交的双方当事人签订的《租赁合同》，清楚地载明“乙方（复议申请人）同意甲方（沈某）以租金方式抵偿双方债务。”其后发生的复议申请人向沈某转款200万元的行为，该转账汇款回单上没有注明款项用途，认定复议申请人向沈某支付租金的证明力并不充分。因此，深圳市中级人民法院异议裁定认为“双方是以租金方式抵偿双方债务”的认定结论有事实依据。该行为在法律性质上属于以租抵债，实质是债的一种履行方式，不属于租赁合同关系。而本案申请执行人是案涉房产的抵押权人，案涉房产对抵押权人的债权实现起到物的担保作用。基于物权优先于债权的法理，以租抵债也不能对抗抵押权人的担保物权。因此，复议申请人所述“买卖不破租赁”的理由在本案中不能成立。

【实操建议】

为了在执行中最大化金融债权人的利益，面对抵押房产处置过程中的带租拍卖问题，编者总结出以下 3 点建议：

1. 先行审查第三人提供的租赁合同是否在抵押前。

2. 如抵押发生在租赁前，那么审查拍卖公告中是否载明了“带租拍卖”，如果拍卖公告载明了“带租拍卖”，那么建议金融债权人提出执行行为异议，要求法院在标的物拍卖成交后向金融债权人清场交付；如果拍卖公告中未载明“带租拍卖”，建议金融债权人积极与执行法院进行沟通，对于第三人提出的异议，应通过案外人异议程序予以审查，不直接认定租赁关系成立并“带租拍卖”。

3. 如抵押发生在租赁后，如果拍卖公告中载明了“带租拍卖”，建议金融债权人提出执行行为异议，对于倒签合同或者以债抵租的，从根本上否决租赁关系。如果拍卖公告中未载明“带租拍卖”，建议金融债权人积极与执行法院进行沟通，对于第三人提出的异议，应通过案外人异议程序予以审查，不直接认定租赁关系成立并“带租拍卖”（见图 1）。

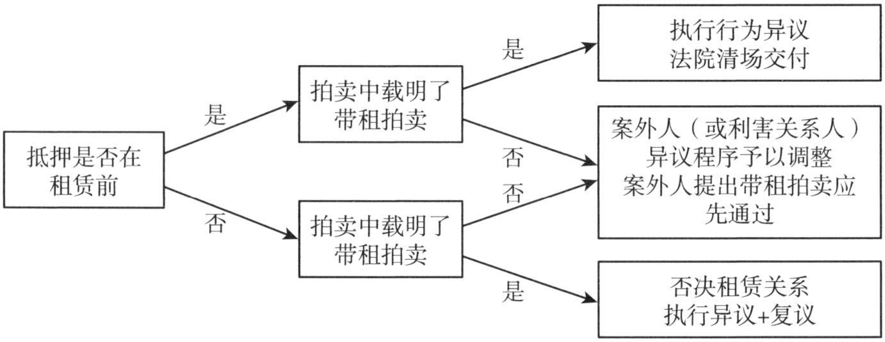

图 1　相关流程

（五）相关法理基础和规范依据

《民事诉讼法》第二百三十二条（原第二百二十五条）规定：当事人、利害关系人认为执行行为违反法律规定的，可以向负责执行的人民法院提出书面异议。当事人、利害关系人提出书面异议的，人民法院应当自收到书面异议之日起 15 日内审查，理由成立的，裁定撤销或者改正；理由不成立的，裁定驳回。当事人、利害关系人对裁定不服的，可以自裁定送达之日起 10 日内向上一级人民法院申请复议。

第二节
执行标的异议

一、目的

金融债权人作为案外人（不能是当事人）对被执行财产主张自己享有权利的救济方式。目的是阻却执行，维护自己的合法权益。

二、救济途径

如果当异议驳回后的救济，需要看执行标的与原判决、裁定是否有关，有关则启动再审程序予以纠正，无关则案外人可以提起执行异议之诉（如图2所示）。

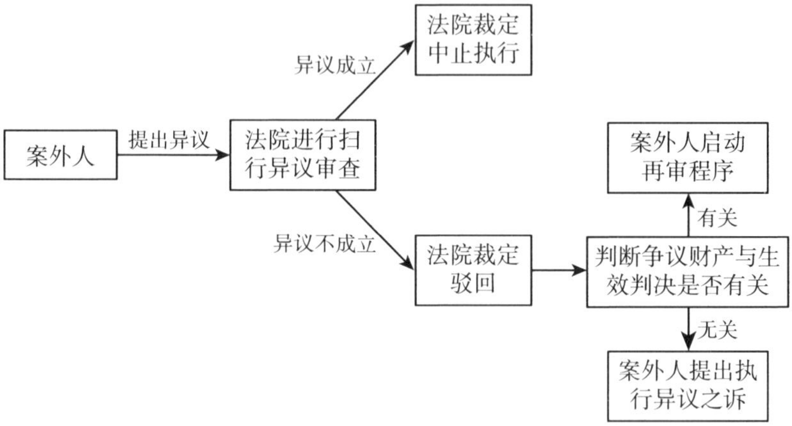

图2　关于执行标的异议的救济途径

三、常见问题

1. 提出异议的时间

根据最高人民法院《关于人民法院办理执行异议和复议案件若干问题的规定》第六条第二款可知，案外人提异议的期限因执行标的受让主体的不同而不同，具体来说：

第一，如果执行标的是当事人以外的第三人受让的，案外人应当在执行标的执行终结之前提出。但是，如果案外人发现执行标的已经司法拍卖作出成交裁定，但权属仍然未完成变更，此时是否仍然可以提出执行异议？是否属于“执行标的执行终结”？目前针对上述问题实务中观点不一。如（2021）最高法民终681号案中，涉案房屋经司法拍卖，甘肃省高级人民法院作出执行裁定，但并未对该标的物发出协助办理过户登记的通知书，故属于人民法院处分执行标的所需履行法定手续未全部完成。根据最高人民法院《关于人民法院办理执行异议和复议案件若干问题的规定》第六条第二款的规定：“案外人依照民事诉讼法第二百二十七条规定提出异议的，应当在异议指向的执行标的执行终结之前提出；执行标的由当事人受让，应当在执行程序终结之前提出。”因魏＊提出案外人执行异议是在执行标的执行终结之前提出，其起诉符合案外人执行异议之诉的起诉条件。

第二，如果执行标的是当事人受让的，案外人应当在执行程序终结之前提出。此处的执行程序终结即为整个执行程序的终结，也即生效判决确定的债权实现后执行程序完全终结。如（2021）最高法民再48号案中，根据（2018）辽民终658号民事裁定明确认定，一审法院经过三次拍卖，流拍后，作出以物抵债裁定，裁定抵债房屋所有权自裁定送达纪＊时转移；纪＊可持裁定书到有关机构办理相关产权过户登记手续。但一审法院并未向登记部门下发协助更名过户的通知，虽然一审法院作出终结本次执行的裁定，但对于涉案房产的执行并未全部完成，石＊可以对涉案房产提出执行异议请求，因此，一审法院虽已于2016年8月30日裁定终结本次执行程序，但涉案执行程序尚未终结，故案外人石＊提出执行异议未超过法定期限。

法律设立案外人对执行标的异议的立法本意是阻止法院执行错误的执行标的，因此，如果金融债权人发现自己的可处置财产被法院错误执行，那么一定要在知道该财产被错误执行时立即向执行法院提执行异议，否则如果一旦错过案外人提异议的期限，虽然也可以通过其他途径进行救济，但是将使得自己的维权成本大大提高。

2. 如何抗辩申请人提出的执行标的的异议

【相关案例】

聚＊公司、中节＊公司执行异议之诉案（2017）最高法民申5098号

【争议焦点】

案外人聚＊公司对法院正在执行的涉案第111号房产主张建设工程价款优先受偿权能否依照《民事诉讼法》第二百二十七条的规定提起异议，并以不服人民法院就其异议作出的裁定为由提起案外人执行异议之诉？

【法院认定】

《民事诉讼法》第二百二十七条中“案外人对执行标的提出书面异议”，是指对执行标的的主张具有足以排除强制执行的权益。根据最高人民法院《关于适用〈中华人民共和国民事诉讼法〉执行程序若干问题的解释》第十五条规定：“案外人对执行标的主张所有权或者有其他足以阻止执行标的转让、交付的实体权利的，可以依照民事诉讼法第二百零四条的规定，向执行法院提出异议。”案外人执行异议之诉的标的是案外人是否有权请求排除对执行标的采取的强制执行措施，而这一诉讼标的的基础是案外人与被执行人谁对该执行标的享有实体权利。因此，足以排除强制执行的权益范围，应当为“所有权或者有其他足以阻止执行标的转让、交付的实体权利”。案外人只有认为自己对执行标的享有实体权利，而人民法院的强制执行行为妨碍了其所享有的实体权利的，才可以作为执行异议之诉的原告提起执行异议之诉。根据《合同法》（已失效）第二百八十六条规定，建设工程价款优先受偿权是承包人就建设工程折价或者拍卖的价款优先受偿的权利，属于法定优先权的范畴。优先受偿权是债权优先得到清偿的权利，这种权利不是所有权等实体权利，不能阻止执行标的的转让、交付。因此，主张建设工程价款优先权的人，不能依照《民事诉讼法》第二百二十七条规定提出异议。本案中，聚＊公司提出的诉讼请求是：(1) 停止对案涉房产的强制执行程序，解除对该房产的查封；(2) 确认聚＊公司对案涉工程享有建设工程价款优先权。聚＊公司认为法院对执行标的第111号房产采取的强制执行措施，妨碍了其对涉案工程享有的建设工程价款优先权。如果聚＊公司提起案外人执行异议之诉，请求法院停止对涉案房产采取的强制执行措施，请求权基础是其对执行标的的涉案房产享有实体权利，而不是享有建设工程价款优先权。二审法院认为“案外人不能以其对该建设工程享有优先受偿权为由提起执行异议之诉要求停止执行”是正确的。

【实操建议】

为了在执行中使金融债权人的利益最大化，编者有以下3点建议：

1. 从申请主体上来讲，申请执行标的异议的只能是案外人，因此可审查异议主体是否适格，从而提出抗辩。

2. 审查案外人是否存在虚假的权利和非法取得的权利，如案外人与被执行人恶意串通转移财产。

3. 审查案外人所主张的实体权利是否可以阻却人民法院的执行。因为并非所有案外人享有的实体权利都可以阻止法院的执行，如上述案例中，案外人就不能以其对建设工程享有优先权为由来阻止法院的执行。

【相关法理基础和规范依据】

1.《民事诉讼法》第二百三十二条规定：当事人、利害关系人认为执行行为违反法律规定的，可以向负责执行的人民法院提出书面异议。当事人、利害关系人提出书面异议的，人民法院应当自收到书面异议之日起15日内审查，理由成立的，裁定撤销或者改正；理由不成立的，裁定驳回。当事人、利害关系人对裁定不服的，可以自裁定送达之日起10日内向上一级人民法院申请复议。

2.《民事诉讼法》第二百三十四条规定：执行过程中，案外人对执行标的提出书面异议的，人民法院应当自收到书面异议之日起15日内审查，理由成立的，裁定中止对该标的的执行；理由不成立的，裁定驳回。案外人、当事人对裁定不服，认为原判决、裁定错误的，依照审判监督程序办理；与原判决、裁定无关的，可以自裁定送达之日起15日内向人民法院提起诉讼。

第三节 执行依据异议

一、第三人撤销之诉

（一）目的

撤销执行内容的依据（生效判决），以期阻却执行。

（二）救济途径

第三人对已经发生法律效力的判决、裁定、调解书提起撤销之诉的，应当自知道或者应当知道其民事权益受到损害之日起6个月内，向作出生效判决、裁定、调解书的人民法院提出，并应当提供存在下列情形的证据材料：

（1）因不能归责于本人的事由未参加诉讼；

（2）发生法律效力的判决、裁定、调解书的全部或者部分内容错误；

（3）发生法律效力的判决、裁定、调解书内容错误损害其民事权益。

（三）适格主体

有独立请求权的第三人及其他利害关系人。

以下主体，均不适合：

（1）普通债权人（对争议标的不享有物权）提起第三人撤销之诉的；

（2）公司股东对公司参加诉讼的案件提起第三人撤销之诉的；

（3）通过合同受让方式取得原生效判决文书的当事人提起第三人撤销之诉的，不予受理；

（4）共同原告、共同被告提起第三人撤销之诉的，不予受理；

（5）当事人就原审程序事项提起第三人撤销之诉的，不予受理。

（四）常见问题

1. 不能归责于本人事由范畴

第三人因不能归责于本人的事由未参加诉讼，是指没有被列为生效判决、裁定、调解书当事人，且无过错或者无明显过错的情形。包括：

（1）不知道诉讼而未参加的；

（2）申请参加未获准许的；

（3）知道诉讼，但因客观原因无法参加的；

（4）因其他不能归责于本人的事由未参加诉讼的。

2. 第三人撤销之诉的主体资格

第三人撤销之诉中的第三人仅局限于《民事诉讼法》第五十九条规定的有独立请求权及无独立请求权的第三人，而且一般不包括债权人。但是，设立第三人撤销之诉的目的在于，救济第三人享有的因不能归责于本人的事由未参加诉讼但因生效裁判文书内容错误受到损害的民事权益，因此，债权人在下列情况下可以提起第三人撤销之诉：

（1）该债权是法律明确给予特殊保护的债权，如建设工程价款优先受偿权；

（2）因债务人与他人的权利义务被生效裁判文书确定，导致债权人本来可以对《合同法》第七十四条①和《企业破产法》第三十一条规定的债务人的行为享有撤销权而不能行使的；

（3）债权人有证据证明，裁判文书主文确定的债权内容部分或者全部虚假的。

债权人提起第三人撤销之诉还要符合法律和司法解释规定的其他条件。对于除此之外的其他债权，债权人原则上不得提起第三人撤销之诉。

（五）实操建议

1. 金融债权人作为第三人的案件若知道或应当知道的，一定要参加诉讼，积极维护自身权利，或有其他生效判决书内容错误并损害金融债权的，金融债权人应积极向法院提起第三人撤销之诉，避免自身权利受损。

2. 实务中，很多债务人为了转移资产逃避债务，与第三人虚拟了债权债务，并通过生效判决进行了确定，最终导致金融债权人无法通过相关的权利进行撤销。在这种情况下，金融债权人可以通过第三人撤销之诉进行救济。建议金融债权人尽可能收集证据证明企业相关行为符合相关法律规定的转移资产逃避债务损害债权人的情况，以证明生效判决有误。

（六）相关法理基础和规范依据

《民事诉讼法》第五十九条规定：对当事人双方的诉讼标的，第三人认为有独立请求权的，有权提起诉讼。

对当事人双方的诉讼标的，第三人虽然没有独立请求权，但案件处理结果有法律上的利害关系的，可以申请参加诉讼，或者由人民法院通知他参加诉讼。人民法院判决承担民事责任的第三人，有当事人的诉讼权利义务。

前两款规定的第三人，因不能归责于本人的事由未参加诉讼，但有证据证明发生法律效力的判决、裁定、调解书的部分或者全部内容错误，损害其民事权益的，可以自知道或者应当知道其民事权益受到损害之日起6个月内，向作出该判

① 已更新为《民法典》第五百三十八条、第五百三十九条、第五百四十条。

决、裁定、调解书的人民法院提起诉讼。人民法院经审理，诉讼请求成立的，应当改变或者撤销原判决、裁定、调解书；诉讼请求不成立的，驳回诉讼请求。

二、案外人申请再审

（一）目的

撤销执行内容的依据（生效判决），以期阻却执行。

（二）救济途径

案外人认为生效的司法文书损害其合法权益，依据一定的条件，向作出生效法律文书的法院或其上一级法院申请再审。

案外人申请再审需要注意以下2点：

（1）案外人申请再审前提是执行标的与原判决有关的情况下的救济程序。因此，案外人执行异议是案外人申请再审的必备前置程序。

（2）案外人申请再审的期限为6个月。

（三）常见问题

1. 再审与第三人撤销的竞合

执行标的与原判决有关的情况下，此两种程序的主体是第三人的话，则其有两种途径可以寻求救济：

（1）先提起第三人撤销之诉、后提起执行异议；

（2）先提执行异议，后申请再审。

依照《民事诉讼法解释》第三百零一条有关规定，案外人在原审案件中的救济选择方式如图3所示：只能同时A+B或者B+C，不可A+C。

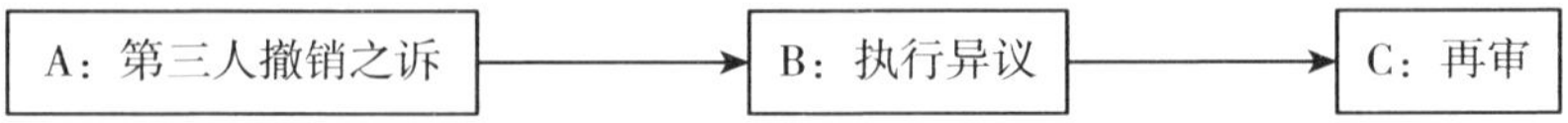

图3　再审与第三人撤销之诉的救济选择

2. 案外人申请再审是否以“可以另诉”为限制条件

2008年12月1日施行的最高人民法院《关于适用〈中华人民共和国民事诉讼法〉审判监督程序若干问题的解释》第五条规定，对案外人申请再审的，无法提起新的诉讼解决争议是其条件之一。2021年《民事诉讼法》及其解释并未以“无法提起新的诉讼解决争议的”作为案外人再审的条件。根据新法优于旧法的原则，新法实施后，编者认为无须再以“无法提起新的诉讼解决争议”作为条件。

（四）实操建议

1. 申请再审与第三人撤销之诉某种程度上会产生竞合，此种情况下，申请人视具体情况选择对自身有利的维权方式。如果选择先提第三人撤销之诉，由于原则上第三人撤销之诉不中止执行，因此建议尽快提起执行异议。

2. 金融债权人申请再审时应注意时效问题，需要自执行异议裁定送达之日起六个月内，向作出原判决、裁定、调解书的人民法院申请再审。

（五）相关法理基础和规范依据

1.《民事诉讼法解释》第三百零一条规定：第三人提起撤销之诉后，未中止生效判决、裁定、调解书执行的，执行法院对第三人依照民事诉讼法第二百三十四条规定提出的执行异议，应予审查。第三人不服驳回执行异议裁定，申请对原判决、裁定、调解书再审的，人民法院不予受理。

案外人对人民法院驳回其执行异议裁定不服，认为原判决、裁定、调解书内容错误损害其合法权益的，应当根据民事诉讼法第二百三十四条规定申请再审，提起第三人撤销之诉的，人民法院不予受理。

2.《民事诉讼法解释》第四百二十一条规定：根据《民事诉讼法》第二百三十四条规定，案外人对驳回其执行异议的裁定不服，认为原判决、裁定、调解书内容错误损害其民事权益的，可以自执行异议裁定送达之日起 6 个月内，向作出原判决、裁定、调解书的人民法院申请再审。

3.《最高人民法院民事诉讼法司法解释理解与适用（下）》第 1123 页：案外人申请再审以案外人提出执行异议为前置条件。2008 年的最高人民法院《关于适用〈中华人民共和国民事诉讼法〉审判监督程序若干问题的解释》第五条依据 2007 年《民事诉讼法》第二百零四条解释案外人申请再审的条件时，征得了全国人大法工委同意，为了更好地保护案外人的合法权益，作了适度扩张性解释。此次解释《民事诉讼法》第二百二十七条时，又回归到法条划定的界限，即案外人行使申请再审权利的，需要对人民法院的执行行为提出异议。只有在人民法院裁定驳回其执行异议后，该案外人仍不服，认为执行行为依据的原判决、裁定、调解书内容错误且损害其民事权益的，才可提出再审申请。相比 2017 年

《民事诉讼法》第二百二十七条，此处增加了认为原“调解书”有错误的，也可以申请再审。从民事诉讼法条文的逻辑含义看，此处应当包括“调解书”内容，才能算作完整。

第四节

执行分配异议

一、目的

为实现对债务人的多个债权人的公平保护而设立的执行程序，其目的是使各债权人从执行标的物的变价中获得公平清偿。

二、救济途径

被执行人为公民或者其他组织，在执行程序开始后，被执行人的其他已经取得执行依据的金钱给付类的债权人发现被执行人的财产不能清偿所有债权时，可以向人民法院申请参与分配。申请参与分配应当在执行程序开始后，被执行人的财产被清偿前提出，同时要提交申请书。

执行异议分配之诉，即对分配方案有异议的异议人，对反对该异议人的人提起诉讼。举例说明如下：

A 向法院申请执行 B 的财产，C 和 D 申请参与分配。法院出具分配方案，C 提出异议，法院依据 C 的异议修正了方案，A 和 D 均反对该方案。此时 C 应在 15 日内以 A 和 D 作为被告提起分配方案异议之诉。

提起分配方案异议之诉需要注意以下 3 点：

1. 被执行人限定：公民或其他组织（非法人单位）；
2. 申请期限：应当在执行程序开始后，被执行人的财产执行终结前；
3. 对分配方案有异议的，应自收到分配方案 15 日内向法院提出书面意见。

三、相关实操建议及规范依据

1. 实操建议

金融债权人申请参与分配，应提交申请书，申请书应写明参与分配和被执行人不能清偿所有债权的事实和理由，并附有执行依据。同时需注意虽然法条规定参与分配申请应当在执行程序开始后，被执行人的财产被清偿前提出，但是实务中编者建议金融债权人在拍卖之前提出。若金融债权人对人民法院查封、扣押或冻结的财产有优先权、担保物权的，要主张优先受偿权。多个债权人对同一被执行人申请执行或者对执行财产申请参与分配的，执行法院制作财产分配方案送达各债权人和被执行人。金融债权人若对分配方案有异议，需要自收到分配方案之日起十五日内向执行法院提出书面异议，切莫因超过时效而损害自身利益。

2. 相关法理基础和规范依据

（1）《民事诉讼法》（2021 修正）第五十九条规定：对当事人双方的诉讼标的，第三人认为有独立请求权的，有权提起诉讼。对当事人双方的诉讼标的，第三人虽然没有独立请求权，但案件处理结果同他有法律上的利害关系的，可以申请参加诉讼，或者由人民法院通知他参加诉讼。人民法院判决承担民事责任的第三人，有当事人的诉讼权利义务。前两款规定的第三人，因不能归责于本人的事由未参加诉讼，但有证据证明发生法律效力的判决、裁定、调解书的部分或者全部内容错误，损害其民事权益的，可以自知道或者应当知道其民事权益受到损害之日起六个月内，向作出该判决、裁定、调解书的人民法院提起诉讼。人民法院经审理，诉讼请求成立的，应当改变或者撤销原判决、裁定、调解书；诉讼请求不成立的，驳回诉讼请求。

（2）《民事诉讼法解释》第四百二十一条规定：根据民事诉讼法第二百三十四条规定，案外人对驳回其执行异议的裁定不服，认为原判决、裁定、调解书内容错误损害其民事权益的，可以自执行异议裁定送达之日起 6 个月内，向作出原判决、裁定、调解书的人民法院申请再审。

（3）《民事诉讼法解释》第五百零六条规定：被执行人为公民或者其他组织，在执行程序开始后，被执行人的其他已经取得执行依据的债权人发现被执行人的财产不能清偿所有债权的，可以向人民法院申请参与分配。对人民法院查封、扣押、冻结的财产有优先权、担保物权的债权人，可以直接申请参与分配，主张优先受偿权。

（4）《民事诉讼法解释》第五百零七条规定：申请参与分配，申请人应当提交申请书。申请书应当写明参与分配和被执行人不能清偿所有债权的事实、理由，并附有执行依据。参与分配申请应当在执行程序开始后，被执行人的财产执行终结前提出。

（5）《民事诉讼法解释》第五百零八条规定：参与分配执行中，执行所得价款扣除执行费用，并清偿应当优先受偿的债权后，对于普通债权，原则上按照其占全部申请参与分配债权数额的比例受偿。清偿后的剩余债务，被执行人应当继续清偿。债权人发现被执行人有其他财产的，可以随时请求人民法院执行。

（6）《民事诉讼法解释》第五百零九条规定：多个债权人对执行财产申请参与分配的，执行法院应当制作财产分配方案，并送达各债权人和被执行人。债权人或者被执行人对分配方案有异议的，应当自收到分配方案之日起 15 日内向执行法院提出书面异议。

（7）《民事诉讼法解释》第五百一十条规定：债权人或者被执行人对分配方案提出书面异议的，执行法院应当通知未提出异议的债权人、被执行人。未提出异议的债权人、被执行人自收到通知之日起 15 日内未提出反对意见的，执行法院依异议人的意见对分配方案审查修正后进行分配；提出反对意见的，应当通知异议人。异议人可以自收到通知之日起 15 日内，以提出反对意见的债权人、被执行人为被告，向执行法院提起诉讼；异议人逾期未提起诉讼的，执行法院按照原分配方案进行分配。诉讼期间进行分配的，执行法院应当提存与争议债权数额相应的款项。参与分配申请应当在执行程序开始后，被执行人的财产执行终结前提出。

第四章 其他法律制度

第一节 破产制度

（一）破产程序特点

破产程序的最大特点即保护全体债权人的利益，即在破产程序中全体债权人均须公平清偿。

执行程序不同，当企业法人为被执行人时，执行程序中的清偿顺序是按财产保全和查封措施的先后顺序清偿。因此，是否使用破产工具维护自身权益，要综合衡量被执行标的价值与自身权利处于何种顺位综合进行判断。

（二）实操建议

1. 如债权人系第二轮查封人，被查封标的经拍卖后价款可覆盖二封债权额或可大部分覆盖的，此时二封债权人应静等执行法院分配；但如被查封标的经拍卖后都不能覆盖一封债权的，二封债权人可申请债务人破产，因破产程序中对所有普通债权人系公平清偿，故可最大化保护自身利益。

2. 如债权人系担保债权人，被查封标的上还有税收债权、职工债权等其他债权，且被查封标的不足以覆盖清偿所有债权，则债权人应果断申请执转破或直接申请启动债务人破产程序，以寻求进入破产程序利用别除权最大限度地利用自身担保债权的优势来维护自己的合法权益。

3. 制约逃废债的债务人的有效手段。

如前所述，被执行人逃废债手段与种类与日俱增，出现以上几种问题如采用破产程序更能维护债权人权益。因为管理人接管被执行人企业后，控制了财务账册、应收账款，并有依法履行追回财产的职责，且管理人有勤勉尽职履行职责，不会对债务人财产设定新的不利障碍。如果工作中发现的涉及破产企业股东、实际控制人等涉嫌违法转移财产时候，可对公安报案查处，系对债务人逃废债务进行有力震慑。

（三）破产程序的启动

1. 直接申请

《企业破产法》规定，债权人申请破产的条件为“债务人出现不能清偿到期债务”即可，因此建议债权人在日常办理各项业务时留存好相关债务拖欠凭证等证据，以便债务人出现不良征兆时可及时利用破产工具维护自己合法权益。

2. 执行程序转破产程序，即“执转破”

执转破，即执行转破产，是指被执行人为企业法人的情况下，发生被执行人不能清偿到期债务，且资产不足以清偿全部债务明显缺乏清偿能力，经被执行人或执行案件相关人书面申请而由执行程序转入破产程序的一种法律规定程序。巧用执转破，可使债权人权益得到更好的保护。

第二节 代位权制度

债务到期后，不良资产债务人不积极向次债务人主张债权，而是与次债务人恶意签订合同延期履行债务，损害债权人债权的，债权人可以以自己的名义代位行使债务人的债权。债权人可向有管辖权的人民法院提起代位权诉讼或向执行法院提供该财产线索申请执行，所得财产抵扣申请人债权。

一、形式

1. 提起代位权诉讼。

2. 直接向法院申请执行。

债权人可以直接向法院提供该财产线索，向法院申请执行该到期债权，执行法院可以做出冻结债权的裁定或协执。

二、相关法理基础和规范依据

1.《民法典》第五百三十五条

因债务人怠于行使其债权或者与该债权有关的从权利，影响债权人的到期债权实现的，债权人可以向人民法院请求以自己的名义代位行使债务人对相对人的权利，但是该权利专属于债务人自身的除外。

代位权的行使范围以债权人的到期债权为限。债权人行使代位权的必要费用，由债务人负担。

相对人对债务人的抗辩，可以向债权人主张。

2.《民法典》第五百三十六条

债权人的债权到期前，债务人的债权或者与该债权有关的从权利存在诉讼时效期间即将届满或者未及时申报债权等情形，影响债权人的债权实现的，债权人可以代位向债务人的相对人请求其向债务人履行、向破产管理人申报或者作出其他必要的行为。

3.《民法典》第五百三十七条

人民法院认定代位权成立的，由债务人的相对人向债权人履行义务，债权人接受履行后，债权人与债务人、债务人与相对人之间相应的权利义务终止。债务人对相对人的债权或者与该债权有关的从权利被采取保全、执行措施，或者债务人破产的，依照相关法律的规定处理。

三、司法判例

【相关案例】

＊银行汇金支行诉张家港＊纶厂代位权纠纷案：《最高人民法院公报》2004 年

第4期（总第90期）

【法院认定】

债务人在债务到期后，没有以诉讼或者仲裁方式向次债务人主张债权，而是与次债务人签订协议延长履行债务期限，损害债权人债权的，属于《合同法》（已失效）第七十三条规定的怠于行使到期债权的行为，债权人可以以自己的名义代位行使债务人的债权。债务人与次债务人之间的具体债务数额是否确定，不影响债权人行使代位权。本案中工＊品公司也已作为第三人参加诉讼，涉及工＊品公司与＊纶厂之间的债权债务关系的事实可以在本案中一并查清并加以确认，并不损害＊纶厂的利益。＊纶厂与工艺品公司在一审判决之后达成以资产抵债的协议无效，不能产生导致本案终结的法律后果。

【实务观点】

代位权制度的立法本意是鼓励债权人积极行使权利。进入代位权诉讼程序后，债务人即丧失了主动处分次债务人债权的权利。代位权行使的后果直接归属于债权人，次债务人如果履行义务，只能向代位权人履行，不能向债务人履行。

四、实操建议

（一）注意对协助执行通知书不予执行的法律后果

最高人民法院《关于人民法院执行工作若干问题的规定试行》第三十条规定，有关单位收到人民法院的协助执行被执行收入的通知书后，擅自向被执行人或其他人支付的，人民法院有权责令其限期追回；逾期未追回的，应当裁定其在支付的数额内向申请执行人承担责任。

（二）注意第三人提出异议的相关问题

1. 程序规定

协助执行通知书自送达第三人时起，即对其产生法律效力。第三人应在协助执行通知书上注明的异议期限内提出异议，或依最高人民法院《关于人民法院执行工作若干问题的规定（试行）》第四十五条第二款第三项规定，第三人对履行到期债权有异议的，应在收到履行通知后15日向执行法院提出。第三人提异议期间，执行法院不得强制执行。

2. 第三人未在执行期间提出异议

在实践中，编者注意到有些法院在向第三人发送协助执行通知书后，第三人未在载明期限内提出异议，亦未履行相应义务的，法院直接追加了该第三人为被执行人，编者认为第三人未在法定期限内提出异议，并不发生承认债务的实体法效力。

【相关案例】

师＊＊、王＊＊与天＊公司执行异议案（2016）最高法执监234号

【法院认定】

司法解释对在执行程序中可以追加被执行人的情形作了明确规定，追加案外人为被执行人应严格依照法律、司法解释的规定进行。执行程序中追加被执行人应当以法律或司法解释有明确规定的情形为限，而现有法律或司法解释中并未规定被执行人对第三人享有到期债权的，人民法院可以在执行程序中追加该第三人为被执行人。

第三人在收到履行到期债务通知后，未在法定期限内提出异议，并不发生承认债务存在的实体法效力。因此，第三人在法定期限之后，又提出到期债务不存在的异议，人民法院应当对该债务是否存在进行实质审查。天＊公司提出该到期债务不存在，认为人民法院直接执行天＊公司违反法律规定，侵犯其合法权益，对该异议人民法院应当参照《民事诉讼法》第二百二十五条之规定进行审查。

（三）注意贷前审查

代位权设置虽然为债权人提供了一定的维权手段，但实践中由于债权人对债务人财产状况了解得不够充分，导致代位权运用得比较少。建议在贷款前尽可能详尽了解债务人的资产情况、过往交易对象、现存债权债务情况，其是否怠于行使债权等行为，以及债务人在其债务到期前是否有恶意或低价转让其资产逃避债务等行为。

第五部分

行业投行化：不良资产的转让与收购

不良资产转让系不良资产处置的一种方式，对于转让方而言，其通过向受让方转让不良资产的方式实现债权变现回收。其可以通过对不良资产进行组合形成不同的贷款组合，并在此基础上，确定每一组合的最低接受价格，向投资者出售或转让。包括公开拍卖、协议转让、招标转让、竞价转让、打包处理、分包处理等。对于收购方而言，其通过大幅折价买入资产及抵押物，并对资产处置后赚取差额收益。

不良资产行业的运营核心是能否通过资产质量的提升或者资产本身升值提高处置价值，或者以足够低的价格获取安全边际。① 收购方收购不良资产后，可以通过包装底层资产，并对收购后资产管理、运营的方式以实现资产的增值。

本部分内容重点从买受人视角，介绍不良资产收购全流程：从收购中的尽职调查到不良资产的估值与定价，再到投资人收购房地产的几种方式的介绍，以及以法拍形式收购资产涉及的税费。

---

① 参见杨瑾：《不良资产行业的3.0时代》，载微信公众号“金融监管研究院”2020年10月26日，https://mp.weixin.qq.com/s/z7WWz-wn3rmQPnUpC_hf3Q。

第一章 尽职调查

编者在指南篇第二部分第一章所述的尽职调查是普遍意义上的尽职调查方法，旨在了解企业基本信息防控风险，介绍了尽职调查方法包括网络调查以及现场调查，又以抵押物和质押物为例详细介绍了尽职调查内容。本章将聚焦在不良资产收购领域，围绕此展开尽职调查工作方法和内容。

尽职调查在不良资产收购中起到了至关重要的作用，不仅直接决定投资人是否可以合适的价格收购，而且决定着未来的处置回收成功率。那么尽职调查工作应该如何推动呢？

意向买受人应首先确定项目组工作人员，对拟投资标的进行初步了解，如初步了解后仍有兴趣的，可先在本单位取得立项审批，而后要对拟投资标的展开尽职调查。

第一节 尽职调查方法

一、阅卷

阅卷主要看主合同、担保合同及相关声明文件、抵押合同及相关抵押登记手续，所涉该笔资产是否已经涉诉？如没有涉诉或在涉诉过程中，需要重点核查诉讼时效等问题；如已有判决，重点核查执行时效问题以及重点挖掘被执行人的财产线索。

二、工商登记调查

调查债务人、保证人的工商档案，确定合法存续状态，及调查相关核心人员信息、财务信息、经营信息。

三、访谈

1. 访谈不良资产出让方的项目经理，通过听其介绍并向其提问的方式更加了解标的资产及相关干系人，并跟现有相关资料相互印证。

2. 访谈不良资产出让方的原项目负责人，了解贷款发放的背景及相关干系人等的资产情况。

3. 访谈债务人，一般进行正式访谈时债务人肯定不会予以配合，可通过其他身份走访债务人获得所需信息。

四、实地调查

（一）实地走访债务人、保证人

通过实地走访债务人、保证人，查看债务人、保证人是否正常存续以及其经营状况。实地调查与访谈方式有机结合，对债务人、保证人的员工或保安等相关人员访谈了解相关信息。

（二）实地调查抵押物、抵债物

如编者参与的一起不良资产收购案件，就发现了抵押物墙上写着“还农民工血汗钱”类似这样的字眼，调查人员看到该情况应及时拍照留存与工作小组讨论，因该情况的留存直接影响着交易价格。

再如，抵押物的状态是什么状况，有无租户，租户的情况，租户跟债务人的关系等。

（三）实地走访相关部门

如抵押物为房产或土地的，通过走访房管局或土地管理局（具体名称遵地方），查证抵押物的抵押登记、查封状况。如抵押物或质物为其他种类的，走访相对应的管理部分。

（四）网络搜索

1. 通过网络搜索了解涉及本案诉的相关文书或其他相关信息。

2. 通过网搜了解跟债务人、保证人、抵押物及干系人相关的诉讼文书及其他相关信息。

3. 通过网络搜索了解债务人、保证其他更加全面的信息，如经营类信息、招投标类信息等。

第二节 尽职调查重点

尽职重点主要分为如下四个板块。

一、主债权

需对主债权的合法性、有效性、时效、可转让性进行分析：

1. 结论部分需要对拟收购债权的真实性、合法性做出法律分析。债权有虚假、违法或已获清偿的风险的，法律尽职调查报告中需要明确所依据的法律法规或规范性文件，并结合债权资料做相应阐述分析。

2. 对债权是否已过诉讼时效的判断。应当写明诉讼时效的起算依据及到期时点。同时注意对通过起诉的方式，要求担保人承担担保责任的时效做出法律分析。对已过保证期间、已过诉讼时效或依法已经解除担保义务的担保人及其相应的担保措施应当重点提示。

3. 对标的债权现阶段所对应的具体程序作出具体说明。如是采取诉前保全还是诉讼保全，保全的具体财产、范围及法院具体的查封、扣押或冻结的起始日期应当详细列明。对未取得终审判决的债权，应当对有效上诉期间或申请再审的有效时间范围做具体说明。

4. 债权可转让性分析。贷款银行和借款人在借款合同中约定禁止贷款行或双方当事人擅自转让借贷合同项下权利义务。如借款合同中常见的约定是：任何一方不得擅自变更合同。这种约定是否可以理解为双方当事人仅对合同内容变更做出限制性约定，而未对合同主体变更进行限制。如债务人或者担保人为国家机关的，金融不良资产债权转让无效。

二、担保债权

应该着重对担保物的合法性、有效性、时效性、及抵押担保的范围进行分析：

1. 保证担保：保证合同双方当事人、合同签订时间、保证金额、保证期限、保证方式。

2. 抵押担保：保证合同双方当事人、合同签订时间、抵押金额、抵押期限、办理抵押登记时间、抵押物数量/面积、评估值、抵押范围、登记部门。

3. 抵押物基本情况：抵押物名称、产权证号、坐落、抵押登记情况、查封情况、市场价值的初步评估情况、其他情况。

三、债务人、保证人及其他偿债主体情况

需重点对主体信息、涉诉情况、财产线索以及访谈情况进行分析：

1. 债务人信息

债务人的背景以及企业性质，是不是国有企业、集体所有企业以及私营企业；债务人经营现状以及收入来源；债务人的财务状况；债务人的债务结构，债务人的债权人名单和债务大小性质；债务人的职工问题；债务人的对外债权或者收益。

债务人是否存在对外债权（次债务人名称、金额、到期日、次债务人主要财产等）或收益（收益类型、预期收益金额及时间）。

债务人的股东和产权结构如何。列出所有的股东及其持有的股权比例。在投资收益分配上是否存在特殊的结构。

债务人的其他债务（债权人名称、金额、到期日、是否有抵押等）及诉讼纠纷。

债务人是否存在任何独立于抵押物之外的可回收资产。

2. 保证人信息

在尽职调查中，对保证人信息需要重点了解的内容包括（但不限于）：

（1）保证是否有效和保证人的保证方式。

（2）保证人与债务人的关系，保证人与其他保证人的关系，保证人是否有还款记录。

（3）保证人与原债权人联系的情况、最后一次联系的时间、催收情况。

（4）保证人经营现状及来源如何，是否已停业或仍在经营，保证人的主要产品是什么，行业前景如何，主管部门是谁。

（5）保证人现有的管理层如何，是否有较强的还款意愿，是否较为配合。

（6）保证人的财务状况如何，能否获得保证人最近三年财务报表，是否盈利。

（7）保证人的债务结构如何，能否获知保证人债权人名单和债务大小、性质，保证人是否存在对外担保等或有债务。

（8）保证人是否已经存在还款计划，保证人的还款思路和优先程度如何，影响保证人还款意愿的因素可能有哪些。

（9）保证人是否存在严重的职工问题，比如职工安路费和拖欠的职工工资、集资款等。是否已经有方案解决该类问题，当地政府对此是否支持。

（10）保证人是否存在对外投资和应收账款。

（11）保证人是否存在任何独立于抵押物之外的可回收资产，详细列出主要固定资产（资产现状、地址、面积、股价及追索途径等）。

四、综合法律意见

最后应当给出结论性意见，包括但不限于债权是否合法有效以及法律风险。所谓给出结论性法律意见，是对债权是否可以转让给出结论，同时对在尽职调查中发现的可能影响不良资产处置的法律问题给出分析和对策。该部分可参考律师出具的法律意见书。

第二章 不良资产的估值与定价

不良资产的估值与定价系不良资产收购的重要一环，实践中有些专门从事不良资产业务的机构，通过数据的获取、处理、分析，依靠大数据对不良资产进行估值，为收购与否提供重要决策支持。如有些资管平台就开发了基于大数据的不动产估值模型，利用互联网大数据及人工智能技术，通过嫁接房地产估价机构、网络司法拍卖、房地产中介、地方指导价格等数据，检索和爬取包括阿里拍卖、京东拍卖、链家、贝壳在内的多个房产价格数据源，判断抵押物房产的拍卖价格以及成交价格，从而对抵押物进行估值。当然通过大数据对不良资产估值是快速估值的一种方式，那么如何确定估值范围以及针对几种常见的估值对象，快速的估值方法又有哪些呢？编者通过下文一一介绍。

第一节 估值

一、估值范围的确定

不良资产包千奇百态，如何快速地对标的资产包进行估值，进而筛选出性价比最高的资产包，以在有限的时间内以有限的资本赚取更高的利润？快速估值的第一步在于确定资产包的估值范围，也就是估值的对象是哪些。需要说明的是本文的估值对象不同于资产评估教材中估值对象的范围，本书假设的前提或要解决的问题是在收购不良资产包时，我们要快速找到不良资产包里面的核心资产，对核心资产进行快速估值，然后再结合这个资产包的其他影响收购的因素以及出卖方的价格预期，来决定是否收购以及确定最终的成交价格。

（一）享有优先权的抵押物、质押物等

基于抵押权人对处置后的抵押物享有优先受偿的权利，那么该部分资产也毋庸置疑地成为资产包中最有价值的资产。

（二）经法院裁定确认的抵债资产

根据《民法典》第二百二十九条关于非基于法律行为的物权变动之规定，因人民法院、仲裁机构的法律文书或者人民政府的征收决定等，导致物权设立、变更、转让或者消灭的，自法律文书或者征收决定等生效时发生效力。鉴于法院已裁定确认了抵债资产，可直接引起物权的变动，因此估值对象里理应包含该类资产。

（三）法院查封、扣划、冻结的资产是否列入

查封、冻结、扣押的资产属于估值时投资人应考虑的一个因素，但不应列入估值范围，原因是这些资产没有优先受偿性，如遇上破产，执行程序应当中止，所有保全程序应解除。另外，这些被采取保全措施的资产未必系债务人所有，当第三人提出异议或在他诉中存有被确定为非债务人所有的可能性及风险。

二、抵押物、质押物的估值

（一）厂房

一般包含了厂房本身及对应的土地。因此估值时可以将厂房和所对应的土地打包，采用市场法、收益法对房地产合并估值。也可对厂房、土地分开估值后进行叠加。如分开估值时，对厂房的估值一般采用成本法；对土地的估值一般采用

市场法、成本逼近法、基准地价系数修正法等适宜的方法进行。

1. 土地价格按照市场法（结合自然资源部网站类似地块最近的成交价格）、基准地价系数修正法、成本逼近法等计算，出于快速估算的角度，优先采用前两种方法（土地的价格受到当地土地规划的影响，需要注意不同级别的土地，地价的差异）。

2. 厂房按建安价格计算，需要说明的是，不同的地方其成本价格不一，建议参考当地相关部门公布的数据作为计算标准。

如一企业，通过查阅相关部门公布的数据来看，建安成本约2000元/平方米。该企业对A地块的土地及厂房均进行了抵押，该地块有50亩土地，两座厂房共5000平方米，那么如何估值？据了解，A地块的土地价值经自然资源部网站查询，每亩地约40万元。该厂房已建成4年。（一般土地的年限因素影响不大，厂房的估值，受年限因素影响较大，假设厂房的经济耐用年限为20年。）

那么估值应为：

土地价值：50×40万元=2000万元

厂房价值：5000×2000×（20－4）/20=800万元

总价值：土地+厂房=2800万元

（二）商业楼宇

1. 参考周边商业交易价值

如一商业楼宇，1万平方米，周边交易价格每平米1万元，假设建造年限与可比案例基本一致，那么该楼宇初步估值1亿元。

2. 参考周边商业租金交易价值

如无周边商业交易价值可供参考的，可参考周边商业租金交易价值计算，具体方法如下：

（1）采用现金流折现法（discounted cash flow，DCF）评估方法。

①如周边商业楼宇的租金价值每平米每天1元钱，该商业楼宇共1万平米，已使用10年，剩余30年。那么我们可以快速初步计算得出该抵押物的价值为：

第一步：满租前提下，每年的租金365万元。

第二步：假设空置率20%，那么每年租金365万元×（1－20%）＝292万元（不考虑押金利息等其他收入）。

第三步：扣除成本，假设综合成本为租金的25%，那么实际每年收益292×（1－25%）＝219万元。①

第四步：假设每年租金收益均为219万元，假设资金成本按年化6%，那么现值（也就是一次性交易价值）为 $219/6\% \times [1-(1+6\%)^{-30}]=3014.50$ 万元。

（公式：$V=a \div r \times [1-(1+r)^{-n}]$，其中a指每年净收益）②

②如抵押物本身为带租拍卖的（抵押物在抵押之前即已租赁，该抵押物尚余10年租赁期，抵押物的正常租金为每平米每天1元，但实际租金价值为每天每平米0.5元，抵押物总平米数1万平方米），其他假设跟因素如上保持不变，那么抵押物的估值会发生哪些变化呢?

第一，一般情形下，承租人提出执行异议时，大多数情况下其已缴纳完毕剩余租期内的租金，在此种情况下，上述方式测算出来的估值应扣除租期内对应租金的现值。

即第一步先计算出抵押物1年租期的价值：365×80%×75%＝219万元。

第二步计算10年租赁价值的现值：219×7.360＝1611.84万元。

第三步得出抵押物的估值：3014.50－1611.84＝1402.66万元。

第二，如承租人未缴纳完毕剩余租期内的租金，假设为分期缴纳的方式，那么编者认为，如租金价格公平合理的，并不影响租赁物的估值，如租金价值不公允，会影响租赁物的价值，具体测算方法如下：

第一步计算每年少缴纳的租金价值：365×80%×75%×0.5＝109.5万元。

第二步计算10年少缴纳租金价值的现值：109.5×7.360＝805.92万元。

第三步得出抵押物的估值：3014.50－805.92＝2208.58万元。（见图4）

---

① 成本＝管理费＋维修费＋保险费＋房产税、增值税等税费，房产税12%、增值税率3%或5%、城建税和教育费附加为应纳增值税额的12%、印花税0.1%等。

② r为资金成本年化率；n为剩余年限。

Annuity Table

Present value of an annuity of 1 i.e. $\frac{1-(1+r)^{-n}}{r}$

Where r = discount rate
n = number of periods

Periods (n)	Discount rate (r) 1%	2%	3%	4%	5%	6%	7%	8%	9%	10%	
1	0·990	0·980	0·971	0·962	0·952	0·943	0·935	0·926	0·917	0·909	1
2	1·970	1·942	1·913	1·886	1·859	1·833	1·808	1·783	1·759	1·736	2
3	2·941	2·884	2·829	2·775	2·723	2·673	2·624	2·577	2·531	2·487	3
4	3·902	3·808	3·717	3·630	3·546	3·465	3·387	3·312	3·240	3·170	4
5	4·853	4·713	4·580	4·452	4·329	4·212	4·100	3·993	3·890	3·791	5
6	5·795	5·601	5·417	5·242	5·076	4·917	4·767	4·623	4·486	4·355	6
7	6·728	6·472	6·230	6·002	5·786	5·582	5·389	5·206	5·033	4·868	7
8	7·652	7·325	7·020	6·733	6·463	6·210	5·971	5·747	5·535	5·335	8
9	8·566	8·162	7·786	7·435	7·108	6·802	6·515	6·247	5·995	5·759	9
10	9·471	8·983	8·530	8·111	7·722	7·360	7·024	6·710	6·418	6·145	10

图4　年金公示

（三）住宅

可以参考链家、我爱我家等网站公布的二手房交易价格。

（四）股权

从快速估值的角度，有三种基本方法：

1. 市场法

如上市公司股权价值可参考该上市公司二级市场交易价格。若上市公司股权为上市公司的控制权，可以适当考虑控制权产生的溢价。

如采用市盈率估值法（基于盈利能力的估值方法）：

市场价值 = P/E × Earnings ×（1 - 股权缺乏流动性折扣率）①

假设某服装行业市盈率为 20 倍，拟估值对象公司的每股收益 1 元，共 100 万股，一般非上市公司股权缺乏流动性折扣率在 20% ~30%（假设前提），那么这家公司的估值即为：20 × 1 × 100 万元（1 - 20%） = 1600 万元（暂按流动性折扣 20% 计算）。

① P/E 为市盈率；E 为股权权益。

2. 收益法

如在市场法估值模式下，没有任何数据信息是可使用的，那么可采用收益法进行估值。比如以其他非上市公司股权为例，本书介绍两种估值模型：

（1）现金流折现估价模型：

$$v = \sum_{t=1}^{\infty} \frac{D_t}{(1+k)^t}$$

现金流折现估值法模型 DCF 属于绝对估值法，是将股票（或股权）在未来所能产生的自有现金流，通过预估 15～30 年，通过合理的折现率 WACC① 折现，得到该股票在目前的价值。如果折现后的价值高于现在出售价格，则买受人可以收购。

假设目标公司每年所能产生的自有现金流为 500 万元，按照 20 年预估，资金成本假设年化 6%，那么目标公司股权估值：500×11.469（查年金现值系数表可知）=5734.5 万元。

（2）股利贴现股票估价模型（基于现金流的估值方法）（一般适用于小股东/少数股权）：

每股价值 $=d_0(1+g)/(K-g)$②

假设目标公司今年发放股利 60 万元，股利固定增长 12%，投资者回报率 22%，那么目标公司的估值 =60×1.12/（0.22－0.12）=672 万元。

3. 成本法

如囿于估值对象的特殊性，前两种方法均无法使用的，可采用成本法进行估值，但需要说明的是采用成本法做不到快速估值，亦不满足快速估值的需要，因此不建议使用。

（五）信用类债权估值

应根据资产包中总体抵押率判断，具体每单都不一样，在调查基础上采用一事一议的处理原则，跟债务人、保证人的偿债能力，信用及还款意愿息息相关。因此收购的价格也千差万别。可以说每个地方每个城市都不一样，没有统一的参考比例。

---

① Weighted Average Cost of Capital，加权平均资本成本。

② d_0 为当期股利；g 为固定增长率；K 为投资回报率。

第二节
定价

一般资产包有了初步估值后，投资者需考虑并参考影响资产包价值的定价因素，进而确定资产包最终定价。

一、市场因素

项目组需要定期对抵押物进行市场调研，如抵押物是房产的，区分商业还是住宅，需要考虑房地产行业市场走向。如抵押物是股权的，需要考虑标的股权对应企业方的市场行情及走向。动态把握抵押物、质押物价值，做出最接近市场价值的定价。

二、变现速率

资产是否能够快速变现，实现资金回笼，是资产处置过程中需要考虑的首先因素。一般来讲，住宅的变现效率要高于公寓类房产，公寓类房产变现效率高于商业类房产。

三、变现成本和费用

如资产变现过程中项目人员人力成本及处置过程中各种评估、拍卖及各项税费。

四、履约能力、还款意愿

保证人的履约能力好坏也能决定资产处置的结果和债权的实现效果，因此资产包定价环节可以考虑保证人履约能力、还款意愿。

第三节 案例剖析

【案例一】 A银行要出售持有B公司的债权资产包，查封物有B公司的车辆以及B公司持有C公司的股权，有一处商业楼宇抵押物（剩余年限30年），抵押物带租赁，为季度付租，租金价格公允，每天每平方米2.43元，共12,000平方米（假定资金成本按年化6%计算，空置率20%，综合成本率25%）。

那么首先我们确定该资产包的估值对象：商业楼宇抵押物。

车辆及B公司持有C公司的股权作为收购考虑的因素，不计入估值对象。

抵押物估值：用DCF估值（租金折算现值）的方法：

$2.43\times365\times12000\times0.8\times0.75/0.06\times[1-(1+6\%)^{-30}]=8790.27$ 万元

【案例二】 A银行要出售持有B公司的债权资产包，质押物为B公司持有上市公司C的20%的股权（股份为200万股），除此以外，有D公司的信用担保，问该资产包如何估值？据了解，C公司行业市盈率为20倍，最近一年每股收益为1.5元。

估值对象：200万股的股权价值。

估值方法：$20\times1.5\times200$ 万股 $=6000$ 万元。

需要说明的是：通过以上方法对资产包进行初步估值后，投资人进而需要考虑资产包是否能够快速变现以及变现成本及费用，在询价及初步定价后，通过内部的决策机制确定最终可接受的交易价格。

投资人拿到该资产包后，可以再次挖掘查封类资产的价值，亦可通过包装楼宇、引入新概念等方式提升抵押物价值，通过挖掘、探索资产包价值提升途径，进而提高不良资产包的处置成功率或实现项目的安全退出抑或实现项目的更大收益。

第三章 不良资产中的不动产收购

作为金融债权人，在处置不良资产的同时，除将不良资产转让外，通常情况下，金融债权人往往也会通过各种资源找到抵押物的终端买受人。那么金融债权人在处置自身抵押物时，需要了解买受人交易的几种常见方式及不同方式的利弊分析及涉及的相关税费等。掌握这些内容，有利于提高交易的效率及成功率。

第一节 物权收购

一、以法拍方式收购房产的尽职调查及风险防控

（一）租赁情况

鉴于买卖不破租赁的原则，无论是买受人在收购意向房产之前还是金融机构以法拍方式处置房产抵押物前，需要重点关注房屋是否有租赁、租赁收益等，以此判断是否构成影响收购决策的重大事项。

调查方法：拍卖公告内容、房管局备案情况、实地勘察等。

（二）税费

鉴于大多数拍卖公告中都会载明“标的物过户登记手续由买受人自行办理，所涉及的一切税、费及其可能存在的物业费，水、电等欠费均由买受人自行向有关部门咨询并负担”。如果没测算好交易涉及的税款，过户时需要缴纳的税金远超买受人预期而反悔的，买受人前期缴纳的保证金是无法退回的，因此：

1. 买受人尤其要关注收购标的房产涉及的交易税费，提前咨询税务局。

2. 除此之外，买受人仍要关注房屋所有人是否欠税（实地调查、欠税公告）。

相对应地，为了提高抵押物的成交率，金融机构亦应关注法拍过程中涉及的税费种类及测算方式。具体涉税内容详见本部分第四章。

（三）土地性质

如土地性质为划拨性质的，交易过程中会涉及土地出让金的缴纳，否则无法正常办理过户手续。

买受人收购标的房产前或金融机构处置房产抵押物之前均需调查土地性质问题并做好相关土地出让金的预算（具体关于土地出让金的计算方式详见本部分第四章内容）。

（四）是否有未结工程款

如涉未结工程款，施工方为找发包人索要工程款，可能会做出极端的事情，如组织农民工驻守阵地“保卫”其工程成果，甚至组织农民工在标的房屋上写血字，甚至还有身穿白色带血字大褂静坐或躺在项目现场的。

（五）标的工程产权资质问题

除了上述收购房地产（有产权证）的几项风险外，对以法拍方式收购在建工程的，仍需要关注的是标的工程的资质情况及是否存在其他违规情况，这直接决定标的工程是否能顺利验收，继而影响销售。因该部分内容已在本篇第二部分抵押物的尽职调查部分进行阐述，因此本章不再赘述。

以上无论哪种情形不仅会对买受人正常使用标的房产产生影响而且也会对金融债权抵押物拍卖款项的返还与分配产生重大影响（对建设工程价款优先权的部分已在本篇第二部分详细阐述，此处不再赘述）。

二、以法拍方式收购房产的利与弊

（一）利

1. 鉴于网络拍卖的处置方式公开、透明，价格作为选择投资人的唯一标准，既高效又便捷。

2. 买受人不用考虑房地产企业的债权、债务问题，交易方式简单明了。

（二）弊

1. 因涉及产权变更，因此会产生高额的税费成本。

2. 考虑到以收购资产方式取得标的项目，如是开发中的房地产企业，可能涉及项目所有原有的立项审批、规划许可、施工许可、预售许可等手续的重新办理等问题。

第二节 股权收购

一、股权收购房产的尽职调查及风险防控

（1）公司主体情况

尽职调查中，对公司主体情况的调查，系必不可少的步骤，主要了解公司的基本情况、住址、主要经营范围，是否正常经营等基本信息。

（2）股权出资情况

根据《公司法司法解释三》第十八条规定，受让股权股东存在要对原股东出资瑕疵承担连带责任的风险。因此需要核实股东是实缴出资还是认缴出资，除排除以上风险外，股东出资情况的落实亦影响项目的估值与定价。

（3）资产本身

需要重点关注投资标的上（资产本身）是否仍存在查封、抵押等情况，否则很可能影响项目后续运作，不能实现收购目的。

（4）债权债务

鉴于系股权收购的方式，除了关注本身的项目资产外，亦应关注公司的债权债务状况，这直接决定着以股权收购资产的风险大小，并对收购价格有重大影响。

（5）其他资产情况

除买受人的目标资产是重点核查对象之外，也需要掌握债务人公司整体资产情况，包括资产类型、价值、基本状态及法律状况。当然该部分并不是买受人的目标资产，因此，对于资产价值高但又不是买受人重点关注的资产，可与出让人协商剥离。

（6）行政处罚、诉讼情况

了解债务人是否存在处罚情况，系判断企业是否合规运营以及对持续运营能力的综合判断。诉讼情况系对企业债权债务的补充梳理及判断是否存在隐形的债务风险。因股权并购仅是更换股东，这些风险伴随主体的存在而存在，因此需要格外谨慎。

二、股权收购方式的优势与风险防范

1. 优势

（1）高效。股权转让与上述的资产转让模式相比，在法律程序上操作简单。且在一定程度上可规避房地产类项目转让时常见的附加条件（如标的系房地产开发企业），如“完成开发投资总额的百分之二十五以上”的规定。同时，可以为项目开发节省大量时间。

（2）因主体未变更，项目开发中的各种证照、法律文件、立项审批、规划许可、施工许可、预售许可等手续无需重新办理，只需办理股权过户的工商变更登记手续。

（3）税负轻。在资产收购模式下，买受人缴纳的税种为契税、印花税。被收购方（企业）则需要缴纳契税、印花税、增值税、土地增值税、企业所得税。在股权收购模式下，买受人免征契税，仅需缴纳印花税，而企业方仅需要缴纳印花税、企业所得税即可。房地产收购系高税负项目，在磋商谈判环节，双方都会将税收成本作为确定交易价格的重要因素，通过上述比较，股权交易模式由于税负轻往往更有利于促进交易的实现。

2. 风险防范

（1）原股东出资风险防范

要对项目公司自身进行合法性评估，在交易前应当进行充分的法律尽职调查、财务尽职调查，重点关注股东出资是否已足额缴纳；非货币财产出资作价是否符合法律强制性规定；非货币财产作价出资是否办理财产权属转移手续；是否存在抽逃出资情形。

（2）或有债务的风险防范

①尽职调查阶段尽可能做到全面尽调，查清目标公司的真实财务状况。

②收购方可在股权转让协议中明确约定出让方对或有债务承担连带担保义务或追加其他担保方式。协议可采用分期支付股权转让款的方式，并调整尾款支付时间及金额以最大限度规避或有债务风险。

（3）股东优先购买权的风险防范

要求其他股东出具放弃优先购买权的声明函作为交易的前置条件。

（4）目标公司员工安置的风险防范

①对企业核心员工的平稳过渡。可采用给出让方预留部分股权或调整股权款的支付方式（预留一部分），确保核心员工的继续留任。

②不再留用员工的清退工作。在协议中约定由出让方协助项目公司将不再留用的员工进行清退并作为其中一个付款条件。

三、股权收购房产的适用情形

1. 商业地产。股权收购方式适合商业房地产企业转让标的房产，理由系商业地产系主要目的为经营，靠打造商业圈、吸引客流、赚取商户租金，因此只需要通过转让标的房产所在公司的股权即可。

2. 此种方式同样适合非房地产企业中，如该企业仅有一处不动产的，可将其他债权债务予以剥离后，通过收购该公司股权的方式收购不动产。

四、收购方式

1. 直接收购股权

对于单一资产项目，可采用直接收购股权的方式进行。

2. “改制重组 + 收购股权”

如企业名下存有多处资产的，可将公司改制重组，将拟收购标的资产装在分立后的公司里，以收购公司股权的方式收购标的资产。优势在于可节省土地增值税、契税。

财政部、国家税务总局《关于继续实施企业改制重组有关土地增值税政策的公告》（财政部 税务总局公告 2021 年第 21 号）第一条规定：企业按照《中华人民共和国公司法》有关规定整体改制，包括非公司制企业改制为有限责任公司或股份有限公司，有限责任公司变更为股份有限公司，股份有限公司变更为有限责任公司，对改制前的企业将国有土地使用权、地上的建筑物及其附着物（以下简称房地产）转移、变更到改制后的企业，暂不征土地增值税。

第三条规定：按照法律规定或者合同约定，企业分设为两个或两个以上与原企业投资主体相同的企业，对原企业将房地产转移、变更到分立后的企业，暂不征土地增值税。

第四条规定：单位、个人在改制重组时以房地产作价入股进行投资，对其将房地产转移、变更到被投资的企业，暂不征土地增值税。

财政部、国家税务总局《关于继续执行企业事业单位改制重组有关契税政策的公告》（财政部、国家税务总局公告2021年第17号）第四条规定：公司依照法律规定、合同约定分立为两个或两个以上与原公司投资主体相同的公司，对分立后公司承受原公司土地、房屋权属，免征契税。

第三节 债权收购

一、关注点

资产本身问题、不良债权的可执行性与有效性。

（1）资产本身

房地产不良资产收购时的第一道步骤是尽职调查，其调查的质量往往决定着一个项目的最终成败，一个尽可能完整的调查可以揭示项目整体信息及风险点，并为收购后项目的整体运作打下坚实的基础，因此在尽调时尽可能地全面披露资产本身的问题，从而为后续的决策方案提供基础支撑。

对于收购方，能够全面深入地了解到目标债权的信息非常重要，对于不良债权，其本身的价值和转换率是一个方面，更重要的是在其完成收购后，能够实现当初的收购目标，顺利实现债权退出，赚取应得收益。因此，应重点关注的问题：其一，目标债权的基本情况。主要是客观地对其进行数据资料的整理和分析。其二，法律上的主要问题，这也是最重要的问题，该目标债权是否合法，是否有效，是否具有瑕疵情况以及目标债权的涉诉、涉执情况。这些都是判断该债权是否有收购价值的一个重要指标。其三，抵押房产的估值。这是收购不良债权定价的参考依据。

（2）不良债权的可执行性与有效性

对于金融不良债权，是金钱给付的债权，一般情况下都可以债权转让。但是，最高人民法院司法解释中也规定了一些禁止转让的债权。《海南会议纪要》第六条：金融资产管理公司转让不良债权存在下列情形的，人民法院应当认定转让合同损害国家利益或社会公共利益或者违反法律、行政法规强制性规定而无效。①债务人或者担保人为国家机关的。②被有关国家机关依法认定为涉及国防、军工等国家安全和敏感信息的以及其他依法禁止转让或限制转让情形的。因此关注不良债权的可执行性与有效性是十分必要的。

二、实操案例及要点步骤

本文通过相关案例对要点步骤予以说明。（如图5）

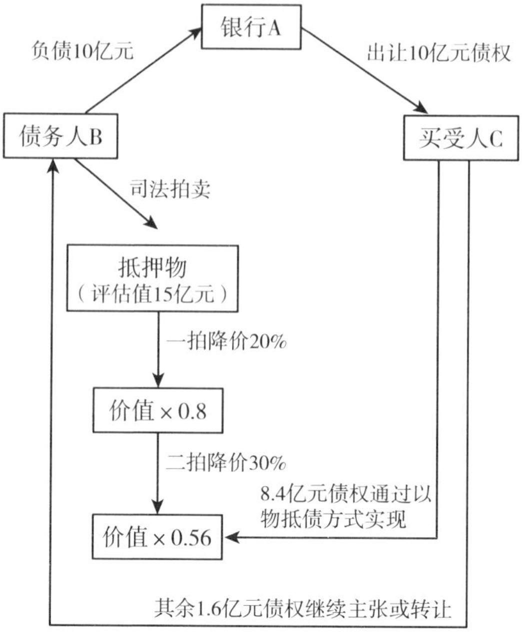

图5　债权收购“方式”的案例展示

债务人B欠A银行10亿元，其中本金7亿元，利息3亿元。B用自身房产做了抵押担保，除此之外，还有B公司的关联方以及实际控制人提供了连带担保。抵押物评估值15亿元，买受人C有意向受让该标的抵押物打造大型儿童商业基地。如下重点介绍买受人C如何通过新设公司收购不良债权，再以物抵债给新设的公司，进而实现收购资产的目的。

具体实施步骤如下：

第一步，新设公司或找寻现有适格主体。

意向买受人C新设公司或找寻适格主体，目的系为受让标的抵押物做准备。新设公司的优势系便于项目运营的财务独立核算，另外，后续一旦整体项目转让，可采用股权出售的方式进行以达到节税的目的。

第二步，用新公司或现有适格主体收购不良债权。

意向买受人C设立新公司后或已找寻到适格承接主体后，即可与A银行协商收购不良债权。收购参考价格一般可以在抵押物评估价格的56%～100%确定。

第三步，向法院申请变更执行主体。

买受人C收购不良债权后，向执行法院申请变更申请执行人，为下一步的以物抵债做准备。

第四步，以物抵债。

在执行法院两拍一变卖程序完结后，买受人C可向执行法院申请以物抵债，如果一拍、二拍的降价幅度分别在20%、30%的，那么此时债务人清偿给买受人C的债权为15×56%＝8.4万元。剩余未清偿债权约1.6亿元以及后续产生的相应利息，买受人C可以继续向债务人主张。

第五步，将剩余债权剥离至其他公司。

如果买受人C拟将标的物业转让的，从节税角度来看，其可采用股权出售的方式进行。另外，买受人C公司可以将未清偿的债权剥离至C公司的其他关联方，便于C及其关联方继续向债务人主张债权。

三、优势分析

1. 除标的资产外，新设立公司还享有向原债务人、保证人继续追索的权利。

2. 存在节税的可能性。由于以物抵债方式是在拍卖方式下无人购买所致，以物抵债方式下，法院拍卖公告中标注的“一切税费由买受人承担”对以物抵债方不公平，因此可以尝试跟法院沟通只承担买受人方涉及的税费，实务操作中，我们已遇到过成功案例，标的资产8亿左右，相较以物抵债方式，投资人多缴纳税费高达8000多万元。

3. 后续可通过股权转让的方式将标的资产出售给新的意向买受人以赚取利润。同时还可以将剩余的债权剥离至其他关联公司，继续向原债务人、保证人主张权利，实现自身利益最大化。

第四章 不动产收购涉税问题

本章将主要介绍资产收购过程中税收事宜（包含土地出让金）、客户对拟收购前测算税收、土地出让金成本的需求，并结合案例阐述。

第一节 涉税介绍

一、出让方应缴纳的税费

1. 增值税

增值税税率按5%征税率适用简易征收的情况：

根据财税2016（36）号附件2《营业税改征增值税试点有关事项的规定》第八条相关规定，自建与否增值税的计算方式并不相同，编者分别阐述四种情形下增值税的计算方式。

（1）一般纳税人销售其2016年4月30日前取得（不含自建）的不动产，可以选择适用简易计税方法，以取得的全部价款和价外费用减去该项不动产购置原价或者取得不动产时的作价后的余额为销售额，按照5%的征收率计算应纳税额。

（2）一般纳税人销售其2016年4月30日前自建的不动产，可以选择适用简易计税方法，以取得的全部价款和价外费用为销售额，按照5%的征收率计算应纳税额。

纳税人应按照上述计税方法在不动产所在地预缴税款后，向机构所在地主管税务机关进行纳税申报。

（3）一般纳税人销售其2016年5月1日后取得（不含自建）的不动产，应适用一般计税方法，以取得的全部价款和价外费用为销售额计算应纳税额。纳税人应以取得的全部价款和价外费用减去该项不动产购置原价或者取得不动产时的作价后的余额，按照5%的预征率在不动产所在地预缴税款后，向机构所在地主管税务机关进行纳税申报。

（4）一般纳税人销售其2016年5月1日后自建的不动产，应适用一般计税方法，以取得的全部价款和价外费用为销售额计算应纳税额。纳税人应以取得的全部价款和价外费用，按照5%的预征率在不动产所在地预缴税款后，向机构所在地主管税务机关进行纳税申报。

2. 附加税

（1）城市维护建设税

根据《城市维护建设税法》第三条与第四条规定，城市维护建设税以纳税人实际缴纳的消费税、增值税为计税依据；纳税人所在地在市区的，税率为7%。

（2）教育费附加

根据《征收教育费附加的暂行规定》（2011修订）第三条规定，教育费附加，以各单位和个人实际缴纳的增值税、营业税、消费税的税额为计征依据，教育费附加率为3%，分别与增值税、营业税、消费税同时缴纳。除国务院另有规定者外，任何地区、部门不得擅自提高或者降低教育费附加率。根据以上法律规定，教育费附加税率适用3%，计税基数为纳税人实缴纳的增值税。即教育费附加＝实缴纳的增值税×3%。

（3）地方教育费附加

根据财综〔2010〕98号《关于统一地方教育附加政策有关问题的通知》第二条的规定，统一地方教育附加征收标准。地方教育附加征收标准统一为单位和个人（包括外商投资企业、外国企业及外籍个人）实际缴纳的增值税、营业税和消费税税额的2%。已经财政部审批且征收标准低于2%的省份，应将地方教育附加的征收标准调整为2%，调整征收标准的方案由省级人民政府于2010年12月31日前报财政部审批。

根据以上法律规定，地方教育费附加税率适用2%，计税基数为纳税人实缴纳的增值税。即地方教育附加＝实缴纳的增值税×2%。

3. 土地增值税

根据相关法律规定，土地增值税的征收有两种方式：

（1）按照核定征收率征收土地增值税

各地核定征收率不一致，以天津市为例根据天津市地方税务局《关于土地增值税清算有关问题的公告》（2016）第八条，对于非普通标准住宅和其他类型房地产以及无法正确区分不同房地产类型的，核定征收率为8%。

（2）按照土增公式计算（增值额和超额累进税率计算）

土地增值税的公式为：应纳土地增值税＝增值额×税率

公式中的“增值额”为纳税人转让房地产所取得的收入减除扣除项目金额后的余额。

纳税人转让房地产所取得的收入，包括货币收入、实物收入和其他收入。

计算增值额的扣除项目：

①取得土地使用权所支付的金额；

②开发土地的成本、费用；

③新建房及配套设施的成本、费用，或者旧房及建筑物的评估价格；

④与转让房地产有关的税金；

⑤财政部规定的其他扣除项目。

⑥土地增值税实行四级超率累进税率：

增值额未超过扣除项目金额50%的部分，税率为30%。

增值额超过扣除项目金额50%、未超过扣除项目金额100%的部分，税率为40%。

增值额超过扣除项目金额100%、未超过扣除项目金额200%的部分，税率为50%。

增值额超过扣除项目金额200%的部分，税率为60%。

4. 企业所得税

（1）应纳税额及税率

根据《企业所得税法》（2018修正）第四条、第五条的规定，企业应纳税所得额为企业每一纳税年度的收入总额，减除不征税收入、免税收入、各项扣除以及允许弥补的以前年度亏损后的余额；企业所得税税率为25%。

（2）缴税时间

根据《企业所得税法》（2018修正）第五十四条规定，企业应当自季度终了之日起15日内，向税务机关报送预缴企业所得税纳税申报表，预缴税款。

企业应当自年度终了之日起5个月内，向税务机关报送年度企业所得税纳税申报表，并汇算清缴，结清应缴应退税款。

5. 印花税

根据《印花税法》中印花税税目税率表可知，买受人与出让方均应缴纳印花税，税率为所载金额的万分之五。

二、买受人应缴纳的税费

1. 契税

根据《契税法》第三条规定，契税税率为3%～5%。契税的适用税率，由省、自治区、直辖市人民政府在前款规定的税率幅度内提出，并报全国人民代表大会常务委员会和国务院备案。

根据天津市人民政府关于契税税率相关规定，契税税率为3%。

契税的计税依据为不含税收入。

2. 印花税

根据《印花税法》中印花税税目税率表可知，买受人与出让方均应缴纳印花税，税率为所载金额的万分之五。

第二节

案例剖析

A 公司拟通过阿里拍卖网站收购位于天津市河西区＊＊道一处资产，拍卖公告第七条载明："拍卖成交买受人付清全部拍卖价款后，标的物过户登记手续由买受人自行至相关管理部门办理标的物权属变更手续。办理过程中所涉及的买卖双方所需承担的一切税、费和所需补交的相关税、费（包括但不限于所得税、营业税、土地增值税、契税、过户手续费、印花税、权证费、水利基金费、出让金以及房产及土地交易中规定缴纳的各种费用）及有可能存在的物业费、水、电等欠费均由买受人自行承担。"该标的资产所有人系 B 公司，土地性质为划拨，标的资产土地用途为工业用地，2005 年 9 月即出租，于 2025 年 9 月到期。

一、B 公司作为标的资产所有人，即出让方，应缴纳税费分析如下

1. B 公司具有一般纳税人资质

经在国家税务总局天津市税务局官网上查询，标的资产所有人 B 公司自 2016 年 5 月 1 日被认定为简易办法征收一般纳税人。另外，经在国家税务总局天津市税务局官网上查询，B 公司截至 2019 年 10 月 9 日，纳税人状态显示正常。

2. B 公司缴纳的增值税税率为 5%，且可以适用简易计税方法

由于标的资产早于 2005 年即出租，因此可以判定标的资产为 B 公司于 2016 年 4 月 30 日以前取得的不动产，根据 A 公司的相关工商信息，B 公司取得标的资产的方式有可能通过自建，亦有可能通过其他方式。可以适用上述财税〔2016〕36 号附件 2《营业税改征增值税试点有关事项的规定》第八条相关规定。

3. B 公司缴纳城市维护建设税

鉴于纳税人所在地在河西市区，依据《城市维护建设税法》第三条与第四条规定，税率为 7%，计税基数为纳税人实缴纳的增值税。即城市维护建设税 = 实缴纳的增值税 ×7%。

4. B 公司无须缴纳企业所得税

依据中华人民共和国《企业所得税法》（2018 修正）第四条、第五条、第五

十四条规定，由于本次标的资产的交易，出让方如涉及企业所得的，须按照相关法律规定及税务要求缴纳企业所得税，该税种对 B 公司交易过户不构成障碍，不存在由 B 公司缴纳的风险。

二、A 公司作为买受方，税费缴纳的相关注意事项

1. A 公司为顺利过户，须支付本应由出让方 B 公司缴纳的税费

通过本章第一节的相关阐述，虽由 A 公司缴纳的税种只涉及契税及印花税，其他税费应有出让方承担，但根据本案拍卖公告关于税费的承担要求的规定，建议 A 公司应注意将本次标的资产交易中所涉及的相关出让方应缴纳的税费予以一并考虑并纳入税费预算。

2. A 公司拍卖标的资产前，须核实 A 公司就标的资产本身是否存有欠缴的相关税费

根据本案拍卖公告关于税费的承担要求的规定，建议 A 公司应注意将本次标的资产交易中所涉及的相关出让方应缴纳的税费予以一并考虑并纳入税费预算。

另外，A 公司应在核实以上欠缴税费信息的同时，须核实欠税形成的时间；如欠缴税款的事实发生在抵押之前的，税收应当优先于抵押权。如欠税事实发生在抵押之后的，抵押权优先于税收。

3. A 公司收购标的资产涉及的土地出让金

基于资产基本情况介绍，编者结合相关经验以及相关部门的咨询沟通，A 公司收购标的资产就本次交易过户过程中涉及的土地出让金如下：

（1）缴纳土地出让金的流程

通过前往天津市规划和自然资源管理局河西分局当面咨询以及编者的实操经验，标的资产现状补办的流程为：

①到天津市规划和自然资源管理局河西分局上交申请文件（所上交的内容与土地交易中心提前沟通）；

②取得“测量条件”和“评估条件”；

③凭借“测量条件”找“天津市测绘院”或“天津市勘察院”绘制“测绘报告”；

④借“评估条件”找“融信评估公司”出具“评估报告”；

⑤取得上述两个报告之后将资料一并提交到天津市规划和自然资源管理局河

西分局；

⑥行政许可将以电话通知形式告知审查结果，接到通知后到天津市规划和自然资源管理局河西分局领取“联单”；

⑦凭“联单”缴纳土地出让金；

⑧缴费后签订土地主让合同的相关手续；

⑨将合同提交到行政许可中心，等待行政许可中心进行合同签章流程；

⑩凭土地出让合同核税，到土地交易中心缴费；

⑪凭缴费单、土地出让合同、完税证明等办理“过户”手续；

⑫完成过户手续后取得新的房产证。

（2）A公司应缴纳的土地出让金

根据天津市规划资源局《关于印发〈天津市国有划拨土地上房屋转让补缴土地出让金管理办法〉的通知》及编者团队前往天津市规划和自然资源管理局河西分局当面咨询，土地出让金的计算方式为：

土地每平方米价格（土地基准价）×土地平方米数×30%

在A公司未能实际取得标的资产前提下，未能委托评估机构对标的土地价值进行评估的前提下，A公司拟知悉土地出让金预算，编者建议A公司可先行参考天津市第二中级人民法院委托评估机构做出的评估报告中关于土地的价值。

根据评估机构于2019年6月做出的《房地产估价报告》中记载，土地单价（基准价）每平方米1000元，总价400万元。

根据以上土地出让金的计算方式：可简单测算贵司收购标的资产需缴纳的土地出让金为400×0.3=120万元。

需要注意的是，根据《担保制度司法解释》第五十条的规定，拍卖划拨的国有土地使用权所得的价款，在依法缴纳相当于应缴纳的土地使用权出让金的款额后，抵押权人有优先受偿权。所以，编者建议买受人承担出让金之后，保留有向法院交涉土地使用权出让金款项的权利。

破局篇

破产视角下的金融债权保护

破产理念与趋势

引言

破产制度是市场经济中的一项基础性法律制度。近年来，全国法院受理与审结破产案件数量激增。据最高人民法院公布，2015 年至 2020 年全国法院共受理破产案件 59, 604 件，审结破产案件 48, 045 件。（见图 6）

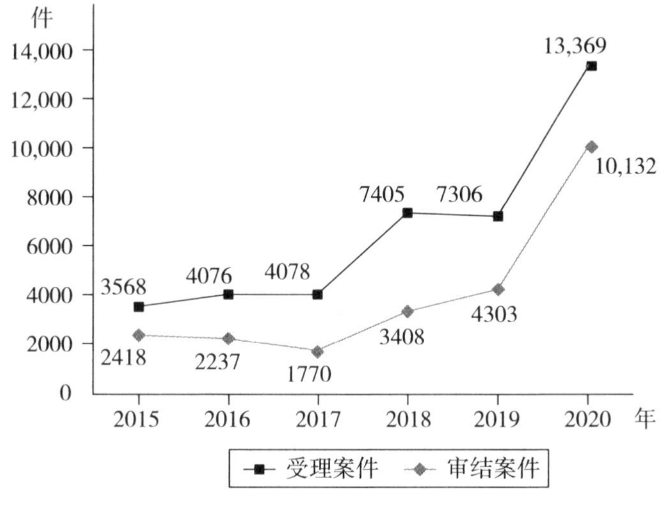

图 6　2015 年至 2020 年全国法院共受理破产案件 59, 604 件，审结 48, 045 件

载 https://baijiahao. baidu. com/s? id = 1707064329725565841&wfr = spider&for = pc，最后访问日期：2021 年 8 月 3 日。

据不完全统计，在 90% 的破产案件中都能发现金融债权人的身影，同时每一破产案件中金融债权占全部破产债权比例极高，通常能达到 90%。对于金融债权人而言，只有正确认识破产制度、树立正确的破产价值理念，才能运用新知识、新工具实现利益最大化。

下述三个案例便充分体现出金融债权人树立正确破产理念的重要性。

案例一：债权人对债务人享有9000万元债权，虽取得了胜诉判决，但执行时未发现可供执行的财产，因此法院终结本次执行。后经调查，债务人股东认缴的注册资本系2030年12月31日前缴纳，出于对股东出资期限利益的保护，在执行中无法直接追加股东作为被执行人。而受理债务人破产后，股东的出资义务会加速到期，因此，本案中债权人利用破产工具，在未进入破产程序前，与债务人达成了和解，9000万元的债权追回6000多万元，最终维护了自身利益。

案例二：债务人以其酒店对债权人提供抵押担保，同时第三人提供连带担保，剩余未清偿债权额度约8000万元。债权人拿到生效判决并申请了强制执行，由于抵押物系酒店且须带租拍卖（租赁发生于抵押之前），因此债权人无法实现自身利益。同时，债权人查封了担保人的一条生产线，但系二封，其中一封债权人的债权额为1.2亿元，而生产线拍卖价值为1亿元。换言之，该生产线无法全部清偿首封债权人的债权，那么本案债权人基于二封债权人的身份，将不能获得任何清偿。本案中债权人利用破产工具，在未进入破产程序前，倒逼一封债权人与其和解。最终本案虽不能完全按照债权额比例进行分配，但相较于执行程序中的“零收益”，本案债权人拿回了部分利益，实际上实现了自身利益最大化。

案例三：债权人对债务人享有8000万元债权，抵押物价值5000万元，债权人在初期拍卖环节即受到了很大阻力，在法院拍卖抵押物的过程中，农民工围堵法院，要求停拍（债务人未结农民工工程款共1200万元），后经买受人、债务人以及农民工之间的谈判沟通，工程款问题得以妥善解决。但在拍卖成交过户环节，税务局向债权人提出要求，其应将债务人欠缴的2000万元税款解缴入库。经了解，该2000万元欠税发生于抵押之前，而依据《税收征收管理法》第四十五条规定，税款优先于抵押权。由于税款欠缴额度较高，债权人直接向法院申请债务人进入破产程序，最终得到了5000万元债权优先的结果（为什么在破产程序中抵押权优先于税款，详见本篇第一部分）。

破产案件，无论是清算、重整还是和解，更多体现的是一种拯救、保护、豁免功能。即便在清算程序中，破产程序也能实现资源的优化配置。结合编者的实践经验，编者作为管理人曾在一个软件开发企业的破产清算程序中处置过6件软件著作权，在债权人、债务人均认为上述财产没有任何价值情况下，经拍卖实现的价值从起拍价 3000 元（每件起拍价设定的 500 元）至成交价 20,000 元，实现了资源的合理配置。如将破产企业的员工从原单位匹配到有需求的公司，这种方式也实现了资源的合理配置。

世界经济整体下行背景下，为深化供给侧结构性改革、建设现代化经济体系，中央出台了多项关于鼓励企业去杠杆、鼓励挽救困境企业、推动“僵尸企业”及时出清、助力优化营商环境等方面的政策。而这些宏观思想、宏观政策，引领着未来破产工作的方向。

具体到破产立法，2006 年 8 月，全国人大常委会通过《企业破产法》，自 2007 年 6 月 1 日起实施。《企业破产法》的施行在完善我国破产制度、规范破产程序上具有重要意义。随后，相关司法解释陆续出台。从 2018 年 3 月的《全国法院破产审判工作会议纪要》到 2019 年 3 月的最高人民法院《关于适用〈中华人民共和国企业破产法〉若干问题的规定（三）》（以下简称《企业破产法司法解释三》），到 2020 年 1 月的《优化营商环境条例》，再到 2021 年《企业破产法》做为重点立法工作进行修改，其中重点立法工作包括《企业破产法》的修改，有关部门也启动了相关的修改工作。无不体现破产制度的作用与意义，体现出破产程序适用的频繁性。同时随着政策的不断加码和观念的不断普及，相信破产工具将有望得到更加普遍的应用。

第一部分

不得不知：破产制度概述

破产，是指在债务人不能清偿到期债务或发生资不抵债等法定情形时，由债权人或债务人等相关利害主体向法院申请债务人破产，从而使债务人根据破产法的规定按照一定程序清偿债务的一种法律制度。狭义的破产仅指破产清算程序，广义的破产还包括破产重整与破产和解。在无特指的情况下，本书所讨论之“破产”是指广义的破产程序。

对于金融债权人而言，当债务人或担保人进入破产程序，只有深谙破产程序的运行机理，才能最大限度保护自身合法权益或做出对自身权益有利的决策。因此在第一部分，编者将主要介绍破产程序的启动、破产管理人、破产程序的本质及破产程序的类型四部分。

第一章 破产程序的启动

相较于编者在本篇第三部分介绍的预重整启动方式，本章介绍的破产程序的启动，更多的是传统破产程序的启动方式，是指有权主体向法院提出破产申请，经法院审查符合破产条件之后，裁定受理破产申请的过程。那么，满足哪些条件的企业才可以进入破产程序呢？有权启动主体包括哪些？不同启动主体的差异是什么？法院如何进行审查？下文将对此进行详细介绍。

第一节 破产原因

破产原因是指根据我国《企业破产法》规定的企业应当具备地进行破产清算的条件。换句话说，企业只有出现法律规定的破产原因，才可以进行破产。根据我国《企业破产法》的相关规定，企业法人的破产原因有以下两种：一是不能清偿到期债务，并且资产不足以清偿全部债务。二是不能清偿到期债务，并且明显缺乏清偿能力。

除此之外，如果企业法人不能清偿到期债务，并且有明显丧失清偿能力可能的，也可依照我国《企业破产法》的规定进行重整。

一、不能清偿到期债务与资产不足以清偿全部债务

（一）不能清偿到期债务的识别

根据最高人民法院《关于适用〈中华人民共和国企业破产法〉若干问题的规定（一）》（以下简称《企业破产法司法解释一》）第二条之规定，债务人“不能清偿到期债务”应当同时满足下列三个条件：

第一，债权债务关系依法成立；

第二，债务履行期限已经届满；

第三，债务人未完全清偿债务。

《深圳市中级人民法院破产案件立案规程》第二十条对此进一步细化，认为下列情形同时存在的，应认定对债务人“不能清偿到期债务”：

第一，债权债务关系依法成立且无争议，或已经生效法律文书确认；

第二，未经生效法律文书确认的债务履行期限已经届满且未超过诉讼时效；已经生效法律文书确认的债务未超过申请执行期限；

第三，债务人未能清偿到期债务或明确表示不能清偿到期债务。

（二）资产不足以清偿全部债务的识别

根据《最高人民法院民二庭负责人就〈关于适用《中华人民共和国企业破产法》若干问题的规定（一）〉答记者问》里的相关内容，“资产不足以清偿全部债务”是指债务人的实有资产不足以清偿全部债务，即通常所说的“资不抵债”或“债务超过”。资不抵债的着眼点是资债比例关系，考察债务人的偿还能力仅以实有财产为限，不考虑信用、能力等可能影响债务人清偿能力的因素。计算债务数额时，不考虑是否到期，均纳入债务总额之内。

通常用来判断债务人是否资不抵债的标准为资产负债表，其反映了企业资产、负债、所有者权益的总体规模和结构，以此判断债务人的资产状况具有明确性和客观性。但是考虑到资产负债表反映的企业资产价值具有期限性和不确定性，在其由企业自行制定的情况下甚至可能存在严重的虚假情况，因此，法律同时规定审计报告或者资产评估报告等也可作为判断债务人资产总额是否资不抵债的依据。

资产不足以清偿全部债务是对债务人客观偿债能力的判断，因此应当以债务

人的真实财产数额为基础，如果当事人认为债务人的资产负债表，或者审计报告、资产评估报告等记载的资产状况与实际状况不符，应当允许当事人提交相应证据予以证明，推翻资产负债表、审计报告或者资产评估报告的结论。

二、不能清偿到期债务与明显丧失清偿能力

关于上述提到的“明显丧失清偿能力”，是指虽然债务人不能清偿到期债务时通常都已资不抵债，但有的情况下，在债务人账面资产尚超过负债时，也可能因资产结构不合理，发生对到期债务缺乏现实支付能力，如现金严重不足、资产长期无法变现等而无法支付的情况。

明显缺乏清偿能力的着眼点在于债务关系能否正常了结，与资不抵债的着眼点在于资债比例关系不同。《企业破产法》将“债务人不能清偿到期债务并且明显缺乏清偿能力”作为破产原因之一，目的在于涵盖“债务人不能清偿到期债务并且资产不足以清偿全部债务”之外的其他情形，以适度缓和破产程序适用标准，弱化破产原因中关于资不抵债的要求。

由于《企业破产法》的规定过于抽象，导致实践中的认定困难，影响了该项标准的适用效果，故《企业破产法司法解释（一）》列举了明显缺乏清偿能力的几种主要情形，包括债务人因资金严重不足或财产不能变现等原因无法清偿债务，法定代表人下落不明且无其他人员负责管理财产无法清偿债务，经人民法院强制执行无法清偿债务，以及长期亏损且经营扭亏困难无法清偿债务等情形，从而减轻破产原因认定上的困难，推进破产程序的有效运行。

《深圳市中级人民法院破产案件立案规程》第二十二条对“明显缺乏清偿能力”的情形进行了更为细致的列举，主要包括如下情形：

1. 资金严重不足或者财产无法变现。

2. 法定代表人下落不明且无其他人员负责管理财产。

3. 债务人长期亏损，经营状况严重恶化，已丧失盈利能力或已经停止营业。

4. 经人民法院强制执行，因无财产可供执行而中止、终结执行程序。

5. 债务人被吊销营业执照或因其他原因已解散，但未清算或未在合理期限内清算完毕。

6. 其他可以证明债务人明显缺乏清偿能力的情形。

三、不能清偿到期债务与明显丧失清偿能力的可能

根据《企业破产法》的规定，如果企业存在明显丧失清偿能力的可能，则可以申请进行破产重整。那么，如何认定明显丧失清偿能力的可能呢?《深圳市中级人民法院破产案件立案规程》第二十三条对此进行了说明，存在如下情形之一的，即为“明显丧失清偿能力的可能”：

1. 资金流动困难或长期过度负债导致债务人陷入财务困境。

2. 存在大量诉讼和执行案件，导致债务人陷入经营困境。

3. 债务人因经营困难暂停营业或有停业可能。

4. 债务人的资产虽超过负债，但资产无法变现或者法律禁止交易，无法用于清偿到期债务。

5. 债务人存在大量待处理资产损失，致使实际资产的变现价值可能小于负债。

6. 清偿已届清偿期的债务，将导致债务人难以继续经营。

7. 法院认可的其他情形。

第二节
申请主体

一、债务人

根据《企业破产法》第二条、第七条第一款的相关规定，债务人不能清偿到期债务，并且资产不足以清偿全部债务或明显缺乏清偿能力时，债务人可以向人民法院提出重整、和解或破产清算申请。换句话说，困境企业自身是可以向法院申请破产的。

二、债权人

根据《企业破产法》第七条第二款的规定，债务人不能清偿到期债务，债权人可以向人民法院提出对债务人进行重整或者破产清算的申请。因此，如相应债权人享有对债务人公司具有金钱或财产给付内容的到期债权，且该债权合法、有效，未超过诉讼时效或者申请执行时效，则相应的债权人可对债务人向人民法院申请破产。

三、出资额占债务人注册资本 1/10 以上的出资人

根据《企业破产法》第七十条第二款之规定，当债权人申请对债务人进行破产清算时，在人民法院受理破产申请后、宣告债务人破产前，债务人或者出资额占债务人注册资本 1/10 以上的出资人，可以向人民法院申请重整。

由此可见，出资人申请存在以下限制：首先，程序限制，即出资人只能申请破产清算转为破产重整；其次，比例限制，即其出资额应当占债务人注册资本十分之一以上；最后，时间限制，即只能在人民法院受理破产申请后、宣告债务人破产前提出申请。

四、负有清算责任的人

根据《企业破产法》第七条第三款的规定，企业法人已解散但未清算或者未清算完毕，资产不足以清偿债务的，依法负有清算责任的人应当向人民法院申请破产清算。负有清算责任的人包括有限责任公司的股东、股份有限公司的董事或者股东大会确定的人员以及特定情形下人民法院指定有关人员组织的清算组。对合伙企业来讲，根据《合伙企业法》第八十六条第二款的规定，包括全体合伙人、经全体合伙人过半数同意指定的一个或者数个合伙人以及特定情形下人民法院指定的清算人。

第三节 申请材料

一、债务人申请自身破产

债务人申请破产，应当向人民法院提交下列材料：

1. 书面破产申请，即破产申请书，内容应当载明下列事项：（1）申请人、被申请人的基本情况；（2）申请目的；（3）申请的事实和理由；（4）人民法院认为应当载明的其他事项。

2. 企业主体资格证明，一般应为加盖企业公章的营业执照副本复印件、法定代表人身份证明、法定代表人身份证复印件，以及企业的信用信息公示材料等。

3. 企业法定代表人与主要负责人名单。

4. 企业职工情况和安置预案。

5. 企业亏损情况的书面说明，并附审计报告。

6. 企业至破产申请日的资产状况明细表，包括有形资产、无形资产和企业投资情况等。

7. 企业在金融机构开设账户的详细情况，包括开户审批材料、账号、资金等。

8. 企业债权情况表，列明企业的债务人名称、住所、债务数额、发生时间和催讨偿还情况。

9. 企业债务情况表，列明企业的债权人名称、住所、债权数额、发生时间。

10. 企业涉及的担保情况。

11. 企业已发生的诉讼情况。

12. 人民法院认为应当提交的其他材料。

二、债权人申请债务人破产

根据《企业破产法》第七条第二款的规定，债权人申请债务人破产的条件是债务人不能清偿到期债务，因此，对债权人而言，其在提出破产申请时，除需提交自身债权依法存在的证据以及破产申请书之外，还应当举证证明债务人存在未清偿到期债务的有关事实。由于《企业破产法》未以债务人资产不足以清偿全部债务或者明显缺乏清偿能力作为债权人提出破产申请的原因或条件，因此未要求债权人申请时提交债务人的有关财务凭证等材料，事实上债权人也没有能力提交此类证据材料。

鉴于此，最高人民法院《关于审理企业破产案件若干问题的规定》第七条规定，债权人申请债务人破产，应当向法院提供以下材料：（1）债权发生的事实与证据；（2）债权性质、数额、有无担保，并附证据；（3）债务人不能清偿到期债务的证据。

根据《企业破产法》第十一条第二款的规定，债权人提出申请的，人民法院应当自裁定作出之日起5日内送达债务人。债务人应当自裁定送达之日起15日内，向人民法院提交财产状况说明、债务清册、债权清册、有关财务会计报告以及职工工资的支付和社会保险费用的缴纳情况。这表明：其一，债权人提出破产申请的，提交有关财务凭证材料的义务人为债务人，人民法院不应将此举证义务分配给债权人；其二，即便债务人不提交上述材料，只要债权人对债务人提出的破产申请符合《企业破产法》规定的上述条件，人民法院也应予以受理，不应以此为由裁定不予受理或者驳回破产申请；其三，人民法院裁定受理破产申请后，债务人不提交有关财务凭证等材料的，人民法院可以对债务人的直接责任人员依法采取罚款等强制措施。

三、出资人申请债务人重整

债务人的出资人如何向法院申请清算转重整，各地规定不一。

根据2019年12月30日通过的《北京破产法庭破产重整案件办理规范（试行）》第十一条之规定，债务人的出资人申请重整的，参照债务人申请重整的情形向人民法院提交材料。山东省高级人民法院《关于印发〈企业破产案件审理规范指引（试行）〉的通知》中规定，债务人的出资人申请重整的，除应提交参照债务人申请重整的情形向人民法院提交的材料以外，还应提交债务人资产及负债明细、债务人有关财务会计报告、债务人职工安置预案和债务人重整可行性分析报告。

山东省高级人民法院的规定与深圳市中级人民法院《关于印发〈审理企业重整案件的工作指引（试行）〉的通知》（以下简称《深圳中院通知》）中的规定一致，根据《深圳中院通知》第十二条之规定，债务人的出资人申请重整的，应当提交下列材料：（1）债权人申请重整的，应当提交的材料，包括：重整申请书，记明申请人和被申请人的基本信息、申请事项、申请的事实和理由；申请人的主体资格证明；债务人的主体资格证明和最新工商登记材料；债务人不能清偿到期债务的证据；债务人具有重整价值的证据。（2）债务人资产及负债明细。（3）债务人有关财务会计报告。（4）债务人职工安置预案。（5）债务人重整可行性分析报告。

四、负有清算责任的人申请债务人破产

负有清算责任的人如何向法院提出破产申请呢？根据《深圳市中级人民法院破产案件立案规程》第九条的规定，企业法人已解散但未清算或者未清算完毕，资产不足以清偿债务的，依法负有清算责任的人向人民法院申请破产清算的，应提交下列材料：

1. 破产清算申请书。应载明申请人和被申请人的基本信息、申请目的、申请的事实和理由。

2. 清算责任人的基本情况或者清算组成立的文件。

3. 债务人的主体资格证明。即企业法人营业执照副本、组织机构代码证及工商注册登记材料。

4. 债务人资产不足以清偿债务的证据，其中：

（1）债务人未经清算的，应提交：①债务人的资产负债表、资产评估报告或审计报告。②债务人至破产申请日的资产状况明细表。包括有形资产、无形资产及对外投资情况等。③债务人的债权、债务及担保情况表。应列明债务人的债权人及债务人名称、住所、债权或债务数额、发生时间、催收及担保情况等。

（2）债务人经过清算的，应提交清算报告。

5. 债务人的职工名单、工资清册、社保清单及职工安置预案。

编者团队经过电话咨询天津的法院，立案窗口答复准备的材料有：①破产申请书；②主体资格证明；③责任人的基本情况或清算组成立文件；④解散的证明材料；⑤主体的财产状况说明（包括有形财产、无形财产、投资情况以及资金账

户情况，并附相关权属证明）；⑥债务人尚未清偿或不足以清偿的财务报告或已经过清算的财务清算报告；⑦债务清册：债权人名称、住所地、联系方式、债权数额、形成时间、偿还情况；⑧债权清册：债务人名称、住所地、联系方式、债务数额、形成时间、催收偿还情况；⑨债务人为他人或他人为债务人提供担保的相关材料；⑩债务人涉及诉讼或仲裁的执行情况；⑪企业职工情况及员工安置预案，列明债务人解除劳工之后的补偿方案，国企：职工安置情况，列明：安置的基本情况、安置障碍、主要解决方案、已经报送的对债务人履行出资人职责的部门备案；⑫职工高级管理人员工资的支付和社会保险费用、住房公积金的缴纳情况，并注明是否存在向职工集资行为及清偿情况。

第四节 法院裁定

一、审查

人民法院收到破产申请后会对申请人的主体资格、债务人的主体资格和破产原因，以及有关材料和证据等进行审查。人民法院认为申请人应当补充、补正相关材料的，会在自收到破产申请之日起5日内告知申请人。

1. 关于审查期限

根据《企业破产法》的规定，债权人提出破产申请的，人民法院应当自收到申请之日起5日内通知债务人。债务人对申请有异议的，应当自收到人民法院的通知之日起7日内向人民法院提出。人民法院应当自异议期满之日起10日内裁定是否受理。除此之外，人民法院应当自收到破产申请之日起15日内裁定是否受理。如有特殊情况需要延长裁定受理期限的，经上一级人民法院批准，可以延长15日。需要注意的是，上文提到的当事人补充、补正相关材料的期间不计入上述裁定受理期限。

2. 关于审查内容

审查内容包括形式审查和实质审查。比如《深圳市中级人民法院破产案件立案规程》第三条的规定，破产案件立案实行形式审查与实质审查相结合的审查原则，形式审查由立案一庭负责，实质审查由公司清算和破产审判庭负责。形式审查的主要特点是审查申请人提交的申请材料（手续）在形式上的合法性、完整性和有效性；而实质审查，是在形式审查的基础上，还要审查申请人是否具备主体资格条件，所申请的事项是否真实，提交的文件、证件是否真实、有效、完整、合法，是否符合国家法律法规的规定。具体到申请破产案件中，实质审查主要是审查拟破产企业是否符合《企业破产法》规定的破产原因。

3. 关于审查形式

对破产申请的审查，法院一般通过听证调查或书面审查的方式进行。进行听证调查的情况包括：

（1）债权人对债务人提出的破产清算、重整申请，但债务人下落不明的除外；

（2）债务人提出的重整申请；

（3）本院受理债权人提出的破产清算申请后，宣告债务人破产前，出资额占债务人注册资本1/10以上的出资人提出的对债务人重整申请；

（4）在全国、全省及本辖区范围内有重大影响企业提出的破产申请；

（5）其他需要听证调查的破产申请。

听证会一般由合议庭委托承办法官主持，下列人员参加：破产申请人；债务人的法定代表人、财务人员和职工代表；法院认为应当参加听证会的其他人员。重大案件听证会应由合议庭全体成员参加。组织听证调查的时间不计入破产申请的立案审查期间。

关于听证会的程序。首先，申请人陈述申请的事实和理由，并出示相关证据；其次，债务人有关人员针对破产申请发表意见；再次，合议庭对债权是否成立、债务人是否具备破产原因、债务人的资产负债情况以及案件的其他相关情况进行调查；最后，申请人、债务人发表最后意见。听证笔录应由参加听证的合议庭成员、书记员及其他与会人员签名确认。

4. 债务人异议权

债权人对债务人提出破产申请的，债务人有权在法定期限内对申请人债权的真实性、债务人是否具备破产原因等提出异议，并提交相关证据材料。若异议成立的，法院对债权人的破产申请不予受理。

另外，根据《江苏省高级人民法院破产案件审理指南》（2017 年修订）中的相关规定，债务人对债权人提出的破产申请提出异议，人民法院认为有必要的，可以组织债权人、债务人对破产申请是否应当受理进行听证，债务人的出资人等利害关系人可以申请参加，人民法院还可邀请属地政府、有关部门等参加听证并听取意见。债务人对债权人的申请未在法定期限内向人民法院提出异议，或者异议不成立的，人民法院应当依法裁定受理破产申请。债权人申请债务人破产的，债务人仅享有提出异议的权利，无权对破产申请受理裁定提出上诉。

5. 债务人无法送达的处理

《企业破产法》第十条规定，债权人提出破产申请的，人民法院应当自收到申请之日起 5 日内通知债务人。通知债务人目的在于保障其异议权利，查明债务人是否具备破产原因，通知无法送达的，可以佐证债务人缺乏清偿能力，而予以公告将迟延案件受理审理进程，损及债权人权益。据此，最高人民法院《关于推进破产案件依法高效审理的意见》（2020 年 4 月 15 日实施）第二条规定债权人提出破产申请，人民法院经采用本意见第一条第二款规定的简便方式和邮寄等方式无法通知债务人的，应当到其住所地进行通知。仍无法通知的，人民法院应当按照本意见第一条第一款规定的公告方式进行通知。自公告发布之日起 7 日内债务人未向人民法院提出异议的，视为债务人经通知对破产申请无异议。

6. 债务人人员下落不明或者财产状况不清的处理

根据最高人民法院《关于债权人对人员下落不明或者财产状况不清的债务人申请破产清算案件如何处理的批复》（法释〔2008〕10 号）的规定，债权人对人员下落不明或者财产状况不清的债务人申请破产清算，符合《企业破产法》规定的，人民法院应依法予以受理；债务人能否依据《企业破产法》第十一条第二款的规定向人民法院提交财产状况说明、债权债务清册等相关材料，并不影响对债权人申请的受理；人民法院受理上述破产案件后，应当依据《企业破产法》的有关规定指定管理人追收债务人财产，经依法清算，债务人确无财产可供分配的，应当宣告债务人破产并终结破产程序，破产程序终结后 2 年内发现有依法应当追回的财产或者有应当供分配的其他财产的，债权人可以请求人民法院追加分配。

7. 上市公司的特殊规定

在2007年5月30日全国法院民商事审判工作会议上，有人指出上市公司的重整具有敏感性高、政策性强、利益关系众多、程序复杂的特点，因此人民法院会予以高度重视。今后，人民法院在受理上市公司破产申请前，需要逐级报请最高人民法院批准。《企业破产法》虽然为上市公司的重整提供了更为有效的手段，但在社会稳定问题的整体处理框架、上市公司重整中涉及的政策调整措施出台前，人民法院受理上市公司破产案件仍应持慎重态度。

因此，上市公司破产重整事关资本市场健康发展，事关广大投资者权益保护，申请人申请上市公司破产重整的，应当按照最高人民法院《关于审理上市公司破产重整案件工作座谈会纪要》的规定完整提供有关材料，人民法院裁定受理上市公司破产重整申请前，应将相关材料逐级报送最高人民法院审查。

二、裁定

按照《企业破产法》的规定，法院应当在法定审查期限内做出是否予以受理的裁定，并自裁定作出之日起5日内送达申请人。

1. 裁定受理

债权人提出对债务人进行破产申请的，人民法院裁定受理的，应当自裁定作出之日起5日内送达债务人。债务人应当自裁定送达之日起15日内，向人民法院提交财产状况说明、债务清册、债权清册、有关财务会计报告以及职工工资的支付和社会保险费用的缴纳情况。

2. 不接收申请、不予受理、驳回申请的救济

申请人向人民法院提出破产申请，人民法院未接收其申请，申请人可以向上一级人民法院提出破产申请。上一级人民法院接到破产申请后，应当责令下级法院依法审查并及时作出是否受理的裁定；下级法院仍不作出是否受理裁定的，上一级人民法院可以径行作出裁定。上一级人民法院裁定受理破产申请的，可以同时指令下级人民法院审理该案件。

申请人对人民法院不予受理破产申请裁定不服的，可以自裁定送达之日起10日内向上一级人民法院提起上诉。人民法院受理破产申请后至破产宣告前，经审查发现债务人不符合《企业破产法》第二条规定情形的，可以裁定驳回申请，申请人对裁定不服的，可以自裁定送达之日起10日内向上一级人民法院提起上诉。

3. 申请的撤回

人民法院受理破产申请前，申请人可以请求撤回申请。重整申请在破产清算受理后、宣告破产前提出又撤回的，破产清算程序继续进行。

《江苏省高级人民法院破产案件审理指南》（2017 年修订）中的相关规定对破产申请的撤回进行了细化，该规定明确，人民法院受理破产申请前，原书面同意执行移送破产审查的申请执行人或被执行人请求撤回书面同意的，可予准许。人民法院受理破产申请后，申请人请求撤回破产申请的，不予准许。人民法院受理破产申请后，债务人与全体债权人就债权债务的处理自行达成协议的，可以依据《企业破产法》第一百零五条的规定，请求人民法院裁定认可，终结破产程序。

第二章 破产管理人

破产管理人，简称管理人，顾名思义是指对破产企业的财产等进行全面接管并负责对其进行保管、清理、估价、处理和分配，同时要接受法院指挥和债权人会议监督的专门机构。从以上定义中可以发现，管理人必须要做到专业和公正，为此，管理人具有如下法律特征：

1. 它是依法成立的机构，而非根据当事人的约定而设立。
2. 它是破产程序中所特有的临时性的机构。
3. 它的职责是对破产财产进行管理、评估、变现、分配。
4. 它以自己的名义独立地从事活动，并不附属于任何人。

最高人民法院关于印发《〈全国法院破产审判工作会议纪要〉的通知》中指出，管理人是破产程序的主要推动者和破产事务的具体执行者。管理人的能力和素质不仅影响破产审判工作的质量，还关系到破产企业的命运与未来发展。

第一节 管理人的指定与更换

一、管理人的指定

根据我国《企业破产法》以及最高人民法院司法解释中的相关规定，管理人由人民法院在管理人名册中指定。管理人名册是法院进行管理人指定时最为重要的依据，所指定之管理人必须为名册中所记载的中介机构或个人。相应地，管理人名册也有两类：社会中介机构管理人名册和个人管理人名册。凡是符合《企业破产法》规定条件的社会中介机构及其具备相关专业知识并取得执业资格的人员，均可申请编入管理人名册。

对于商业银行、证券公司、保险公司等金融机构以及在全国范围内有重大影响、法律关系复杂、债务人财产分散的企业破产案件，人民法院可以从所在地区高级人民法院编制的管理人名册列明的其他地区管理人或者异地人民法院编制的管理人名册中指定管理人。受理企业破产案件的人民法院，一般应指定管理人名册中的社会中介机构担任管理人。对于事实清楚、债权债务关系简单、债务人财产相对集中的企业破产案件，人民法院可以指定管理人名册中的个人为管理人。此外，企业破产前已经成立清算组的，可以指定清算组为管理人。

二、不得担任管理人的情形

一般而言，管理人由管理人名册中的有关部门、机构的人员组成的清算组或者依法设立的律师事务所、会计师事务所、破产清算事务所等社会中介机构担任。但是，如果出现下列情形，是不得担任管理人的：

1. 因故意犯罪受过刑事处罚。

2. 曾被吊销相关专业执业证书。

3. 与案件有利害关系。

有利害关系是指存在法律上的利益关系或其他权利义务关系，而管理人处于一种独立于债权人和债务人的中立地位，应当既要维护债务人的利益，又要保障全体债权人的合法权益，所以如果与案件有利害关系是不适宜担任的。

那么利害关系如何认定呢？对于律师事务所来说，以下几种情形可以认定存在利害关系：与债务人、债权人有未了结的债权债务关系；在人民法院受理破产申请前3年内，曾为债务人提供相对固定的中介服务；现在是或者在人民法院受理破产申请前3年内曾经是债务人、债权人的控股股东或者实际控制人；现在担任或者在人民法院受理破产申请前3年内曾经担任债务人、债权人的法律顾问；等等。

而对于个人来说，存在利害关系的情形有：与债务人、债权人有未了结的债权债务关系；现在担任或者在人民法院受理破产申请前3年内曾经担任债务人、债权人的董事、监事、高级管理人员；与债权人或者债务人的控股股东、董事、监事、高级管理人员存在夫妻、直系血亲、三代以内旁系血亲或者近姻亲关系等。

4. 人民法院认为不宜担任管理人的其他情形。

三、管理人的更换

人民法院指定管理人之后，如果债权人会议认为被指定的管理人不能依法、公正执行职务或者有其他不能胜任职务情形，有权通过债权人会议作出决议并向人民法院提出更换管理人的书面申请。法院会进一步根据申请书中更换理由的成立与否作出是否更换管理人的决定。

第二节 管理人职责

一、管理人的职责

破产案件涉及法律的方方面面，破产财产的管理和清算工作沉重繁杂，大量的法律事务与专业性、技术性较强的非法律事务相互掺杂。因此，管理人作为破产案件中的“大管家”，可谓是身兼数职、责任重大。

根据《企业破产法》的相关规定，管理人的职责包括：

1. 接管债务人的财产、印章和账簿、文书等资料。
2. 调查债务人财产状况，制作财产状况报告。
3. 决定债务人的内部管理事务。
4. 决定债务人的日常开支和其他必要开支。
5. 在第一次债权人会议召开之前，决定继续或者停止债务人的营业。
6. 管理和处分债务人的财产。
7. 代表债务人参加诉讼、仲裁或者其他法律程序。

8. 提议召开债权人会议。

9. 人民法院认为管理人应当履行的其他职责。

二、管理人的权利

管理人的权利主要有三个：

1. 经人民法院许可，管理人可以聘用必要的工作人员。

2. 管理人享有收取报酬的权利。

3. 管理人的执业行为不受非法干扰。

三、管理人的义务

管理人作为破产案件中的中立机构，必须要在专业的同时保证公平，其不仅要妥善处置破产企业的各种事务，也要对全体债权人负责，保障各方权利的合法实现。因此，管理人应当勤勉尽责，忠实执行职务。

第三节 管理人报酬

管理人报酬是指管理人执行职务的报酬，不包括管理人执行职务的费用（比如诉讼费等）和聘用工作人员（比如为继续营业聘用的人员费用）的费用。《企业破产法》第二十八条第二款规定，管理人的报酬由人民法院确定。债权人会议对管理人的报酬有异议的，有权向人民法院提出。那么，法院是如何确定管理人费用的呢？债权人会议提起异议的方式是怎样的？

一、费用标准

根据最高人民法院《关于审理企业破产案件确定管理人报酬的规定》第二条的规定，管理人报酬是根据债务人最终清偿的财产价值总额的比例分段计算并确定的。“最终清偿的财产价值总额”是指破产财产在分配阶段可以清偿债务的财产总金额，但担保权人优先受偿担保物价值不包含在内。根据上述规定，破产企业最终清偿的财产价值总额越高，管理人需要付出的劳动一般越多，因此报酬越高。具体比例为：

（1）不超过100万元的，在12%以下确定；（2）超过100万元至500万元的部分，在10%以下确定；（3）超过500万元至1000万元的部分，在8%以下确定；（4）超过1000万元至5000万元的部分，在6%以下确定；（5）超过5000万元至1亿元的部分，在3%以下确定；（6）超过1亿元至5亿元的部分，在1%以下确定；（7）超过5亿元的部分，在0.5%以下确定。

法院受理企业破产申请后，会对债务人可供清偿的财产价值和管理人的工作量作出预测，初步确定管理人报酬方案。管理人报酬方案包括管理人报酬比例和收取时间两部分。法院采取公开竞争方式指定管理人的，可以根据社会中介机构提出的报价确定管理人报酬方案，但报酬比例不得超出上述规定的限制范围。此外，管理人对担保物的维护、变现、交付等管理工作付出合理劳动的，有权向担保权人收取适当的报酬。

二、费用收取方式

费用收取方式包括分期收取和最后一次性收取两种方式，由人民法院根据破产案件的实际情况进行确定。

三、债权人异议

根据最高人民法院《关于审理企业破产案件确定管理人报酬的规定》的相关规定，管理人应当在第一次债权人会议上报告管理人报酬方案内容。债权人会议如果对管理人报酬方案有意见可以与管理人进行协商，双方经协商达成一致后，由管理人向法院书面提出具体请求和理由，并附相应的债权人会议决议。

协商不成的，债权人会议有权向人民法院提出书面异议，包括具体的请求和理由，同时也要附有相应的债权人会议决议。法院收到债权人会议异议书3日内会通知管理人，管理人应当自收到通知之日起3日内作出书面说明。在此期间，法院认为有必要的，可以举行听证会，听取当事人意见。

针对债权人会议的异议，法院应当自收到债权人会议异议书之日起10日内，就是否调整管理人报酬问题书面通知管理人、债权人委员会或者债权人会议主席。

第三章 破产程序的本质

破产程序的主要任务系对各类债权进行公平清偿。如何实现真正的公平呢?这要求法院除了指定独立的管理人执行具体事务以外，还需进行司法上的引导，政府也应当适度参与。其中，管理人对单笔债权的确认工作类似于简易的审判，而最终的债权清偿工作又类似于破产中的概括执行程序。

第一节 理债与理财

在破产程序中，管理人的重要工作包括理债（梳理债权）与理财（财产调查），下面我们分别予以介绍。

一、理债

理债即梳理债权，包括对每一笔债权进行形式以及实质上的审核，并对债权金额做出确认，最后经债权人会议核查后交由法院裁定确认。

（一）理债的四个阶段

1. 申报债权

这一阶段系债权人向管理人申报债权的过程，类似于债权人作为原告向法院起诉的过程。

2. 管理人审核债权

管理人此时的角色类似于法官的角色，其需要对债权人申报的债权进行专业分析，并给出意见。

3. 债权人会议核查债权

管理人有了专业意见后，需要将审核结果提交债权人会议进行核查，债权人会议有权对管理人的核查结果提出异议。这一阶段类似被告抗辩的过程。

4. 法院裁定确认

债权异议期届满，管理人将无异议债权交由法院裁定，这一阶段类似于审判中的最终结果。

以上四个阶段结合起来，基本复刻了审判的整个流程，同时构成了债权确认的整个过程。但理债仅是为了方便理解而取的类别名称，与之不同的是司法审判，司法审判是指实实在在发生的诉讼。因此，管理人的理债不得代替司法审判。

（二）司法审判的三个类别

司法审判主要分为以下三类：

1. 债权人依据生效判决前来申报的债权。根据最高人民法院《关于适用〈中华人民共和国企业破产法〉若干问题的规定（三）》第七条第一款的规定，已经生效法律文书确定的债权，管理人应当予以确认。其中“已经生效的法律文书”指的是可以作为执行根据的法律文书，包括生效的判决书、调解书，仲裁裁决书，公证债权文书，只能走正当程序，如再审、撤销、不予执行仲裁裁决，不予执行公证债权文书。

2. 诉讼程序中的债权。根据《企业破产法》的相关规定，管理人应当代表债务人参加诉讼，否则会因为涉及程序违法而导致案件被发回重审。当债权尚处于诉讼程序中时，并无最终判决，因此管理人应待最终判决出具后再对该笔债权予以认定。在诉讼过程中管理人对该笔债权无异议的，对方撤诉后可向管理人申报该笔债权。

3. 衍生诉讼，即债权人或债务人不认可管理人审核确认的债权额而向法院提起的诉讼。根据《企业破产法司法解释三》第九条的规定，异议对象不同时法律关系也会有所不同，具体包括三种：第一种是债务人对债权表上记载的债权有异议而向人民法院提起诉讼的，应将被异议债权人列为被告；第二种是债权人对债权表上记载的他人债权有异议的，应将被异议债权人列为被告；第三种是债权人对债权表记载的本人债权有异议的，应将债务人列为被告。除此之外，如果对同一笔债权存在多个异议人，其他异议人申请参加诉讼的，应当列为共同原告。

二、理财

（一）财产调查目的

财产调查主要系管理人接管企业后，对债务人基本情况的调查和对债务人财产的调查，包括债务人股东的出资情况、货币财产状况、应收债权状况、存货状况、固定资产状况、生产性生物资产状况、在建工程状况、对外投资状况、土地使用权及其他无形资产状况等。财产调查旨在明确债务人财产的归属，对债务人的现有财产实行控制，对流失在外的财产采取措施予以收回，无法收回的，予以记录备案。管理人应关注有关财产的真实性、合法性、完整性，以及财产权属状态、实际状况、可变现情况等。

（二）财产调查具体范围

1. 债务人股东的出资情况：出资人名册、出资协议、公司章程、验资报告及实际出资情况（时间、金额、方式）、非货币财产出资的批准文件、财产权属证明文件、权属变更登记文件、历次资本变动情况及相应的验资报告、是否存在抽逃出资情况。

2. 债务人的货币财产状况：库存现金、银行存款及其他货币资金、银行开户及账户信息（保全情况）。

3. 债务人的应收债权状况：债权的形成原因、形成时间、具体内容，债务人的债务人实际状况，债权催收情况，债权是否涉及诉讼或仲裁、是否已过诉讼时效、已诉讼或仲裁的债权的履行期限、是否申请执行以及执行时效等。

4. 债务人的存货状况：存货的存放地点、数量、状态、质量、权属、管理人员（占有方）、是否质押（抵押）、保全情况及相关凭证等。

5. 债务人的设备状况：设备的存放地点、数量、状态、质量、权属、是否质押（抵押）、保全情况、管理人员（占有方），债务人有关海关免税的设备情况等。

6. 债务人的不动产状况：土地使用权、海域使用权、房屋所有权、在建工程的立项文件、相关许可、工程进度、施工状况及相关技术资料，是否存在抵押情形（抵押权人、金额、时间、登记信息）、保全情况等。

7. 债务人的生产性生物资产状况：经济林、薪炭林、产畜、役畜等有关数量、状态、质量、权属，是否存在抵押、质押情形和保全情况等。

8. 债务人的对外投资状况：各种投资证券、全资企业、参股企业等资产情况，是否存在股权质押情形、保全情况等。

9. 债务人分支机构的资产状况：无法人资格的分公司、无法人资格的工厂、办事处等分支机构的资产情况。

10. 债务人的无形资产状况：专利权、商标权、著作权、许可或特许经营权等情况，是否存在质押情形、保全情况等。

11. 债务人的营业事务状况。

12. 债务人、相对人尚未履行或尚未完全履行的合同情况。

13. 债务人财产被其他人占有的状况。

14. 债务人是否存在《企业破产法》第十六条、第三十一条、第三十二条、第三十三条规定的情况及需追回的财产。

15. 其他有关债务人财产的情况。

（三）财产调查范围的界定

债务人财产范围一般应从以下方面进行界定：

1. 债务人财产必须是财产或财产权利。

2. 债务人财产必须为债务人所拥有或者经营管理。

3. 债务人财产必须是特定时间内为债务人所有的财产及财产权利。

4. 债务人财产必须是依法能够强制执行的财产。

5. 债务人财产必须是债务人在国内的财产以及可以处置的位于国外的财产。

6. 应当由债务人行使的其他财产权利，包括在破产程序结束时尚未到期的、应由债务人将来行使的财产请求权等。

7. 下列财产不属于债务人财产：

（1）债务人基于仓储、保管、加工承揽、委托交易、代销、借用、寄存、租赁等法律关系占有、使用的他人财产；

（2）特定物买卖中，尚未转移占有但相对人已完全支付对价的特定物；

（3）尚未办理产权证或者产权过户手续但已向买方交付的财产；

（4）债务人在所有权保留买卖中尚未取得所有权的财产；

（5）所有权专属于国家且不得转让的财产；

（6）债务人工会、党团组织所有的财产；

（7）债务人的幼儿园、学校、医院等公益福利性设施（按国家有关规定处理）；

（8）依照法律法规之规定依法不属于债务人的其他财产。

第二节 破产债权清偿体系

概括的破产执行是指在破产财产梳理分配阶段，管理人通过行使撤销权和追回权而使破产财产最大化并在此基础上对各类债权进行公平清偿以及别除清偿的活动。可见，这一阶段的本质就是公平清偿和别除清偿。公平清偿是指在同等权利之间按比例平等清偿，不同等权利之间按顺位公平清偿，而别除清偿是指对有财产担保的债权以及其他优先债权进行的清偿。

一、双轨道清偿理论的提出

按照《企业破产法》第一百零九条及第一百一十三条的规定，编者认为破产财产的清偿轨道有两条，一条系别除财产①的清偿轨道（第一百零九条对应的有担保的债权系用别除财产予以清偿）；另一条系责任财产（别除财产之外的破产财产）的清偿轨道（第一百一十三条对应的债权系用责任财产予以清偿）。

为便于理解，编者图示如图 7 所示。

① 大多数大陆法系国家使用的概念是别除财产。我国虽然是大陆法系国家，但在现行《企业破产法》中没有使用别除权的概念，只是在学术研究中仍有沿用。参见王欣新：《论破产程序中担保债权的行使与保障》，载《中国政法大学学报》2017 年第 3 期。

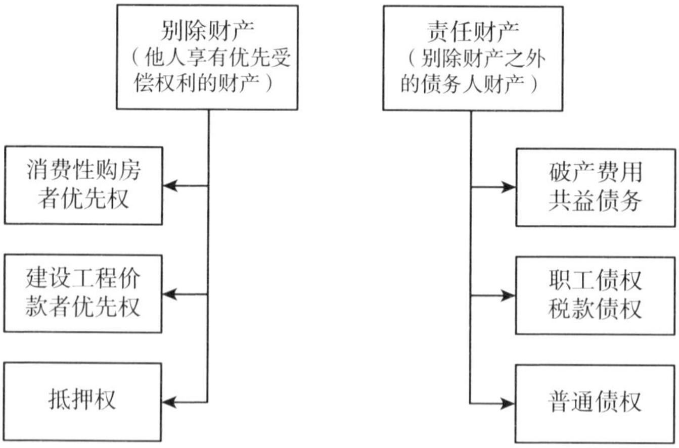

图7　清偿顺序

二、公平清偿的实现

“公平原则是破产程序应当实现的最重要的价值目标，同时也是破产程序贯穿始终的基本原则”①，其实质是同等权利之间按比例平等清偿，不同权利之间按顺位公平清偿。为实现公平清偿，《企业破产法》规定了四种特殊权利，编者一一进行介绍：

（一）破产解除权

破产解除权是指根据《企业破产法》第十八条的规定，人民法院受理破产申请后，管理人享有的对破产申请受理前成立而债务人和对方当事人均未履行完毕的合同进行解除或者继续履行的权利。破产解除权需要注意以下三点：

第一，前提为双方均未履行完毕的合同。均未履行完毕，是指相对方与债务人企业之间既有权利又有义务。如果相对方仅有权利无义务，则应当向管理人申报债权；若仅有义务无权利，管理人则应当主张其继续履行。

第二，何时解除何时不解除。一般情况下，基于破产财产价值最大化的原则，管理人应当综合比较合同双方的权利义务所涉及的利益。如果相对方对债务人企业的权利大于义务时则会解除；反之不解除。管理人解除双方均未履行完毕

① ［日］伊藤真：《破产法》，刘荣军、鲍荣振译，中国社会科学出版社1995年版，第7页。

合同后，将相对人权利与义务予以抵销，余额为普通债权。

第三，何时有权解除何时无权解除。相对方对债务人企业的权利是普通债权时管理人有权解除（对普通债权仅按比例进行清偿）；对优先债权管理人则无权解除。

（二）破产撤销权

破产撤销权，是指管理人针对“破坏债务人财产原始秩序”的行为行使的申请撤销权以及确认无效权。“破坏债务人财产原始秩序”的行为主要有两类，一类是不当减少破产财产的行为，另一类是不当增加破产债务的行为。

1. 不当减少破产财产

此行为根据发生的时间又分为两类：

第一类是发生在人民法院受理破产申请前1年内的不当减少破产财产的行为。根据《企业破产法》第三十一条的规定，这类不合理的减少破产财产的行为一般包括：无偿转让财产的行为、以明显不合理的价格进行交易的行为、对没有财产担保的债务提供财产担保的行为、对未到期的债务提前清偿的行为、放弃债权的行为。

第二类是发生在人民法院受理破产申请前6个月内。此类减少破产财产的行为因为距离法院受理破产申请非常近，从一般理性人的角度看，债务人存在明知自己会破产、仍然对特别债权人进行清偿的故意。这类行为很明显会损害其他债权人的利益，因此《企业破产法》第三十二条规定，人民法院受理破产申请前六个月内，债务人出现破产情形，仍对个别债权人进行清偿的，管理人有权请求人民法院予以撤销。但是，个别清偿使债务人财产受益的除外。该除外规定是因为此时不会损害其他债权人的利益，同时也排除了债务人进行恶意偿债的故意。

2. 不当增加破产债务

正常经营状态下增加的破产债务具有合理性，不属于可撤销之列，但对于债务人实施了的不当增加债务的行为如虚构债务或者承认不真实的债务的行为，由于会实际损害全体债权人的合法利益，所以对此类恶意行为管理人有权申请法院确认无效。

（三）破产追回权

破产追回权，是指破产法为了实现公平清偿而赋予管理人的对债务人不当处置的资产进行追回的权利。根据追回对象的不同，主要分为以下四种情形：

第一种是追回债务人被撤销或无效行为下的破产财产。根据《企业破产法》第三十四条的规定，债务人在破产程序前实施的、被法院撤销或认定为无效后的行为，管理人有权将此部分财产追回，归入债务人财产。何种情形被撤销或确认无效，编者已在上文进行了介绍。

第二种是追缴出资。根据《企业破产法》第三十五条的规定，人民法院受理破产申请后，债务人的出资人尚未完全履行出资义务的，管理人应当要求该出资人缴纳所认缴的出资，而不受出资期限的限制。换句话说，债务人的出资人凡是未完成出资义务的，管理人均有权要求其补足出资，而不受认缴期限的限制。这也是破产程序加速出资义务到期的体现。

第三种是追回破产企业管理人员的非正常收入和财产。根据《企业破产法》第三十六条的规定，债务人的董事、监事和高级管理人员利用职权从企业获取的非正常收入和侵占的企业财产，管理人应当追回。其中，根据最高人民法院《关于适用〈中华人民共和国企业破产法〉若干问题的规定（二）》（以下简称《企业破产法司法解释二》）第二十四条第一款的规定，“非正常收入”包括绩效奖金、普遍拖欠职工工资情况下获取的工资性收入以及其他非正常收入。另外，管理人员因返还绩效奖金、其他非正常收入形成的债权，可以作为普通破产债权清偿；因返还普遍拖欠职工工资情况下获取的工资性收入形成的债权，按照该企业职工平均工资计算的部分作为拖欠职工工资清偿；高出该企业职工平均工资计算的部分，可以作为普通破产债权清偿。

第四种是取回质物、留置物。人民法院受理破产申请后，管理人可以通过清偿债务或者提供为债权人接受的担保，取回质物、留置物。需要注意的是，在质物或者留置物的价值低于被担保的债权额时，应当以该质物或者留置物当时的市场价值为限。

（四）破产抵销权

破产抵销权是指在破产程序中，如果债权人在破产申请受理前对债务人负有债务的，那么债权人可以向管理人主张抵销。但为了保障公平清偿，这种抵销权是有一定限制的。根据《企业破产法》的相关规定，下列情形不得进行抵销：

第一，债务人的债务人在破产申请受理后取得他人对债务人的债权的。比如，A 是破产企业，B 是 A 的债务人，C 是 A 的债权人。假设 B 欠 A100 万元，A 欠 C100 万元。那么，在 A 破产申请受理后，B 是无权取得 C 对 A 的债权并主张抵销权的。

第二，债权人已知债务人有不能清偿到期债务或者破产申请的事实，对债务人负担债务，但是，债权人因为法律规定或者有破产申请一年前所发生的原因而负担债务的除外。比如，B 借给 A100 万元，后来 B 发现了 A 有不能清偿的到期债务或者破产申请的事实后，故意从 A 处借款 100 万元。那么这两个 100 万元 A 是不得主张抵销的。当然，如果 B 的这个借款行为发生在 A 破产申请一年前或者有其他法律规定，则可以抵销。

第三，债务人的债务人已知债务人有不能清偿到期债务或者破产申请的事实，对债务人取得债权的；但是，债务人的债务人因为法律规定或者有破产申请一年前所发生的原因而取得债权的除外。与第二种情形同理，编者不再举例。

第四，破产申请受理前 6 个月内，债务人出现了破产原因，债务人与个别债权人以抵销方式对个别债权人清偿，其抵销的债权债务属于上述第二种、第三种的情形之一的，管理人应当也有权向法院主张该抵销行为无效。

第五，以上第二种、第三种不得抵销情形中的债权人，有权主张以其对债务人特定财产享有优先受偿权的债权，与债务人对其不享有优先受偿权的债权抵销。但是，用以抵销的债权大于债权人享有优先受偿权财产价值的除外。该规定主要是因为有财产担保债权本身即属于优先债权。

除了上述五种情形之外，破产抵销权还有一个特点，即管理人不得主动抵销债务人与债权人的互负债务，除非抵销使债务人财产受益。

三、别除清偿的深化

别除清偿是指对有财产担保债权进行的清偿，别除财产①则是指设定了担保的财产，虽然其所有权仍然是破产企业，但因为设定了担保，其担保价值部分应当别除在责任财产之外。

---

① 在大多数大陆法系国家中使用的概念是别除财产，我国虽然是大陆法系国家，但在现行《企业破产法》中没有使用别除权的概念。只是在学术研究中仍有沿用。参见王欣新：《论破产程序中担保债权的行使与保障》，载《中国政法大学学报》2017 年第 3 期。

所以我国《企业破产法》第一百零九条规定，对债务人的特定财产享有担保权的权利人，对该特定财产享有优先受偿的权利。换言之，如果该特定财产的价值大于等于该笔被担保债权金额，那么该债权人的债权是会被全额清偿的，且剩余的特定财产并入责任财产（除特定财产外的其他破产财产）。如果该特定财产的价值小于该笔被担保债权金额，那么未被清偿的担保债权根据不同情况区别处理：若债务人仅提供财产担保，则未被清偿的担保债权消灭；若债务人提供财产担保的同时承担主债务责任、连带责任或保证责任，则未被清偿的担保债权转入普通债权。

上文中编者提出了“双轨道清偿理论”，那么对于别除清偿轨道，编者在该部分做出进一步理解与深化：

首先，类比责任财产清偿体系上的破产费用、共益债务，别除财产清偿体系同样存在破产费用、共益债务，如为评估别除财产发生的评估费用，处置别除财产产生的税收以及为修补别除财产的瑕疵产生的修补费用等，应从别除财产处置价款中优先清偿。《企业破产法》第一百一十三条中优先清偿破产费用与共益债务，本质是在破产程序中为全体债权人的共同利益而支付的各项费用或者承担的必要债务，主要目的旨在保障破产程序的顺利进行，在使用效果上可以增进所有债权人的利益。① 同样的逻辑，如果系为了别除财产上所有优先债权人的利益而支付的各项费用或承担的必要债务，那么根据“谁受益，谁承担”的原则，应在别除财产的变价款中扣除该等破产费用、共益债务后，再行按照顺位予以清偿其他优先债权。

除此之外，对于别除财产的清偿轨道而言，别除清偿不仅仅限于对抵押权人的清偿，对在同一个别除财产上存在优先于抵押权人的债权，如被拆迁人优先权、消费性购房人优先权、建设工程价款优先权的，别除财产的变价款应先行清偿顺位在抵押债权之前的债权。如变价款清偿完毕抵押债权后仍有剩余价值的，别除财产的剩余价值转为责任财产，此时转化的责任财产与其他责任财产共同构成了责任财产的清偿总额；如果变价款不足以清偿抵押权或更优先债权的，未获清偿的债权转为普通债权（前提提供财产担保的同时承担主债务责任），在责任财产体系中按照顺位予以清偿。

---

① 参见徐战成：《企业破产程序中新生税款应如何定性》，载中国税网，http://www.ctaxnews.com.cn/2018-10/17/content_945920.html。

第四章 破产程序的适用与转换

第一节 程序的适用

破产程序包括破产清算、破产重整与破产和解三种类型。

一、概念

（一）破产清算

破产清算简言之是指将公司有价值的财产进行变现，对债权人进行公平清偿后，注销登记，退出市场。

（二）破产重整

破产重整是指当企业存在再生希望时，引入投资人，通过业务重组和债务调整，使破产企业摆脱财务困境、恢复营业能力。

（三）破产和解

破产和解是指债务人与债权人会议或全体债权人就债务清偿达成和解协议，经法院审查认可后终结破产程序。

二、三大程序的区别

关于三大程序的区别与转化见表2。

表2　三大程序的区别与转化

内容	清算	重整	和解
申请主体	债权人、债务人、清算义务人	债权人、债务人、注册资本1/10以上的出资人	仅限债务人
破产原因	1. 不能清偿到期债务且资产不足以清偿全部债务。 2. 不能清偿到期债务且明显缺乏清偿能力	1. 不能清偿到期债务且资产不足以清偿全部债务。 2. 不能清偿到期债务且明显缺乏清偿能力。 3. 有明显丧失清偿能力可能	1. 不能清偿到期债务且资产不足以清偿全部债务。 2. 不能清偿到期债务且明显缺乏清偿能力
削债手段	多数决	多数决+强裁	强制和解：多数决 自行和解：全体决
偿债资金来源	债务人	债务人、投资人	债务人或原股东

三、三大程序的表决机制

（一）破产清算

《企业破产法》第五十九条第三款规定："对债务人的特定财产享有担保权的债权人，未放弃优先受偿权利的，对于本法第六十一条第一款第七项、第十项规定的事项不享有表决权。"

《企业破产法》第六十四条第一款规定："债权人会议的决议，由出席会议的有表决权的债权人过半数通过，并且其所代表的债权额占无财产担保债权总额的二分之一以上。但是，本法另有规定的除外。"

（二）破产重整

1. 多数决的表决规则

《企业破产法》第八十二条规定，下列各类债权的债权人参加讨论重整计划草案的债权人会议，依照下列债权分类，分组对重整计划草案进行表决：

（1）对债务人的特定财产享有担保权的债权；

（2）债务人所欠职工的工资和医疗、伤残补助、抚恤费用，所欠的应当划入职工个人账户的基本养老保险、基本医疗保险费用，以及法律、行政法规规定应当支付给职工的补偿金；

（3）债务人所欠税款；

（4）普通债权。

《企业破产法》第八十三条规定："重整计划不得规定减免债务人欠缴的本法第八十二条第一款第二项规定以外的社会保险费用；该项费用的债权人不参加重整计划草案的表决。"

《企业破产法》第八十四条规定："人民法院应当自收到重整计划草案之日起三十日内召开债权人会议，对重整计划草案进行表决。

出席会议的同一表决组的债权人过半数同意重整计划草案，并且其所代表的债权额占该组债权总额的三分之二以上的，即为该组通过重整计划草案。"

2. 强裁规则

《企业破产法》第八十七条规定："部分表决组未通过重整计划草案的，债务人或者管理人可以同未通过重整计划草案的表决组协商。该表决组可以在协商后再表决一次。双方协商的结果不得损害其他表决组的利益。

未通过重整计划草案的表决组拒绝再次表决或者再次表决仍未通过重整计划草案，但重整计划草案符合下列条件的，债务人或者管理人可以申请人民法院批准重整计划草案：

（一）按照重整计划草案，本法第八十二条第一款第一项所列债权就该特定财产将获得全额清偿，其因延期清偿所受的损失将得到公平补偿，并且其担保权未受到实质性损害，或者该表决组已经通过重整计划草案；

（二）按照重整计划草案，本法第八十二条第一款第二项、第三项所列债权将获得全额清偿，或者相应表决组已经通过重整计划草案；

（三）按照重整计划草案，普通债权所获得的清偿比例，不低于其在重整计划草案被提请批准时依照破产清算程序所能获得的清偿比例，或者该表决组已经通过重整计划草案；

（四）重整计划草案对出资人权益的调整公平、公正，或者出资人组已经通过重整计划草案；

（五）重整计划草案公平对待同一表决组的成员，并且所规定的债权清偿顺序不违反本法第一百一十三条的规定；

（六）债务人的经营方案具有可行性。

人民法院经审查认为重整计划草案符合前款规定的，应当自收到申请之日起三十日内裁定批准，终止重整程序，并予以公告。”

（三）破产和解

1. 强制和解（债权人会议决议）

《企业破产法》第九十七条规定：“债权人会议通过和解协议的决议，由出席会议的有表决权的债权人过半数同意，并且其所代表的债权额占无财产担保债权总额的三分之二以上。”

2. 自行和解

《企业破产法》第一百零五条规定：“人民法院受理破产申请后，债务人与全体债权人就债权债务的处理自行达成协议的，可以请求人民法院裁定认可，并终结破产程序。”

（四）关于表决权问题的提出

对金融债权人来讲，通过以上法律依据可见，除重整计划草案的表决需要分组表决外，和解协议草案及清算程序对相关事项的表决，不仅需要债权人人数过半的要求，且债权额要占无财产担保的债权总额的1/2（清算）或2/3（和解）以上。

依照上述规定，在清算、和解程序中，有财产担保债权人为有表决权的债权人，在计算人数是否过半时，应该将其人头数计算在内。但是在计算债权额时，由于总额只计算无财产担保债权，有财产担保债权人的债权额并不计算在内，那么在有财产担保债权人的债权中如果有非优先权（普通债权）部分，该部分债权额是否算作无财产担保债权呢？

对该问题，本书将在本篇第二部分第二章第四节重点阐述。

第二节

程序的转换

一、程序转化示意图

关于破产程序的转化如图 8 所示。

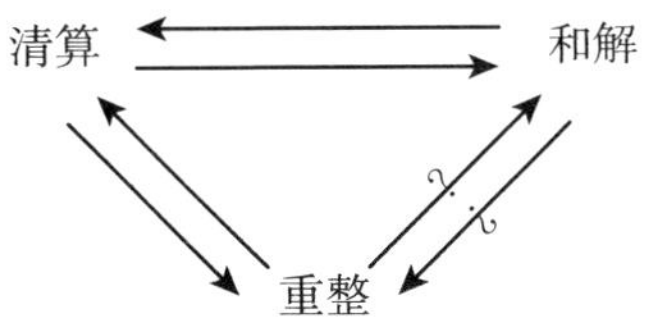

图 8　破产程序转换示意

二、相关法律依据

（一）清算可以转和解程序

法律依据：

《企业破产法》第九十五条第一款：债务人可以依照本法规定，直接向人民法院申请和解；也可以在人民法院受理破产申请后、宣告债务人破产前，向人民法院申请和解。

（二）清算可以转重整程序

法律依据：

《企业破产法》第七十条第二款：人民法院受理破产申请后、宣告债务人破产前，债务人或出资额占债务人注册资本 1/10 以上的出资人可提出重整申请，将清算程序转为重整程序。

（三）重整程序可转为清算程序

法律依据：重整程序转为清算程序有以下四种情形：

1.《企业破产法》第七十八条：在重整期间，有下列情形之一的，经管理人或者利害关系人请求，人民法院应当裁定终止重整程序，并宣告债务人破产：债务人的经营状况和财产状况继续恶化，缺乏挽救的可能性；债务人有欺诈、恶意减少债务人财产或者其他显著不利于债权人的行为；由于债务人的行为致使管理人无法执行职务。

2.《企业破产法》第七十九条第三款：债务人或者管理人未按期提出重整计划草案的，人民法院应当裁定终止重整程序，并宣告债务人破产。

3.《企业破产法》第八十八条：重整计划草案未获得通过且未依照本法第八十七条的规定获得批准，或者已通过的重整计划未获得批准的，人民法院应当裁定终止重整程序，并宣告债务人破产。

4.《企业破产法》第九十三条：债务人不能执行或者不执行重整计划的，人民法院经管理人或者利害关系人请求，应当裁定终止重整计划的执行，并宣告债务人破产。

（四）和解可以转为清算

法律依据：和解程序转为清算程序有以下三种情形：

1.《企业破产法》第九十九条：和解协议草案经债权人会议表决未获得通过，或者已经债权人会议通过的和解协议未获得人民法院认可的，人民法院应当裁定终止和解程序，并宣告债务人破产。

2.《企业破产法》第一百零三条第一款：因债务人的欺诈或者其他违法行为而成立的和解协议，人民法院应当裁定无效，并宣告债务人破产。

3.《企业破产法》第一百零四条第一款：债务人不能执行或者不执行和解协议的，人民法院经和解债权人请求，应当裁定终止和解协议的执行，并宣告债务人破产。

（五）程序转换限制

法律依据：《全国法院破产审判工作会议纪要》第二十四条：人民法院宣告债务人破产后，不得再向和解、重整程序转换。

三、程序转化相关问题

（一）债权人提出破产清算，转破产重整的申请主体

按照现有法律规定，破产重整程序启动的主体有：（1）债务人。有两种情

形：①债务人直接向法院提出破产重整申请。②债权人申请破产清算前提下，债务人在被宣告破产前可以申请重整。(2) 债权人。债务人不能清偿到期债务，债权人直接申请破产重整。(3) 满足条件的出资人。在债权人申请破产清算前提下，1/10 以上出资人在债务人被宣告破产前可以申请重整。

那么，在债务人申请破产清算前提下，谁可以作为破产重整的申请主体？

我国现有法律并未明确在债务人申请破产清算的前提下，谁可以申请转破产重整程序以及如何转换。现编者通过检索相关案例，发现实践中针对不同的转程序申请主体，有相应的司法案例可供借鉴。

1. 债权人申请转程序的司法案例

唐山＊有限公司因具备破产原因向法院申请破产，法院受理后按照规定通知了债权人。山西＊公司作为逾期合作多年的上游供应商，对其非常了解，认为其设备、技术处于同行业领先地位，具备重整条件，从而以债权人的身份向法院申请转破产重整，后重整申请列为第一次债权人会议的议题并最终经债权人会议决议通过，法院据此裁定了对唐山＊有限公司进行破产重整。[①]

2. 债务人申请转程序的司法案例

(2019) 沪 03 破 145－2 号，债务人中电电气＊有限公司以资不抵债不能清偿到期债务为由向法院申请破产清算并被法院受理。后债务人找到了重整投资人，遂向法院申请转入破产重整程序，并同时向法院提交了重整计划草案，最终经法院裁定转入破产重整程序。

3. 管理人申请转程序的司法案例

(2018) 渝 0102 破申 3 号之五号重庆＊公司管理人申请破产重整案件，管理人进入企业接管企业资料后发现，重庆＊公司生产厂区系租赁，主要构建筑物均无权属，经行政许可形成的资质在破产清算中无法体现。在破产清算条件下普通债权人的清偿率将为 0，极其损害债权人的利益且会产生不良的社会影响。但管理人又发现该企业具备重整的可行性，通过重整可以更好地清偿债权人，维护企业现有员工利益能达到更好的社会效果。遂管理人向法院申请重整，最终法院裁定重整。

---

① 参见智胜国：《论企业破产重整的新途径》，载《经济师》2018 年第 9 期。

（二）重整可否转为和解程序

现有法律规定及其司法解释并未明确规定重整是否可转和解程序，《企业破产法》第九十五条载明了债务人可以在人民法院受理破产申请后、宣告债务人破产前，向人民法院申请和解。编者认为此处的人民法院受理破产申请后，理应包含受理破产重整。

实务中不乏有重整转和解的案例，如新＊公司因不能清偿到期债务，并且资产不足以清偿全部债务，经债权人申请，临安法院于 2017 年 3 月 2 日作出（2017）浙 0185 破申 1 号民事裁定书，裁定受理该公司破产重整，并依法指定管理人。2017 年 10 月 27 日，法院组织召开第一次债权人会议。2017 年 12 月 15 日，新＊公司向法院递交了和解申请。新＊公司希望走破产和解程序，并与滨＊公司签订了合作协议，约定由滨＊公司提供资金偿还债务，新＊公司股东将股权转让给滨＊公司。2018 年 1 月 19 日，法院裁定本案进入和解程序。2 月 9 日，第二次债权人会议召开，会议表决通过了新＊公司及滨＊公司作为一致行动人提交的和解协议草案。

该案典型意义：及时转变程序，避免因重整障碍导致案件拖延。本案受理时为重整案件，管理人接管后，发布了投资人招募公告，以股权转让方式招募战略投资人。但公告发布后，发现新＊公司两股东的全部股权采取冻结措施，致使股权转让受限。法官及管理人及时调整思路，由重整程序转变为和解程序，达到了较为理想的效果。本案债权清偿率达到 100%，债权人利益得到充分保障，通过引进投资人，使破产企业化解债务危机，得以重生，取得了良好的社会效果。①

（三）和解可否转为重整程序

编者并未找到和解转重整的直接案例，但依据上述案例以及《企业破产法》第九十五条的规定，编者认为人民法院受理破产申请后，除了包含受理破产清算，也包含受理破产重整。如下为一起预和解转重整的成功案例，以供参考。

2022 年 3 月 21 日，债务人荔浦＊公司因经营不善，无法筹集资金支付欠款，向荔浦市人民法院申请预和解。

---

① 临安新闻网：《浙江新广发置业有限公司破产和解案——从执行困境到全额清偿债务执行转破产是解决执行难的一柄利器》，载临安人民法院网 2018 年 8 月 4 日，http://fy.lanews.com.cn/content/2018-08/04/content_6355894.htm。

荔浦＊公司旗下建设的半岛豪庭项目是荔浦市第一大楼盘，以地理位置佳、楼盘质量好、小区风景优美、人车分流而著称，但该楼盘已经陷入困境六年半时间，其间曾复工一次又被迫停工，涉及128户抵押后销售的购房户办证问题，207户售后返租的购房户租金欠款问题，58支施工队共三四百名农民工的欠薪问题，以及7家金融机构共5.6亿元借款本金未偿还，还有数十家民间借贷和供应商欠款问题，加上职工欠薪和税款欠款本息合计约8.6亿元，曾发生多次维稳事件，属于涉众涉稳型重大复杂房地产案件，案件的办理对于荔浦经济发展和社会稳定具有重要意义。

鉴于本案债务人还在积极寻求盘活方案，荔浦市人民法院经研究决定先立预和解案件，如果资产与债务持平，债务人与全体债权人达成和解协议就可以立破产和解案件，如果债务人与全体债权人达不成一致意见，也可以退出程序，该思路得到债务人和主要债权人认可和接受。荔浦法院根据债务人和主要债权人的推荐，指定了临时管理人。

为保护全体债权人的根本利益，临时管理人在会上对案件重整总体方案、思路进行了阐述，展示了清偿率公式、资产清单、债务清单、债权清偿方案等专业分析，并以办理过的成功案例加以说明，进入破产重整程序，能够把半岛豪庭从城市伤疤改造成城市风景荔浦名片，实现全体债权人清偿率最大化。

鉴于破产重整程序能更大限度维护全体债权人的利益，荔浦市人民法院当日依法裁定荔浦＊公司预和解案转破产重整，并指定广西＊公司担任管理人。这是荔浦法院办理的首例预和解转重整案件，进入程序前充分听取了债权人和债务人意见。本次会议的成功，意味着荔浦法院破产案件预审查机制实质化改革成功，这是荔浦市人民法院破产审判改革试点工作又一重要成果。[1]

---

① 廖德英：《我为群众办实事：荔浦市人民法院首次办理破产预和解转破产重整案件》，载微信公众号“荔浦市人民法院”2022年4月19日，https://mp.weixin.qq.com/s/SNh_LuDrCEGcClCuPyMg3Q。

第二部分

主动出击：破产程序中金融债权的困境与出路

第一章 金融债权在破产程序中的挑战与机遇

企业破产程序受到严格的法律约束。基于制度理念、立法目的、立法精神，依据相关法律法规、司法解释的规定，金融债权人会面临利息受损、担保物权实现受限、支付管理人报酬及法律行为被撤销等风险，其债权得以清偿会受到一定阻碍。但同时，债权人也应看到破产程序中存在的诸多机遇。

第一节 挑战

一、利息会受到损失

根据《企业破产法》第四十六条第二款“附利息的债权自破产申请受理时起停止计息”的规定，一旦法院受理企业破产，破产受理日之后的债权利息应当停止计算。

二、担保物权的实现可能受到限制

《企业破产法》第七十五条第一款规定：“在重整期间，对债务人的特定财产享有的担保权暂停行使。但是，担保物有损坏或者价值明显减少的可能，足以危害担保权人权利的，担保权人可以向人民法院请求恢复行使担保权。”因此，原则上一旦人民法院裁定受理债务人破产重整，对债务人特定财产享有担保权的债权人即不能行使担保权。但是，如果担保物有损坏或者价值明显减少的可能，足以危害担保权人权利的，该债权人可以要求恢复行使担保权，要求优先受偿。

三、担保权人需支付管理人报酬

破产中，享有担保权的债权人在经管理人处分担保物、实现担保债权时，应当向管理人给付一定的报酬。最高人民法院《关于审理企业破产案件确定管理人报酬规定》第十三条规定了管理人收取担保债权报酬的标准：“管理人对担保物的维护、变现、交付等管理工作付出合理劳动的，有权向担保权人收取适当的报酬。管理人与担保权人就上述报酬数额不能协商一致的，人民法院应当参照本规定第二条规定的方法确定，但报酬比例不得超出该条规定限制范围的10%。”由此可见，管理人收取报酬的前提是其对担保物的维护、变现、交付等管理工作付出了合理的劳动，而确定费用金额的方式有两种：一是管理人与担保权人协商确定；二是参照一般管理人费用的计算标准进行确定。

尽管实务中有将该部分报酬纳入担保范围的案例，但因目前并无明确的法律规定，该费用很多情况下都由担保权人自行承担。

四、某些法律行为存在被撤销的风险

（一）不当追加担保

《企业破产法》第三十一条规定，“人民法院受理破产申请前一年内，涉及债务人财产的下列行为，管理人有权请求人民法院予以撤销：（一）无偿转让财产的；（二）以明显不合理的价格进行交易的；（三）对没有财产担保的债务提供财产担保的；（四）对未到期的债务提前清偿的；（五）放弃债权的”。

作为金融机构债权人，需要警惕该条第三项行为：在法院受理破产前一年内，债务人企业对没有财产担保的债务提供财产担保的行为，即实践中追加或增加抵押的情形，管理人有权请求人民法院予以撤销。

（二）不当清偿

首先，根据《企业破产法》第三十一条第四项的规定，实践中债务未到期而约定加速到期、提前清偿的行为存在被法院撤销的风险。

其次，根据《企业破产法》第三十二条的规定，在债务人具备破产条件的情形下，受理破产申请前6个月内，仍对个别债权人进行清偿的，管理人可请求法院予以撤销。实践中，很多银行将债务人放款及还款账户均设置在本行，在债务人具有破产原因的情形下，金融债权人仍将到期债权扣划至自身账户，由于违反6个月内个别清偿可撤销的规定，管理人接管债务人企业后会对该行为予以撤销，追回扣划资金。

第二节 机遇

一、抵押物的“变现”成功率相较执行程序大力提升

执行程序中，执行法院发拍遵循的是相关法律规定，采取的是“两拍一变卖”的程序；而破产程序中，管理人可以独立发拍，只要经过债权人会议的授权，拍卖次数无限制，加快了抵押物的“变现”成功率。

二、抵押债权优先于税收债权受偿

金融债权往往设定有抵押，在债务人企业非破产状态下，根据《税收征收管理法》第四十五条第一款“税务机关征收税款，税收优先于无担保债权，法律另有规定的除外；纳税人欠缴的税款发生在纳税人以其财产设定抵押、质押或者纳税人财产被留置之前的，税收应当先于抵押权、质权、留置权执行”的规定表明，如果抵押设立在税款发生之后的，税收权优先于抵押权。

但是，一旦进入破产程序，以上顺位规则不再适用。《企业破产法》第一百

零九条规定："对破产人的特定财产享有担保权的权利人，对该特定财产享有优先受偿的权利。"再结合《企业破产法》第一百一十三条的规定，破产程序中抵押权人享有别除权，无论税款发生在抵押设立之前还是设立之后，抵押权均优先于税收债权获得清偿。

三、劣后查封可获得同等顺位受偿

债务人企业往往会因涉诉导致资产被查封、扣押、冻结。在债务人企业非破产状态下，对于金融机构的无担保债权，在执行程序中，根据最高人民法院《关于适用〈中华人民共和国民事诉讼法〉的解释》第五百一十四条的规定，执行法院就执行变价所得财产，在扣除执行费用及清偿优先受偿的债权后，将按照财产保全和执行中查封、扣押、冻结财产的先后顺序清偿。也就是说，查封在先的将享有对查封财产变价款的优先分配权。

但是，当债务人企业进入破产程序，《企业破产法》第十九条规定："人民法院受理破产申请后，有关债务人财产的保全措施应当解除，执行程序应当中止。"同时，根据《企业破产法司法解释二》中的相关规定，对债务人财产已采取保全措施的相关单位，在知悉人民法院已裁定受理有关债务人的破产申请后，应当及时解除对债务人财产的保全措施。法院已经作出生效民事判决书或者调解书但尚未执行完毕的，破产申请受理后，相关执行行为亦应当中止。中止之后，相关债权人应当向管理人申报债权。换言之，执行中的相关财产都将纳入债务人财产，普通债权将不再区分查封的先后顺序，平等顺位受偿。

四、破产加速出资期限到期制度增加受偿率

《企业破产法》第三十五条规定："人民法院受理破产申请后，债务人的出资人尚未完全履行出资义务的，管理人应当要求该出资人缴纳所认缴的出资，而不受出资期限的限制。"换言之，企业进入破产程序后，尚未完成出资义务的股东应当补足出资。

破产加速出资期限到期制度将增加债务人财产，进而增加债权人的受偿率。

五、破产特殊制度增加债务人财产

（一）破产撤销权

破产撤销权，是指管理人针对“破坏债务人财产原始秩序”的行为行使的申请撤销权以及确认无效权。该内容已在本书第一部分破产程序的本质章节进行阐述，本部分不再赘述。

破产企业可能会与有利害关系的第三人勾结，恶意减少破产财产或增加破产债务。一旦进入破产程序，管理人均有权对该类行为向人民法院申请撤销或确认无效。

（二）破产追回权

破产追回权，是指破产法为了实现公平清偿而赋予管理人的对债务人不当处置的资产进行追回的权利。该内容已在本书第一部分破产程序本质章节进行阐述，本部分不再赘述。

需要补充说明的是，对追缴出资的内容，编者提示金融债权人注意对责任主体进行扩充（如发起人、原股东、董事及其高级管理人员）并对追回的出资额度进行扩充（如减资有瑕疵的，减资部分亦应追回），使债权人的利益最大化。该部分在第五节如何实现破产财产最大化章节进行详细阐述，本部分不再赘述。

（三）破产抵销权

破产抵销权是指在破产程序中，如果债权人在破产申请受理前对债务人负有债务的，那么债权人可以向管理人主张抵销。该内容已在本书第一部分破产程序的本质章节进行阐述，本部分不再整体赘述。

六、破产有利于降低金融机构的不良资产率

实践中，各大金融机构都有一定的呆账、坏账，而呆账、坏账增多是金融机构不良资产大规模增加的主要原因。银行的不良资产率一旦达到临界点，其正常的经营活动将会受到极大的限制。因此，用高效的手段处置不良资产变得尤为重要。①

---

① 能拍法服：《减免增值税，国务院旨在降低银行呆账坏账率》，载搜狐网 2020 年 2 月 29 日，https://www.sohu.com/a/376637813_120534121。

当债务人企业进入破产程序，由于管理人等专业人士的介入，将对债务人的全部资产进行审计评估、梳理处置、分配清偿。相比较于呆账、坏账，通过破产清偿程序获得部分清偿，或者在债权确定之后，与投资人合作，将不良资产打包处置，都将有效降低金融机构的不良资产率。

七、刑涉医疗费用清偿顺位会被推后

根据最高人民法院《关于刑事裁判涉财产部分执行的若干规定》第十三条的规定，被执行人在执行中同时承担刑事责任、民事责任，其财产不足以支付的，按照下列顺序执行：(1) 人身损害赔偿中的医疗费用；(2) 退赔被害人的损失；(3) 其他民事债务；(4) 罚金；(5) 没收财产。

债权人对执行标的依法享有优先受偿权，其主张优先受偿的，人民法院应当在上述第一项规定的医疗费用受偿后，予以支持。

但是在破产条件下，抵押债权与医疗费用清偿属于不同轨道的清偿体系，抵押债权的清偿用别除财产予以清偿，医疗费用的清偿、被害人的损失及其他非优先债权均由别除财产以外的破产财产予以清偿。

第二章 金融债权在破产程序中的相关法律问题探析

金融债权种类繁多，形式复杂，常见形式一般有借贷类、融资租赁类、保理类、信托类、票据类等；根据债权性质的不同，又可分为担保债权与普通债权。金融债权的回收率，直接关系到我国金融市场的稳定。其中，金融资产清收难是影响我国金融安全的一大隐患。[①] 因此，在企业破产程序中如何实现对金融债权的保护进而稳定金融市场是法律界关注的热点问题。

第一节 金融债权利息问题

一、利息计算截止日

根据《企业破产法》第四十六条第二款的规定，附利息的债权自破产申请受理时起停止计息。因此，金融机构在申报债权时应当将利息计算至破产申请受理

① 参见鲁萍：《破产程序中金融机构债权申报要点解析》，载《楚天法治》2018 年第 24 期。

时止。但是，破产受理日当天是否应当计算利息呢？

（一）司法裁判观点

1. 观点一：受理日当日不计息

浙江省高级人民法院在“郑某锋与湖州＊投资有限公司、湖州天外＊包装印刷有限公司普通破产债权确认纠纷”[①] 一案中认为，利息计算的截止日应当为破产申请受理日的前一日，即受理日当天不计利息。

2. 观点二：受理日当日计息

最高人民法院在“深圳市＊投资有限公司与＊控股有限公司欠款、担保合同纠纷”[②] 一案中认为，根据《企业破产法》的相关规定，除法律特别规定外，破产申请受理后新发生的债权不属于破产债权。因此，对于按日计付的违约金应参照《企业破产法》第四十六条第二款的规定，自破产申请受理时停止计算，计算的截止日应当为破产申请受理日，即受理日当天计收利息。

（二）总结

目前就利息截止日是否计算到受理日当日，司法裁判不一，暂无定论。

（三）建议

鉴于目前司法裁判不一，建议金融机构在申报债权时，应以利益最大化为原则，将利息计算至破产受理日。

二、从债务利息停止计算问题

主债务人进入破产程序后，根据《企业破产法》的规定主债权停止计息，但此时从债务人未进入破产程序的，从债权是否也同样停止计息？主债务人破产后，担保人的担保责任范围是按照担保合同约定的债权，还是《企业破产法》第四十六条第二款规定的破产债权？换言之，主债务人破产后，主债权停止计息的效力是否及于担保人？担保责任是否受破产程序影响而减少？该问题在《担保制度司法解释》实施以前，学术界、司法实践历来争论不休。在本部分，首先，我们将实务裁判中两种截然不同的观点引入。其次，论述最高人民法院的最新观

---

① 参见浙江省高级人民法院民事判决书，（2017）浙民终808号。

② 参见中华人民共和国最高人民法院民事判决书，（2010）民二终字第104号。

点、立场及其理由。最后，介绍《担保制度司法解释》的一锤定音，便于读者直观、深入了解该问题。

（一）司法裁判观点

1. 观点一：主债务停止计息的效力及于保证人

最高人民法院在“浙商金＊信托股份有限公司、浙江三＊集团有限公司金融借款合同纠纷”① 一案中认为，基于保证债务的从属性，保证人所承担的债务范围不应大于主债务人。因此，当债务人进入破产程序后，主债务停止计息的效力及于保证人。

2. 观点二：主债务停止计息的效力不及于保证人

广东省高级人民法院在“新＊信托股份有限公司、吴＊集团有限公司民间借贷纠纷”② 一案中认为，《企业破产法》第四十六条第二款“附利息的债权自破产申请受理时起停止计息”的规定，仅适用于进入破产程序的主债务人，对担保人并无约束力，不适用于担保债权。理由如下：

第一，《企业破产法》只是解决主债务人进入破产程序后及时公平清理破产债权债务的问题。破产申请受理后债权停止计息是《企业破产法》的特殊规定，是对破产债权数额的限制，基于合同产生的担保债权并不受影响。

第二，从债权人实现债权的角度来看，担保人始终负有全面偿还债务的义务，担保责任不随破产债权停止计息而减少。

因此，《企业破产法》规范的是破产债务人与债权人的破产法律关系，除非《企业破产法》有特别规定，担保人对破产债务人的担保责任应当适用担保法律规定，不受《企业破产法》调整，对此法律和司法解释均作出了相应规定。《企业破产法》第九十二条第三款规定：“债权人对债务人的保证人和其他连带债务人所享有的权利，不受重整计划的影响。”第一百零一条规定：“和解债权人对债务人的保证人和其他连带债务人所享有的权利，不受和解协议的影响。”第一百二十四条规定：“破产人的保证人和其他连带债务人，在破产程序终结后，对债权人依照破产清算程序未受清偿的债权，依法继续承担清偿责任。”

① 参见中华人民共和国最高人民法院民事判决书，（2018）最高法民再19号。

② 参见广东省高级人民法院执行裁定书，（2017）粤执复344号。

在"偃师中＊耐火材料有限公司、＊银行股份有限公司洛阳分行保证合同纠纷"① 一案中，最高人民法院认为，债务人进入破产程序后，主债务停止计息的效力不应及于保证人。理由如下：

第一，就法律关系而言，债权人与债务人之间形成的是普通债权债务法律关系，合同相对主体是债权人与债务人。而债权人与保证人之间形成的是担保法律关系，合同相对主体是债权人与保证人。二者法律关系相对独立。《企业破产法》第四十六条第二款规定："附利息的债权自破产申请受理时起停止计息。"该条规定的"债权停止计息"是针对债务人进入破产程序后，债权利息如何止付所作的特别规定。基于法律关系及合同的相对性，该条规定确定了债务人与债权人之间的权利义务范围，由于保证人并未进入破产程序，故该条规定并非明确债权人与保证人的权利义务范围，保证人对债权人所承担的保证债务，在债务人进入破产程序后，缺乏停止计息的法律依据。

第二，就立法目的而言，《民法典》中关于担保物权的规定，目的是保障债权的实现。而《企业破产法》的立法目的是公平地清理各方债权债务。其中，《企业破产法》第四十六条规定意在确认债权数额并推进破产程序的进行，而非侧重于债务人的经济承受能力及保证人利益的保护，故保证人不停止计息并未与《企业破产法》第四十六条规定相悖。破产程序对于破产债权的限制，不影响保证人固有责任的承担，保证人仍然应当依照保证合同的约定承担保证责任，以保障债权的实现。

第三，就风险承担而言，保证人承担保证责任本身就具有一定的风险性，即担保就意味着保证人应承担债务人不能偿还债务时，债权人向其追偿担保债务的风险。保证人承担破产程序期间的主债务利息，未超出保证人应有的风险预判，且保证人不停止计息亦能督促保证人及时偿还债务，防止其有意拖延偿债而损害债权人利益。

第四，就主从关系而言，债权停止计息是对进入破产程序的主债务人所作的特别规定，而非对保证人所作的特别规定。保证人未进入破产程序，于保证人而言，其担保债权债务虽从属于主债权债务，但担保债权债务并不是破产债权，而是在《企业破产法》之外的民商事一般债权。

---

① 参见中华人民共和国最高人民法院民事裁定书，(2018) 最高法民申6063号。

（二）最高人民法院最新观点

根据案件（2019）最高法民申6453号中的裁判要旨，主债务人进入破产程序后，保证债务停止计息。担保债务具有从属性。根据《担保法》（已失效）第五条第一款的规定，担保合同是主合同的从合同。担保人承担的担保责任范围不应当大于主债务是担保从属性的必然要求。《企业破产法》第四十六条第二款规定，人民法院裁定受理主债务人破产申请后，主债务停止计息。根据担保从属性的原则，担保人的担保责任应以主债务为限，故担保债务亦应停止计息。从担保制度体系来看，其不仅规定了保证人的代偿义务，保障债权人的合法权益，同时也规定了保证人的追偿权，兼顾保证人的合法权益。破产案件受理后对主债权停止计息，债权人受损的仅是利息损失。如果对保证债务不停止计息，将影响保证人的追偿权，对保证人较为不公。

（三）实践案例总结

司法裁判对从债务利息停止计算问题存在两种观点。第一种观点认为，担保责任应受破产程序影响而减少。其主要理由是，基于担保责任的从属性，担保责任范围不应大于主债权，债权人所享有的主债权范围为破产债权，并且从担保制度的体系来看，亦不应剥夺保证人的追偿权。所以，破产债权停止计息应及于保证人。第二种观点认为，担保责任不应受破产程序影响而减少。其主要理由是，《企业破产法》第四十六条第二款是法律针对破产程序中破产债权作出的特殊规定，担保人的责任范围应依据担保合同进行确定。因此，利息、违约金等不因主债务人破产而停止计算。在编者检索到的相关案例中，很多法院（如山东、北京、甘肃等高级人民法院）均持第二种观点。最高人民法院对此虽有不同裁判结果的案例，但新近判例如（2019）最高法民申6453号案中最高人民法院持第一种观点。

（四）一锤定音

2021年1月1日正式实施的新《担保制度司法解释》第二十二条规定，担保人主张担保债务自人民法院受理破产申请之日起停止计息的，人民法院对担保人的主张应予支持。

关于担保利息是否停止计息这个问题，最高人民法院在司法解释中明确了态度，究其原因，我们认为在更高的保护法益（为了整个社会经济秩序的稳健，不让更多的企业因受担保链影响而陷入濒临破产的危机）面前，金融债权人的担保利益应该做出一定让步。正如最高人民法院在《民法典》系列司法解释答记者问时所说的，司法解释根据立法的重大变化，致力于平衡各方当事人的利益，消除隐形担保、消除过度担保。

（五）建议

1. 保证条款的设计角度，特别是既有主债务人的物保，亦有第三人保证时，在合同条款的设计层面，金融机构有权选择任一担保人优先行使主合同及从合同项下的担保权利，所有担保人均放弃对任何其他担保的优先抗辩权（包括但不限于先诉抗辩、债务人自身物上抗辩等），即应注意避免保证人提起先诉抗辩权，而使得金融机构无法在担保物未变现情形下向保证人追责。

2. 及时向保证人主张权利，如主债务人违约后，及时向保证人主张权利，这样可降低债权基数，从而降低利息损失。

3. 金融债权人应注意及时向保证人主张债权，根据《担保制度司法解释》第二十三条之规定，债权人在主债务人破产程序中申报债权后，可以积极向人民法院提起诉讼，请求担保人承担担保责任。同时基于时效限制，建议不要超过担保时效期限且不要超过主债务人破产程序终结后6个月。

三、担保债权中的迟延履行利息问题

（一）迟延履行利息是否为破产债权

迟延履行利息，是指债务人迟延履行法院生效法律文书期间所产生的债务利息。最高人民法院《关于执行程序中计算迟延履行期间的债务利息适用法律若干问题的解释》（以下简称《迟延履行利息司法解释》）中明确了迟延履行期间的债务利息包括迟延履行期间的一般债务利息和加倍部分债务利息。

根据最高人民法院《关于审理企业破产案件若干问题的规定》第六十一条第一款第二项的规定，债务人未执行生效法律文书应当加倍支付的迟延利息不属于破产债权。因此，只有迟延履行期间的一般债务利息属于破产债权范畴。

此外，根据《迟延履行利息司法解释》的相关规定，迟延履行期间的一般债务利息需要根据生效法律文书确定的方法计算；生效法律文书未确定给付该利息的，不予计算。因此在实践中，金融机构在诉讼过程中应当明确请求法院确定对迟延履行利息的计算及标准。

（二）加倍部分债务利息是否可通过约定进入抵押范围

1. 非破产状态下

实践中，金融机构的抵押合同往往会将担保范围最大化，不仅包括主合同项下的本金、利息、罚息、复利，还会约定违约金、迟延履行利息等。那么，约定在抵押范围内的加倍部分迟延履行利息能否优先受偿呢？司法裁判中对此观点不一。

（1）观点一：加倍部分迟延履行利息不能优先受偿

在（2017）粤0605民初1634号案中，法院认为，债务人未能履行清偿义务，计付利息为依约定或法律承担的违约责任；而经司法认定判定的债务，债务人未能清偿的，计付迟延履行利息承担的是迟延履行生效法律文书的法律责任；两者性质并不相同，迟延履行利息为迟延履行法律文书的法定责任，原告认为应与主债权的利息一样列入优先受偿权范围的主张不予采纳。

（2）观点二：加倍部分迟延履行利息可以通过约定优先受偿

在（2014）粤高法执复字第16号案中，广东省高级人民法院认为，根据《物权法》第一百七十三条“担保物权的担保范围包括主债权及其利息、违约金、损害赔偿金、保管担保财产和实现担保物权的费用。当事人另有约定的，按照约定”的规定，当事人自愿承担抵押担保的范围为主合同及本合同项下的债务人所欠广发行珠池支行的全部债务，包括但不限于本金、利息、复利、罚息、违约金、赔偿金、实现抵押权的费用和所有其他应付的费用。因此，汕头市中级人民法院将本案债权迟延履行期间的利息纳入优先受偿的范围，符合上述合同约定和法律规定，本院予以支持。

提示：现《物权法》已失效，本案引用法条对应《民法典》第三百八十九条：担保物权的担保范围包括主债权及其利息、违约金、损害赔偿金、保管担保财产和实现担保物权的费用。当事人另有约定的，按照其约定。

（3）观点三：加倍部分迟延履行利息有权优先受偿

在最高人民法院物权法研究小组编著的《〈中华人民共和国物权法〉条文理解与适用》一书中，作者认为，《物权法》第一百七十三条中规定的担保范围中的利息既包括约定利息，也包括法定利息。在当事人就利息有明确约定且该约定利息合法的情形下，该利息应指约定利息；在当事人未约定利息或者存在金钱债权不履行之时，该利息应指法定利息。此时的法定利息自然包括延迟利息，即因债务人延迟履行而导致的利息，延迟利息是法定的时随性债权，因此不必经当事人特别约定或登记，即属于担保物权的担保范围。[1]

提示：现《物权法》已失效，本案引用法条对应《民法典》第三百八十九条：担保物权的担保范围包括主债权及其利息、违约金、损害赔偿金、保管担保财产和实现担保物权的费用。当事人另有约定的，按照其约定。

2. 破产状态下

具体到破产案件中，如果合同中明确约定抵押范围包含迟延履行利息，那么这一约定在破产中是否有效呢？在“绍兴方＊精密机械有限公司、王＊破产债权确认纠纷”[2] 一案中，法院认为迟延履行期间的加倍利息属于劣后债权，即待破产程序中所有普通债权人的债权得以完全清偿后，仍有剩余破产财产可供清偿时，再予以清偿。该观点否认了当事人在抵押合同中对迟延履行期间加倍利息的约定。法院的理由主要有：

（1）加倍部分债务利息系债权人享有的合法债权，但当债务人进入破产程序后，应判断其优先受偿是否符合《企业破产法》的规定。

（2）加倍部分债务利息是对迟延履行行为和妨碍民事诉讼行为的制裁和惩罚，敦促被执行人自觉履行判决、裁定等法律文书中所确定的义务，并警诫其他人不再发生类似的违法行为，其债权性质属于民事惩罚性债权。

（3）《企业破产法》的核心要义是保护全体债权人公平受偿。在破产财产已不足以清偿全部债务的情况下，将迟延履行期间的加倍部分债务利息作为优先债权或普通债权予以偿付，不仅会使债权人之间利益明显失衡，且有将债务人所受之惩罚转嫁全体债权人之嫌，明显违反破产分配公平清偿的原则，因此应当劣后清偿。

（4）《全国法院破产审判工作会议纪要》第二十八条规定了破产债权的清偿原则和顺序：对于法律没有明确规定清偿顺序的债权，人民法院可以按照人身损

---

① 参见最高人民法院物权法研究小组编著：《〈中华人民共和国物权法〉条文理解与适用》，人民法院出版社2007年版，第508页。

② 参见浙江省绍兴市中级人民法院民事判决书，（2019）浙06民终2823号。

害赔偿债权优先于财产性债权、私法债权优先于公法债权、补偿性债权优先于惩罚性债权的原则合理确定清偿顺序。因债务人侵权行为造成的人身损害赔偿，可以参照《企业破产法》第一百一十三条第一款第一项规定的顺序清偿，但其中涉及的惩罚性赔偿除外。破产财产依照《企业破产法》第一百一十三条规定的顺序清偿后仍有剩余的，可依次用于清偿破产受理前产生的民事惩罚性赔偿金、行政罚款、刑事罚金等惩罚性债权。该条款包含三层内容：一是法律没有明确规定清偿顺序的债权的清偿顺序；二是因债务人侵权行为造成人身损害形成的债权的清偿顺位；三是关于破产受理前产生的惩罚性债权清偿顺位的特别规定。上述第三层内容表明，在破产程序中，无论其原来属于何种债权以及是否具有优先权，迟延履行期间的加倍部分利息因其惩罚性特征应属于劣后债权。

（三）总结

综上，虽然《物权法》（已失效）中规定当事人有权在合同中对抵押范围进行约定，但当债务人进入破产程序后，根据特殊法优于一般法的原则，迟延履行期间的加倍利息应当属于劣后债权，即使当事人在合同中予以了明确，司法裁判中也大多得不到法院的认可。

（四）建议

1. 抢时间

建议金融机构债权人在取得生效判决后，借助执行程序尽快实现抵押物变现进而将金融机构全部债权得以清偿，避免进入破产程序后，迟延履行期间加倍利息的损失。

2. 抢首封

建议在合同范围内明确约定抵押范围包括迟延履行加倍利息，但即便合同中已有明确约定，鉴于司法裁判对在非破产状态下抵押范围是否包含加倍利息有裁判不一的现象，所以建议金融机构及时申请查封抵押物，如取得首封地位可保障己方利益最大化。

四、复利计算基数问题

复利，是指在计算利息时，某一计息周期的利息是由本金加上先前周期所积累利息总额来计算的计息方式，即通常所说的“利滚利”。复利本质上属于借款人未按期付息时产生的一种违约责任。

关于计算复利的基数，对贷款期内产生的不能按时支付的利息，可以计收复利；但是对于贷款到期后不能按时支付的罚息应否计收复利的问题，我国法律并没有作出明确规定，司法裁判中亦存在多种观点。因此，编者认为有必要对这一问题进行探讨。

（一）法律规定模糊

中国人民银行在1999年3月2日发布的《人民币利率管理规定》（现行有效）第二十一条中规定，“对贷款期内不能按期支付的利息按合同利率按季计收复利，贷款逾期后改按罚息利率计收复利”。根据文义解释，金融机构有权计算复利的基数应当是贷款期内不能按期支付的利息，贷款逾期之后也是针对这部分利息按照罚息利率计收复利。实践中银行的格式贷款合同中对于收取复利的条款亦多是参照《人民币利率管理规定》进行制定的，因此大都未明确对于贷款到期后不能按时支付的罚息是否计收复利。

2004年1月1日生效的中国人民银行《关于人民币贷款利率有关问题的通知》第三条规定“对逾期或未按合同约定用途使用借款的贷款，从逾期或未按合同约定用途使用贷款之日起，按罚息利率计收利息，直至清偿本息为止。对不能按时支付的利息，按罚息利率计收复利”，该条款只是规定了逾期利息和复利的计算标准，同样未明确规定对于贷款逾期利息是否应当计算复利。

（二）司法裁判不一

司法裁判中，最高人民法院及各地法院对于贷款逾期利息是否应当计算复利的问题亦是观点不一：

1. 贷款逾期利息不应当计算复利

综合各法院的观点，其认为贷款逾期利息不应当计算复利的理由主要有：

第一，逾期利息本质上是一种违约责任的承担方式，已经体现了对借款人逾期还款行为的惩罚性，其若再对逾期利息计收复利，有违公平和补偿原则。这一理由体现在最高人民法院在“＊银行股份有限公司沈阳和平支行与沈阳假＊大厦有限公司金融借款合同纠纷”① 一案中。吉林市中级人民法院在“吉林A银行股

① 参见中华人民共和国最高人民法院民事判决书，（2016）最高法民终340号。

份有限公司、吉林B银行股份有限公司等与吉林吉＊轮胎有限公司、吉林市＊路投资开发有限公司等金融借款合同纠纷”① 一案中亦认为，罚息是对贷款到期后逾期偿还本金的惩罚性措施，复利是对逾期给付利息的惩罚性措施，罚息和复利均具有违约金的惩罚性质，如果以该罚息为基数再计收复利，存在对逾期还款的行为进行双重评价和双重惩罚的问题。最高人民法院“（2015）民二终字第110号”案、深圳市中级人民法院“（2018）粤03民初2217号”案亦是持此观点。

第二，由于当事人约定不明确，应当作出不利于提供格式条款一方，即金融机构的解释。这一理由同样也体现在了上述最高院“（2016）最高法民终340号”案例中。最高人民法院明确指出，《借款合同》是银行一方提供的格式合同，在法律法规和相关金融管理规章并没有就逾期利息应否计算复利作出明确规定，双方当事人亦没有约定逾期利息应当计算复利的情况下，按照对于格式合同或者格式条款的理解发生争议的解释原则，应当作出对银行一方不利的解释，即《借款合同》约定的应当计收复利的“应付未付利息”不包括逾期利息。

2. 贷款逾期利息应当计算复利

实践中也有一些法院认为，贷款逾期利息应当计算复利。编者总结持有该观点的法院主要有以下两点理由：

第一，对于私权利来说，法无禁止即可为。中国人民银行《关于人民币贷款利率有关问题的通知》（银发〔2003〕251号）第一条规定：“关于人民币贷款计息和结息问题。人民币各项贷款（不含个人住房贷款）的计息和结息方式，由借贷双方协商确定”；第三条第二款规定：“对逾期或未按合同约定用途使用借款的贷款，从逾期或未按合同约定用途使用贷款之日起，按罚息利率计收利息，直至清偿本息为止。对不能按时支付的利息，按罚息利率计收复利”；《人民币利率管理规定》第二十条第二款规定：“对贷款期内不能按期支付的利息按贷款合同利率按季或按月计收复利，贷款逾期后改按罚息利率计收复利。最后一笔贷款清偿时，利随本清。”前述通知及规定并未限制当事人对罚息计收复利。从前述规定来看，并未限制罚息不能计收复利，也不能从此条款推导出罚息不能计收复利的结论。

第二，尊重当事人双方意思表示。双方当事人如果明确约定对罚息计收复利

① 参见吉林省吉林市中级人民法院民事判决书，（2019）吉02民初271号。

作为对借款逾期行为的违约责任，双方对此达成合意，且前述约定并未违反法律、行政法规的强制性规定。故在双方约定的利息总额不超过按本金计算的年利率24%的前提下，为尊重当事人双方意思表示，对罚息计收复利并无不当。

最高人民法院在“成渝钒钛科技有限公司、中国信达资产管理股份有限公司四川省分公司借款合同纠纷”① 一案中即采纳了罚息计收复利的观点。在编者检索案例的过程中也发现，司法裁判中有相当部分案例支持了第二种观点，如福建省高级人民法院“（2019）闽民终111号”案、武汉市中级人民法院“（2019）鄂01民申397号”案、聊城市中级人民法院“（2019）鲁15民终2290号”案。

（三）总结

综上所述，目前并无相关的法律或司法解释、指导性案例、公报案例明确金融机构是否有权计收逾期贷款利息的复利。但参照最高人民法院的观点，法官不支持逾期贷款利息的复利的主要理由之一是《借款合同》约定不明。

比如，“（2016）最高法民终340号”案件中，当事人双方在《借款合同》“贷款人权利义务”中，约定了“贷款人有权按照合同的约定直接从借款人任何账户中划收贷款本金、利息、罚息、逾期利息、复利和其他借款人应付费用”。由此法院认为，这里的利息与罚息、逾期利息、复利等是并列表述的，与罚息、逾期利息、复利等不同，此处约定的利息应当是指贷款人按照约定利率或者法定利率，在借款合同期限内应得的利息，而逾期利息和复利的计收均是在合同第五条“违约责任”中约定的，其中第3项明确约定，“借款人不按本合同约定的期限归还贷款本金的，贷款人有权对逾期贷款根据逾期天数按日利率万分之贰点一计收逾期利息”；第5项约定，“对应付未付利息，按中国人民银行规定计收复利”。根据上述约定，法院认为应当计收复利的“应付未付利息”显然不应包括逾期利息。

（四）建议

对于金融机构来说，建议在借款合同中对逾期利息计收罚息的条款进行明确，以避免出现对格式合同或者格式条款的理解发生争议时，法院或破产管理人作出的对银行一方不利解释的情况。建议金融机构具体参考“（2019）最高法民

① 参见中华人民共和国最高人民法院民事判决书，（2019）最高法民终840号。

终840号”一案：双方当事人在涉案借款合同中约定“（1）对逾期或未按合同约定用途使用借款的，从逾期或挪用之日起，就逾期或挪用部分，按本款约定的罚息利率计收罚息，直至清偿本息为止。（2）对借款人不能按期支付的利息以及罚息，以本条第3款约定的结息方式，按本款约定的罚息利率计收复利”。最高人民法院认为，双方当事人明确约定对罚息计收复利作为对借款逾期行为的违约责任，双方对此达成合意，且该约定并未违反法律、行政法规的强制性规定，约定的利息总额亦不存在超过按本金计算的年利率24%的问题，因此银行有权按照该借款合同约定的罚息利率计算逾期利息。

综上，编者建议，金融机构应当在借款合同中明确对罚息计收复利，同时应当注意利息总额不超过按本金计算的年利率24%。不过金融机构需要注意的是，根据最高人民法院《关于审理民间借贷案件适用法律若干问题的规定》（2021年1月1日实施），利率不应超过1年期贷款市场报价利率的4倍，也就是按照现有贷款市场报价利率计算，以2022年3月21日央行发布的一年期贷款市场报价利率（LPR）3.7%计算，则年化不得超过14.8%，那么金融机构是否应适用于该规定呢？根据最高人民法院《关于审理民间借贷案件适用法律若干问题的规定》第一条第二款的规定，经金融监管部门批准设立的从事贷款业务的金融机构及其分支机构，因发放贷款等相关金融业务引发的纠纷，不适用本规定。故以借贷为主营业务的公司，其性质上属于金融机构还是非金融机构，直接关系到借贷利率到底适用金融机构借贷利率上限，还是民间借贷利率上限。其中的利害关系在于，金融机构借贷利率的上限，目前并无法律明文规定。2020年12月29日，最高人民法院针对广东省高级人民法院提出的请示，作出《关于新民间借贷司法解释适用范围问题的批复》（2021年1月1日起施行），通过司法批复意见的形式，正式对有借贷类业务金融机构的范围进行了明确：由地方金融监管部门监管的小额贷款公司、融资担保公司、区域性股权市场、典当行、融资租赁公司、商业保理公司、地方资产管理公司7类地方金融组织，属于经金融监管部门批准设立的金融机构，明确不适用《关于审理民间借贷案件适用法律若干问题的规定》。因此编者建议，在无明确规定的前提下，金融机构申报债权时亦可从保障自身利益最大化出发，即按照24%的年化进行债权申报。

第二节 在建工程抵押问题

根据《城市房地产抵押管理办法》第三条第五款的规定，在建工程抵押是指抵押人为取得在建工程继续建造资金的贷款，以其合法方式取得的土地使用权连同在建工程的投入资产，以不转移占有的方式抵押给贷款银行作为偿还贷款履行担保的行为。因目前法律对在建工程抵押中的相关细节问题规定得比较模糊，比如在建工程的抵押担保范围、在建工程竣工后的登记变更、在建工程抵押权与购房人优先权、工程价款优先权的冲突等问题，导致实践中认识混乱、法院裁判尺度不一致。本部分编者将对上述问题进行详细梳理。

一、在建工程的抵押担保范围

由于我国现阶段的不动产登记制度，以及在建工程抵押权制度尚不完善，在建工程抵押范围尚未明晰，即抵押效力是否及于尚未完工的建筑物？对此，地方性法律法规以及司法实践中均存在不同的观点。

（一）观点一：抵押物应为已完工部分建筑物

根据北京市国土资源局、北京市建设委员会《关于房地产开发项目在建工程抵押登记有关问题的通知》（京国土籍〔2007〕751号）第九条的规定，市、区（县）国土资源部门在办理在建工程抵押登记时应到现场核实，其抵押部位必须是实际完工部分。另外，根据浙江省住房和城乡建设厅、中国人民银行杭州中心支行、中国银行业监督管理委员会浙江监管局下发的《关于进一步做好在建工程抵押权登记工作的若干意见》（浙建房〔2012〕28号）的要求，“房屋登记机构应当按照《民法典》《房屋登记办法》《城市房地产抵押管理办法》等规定，认真审核申请登记的在建工程抵押权，重点把握在建工程抵押权的合法性，以及抵押物本身的客观性和完整性”，“抵押物应为在建工程完工部分或者可售部分”。

编者认为，这一规定主要基于以下原因：

首先，《民法典》第四百一十七条规定，“建设用地使用权抵押后，该土地上新增的建筑物不属于抵押财产。该建设用地使用权实现抵押权时，应当将该土地上新增的建筑物与建设用地使用权一并处分，但新增建筑物所得的价款，抵押权人无权优先受偿”。《城市房地产管理法》第五十二条也作出了类似的规定。

其次，根据《担保制度司法解释》第四十七条规定，“抵押物登记簿记载的内容与抵押合同约定的内容不一致的，以登记簿记载的内容为准”。因此不动产抵押的担保范围以登记为准，但在建工程中尚未建造或尚未完工部分因处于变动过程中，登记机关无法对其进行登记，因此在建工程抵押权人在实现抵押权时，只能以登记簿上记载的抵押权，即设立登记时已完工的建筑物部分价值为限，享有优先受偿的权利。

（二）观点二：抵押效力不只及于已完工部分建筑物

1. 及于规划许可范围内尚未建造的建筑物

在“浙商＊信托股份有限公司、浙江＊集团有限公司金融借款合同纠纷”[①]一案中，最高人民法院认为，在建工程抵押权作为一种单独的抵押权类型，除当事人在抵押合同中另有约定外，其抵押物范围不仅包括国有建设用地使用权，还包括规划许可范围内已经建造的和尚未建造的建筑物。

除了以上案例，最高人民法院之前亦有观点认为，在建工程抵押物的范围，“包括两个方面，一是在建工程的土地使用权及抵押合同签订时已经完成的工程，二是未来可能建成的房屋。更为准确地讲，抵押人与抵押权人订立抵押合同时是以行使抵押权时在建工程的完成形态为抵押权的标志的”，“抵押权行使时，在建工程未竣工，但在建工程的量发生了变化，此时可以说在建工程作为抵押物的特定性在行使抵押权时得以确定；抵押权行使时，在建工程竣工且经初始登记，则抵押物的范围扩展到已经竣工的房屋，抵押物的特定性同样满足。”[②]

2. 及于抵押设立后抵押物上的添附工程

在“江苏＊建设工程集团有限公司与江苏＊联盟投资管理有限公司、扬州＊置业发展有限公司等第三人撤销之诉”[③]一案中，抵押人主张抵押物在建工程系

---

① 参见中华人民共和国最高人民法院民事判决书，（2018）最高法民再19号。

② 杜万华主编、最高人民法院民事审判第一庭编著：《最高人民法院物权法司法解释（一）理解与适用》，人民法院出版社2016年版，第127页。

③ 参见江苏省扬州市中级人民法院民事判决书，（2019）苏10民终2987号。

楼层土建部分施工已经结束的工程，抵押设立后“地坪的浇筑、车库地坪的浇筑、外墙的装饰装修、防水套管的预埋、现浇板面洞口预留、排给水管道安装、漏水试验、试压、室内热水管道及配件的安装、线路安装、开关通电照明、阁楼层地坪浇筑系新增续建部分”，不属于抵押范围。对此法院认为：

以上工序项目与其在建工程不可分割，故均不属于新增、续建房屋。在建工程抵押权系一种单独的抵押权类型，抵押财产的形态在设立和实现时往往并非完全一致，常常会发生一些形态上的变化，但不论怎样变化，作为抵押权人控制的抵押财产的价值形态来说，抵押设立时和抵押实现时具有同一性，即在建工程抵押的财产范围应是在建工程实现时的工程现状价值而不是抵押权设立时的工程现状价值。涉案在建工程面积并未增加，在涉案在建工程办理抵押后继续进行水电安装等工程应理解为一种添附行为，应认为抵押物范围包括该添附部分。同时，除当事人约定外，在建工程抵押物范围不仅包括现有建设用地使用权，还应包括规划许可范围内已建造的以及尚未建造的建筑物。那么举重以明轻，添附物在没有约定的情况下，也应属于在建工程抵押物范围。

（三）编者观点

第一，根据《民法典》第一百一十四条、第二百一十七条的规定，抵押权的认定应当审查当事人所办理的登记手续及真实的权利文件，依据当事人的真实合意与实际的登记行为所指向的抵押物内容来明确抵押登记范围。因此，在建工程的抵押范围不应当单以抵押权设立时的完工与否进行判断，而应当结合当事人合同中的真实意思表示以及登记行为所指向的抵押物内容综合认定。

第二，在建工程是一个独立的物权概念，是由已完工部分和已经规划但尚未完工部分组成的整体，具有不可分性。从物权属性来认定，在建工程属于土地使用权上之添附，是一个不断增加物权内容的动态过程，其物权的内容随着不断的添附而增加，且本身是一个不可区分的整体。在（2015）锡民终字第1149号案中，江苏省无锡市中级人民法院于生效判决中认为：“涉案建筑物在2011年6月28日抵押设定时尚未完工，本院认为未完工部分应当属于抵押财产。在建工程是在一个总体设计范围内，由一个或者几个单项工程所组成，经济上实行统一核算，行政上实行统一管理的建设单位。作为一个建设项目，不应仅仅包括已完工部分。”因此，在建工程抵押是一类单独的抵押权类型，应当与一般的房屋抵押进行区分。

第三，从民法典关于担保物权的立法目的出发，其宗旨是“保障债权实现”。只有以在建工程已完工部分和已经规划但尚未完工部分组成的整体设立抵押，才符合抵押权设立的目的，进而有效保障将来金融机构债权的实现。

第四，《民法典》第四百零二条规定：“以本法第三百九十五条第一款第一项至第三项规定的财产或者第五项规定的正在建造的建筑物抵押的，应当办理抵押登记。抵押权自登记时设立。”实践中，登记机关根据行政操作习惯，仅就已完工部分发放登记证明，即他项权证。但是，抵押物限定为在建工程完工部分或者可售部分，更多的是出于登记手段或技术的考量，随着工程建设阶段的发展，在建工程抵押权的抵押物范围可能随着完工部分或可售部分的增加而得到扩张。

综上，编者观点，除非合同另有约定，否则在建工程抵押权的效力及于抵押权设立时工程已完工部分以及在规划范围内尚未建造的部分（含抵押设立后抵押物上的添附工程）。如抵押物未建成就烂尾或在完工前出现房企破产的状况，那么在建工程抵押权的实现范围应限定于标的建筑物已完工部分。换言之，在建工程抵押的范围应当是当事人行使抵押权时在建工程的完成形态。

如果因登记机构的原因，办理在建工程抵押时当事人对未完工部分无法取得他项权证，完工后该部分立即被其他利益关系第三人设立了抵押或者预告登记，那么在建工程抵押权人与该利益关系第三人之间的权利冲突应该如何解决呢？

在“（2018）最高法民再19号”案件中，《抵押合同》明确约定，抵押物是指目标项目项下的土地使用权及其上在建工程。但在办理登记时，登记机关采用“抵押物清单”的方式，将在建工程抵押物的范围限定在已完工部分或可售部分，并为在建工程中已完工部分或可售部分的每套房屋单独办理了《在建工程抵押登记证明》，未完工部分（以下简称“争议房产”）未向权利人发放他项权证。后，抵押人未经抵押权人同意，销售了“争议房产”中的部分房屋并进行了备案登记以及预告登记。

对此，最高人民法院虽然认为“在建工程抵押权与其他购房户的权利冲突不属于本案的审理范围，本院不予理涉”，但却在观点阐述中提到，抵押合同的约定内容，符合司法解释和行政规章的规定。在登记机关未设立房屋登记簿、亦未明确在抵押合同上记载在建工程抵押登记方法的情况下，因前述抵押合同及相关登记申请材料和登记机关出具的收件单等文件均已载明登记类型为在建工程抵押登记，这些资料是登记机关存档备查的登记资料，利害关系人可通过查询档案资料的内容来获悉抵押物上的权利负担，故应当认定登记机关在收件、审核时将此项业务作为在建工程抵押登记业务加以办理的行为，即完成了“记载”在建工程抵押登记的工作，在建工程抵押权已依法设立。

由此可见，在建工程抵押设立后，即使在建工程抵押权人因登记机关原因对未完工部分无法取得他项权证，但是，如果相关利益第三人（如新的贷款人或购房人）可通过查询档案资料内容、获悉抵押物上的权利负担，却又在同一抵押物上设立了抵押或者预告登记，那么该利益关系第三人应当自担因审查不严谨带来的风险。

（四）建议

虽然最高人民法院亦认为在建工程抵押效力及于尚未完工部分建筑，但鉴于目前裁判观点不一，为避免诉累，编者建议金融机构在设立在建工程抵押时注意以下几点：

第一，在合同中与抵押人明确约定，抵押物范围包括规划许可范围内整宗土地的建设用地使用权、规划许可范围内已经建造的和尚未建造的建筑物以及抵押设立后抵押物上的添附工程。

第二，鉴于实践中大部分登记机关仅就已完工部分发放权利证明，建议金融机构在抵押设立后，定期要求抵押人提供监理公司出具的工程进度证明，并在完工部分达到登记要求时，及时到登记机关更换他项权证。

第三，办理抵押登记时应注意尽到谨慎义务，仔细审查登记机关存档备查的全部登记资料，以防抵押物上存在其他权利负担。

第四，为谨慎起见，金融机构可在工程整体框架完工后再行设立抵押。

二、工程竣工后未转为现房抵押的，抵押权是否消灭

根据《城市房地产抵押管理办法》第三十四条第二款的规定，以预售商品房或者在建工程抵押的，登记机关应当在抵押合同上作记载。抵押的房地产在抵押期间竣工的，当事人应当在抵押人领取房地产权属证书后，重新办理房地产抵押登记。《不动产登记暂行条例实施细则》第七十七条第二款规定，在建建筑物竣工，办理建筑物所有权首次登记时，当事人应当申请将在建建筑物抵押权登记转

为建筑物抵押权登记。那么，如果当事人在工程竣工后、重新办理房地产抵押登记前或转为建筑物抵押权登记前，陷入纠纷，需要实现抵押权时，在建工程抵押权是否仍然有效？法律对此没有明确的规定，司法实践中的观点也并不一致。

（一）观点一：支持抵押权仍然有效

在编者检索到的案例中，最高人民法院“（2007）民二终字第61号”案件、广东省高级人民法院“（2018）粤民终367号”案件、海南省海口市中级人民法院“（2019）琼01民终295号”案件均认为工程竣工以后，尚未办理房地产抵押登记前，在土地使用权抵押和在建工程抵押并未解除，且抵押物没有灭失情况下，应视为抵押延续，具有对抗第三人的效力。理由如下：

第一，抵押人和抵押权人未按照《城市房地产抵押管理办法》第三十四条第二款规定重新办理房产抵押登记，并不必然导致抵押权消灭。

第二，制度的解释应尊重当事人的合意和市场的普遍预期，相关市场经济主体可根据国家基本法律对相关民事法律行为的后果作出合理的期待。法律应当保护市场经济主体持证合法的期待利益。在抵押权优先受偿效力的认定方面，既要考虑物权法定原则，又要考虑当事人的真实意思表示。因此，在建工程抵押并未解除，且抵押物没有灭失情况下，应视为抵押延续，具有对抗第三人的效力。

（二）观点二：不支持抵押权继续有效

黑龙江省高级人民法院“（2015）黑高民申一字第66号”案件、辽宁省沈阳市中级人民法院“（2016）辽01民再42号”案件均认为，工程竣工后，当事人未及时办理房地产抵押登记的，之前的在建工程抵押权效力不自然延续。

第一，法律对在建工程抵押转房地产抵押有明确规定，其目的在于督促抵押合同的当事人在房屋所有权人初始登记后，变更原在建工程抵押权登记为房屋抵押权登记，以保护抵押权人的合法权益。根据《城市房地产抵押管理办法》（已失效）第三十四条第二款的规定，以在建工程抵押的，登记机关应当在抵押合同上记载。抵押的房地产在抵押期间竣工的，当事人应当在抵押人领取房地产权属证书后，重新办理房地产抵押登记；《房屋登记办法》第六十二条规定，在建工程竣工并经房屋所有权初始登记后，当事人应当申请将在建工程抵押权登记转为房屋抵押权登记。

第二，不动产的权属应以不动产的权属登记证明来确定，由于在建工程的特点，即没有产权证，所以在建工程抵押登记属于一种预告登记的性质，其并不意味着建筑物建成后，抵押权人对已经建成的建筑物自动享有抵押权，所以，在建工程抵押还必须到有关部门办理房地产抵押登记。

（三）编者观点

根据建设部2008年7月1日起施行的《房屋登记办法》（已失效）第六十二条“在建工程竣工并经房屋所有权初始登记后，当事人应当申请将在建工程抵押权登记转为房屋抵押权登记”的规定，该转登记并非重新办理登记，只是将原已抵押的在建工程在建成并取得房地产权证后转为房屋抵押登记。当事人未将在建工程抵押权转为房屋抵押权登记，不应当影响原设立的抵押权效力。

此外，根据《物权法》（已失效）的规定，抵押权自登记之日起生效，自法定理由出现时消灭。而抵押权仅因抵押权的实现、抵押关系的解除和抵押物灭失等法定事由而消灭。因此，当事人未将在建工程抵押权转为房屋抵押权登记的，抵押权效力应当延续。

（四）建议

鉴于目前司法实践中对该问题的判定不一，金融机构应当在设立在建工程抵押的过程中谨慎把握以下几点：

1. 在合同中与贷款人明确约定，抵押人有义务在工程竣工后及时通知并协助抵押权人将在建工程抵押转为房地产抵押，期间抵押权效力不因此产生任何瑕疵；否则抵押人构成违约。

2. 工程的建设过程中，金融机构应当定期要求抵押人提供工程进度证明，或定期到工程地点进行实地考察。一旦条件成就，及时到登记机关办理在建工程抵押转房地产抵押的相关手续。

三、在建工程抵押权人与消费者购房人的权利冲突

（一）“消费者购房人”优先权的法理基础与规范依据

由于不动产处于普通大众的基本生活资料地位，如果对此类购房人的产权不加以保护将会损害当事人的生存居住权，进而危及社会稳定。出于平等、全面、依法保护消费者购房人产权的目的，法律赋予了其对抗第三人的优先权。

根据最高人民法院《关于人民法院办理执行异议和复议案件若干问题的规

定》（以下简称《执行异议规定》）第二十九条的规定，金钱债权执行中，买受人对登记在被执行的房地产开发企业名下的商品房提出异议，符合下列情形且其权利能够排除执行的，人民法院应予支持：

1. 在人民法院查封之前已签订合法有效的书面买卖合同；

2. 所购商品房系用于居住且买受人名下无其他用于居住的房屋；

3. 已支付的价款超过合同约定总价款的50%。

换言之，金钱债权执行中，符合上述条件的购房人有权对登记在被执行人房地产开发企业名下的商品房提出异议，理论界将这类购房人称为“消费者购房人”。该条款设立的目的在于加强对作为弱势者的房屋消费者权利的特别保护，在所购商品房系用于居住且买受人名下无其他用于居住的房屋的特殊情况下，将对房屋消费者生存权利的保护置于对房地产开发企业债权人金钱债权的保护之上，赋予房屋消费者对买受房屋享有排除强制执行的民事权益。

对于“消费者购房人”的理解，重庆市高级人民法院《关于对最高人民法院〈关于建设工程价款优先受偿权问题的批复〉应如何理解的意见》（渝高法〔2003〕48号）中明确：首先，购房消费者中消费者的含义应与《消费者权益保护法》中的“消费者”含义相同，即购房者购房是为生活消费需要而不是为经营需要。其次，购房消费者已交付全部或大部分购房款（超过50%），且能支付尾款。最后，购房消费者在购买商品房的过程中无恶意损害抵押权人利益的行为。

该批复与上述《执行异议规定》第二十九条关于可排除执行的商品房买受人的认定标准一致。综合来看，“消费者购房人”需满足的条件有三：

第一，生活消费所需（用于居住），且买受人名下无其他用于居住的房屋。

第二，在他人查封或抵押前已签订了合法的房屋买卖合同。

第三，已交付全部或大部分购房款（超过50%），且能支付尾款。

（二）在建工程抵押权与“消费者购房人”优先权的冲突

根据最高人民法院《关于建设工程价款优先受偿权问题的批复》（已失效）中的相关规定，建设工程价款优先受偿权优先于抵押权，劣后于已交付购买商品房的全部或者大部分款项后的“消费者购房人”优先权。由此可知，在建工程抵押权劣后于消费者购房人优先权。

2015年最高人民法院《全国民事审判工作会议纪要》第六部分第三条“关于抵押权与购房人住房保障权冲突的问题”中规定“取得了房屋预售许可或者销售许可的房地产开发商以在建工程抵押取得银行贷款后，又同买受人签订了房屋买卖合同，买受人依约支付了全部或大部分购房款，房地产开发商不能偿还银行贷款，抵押权人向人民法院请求行使抵押权的请求，不予支持；对于买受人向人民法院请求确认其购买房屋的权利优先于银行抵押权的，人民法院应予支持。”根据上述规定的精神和原则，“消费者购房人”优先权作为一种生存权优先于在建工程抵押权。

实际上，以上规定赋予“消费者购房人”对房地产开发企业享有的转移所购房屋所有权之债权优先于其他债权人对房屋开发企业所享有的金钱债权的效力，是对债权平等原则的突破。同时，这一规定使“消费者购房人”购买商品房的行为产生了对抗房屋开发企业金钱债权人的效力，突破了合同相对性原则，但又缺乏足以产生公信力的公示方式，对交易安全和作为被执行人的房地产开发企业其他金钱债权人的利益影响巨大，也增加了被执行人和案外人通过执行异议恶意串通逃避强制执行的道德风险。[①] 那么，对于金融机构等金钱债权人来说，如何规避此类风险呢？

（三）建议

第一，在建工程抵押设立前，金融机构可与抵押人在合同中约定，如果将来因购房人优先权等问题导致在建工程抵押权落空，那么在建工程抵押权人有权要求抵押人更换抵押物（可在附件中列明可备选更换的抵押物清单），并要求其承担相应的违约责任。

第二，在建工程抵押存续过程中，抵押权人应充分注意到抵押人的失信可能性，尽量减少或者避免自身的优先受偿权与购房人基于买卖关系而对物权转移及物的交付权益产生冲突。作为抵押权人，尤其是专业从事金融业务的金融机构，应注意对房地产开发企业提供的抵押物进行动态监管，避免已抵押不动产转让价款的流失和债权的损失。

第三，在抵押权实现的过程中，如果出现了“消费者购房人”提执行异议，

① 参见中华人民共和国最高人民法院民事裁定书，(2018) 最高法民申5339号。

抵押权人应当提醒法院从严审查、严格把握。如严格审查被执行人和案外人签订的买卖合同是否真实有效，是否签订在人民法院查封之前，是否倒签；所购商品房是否系用于居住且买受人（以家庭为单位）名下无其他用于居住的房屋（不限于买受人所购房屋所在地）；支付房屋价款的证据是否充分，付款事实是否真实，已支付价款是否超过合同约定总价款的50%等。[①] 从而使法院在依法保护“消费者购房人”合法权利的同时，切实防止被执行人和案外人恶意串通损害申请执行人利益的行为。

四、在建工程抵押权人与预告登记购房人的权利冲突

（一）预告登记购房人优先权的法理基础与规范依据

根据《不动产登记暂行条例实施细则》第八十六条第四款的规定，申请预告登记的商品房已经办理在建建筑物抵押权首次登记的，当事人应当一并申请在建建筑物抵押权注销登记，并提交不动产权属转移材料、不动产登记证明。不动产登记机构应当先办理在建建筑物抵押权注销登记，再办理预告登记。另外，根据《民法典》第二百二十一条第一款的规定，当事人签订买卖房屋的协议或者签订其他不动产物权的协议，为保障将来实现物权，按照约定可以向登记机构申请预告登记。预告登记后，未经预告登记的权利人同意，处分该不动产的，不发生物权效力。也就是说，除非获得预告登记权利人同意，否则设立预告登记的商品房不得再进行在建工程抵押。

虽法律有明确规定，但实践中却存在大量在建工程抵押权与预告登记优先权相冲突的情况。预告登记作为一种临时性登记行为，其设立目的在于期房买卖中，债权行为的成立与不动产的转移登记之间往往因房屋建造等原因存在长时间的间隔，为平衡不动产交易中的各方利益，保护交易安全，法律赋予了预告登记能够对抗第三人的物权效力。[②] 根据目前的法律规定，如果购房人不具备前文所述的“消费者购房人”优先权或实际占有代替登记的准物权，那么其与在建工程抵押权效力的顺位，应当以登记时间在前者优先。

---

① 参见中华人民共和国最高人民法院民事裁定书，（2018）最高法民申5339号。

② 参见最高人民法院中国应用法学研究所编《人民法院案例选》2013年第4辑的案例“上海浦东发展银行股份有限公司无锡分行诉王某会等借款合同纠纷案”。

（二）在建工程抵押权与预告登记购房人优先权的冲突

在“中国长城资产管理股份有限公司贵州省分公司、段某松申请执行人执行异议之诉”[①] 一案中，段某松与利安公司在2012年12月签订《商品房买卖合同》并约定在合同签订之日起90日内向当地房屋登记机关申请预告登记，但实际并未办理。2013年12月，该房屋所在的“中环商业广场”设立了在建工程抵押，抵押权人为长城公司。后因利安公司无法按时还款，长城公司胜诉后申请法院对抵押物强制执行，其中包括段某松购买的房屋，段某松遂提起执行异议。

最高人民法院审理后认为，段某松的购房行为属于商铺产权交易，有别于消费型房屋买卖，属于典型的投资行为，因此不满足《执行异议规定》第二十九条，即“消费者购房人”优先权的规范目的；因其对涉案房屋并未实际占有，故亦不享有第二十八条规定的排他权。此外，虽合同中约定办理预告登记，但实际并未办理，因此案涉房屋不享有足以排除强制执行的民事权益，执行异议无法成立。

（三）建议

从市场交易的风险防范角度来看，《物权法》（已失效）已经确立了不动产登记公示主义的原则，并明确规定已经设立预告登记的房产，未经权利人同意不得设立抵押，参与或从事房地产抵押实践的市场主体应当知悉该规定。其在设立在建工程抵押权时，对抵押物是否已设定预告登记负有注意义务，并应积极向登记机关进行查询，以避免出现风险；反之亦然。市场主体如果因未尽到上述注意义务而遭受风险，则该损失应由其自行负担。

因此，为规避因预告登记购房人优先权导致的法律风险，建议金融机构作为抵押权人在设立在建工程抵押权时，谨慎审查抵押物是否已设定预告登记，并积极向登记机关查询。

五、在建工程抵押权人与占有代替登记类购房人

（一）占有代替登记类购房人排他权的法理基础与规范依据

根据《查封规定》第十五条的规定，被执行人将其所有的需要办理过户登记

---

① 参见中华人民共和国最高人民法院民事判决书，（2019）最高法民终309号。

的财产出卖给第三人，第三人已经支付部分或者全部价款并实际占有该财产，但尚未办理产权过户登记手续的，人民法院可以查封、扣押、冻结；第三人已经支付全部价款并实际占有，但未办理过户登记手续的，如果第三人对此没有过错，人民法院不得查封、扣押、冻结。换言之，满足“已支付全部购房款”“已实际占有”“无过错”三个要件的购房人，虽然未办理登记，但对争议房产视为事实上的所有权人。

此外，根据《执行异议规定》第二十八条的规定，符合下列情形的买受人有权对登记在被执行人名下的不动产提出异议并获得法院支持：

1. 在人民法院查封之前已签订合法有效的书面买卖合同。

2. 在人民法院查封之前已合法占有该不动产。

3. 已支付全部价款，或者已按照合同约定支付部分价款且将剩余价款按照人民法院的要求交付执行。

4. 非因买受人自身原因未办理过户登记。

比如，在福建法院2017年发布保护产权典型案例之案例三“案外人郑某捷执行异议申请”① 一案中，郑某捷向法院提出执行异议。法院审理后发现，安溪茶博汇第15幢148号房产虽登记于被执行人苏某云名下，但案外人郑某捷在该房产被查封之前已经与被执行人苏某云、吴某福夫妻签订合法有效的书面买卖合同，且支付了全部购房款并实际占有使用。在该房产产权登记完整后，案外人郑某捷欲办理过户登记时，因被执行人苏某云、吴某福联系电话已停机而未能完成过户登记。因此，法院认为，若继续执行上述房产，将损害买受人即案外人郑某捷的合法权益。最终法院依据上述规定裁定对该房产终止执行。

实践中，存在购房人非因自身原因导致房屋无法过户，但已于在建工程抵押权设立之前与开发商订立合法有效的买卖合同、付款并对标的房屋实际占有的情况。结合我国《物权法》（已失效）的规定，除土地承包经营权、宅基地使用权与地役权因我国特殊的土地背景采用登记对抗主义立法外，其他不动产物权变动均采用登记生效主义立法。但在上述情况下，非因买受人原因无法办理登记、其他物权变动条件均已满足且购房人无过错的情况下，应当认定占有作为一种公示要件，可代替登记，进而产生对抗第三人的效力。

---

① 参见福建省南安市人民法院执行裁定书，(2015) 南执异字第19号。

（二）在建工程抵押权与占有代替登记类购房人排他权的冲突

举例说明：甲银行（以下简称甲）借款1000万元给乙房地产开发企业（以下简称乙），并在其在建工程上设立了在建工程抵押。后乙无法还款，甲将其诉至法院，胜诉后申请对抵押物强制执行。此时发现，在建工程抵押权设立以前，乙与自然人丙签订有房屋买卖合同，丙已占有该房屋，且已交付全部购房款，但未办理过户（非因丙方原因），所有权仍登记在乙的名下。此种情况下，虽然该房屋属于甲抵押物的一部分，但根据《执行异议规定》第二十八条的规定，丙有权利向法院提出执行异议，并排除甲银行对该房产的执行。

（三）建议

从市场交易的风险防范角度来看，《物权法》（已失效）已经设立了不动产物权变动登记主义原则，购房人对此应当知悉。其在订立房屋买卖合同时，对该房屋之上是否存在权利瑕疵负有注意义务，并应积极向登记机关查询，以避免出现风险。如果因未尽到上述注意义务而遭受风险，则该损失应自行负担。因此，占有代替登记类购房人排他权的基础是购房人的无过错原则，该类购房人应当满足善意的标准，即以下所有行为均应发生于在建工程抵押设立以前：房屋买卖合同的签订、对该房屋的事实占有、存在非因买受人自身原因未办理过户登记的合理事由。所以，对于该类购房人排他权，建议金融债权人在设立在建工程抵押时注意以下几点：

第一，在建工程抵押设立前，现场考察已完工部分房屋是否存在被占有行为。

第二，在抵押合同中明确约定如果将来因购房人优先权等问题导致在建工程抵押权落空，那么在建工程抵押权人有权要求抵押人更换抵押物（可在附件中列明可备选更换的抵押物清单），并要求其承担相应的违约责任。

六、在建工程抵押权与工程价款优先权的冲突问题

《民法典》第八百零七条赋予了承包人建设工程价款优先权，即经催告发包人逾期不支付工程款的，除按照建设工程的性质不宜折价、拍卖的之外，承包人可以与发包人协议将该工程折价，也可以申请人民法院将该工程依法拍卖，建设工程价款就该工程折价或者拍卖的价款优先受偿。2002年，最高人民法院基于建

设工程价款优先权的核心立法目的，即对建筑工人劳动工资的保护出发，公布《关于建设工程价款优先受偿权问题的批复》（已失效），其中明确指出，建设工程施工承包人的优先受偿权优先于抵押权和其他债权。换言之，工程价款优先权应当优先于在建工程抵押权。

那么，金融机构面对这一法定优先权，如何操作才能避免与之发生冲突时自身在建工程抵押权落空呢？从在建工程抵押权人角度出发，存在以下途径：一是在建工程抵押权设立时，工程价款优先权灭失；二是即使存在工程价款优先权，但该权利劣后于在建工程抵押权。基于上述考量，引发如下问题：工程价款优先权是否可以放弃或限制，编者将在下文围绕该问题进行阐述。

最高人民法院2021年1月1日起施行的《关于审理建设工程施工合同纠纷案件适用法律问题的解释（一）》（以下简称《建设工程合同解释一》）第四十二条规定："发包人与承包人约定放弃或者限制建设工程价款优先受偿权，损害建筑工人利益，发包人根据该约定主张承包人不享有建设工程价款优先受偿权的，人民法院不予支持。"那么，承包人放弃或限制建设工程价款优先权，是否有效呢？

1. 本文观点

（1）原则上有效

建设工程价款优先受偿权是法律赋予建设承包人的法定权利，作为一种民事财产权利，当事人享有自由处分的权利。工程价款优先受偿权虽然旨在间接保障建筑工人、材料商的合法权益，但并未规定该优先权的行使、放弃需征得建筑工人、材料商的同意。① 因此，在建筑工人、材料商的合法权益不受损的前提下，建设工程价款优先受偿权的放弃或限制应当有效。

（2）特定情况下无效

如承包人因放弃或限制该权利导致自身资不抵债濒临破产，或无法向建筑工人发放工资、直接损害其利益的，根据《建设工程合同解释二》（已失效）第二十三的规定，法院可以认定该放弃或限制行为无效。

编者认为该规定的法理基础也不难在《民法典》中找出。根据《民法典》

① 参见中华人民共和国最高人民法院民事判决书，（2018）最高法民终99号。

第五百三十八条的规定，债务人以放弃其债权、放弃债权担保、无偿转让财产等方式无偿处分财产权益，或者恶意延长其到期债权的履行期限，影响债权人的债权实现的，债权人可以请求人民法院撤销债务人的行为。正因为承包人放弃优先债权的行为导致建筑工人利益直接受损，建筑工人可以对承包人的行为行使撤销权。基于建筑工人的弱势地位，最高人民法院《关于审理建设工程施工合同纠纷案件适用法律问题的解释（一）》第四十二条规定，发包人与承包人约定放弃或者限制建设工程价款优先受偿权，损害建筑工人利益，发包人根据该约定主张承包人不享有建设工程价款优先受偿权的，人民法院不予支持。

2. 相关司法裁判要旨

在“四建公司与润通公司建设工程施工合同纠纷”① 一案中，润通公司（发包人）与四建公司（承包人）签订有《工程施工总承包合同》，后润通公司与农商行签订《借款合同》。借款合同签订同日，四建公司向农商行出具承诺函一份，内容为“因四建公司通州凯伦项目部之需要，润通公司特向贵行贷款4000万元。本公司承诺：在润通公司不能按约定履行偿还贵行4000万元贷款及其利息的情况下，放弃该项目在本次贵行确认的贷款及利息范围内的优先受偿权”。关于该承诺函的效力问题是本案的争议焦点之一，法院经审理后，基于以下原因认可了该承诺函的有效性：

第一，由于建设工程价款往往涉及材料款和农民工工资等，材料款债权在一定程度上具有所有权取回权的性质，而农民工工资债权则具有基本生存保障的性质，法律创设建设工程价款优先受偿权就是为保护这些特定法益，如承包人放弃优先受偿权将损害这些特定法益，则承包人的放弃行为应属无效。但如果承包人放弃优先受偿权的同时，已经有一定的担保措施确保承包人工程款的有效实现，则承包方放弃优先受偿权的行为可以认定为有效。

第二，承包人作为建筑行业的大型企业，本身具备一定的风险控制与防范能力，其在涉案工程中垫付大量资金施工作业，应当考虑到工程款不能如期到位的风险；其在放弃部分建设工程价款优先受偿权时，应当考虑到相应的法律后果；其有实力和能力，也有义务和责任确保在涉案工程款未到位的情况下先行支付农

① 参见江苏省南通市中级人民法院民事判决书，（2013）通中民初字第0046号。

民工工资。

在“广东省源天工程有限公司、仁化县大兴水电有限公司建设工程施工合同纠纷”[①]一案中，法院亦持上述观点，并认为：广东省高级人民法院《关于在审判工作中如何适用〈合同法〉第286条的指导意见》（已失效）第九点规定：“承、发包双方当事人在建设工程承包合同中约定承包人不能行使建设工程价款优先权，事后承包人以建设工程价款优先权是法定权利为由向人民法院主张合同约定无效并要求行使建设工程价款优先权的，人民法院不予支持。”

因此，该观点认为，虽然承包人与发包人之间的市场地位可能不平等，导致缔约地位不平等，但对于此种不平等，只要不超出一定的范围和界限，法律和司法应当予以尊重。承包人和发包人主要是商事主体，在商事交易中，应着重维护契约自由、市场秩序、交易效率和交易安全。故如果当事人之间的约定不损害建筑工人利益，那么放弃或者限制建设工程价款优先受偿权的约定合法有效。

3. 实务建议

通过本文观点及上述案例分析，编者认为金融机构债权人解决与建设工程优先受偿权冲突问题的有效方式为：

（1）通过协商，金融机构可以直接将给开发商或贷款人的部分贷款以支付工程款的名义支付给施工方，并与之签订放弃工程价款优先受偿权的承诺函或协议书，确保其放弃行为不会损害建筑工人的利益，进而确保该约定的有效性。

（2）因同一法益不能被重复保护，所以金融机构可以在与施工方签订放弃工程价款优先受偿权承诺函或协议书的同时，要求贷款人找寻其他替代担保，担保建筑工人工资可以有效支付，而不用再行行使建设工程价款优先受偿权。

（3）在建工程抵押设立时，金融机构可与开发商或施工单位沟通确定建设工程价格构成，评估建筑工人工资所占比重。如建筑工人工资所占比重在30%，可要求开发商放弃或让渡70%的建设工程价款优先权。由于该方式并未损害建筑工人的利益，所以这一约定应当合法有效。

---

① 参见广东省韶关市中级人民法院民事判决书，（2019）粤02民终290号。

第三节

担保债权金额的确定问题

一、抵押担保债权金额的确定

破产中的抵押担保债权金额应当根据抵押担保的范围进行确定。通常情况下，当事人会在抵押合同中对担保范围作出明确约定。由于我国实行的是不动产抵押登记生效主义原则且根据相关法律规定，若合同中约定的抵押范围与登记簿上所记载的内容不一致，应以登记记载的内容来认定担保债权金额，编者将之称为“登记为王”的认定规则。那么这种认定规则是否合理？

（一）“登记为王”的不合理性

最高人民法院《担保制度司法解释》第四十七条规定，不动产登记簿就抵押财产、被担保的债权范围等所作的记载与抵押合同约定不一致的，人民法院应当根据登记簿的记载确定抵押财产、被担保的债权范围等事项。

但在实务中，很多地区不动产抵押权证上记载的往往仅是“被担保主债权数额”，而非“担保范围”。这直接导致了法院在认定担保债权金额时，仅根据《担保法》（已失效）的规定将不动产抵押权证上记载的“被担保主债权数额”认定为担保债权金额的上限。

比如，在“中信银行股份有限公司鞍山分行、科光消防工程集团有限公司金融借款合同纠纷”① 一案中，最高人民法院认为，虽然抵押合同约定的担保范围为本金及其利息和相关费用，但根据《担保法司法解释》第六十一条的规定，有财产担保债权的金额应当以房屋他项权证上载明的债权金额为准。

编者提示：由于《担保法司法解释》已失效，本案引用法条对应《担保制度司法解释》第四十七条，“不动产登记簿就抵押财产、被担保的债权范围等所作的记载与抵押合同约定不一致的，人民法院应当根据登记簿的记载确定抵押财

① 参见中华人民共和国最高人民法院民事判决书，（2018）最高法民终352号。

产、被担保的债权范围等事项”。

但是，对于我国目前的不动产担保物权登记制度来说，不同地区的系统设置及登记规则并不一致。根据原国土资源部于2015年下发的《关于启用不动产登记簿证样式（试行）的通知》（国土资发〔2015〕25号）的要求，对抵押权权利信息仅记载“抵押方式”和“被担保的主债权金额”。因此，多数省份不动产登记机构提供的不动产登记簿上仅有“被担保主债权数额（最高债权数额）”的表述，且规定只能填写固定数字。但当事人在合同中又往往约定担保物权的担保范围包括主债权及其利息、违约金等附属债权，从而出现了合同约定与登记簿记载不一致的情形。在此情形下，由于是登记系统设置的原因导致抵押权人的除主债权之外的附属债权无法登记，所以把不利后果全部归于抵押权人显然不合理。

当然以上情形会随着2021年4月6日自然资源部发布的《关于做好不动产抵押权登记工作的通知》而有所减少直至没有。该通知第二条系明确记载抵押担保范围：当事人对一般抵押或者最高额抵押的主债权及其利息、违约金、损害赔偿金和实现抵押权费用等抵押担保范围有明确约定的，不动产登记机构应当根据申请在不动产登记簿“担保范围”栏记载；同时第四条完善了不动产登记簿：对国土资源部《关于启用不动产登记簿证样式（试行）的通知》（国土资发〔2015〕25号）规定的不动产登记簿样式进行了修改：在“抵押权登记信息”页增加“担保范围”栏目。

（二）最高人民法院司法实践及理论的新探索

基于以上“登记为王”规则的不合理性，最高人民法院在司法实践中开始根据实际情况作出不同的判断。在“中国华融资产管理股份有限公司重庆市分公司、重庆晋愉地产（集团）股份有限公司金融借款合同纠纷”① 一案中，最高人民法院认为虽然抵押合同中约定的抵押范围与抵押权证的记载内容不一致，但应当以抵押合同中的约定为准。编者总结最高人民法院作出这一新认定的理由主要有三点：

第一，不可归责性。当事人未将利息、复利、逾期罚息和复利等担保债权范围和金额在登记证书中明确予以登记，具有不能归责于抵押权人的客观原因。

① 参见中华人民共和国最高人民法院民事判决书，（2018）最高法民终950号。

第二，备案公示性。从登记公示的效果看，将抵押权设立的效力及于利息、复利、逾期罚息和复利债权，不会造成善意第三人利益的损害。因为当事人在办理抵押登记时已将《抵押合同》备案，故第三人也可以通过查询备案合同得知担保范围及于主债权产生的利息、违约金、损害赔偿金等。

第三，合法性。《抵押合同》约定的担保范围强调的是担保的主债权金额和担保范围，登记证书所记载金额强调的仅是担保的主债权金额。因此，赋予抵押权人就借款利息、复利、逾期罚息和复利债权享有抵押权，并不违反《担保制度司法解释》第四十七条的规定。

2019 年 11 月 8 日，最高人民法院发布的《九民会议纪要》第五十八条对担保债权的范围作出了明确规定，即以登记作为公示方式的不动产担保物权的担保范围，一般应当以登记的范围为准。但是，鉴于我国目前不同地区的不动产担保物权登记系统设置及登记规则并不一致，人民法院在审理案件时应当充分注意制度设计上的差别，作出符合实际的判断：如果合同约定的担保范围与登记不一致是由于该地区登记系统设置及登记规则造成的，那么法院以合同约定认定担保物权的担保范围，是符合实际的妥当选择；反之，一些省区市不动产登记系统设置与登记规则比较规范，担保物权登记范围与合同约定一致在该地区是常态或者普遍现象，人民法院在审理案件时，应当以登记的担保范围为准。

（三）建议

第一，金融机构在与借款人办理抵押登记时，应当及时将《抵押合同》进行备案。通常而言，不动产物权的登记具有公信力，可以有效保护交易相对方和善意第三人的利益。备案之后，第三人也可以通过查询备案合同得知担保范围，不会造成损害善意第三人利益的情形。

第二，如果管理人在审核债权时，没有根据如上所述的规则进行认定，而是仅依据《担保制度司法解释》第四十七条的规定将担保债权金额限于抵押权利证书所登记的主债权金额，那么作为债权人的金融机构应当及时向管理人提出异议，管理人解释或调整后仍有异议的，应及时向人民法院提起异议之诉。

第三，如金融债权人系第二顺位抵押权人，那么在选定抵押财产之前，第二顺位抵押权人需要审查抵押物价值是否充足，因为第一顺位的抵押范围及抵押债权金额的确定直接影响到第二顺位债权人的优先受偿额。因此，第二顺位抵押权人除了要查看该抵押财产第一顺位抵押权人的他项权利登记外，更重要的是还要查看第一顺位抵押权人的备案合同，以评估抵押财产价值的可实现性。

第四，基于2021年4月6日自然资源部发布的《关于做好不动产抵押权登记工作的通知》，金融债权人在相关部分办理担保手续时，注意明确记载担保范围。

二、抵押担保债权范围之诉讼费问题

随着金融债权涉诉问题的增多，银行等金融机构往往需要先行垫付案件受理费等诉讼费用。一般而言，案件受理费由败诉方承担；如双方是调解结案的，法院在作出的民事调解书中亦会明确案件受理费的承担主体。实务中，生效法律文书通常会在最后一款规定案件受理费由债务人承担，即如下格式：

本案经本院主持调解，当事人自愿达成如下协议：

1. 被告陈＊剑、周＊爱同意偿付陈＊麟欠原告临川＊＊村镇银行股份有限公司借款本息430,313.41元。2020年12月30日之前归还5万元；2021年3月30日之前归还10万元；2021年6月30日之前归还10万元；2021年9月30日之前一次性归还剩余全部借款本息［利息暂计算至2020年8月17日，之后的利息（含罚息、复利）按借款合同约定计算］。

2. 如果被告有一期没有按约付款，则原告可就本合同项下剩余借款本金及利息（含罚息、复利）申请强制执行；并有权要求对登记在陈某麟名下的位于抚州市安石大道2999号（华美立家建材家居广场）用于抵押的19幢5－12、5－13、5－14产权证号为：赣（2019）抚州市不动产权第0001052号、第0001053号、第0001054号的非住宅房屋折价或拍卖、变卖后的所得价款在抵押范围内优先受偿。

3. 案件受理费7754元，减半收取计3877元由被告陈某剑、周某爱负担。①

以该调解书为例，如果债务人没有按照调解书的内容履行义务，且进入了破产程序，那第三款中规定的案件受理费是否属于可优先受偿的范围呢？

根据《企业破产法》及其司法解释的相关规定，管理人在审核债权时，如果存在生效法律文书的，应当依据法律文书的内容确认债权。以上述调解书为例，

---

① 参见江西省抚州市临川区人民法院民事调解书，（2020）赣1002民初5831号。

调解书第二款明确约定了有财产担保债权的范围，而第三款中的案件受理费并不在其中，所以，管理人有理由将第三款中的案件受理费确认为普通债权。

在“安宁市农村＊＊合作联社与安宁市＊＊钢铁有限公司等被告的银行借款合同纠纷”一案①中，当事人同样为调解结案，调解书在第二款明确了案件受理费由债务人承担，同时在第三款中约定，如债务人未按期履行还款义务，银行有权就质押物的变价款在前述债权范围内优先受偿。因此，当该案件的债务人进入破产程序后，债权人依据该民事调解书向管理人申报债权，并主张按照调解书的约定将案件受理费纳入有财产担保债权的范围，最终获得了管理人的确认。

因此编者建议金融机构，在诉讼过程中，建议将担保物优先受偿的条款作为最后一个诉讼请求并将诉讼费明确划分为优先受偿的范围，使法院在判决或调解时将案件受理费等明确为可就抵押物或质押物变价款优先受偿的债权，以更好地维护和实现自身的合法权益。

三、担保范围之管理人报酬问题

（一）问题的引出

管理人对担保物的维护、变现、交付等管理工作付出合理劳动的，有权向担保权人收取适当的报酬。最高人民法院在《关于审理企业破产案件确定管理人报酬的规定》（以下简称《管理人报酬规定》）第十三条规定了管理人收取担保债权报酬的标准：“管理人与担保权人就上述报酬数额不能协商一致的，人民法院应当参照本规定第二条规定的方法确定，但报酬比例不得超出该条规定限制范围的10%。”由此可见，管理人收取报酬的前提是其对担保物的维护、变现、交付等管理工作付出了合理的劳动。确定费用金额的方式有两种：一是管理人与担保权人协商确定；二是参照一般管理人费用的计算标准进行确定。

如何确定这一费用数额不是编者本文讨论的重点，本文不再赘述。实践中，比如债权人为实现对抵押物的优先受偿向管理人支付了50万元的报酬，《民法典》第三百八十九条规定“担保物权的担保范围包括主债权及其利息、违约金、损害赔偿金、保管担保财产和实现担保物权的费用。当事人另有约定的，按照约

① 参见云南省昆明市中级人民法院民事调解书，(2016) 云01民初1900号。

定”，那么针对上述50万元，抵押权人是否可以向管理人主张在抵押财产的价值范围内优先受偿呢？换言之，担保权人支付的管理人报酬可否作为担保范围中“实现担保债权的费用”呢？法律对此并没有作出明确的规定，这也导致了司法裁判认定不一。

（二）司法裁判观点

1. 属于实现担保物权的费用

在“中国银行股份有限公司江阴支行与江阴市广业纺织有限公司保证合同纠纷”① 一案中，法官认为，银行对债务人公司享有的主债权总额为8,340,390元，经破产管理人依法变卖，银行对抵押物的优先受偿额为7,498,881.9元。因管理人对担保物的维护、变现、交付等管理工作付出了合理的劳动，故其向担保权人江阴中行收取75,000元的管理人报酬符合《企业破产法》的有关规定，且该费用为江阴中行在实现担保物权过程中产生，属于其实现担保物权的费用。因此，处分抵押物所得款项应在优先支付抵押物处分费用后，将其余额用于清偿江阴中行的主债权。

由此可见，本案中法官认为，担保权人支付给管理人处分担保物的报酬，因系在担保物的处分过程中产生的，所以属于担保权人实现担保物权的费用，根据《物权法》（已失效）第一百七十三条的规定应当在处分担保物的变价款中优先支付。

这一观点在“招商银行股份有限公司温州瑞安支行与阮某强、张某萍保证合同纠纷”② 一案中也有体现：针对银行提出的管理人报酬属于实现担保物权费用的观点，被告答辩称该笔费用系管理人向担保权人收取的劳动报酬，非实现债权的费用，在被告与银行签订的担保合同中也未将该笔费用纳入保证范围，因此银行要求答辩人承担该笔费用于法无据。对此法院的观点是，破产管理人报酬，属借款合同约定的实现担保物权的费用，无须当事人另加约定。

2. 属于担保权人自行承担的费用

在“中国银行股份有限公司太仓分行与苏州高氏园林绿化有限公司破产债权

---

① 参见江苏省无锡市中级人民法院民事判决书，（2014）锡商终字第00524号。

② 参见浙江省瑞安市人民法院民事判决书，（2017）浙0381民初9440号。

确认纠纷”① 一案中，中国银行太仓分行作为有财产担保债权人，在诉前曾就其支付给管理人在担保物维护、变现、交付等管理工作中的报酬向管理人进行债权补充申报，但管理人未予确定，理由为无法律依据。遂，中国银行太仓分行根据《物权法》（已失效）第一百七十三条的规定向法院提起诉讼，主张其作为担保权人支付给管理人的报酬应当为实现债权的费用，有权在抵押物拍卖款中优先受偿。

法院审理后认为，在普通案件中对担保物的维护、变现、交付等管理工作是债务人的合同义务，履行该义务发生的成本亦应由债务人承担。但在破产案件中，如果该成本亦从债务人财产中支付，必然会影响到普通债权人的利益，使普通债权人为管理人的这部分劳动支付报酬，但管理人的这部分劳动并不会给普通债权人带来利益。因此，该费用应当由中国银行太仓分行自行承担。

这一判决与“宁夏宁人律师事务所与中国建设银行股份有限公司宁夏分行法律服务合同纠纷”② 一案中法官的认定一致，理由为“破产管理人与作为担保权人的金融机构之间存在事实上的法律服务合同关系”。

（三）编者观点

1. 管理人报酬是否纳入担保范围应看约定

（1）无约定，不属于担保范围

首先，从费用产生的依据看。根据《民法典》关于担保物权的规定，对担保物的维护、变价、管理等工作是债务人的合同附随义务，成本应当由债务人承担。但是，一旦债务人进入破产程序，担保权人支付的管理人报酬相应变为管理人的劳动报酬，该费用的产生依据为“破产管理人与担保权人之间存在事实上的法律服务合同关系”③，此时显然与非破产状态下担保权人为实现担保物权支付的费用性质不同。

其次，对担保债权清偿完毕后，别除财产的剩余价值由普通债权人受偿，因此如果一概将担保权人支付的管理人报酬纳入担保范围优先受偿，将损害普通债权人的利益。换言之，会导致无担保债权人为管理人的这部分劳动支付报酬，而管理人的这部分劳动并不会给普通债权人带来利益。因此，如无特殊约定，破产

① 参见江苏省太仓市人民法院民事判决书，（2019）苏0585民初1853号。
② 参见宁夏回族自治区银川市兴庆区人民法院民事判决书，（2016）宁0104民初5908号。
③ 参见宁夏回族自治区银川市兴庆区人民法院民事判决书，（2016）宁0104民初5908号。

程序中担保权人支付的管理人报酬应当自行承担。

（2）另有约定的，按照约定

第一，从《企业破产法》角度出发，债务人财产分为责任财产与别除财产，破产程序本质是用责任财产对非担保债权的概括执行，实现非担保债权人间的公平清偿；别除财产则在担保范围内优先清偿担保权人。故当事人在担保合同中明确约定担保人出现破产时担保权人支付给管理人的报酬属于担保范围的，担保债权人的实质利益不应受破产程序的影响。换言之，此种情况下不能牺牲担保债权人的利益救济非担保债权人。①

第二，结合《管理人报酬规定》第十三条与第二条的规定，管理人对担保物的维护、变现、交付等管理工作付出合理劳动的，应当由担保权人在优先受偿的担保物价值一定范围内给予管理人适当的报酬。② 但是，如果当事人对担保范围进行了明确约定，那么根据《民法典》第三百八十九条“当事人对担保范围另有约定的，按照约定”的规定，基于双方达成的合意，担保权人支付的管理人报酬亦应纳入担保范围。

（3）协商报酬超出法定部分由抵押权人承担

《管理人报酬规定》第十三条规定了管理人担保债权报酬金额的确定方式有两种：一是管理人与担保权人协商确定；二是协商不成的，由法院参照一般管理人费用的计算标准进行确定，但报酬比例不得超出该条规定限制范围的10%。鉴于该规定并未对当事人协商费用的金额作出限制，所以协商情况下管理人收取的报酬可以超过限制范围的10%。

但是，此种情形下为了保护债务人财产价值最大化，维护非担保债权人的合法利益，即使担保权人与担保人的合同中对管理人报酬属于担保范围进行了明确约定，超出部分也不应纳入担保范围，而是应当由担保权人自行承担。

2. 管理人报酬可在担保权人受偿款内进行扣除

无论担保权人支付的管理人报酬是否纳入了担保范围，对于管理人来说，该

---

① 参见汪兴平：《破产实务三十九：管理人收取的担保债权报酬应包括在担保物优先受偿的实现债权费用中》，载 http://blog.sina.com.cn/s/blog_ab8c15960102wino.html，最后访问日期：2020年3月8日。

② 参见杨征宇：《〈关于审理企业破产案件确定管理人报酬的规定〉的理解与适用》，载《人民司法》2007年第11期。

报酬均有权在担保物的变价款中优先扣除。

根据《管理人报酬规定》，一般的管理人报酬计算基数中不包含担保权人优先受偿的担保物价值，这就导致了在债务人财产已全部或大部分设定抵押的情况下，管理人报酬过低的情形。为此，四川省高级人民法院《关于印发〈关于审理破产案件若干问题的解答〉的通知》中认为，在债务人财产已全部或大部分设定抵押的情况下，破产程序主要是为担保权人进行，管理人为此收取的合理必要劳动报酬，应属于“保管担保财产和实现担保物权的费用”范畴，根据《民法典》第三百八十九条，可从担保物变现的价款中优先清偿。

深圳市中级人民法院在2015年发布的《破产案件管理人工作规范》第九十五条规定，“对特定破产财产享有担保权的权利人，对该特定破产财产享有优先受偿的权利，但管理人可以扣除担保权人应当承担的保管、评估、拍卖、诉讼、仲裁等维护和实现担保权的费用。实现担保权的费用以实际支出为限，管理人应当提供费用支出的证据，报本院审批”。

因此，根据上述规定，管理人有权就其应收取的担保权人的报酬在担保物的变价款中优先扣除。

（四）总结与建议

1. 总结

综上所述，编者认为如果债务人与担保权人未在合同中明确约定担保范围包括管理人报酬，那么担保权人向管理人支付的报酬不属于担保债权，应当由担保权人自行承担。反之，如果当事人在合同中就管理人报酬属于担保范围进行了明确约定，那么应当按照当事人之间的约定，将担保权人支付的管理人报酬纳入担保范围。但应注意，担保范围内的管理人报酬金额不得超出限制范围的10%，超出部分由担保权人承担。无论上述何种情形，管理人均有权在担保物的变价款中对该费用先行扣除。

2. 建议

第一，对于作为担保权人的金融机构来说，应当在合同中对担保范围予以明确，即担保人或主债务人出现破产情形时，金融机构为实现担保物权应将向管理人支付的报酬纳入担保范围。

第二，如果合同中的上述约定明确，担保人或主债务人进入破产程序，管理人相应对担保物维护、变价付出了劳动，那么担保权人与管理人协商确定报酬时，应当注意报酬金额不要超出限制范围的10%。

第三，如果合同中对管理人报酬属于担保范围约定明确，但破产管理人并未认可的，金融机构应当在第一次债权人会议后行使异议权，必要时可向人民法院提起债权确认之诉。

第四节 担保债权的表决权问题

现行的《企业破产法》及相关司法解释中的表决权制度并没有对担保权人的优先受偿权不能完全实现时其表决权如何安排的规定。在实践中，担保权人往往直接丧失了对相关事项的表决权利或者仅仅只能计算人头数，除重整计划草案的表决需要分组表决外，和解协议草案及清算程序中有关事项的表决通过，不仅需要债权人人数过半的要求，而且债权额要占无财产担保的债权总额的1/2（清算）或2/3（和解）以上。依照相关法律规定，有财产担保债权人为有表决权的债权人，在计算人数是否过半时，应该将其人头数计算在内。[①] 但是在计算债权额时，由于总额只计算无财产担保债权，有财产担保债权人的债权额并不计算在内，那么担保权人的债权中如果有担保财产无法涵盖的部分，该部分债权额是否应在分母部分计算债权额呢。

一、问题的提出

人民法院于2021年3月裁定A企业进入破产清算程序，A企业曾于2015年10月向B银行贷款1亿元，并提供名下一处房产作了抵押，抵押时该房产的评估价值1.5亿元，B银行作为债权人向管理人申报了债权，管理人审核确认债权

① 参见霍敏：《破产审判前沿问题研究》，人民法院出版社2012年版，第58页。

总额为2亿元。在破产程序中，第一次债权人会议前，B银行向管理人提出赋予5000万元表决权的申请，其认为在表决机制中，除计算其人头数外，管理人还应向法院申请赋予其5000万元普通债权的表决权。那么管理人是否应当向法院提出赋予临时普通债权额的申请，法院是否应当裁定确认B银行的临时普通债权额以达到行使表决权的目的系本文要解决的问题。

现行法律及相关司法解释对担保财产无法涵盖的担保债权如何行使表决权未作出明确的规定，导致实践中抵押债权人丧失了相关事项的表决权或仅依人头计数，并不合理，损害了抵押债权人的合法权益，这明显是对其不利的。[①] 正如本文引入的案例，当担保物价款不足清偿抵押担保债权时（或担保物的评估值低于担保债权额的部分），那么怎么去处理担保权人的表决权才更加公平合理呢？实践中，担保债权人应如何做才能最大化行使表决权？

二、关于担保权人表决权的实践做法

编者针对目前破产程序中担保权人表决权的案例实践与规定进行了如下梳理：

（一）案例实践

1. 以评估值为基础确定优先债权额，剩余部分转普通债权

【相关案例】

中国＊＊银行南昌高新开发区支行与江西＊＊生态公司金融借款合同纠纷（2019）赣08民初85号

【基本事实】

中国＊＊银行股份有限公司南昌高新开发区支行与江西＊＊生态股份有限公司金融借款合同纠纷一案中，法院认为被告管理人根据抵押物的重新评估报告，确认原告的优先债权金额为4,512,120元，实际上确认了原告对抵押物享有优先受偿权，因抵押物经重新评估价值仅为4,512,120元。被告管理人根据抵押物的重新评估报告，确认了原告的优先受偿权实际能够实现的金额为3870万元中的4,512,120元，其余优先受偿权金额转而确认为普通债权金额，该做法并无不当，

---

① 参见王欣新：《论破产程序中担保债权的行使与保障》，载《中国政法大学学报》2017年第3期。

且有利于原告债权的切实清偿。

2. 不以评估值为基础，全部为优先债权

【相关案例】

中国＊＊资产管理公司湖北分公司与湖北＊＊食品公司破产债权确认纠纷（2019）鄂28民初1号

【基本事实】

关于中国＊＊资产管理公司湖北分公司（以下简称华融湖北分公司）对湖北＊＊食品公司（以下简称＊＊公司）享有担保债权的数额。华融湖北分公司主张对＊＊公司享有担保债权的数额，法院予以支持10,139,474.18元，华融湖北分公司有权在10,139,474.18元内就担保财产优先受偿。抵押物经恩施州施南资产评估事务所评估价值为5,172,906.21元，但该价值并非抵押物实际折价或者拍卖、变卖的价格，＊＊公司管理人，以抵押物的评估价值为依据，确认华融湖北分公司对＊＊公司享有抵押担保的债权数额为5,172,906.21元缺乏法律依据，法院不予支持。

3. 以评估值打折为基础确定优先债权额，其余转普通债权

【相关案例】

浙江振越建设集团有限公司破产重整案

【基本事实】

2016年1月28日，法院裁定受理了楼＊＊15人所提对浙江振越建设集团有限公司（以下简称振越公司）的破产清算申请。管理人充分考量振越公司资债规模及结构复杂等因素，在承债式存续型重整缺乏客观基础的情况下，为振越公司重整制定了分离式清算型重整方案。该方案经债权人委员会审查通过后，管理人即面向社会公开招募重整投资人，并于2016年8月26日通过竞价最终确定自然人赵＊＊为重整投资人。在重整方案中为便于有财产担保债权组对本重整方案行使表决权，暂按优先权标的建筑物及担保物评估值的80%预估变价值并以此确定各债权人可获优先清偿额及需参加普通债权组的债权金额。

（二）规定实践

在重整程序中，对于担保权人的表决权，一些法院已经在发布的指导性文件

中对此类优先权与表决权问题做出了部分规定，参考如下：

1.《北京破产法庭破产重整案件办理规范（试行）》第一百零六条有如下规定：对特定财产享有担保权的债权人，经评估等方式能够判断其优先受偿权利不能完全受偿的，债权人可以就剩余债权金额在其他组别表决。表决前担保财产价值是否足以清偿担保债权暂不确定的，除人民法院能够为其在其他组别行使表决权而临时确定债权额的以外，该债权人只得以全部债权额在担保债权组表决。

2.《深圳市中级人民法院审理企业重整案件的工作指引（试行）》第九十一条有如下规定：经评估的担保财产价值不足以清偿担保债权，对该财产享有担保权的债权人同意对超出评估值以外的债权按普通债权清偿的，可以将评估值作为该笔债权在担保债权组的表决额，剩余金额作为其在普通债权组的表决额。

（三）小结

我们通过上述案例及规定，不难看出，在司法实践中，法院对于破产重整程序中此类表决权的拆分问题原则上予以肯定，但还是采取谨慎保守的态度。如北京，法院要求担保财产是否足以清偿暂不确定的，全部在担保债权组表决；如深圳，法院会充分尊重债权人的意向。

另外，不难发现，以上案例及规定均针对破产重整程序，截至发稿日，编者并未找到有关破产清算、和解程序中与担保债权人表决权相关的案例及实践规定。

三、关于担保权表决制度的价值分析与反思

（一）关于担保权表决制度的演变

根据原《企业破产法》第十三条的规定，有财产担保的债权人未放弃优先受偿权利的，在债权人会议上对任何事项都没有表决权。[①] 究其原因，原《企业破产法》系考虑到担保权人的债权数额往往比较大且由于其有担保财产作抵押，因此在破产清算程序中对担保权人的利益影响不大。若将其债权额计入会议表决基数中，会使其在债权额上起到“一债独大”的局面，直接影响决议的通过与否，继而可能会损害无担保债权人权益的实现。但随着司法实践的推动，立法者发现

① 参见王欣新：《破产别除权理论与实务研究》，载《政法论坛》2007年第1期。

原《企业破产法》对其权利与义务的规定不相对应，一方面规定担保权人对债权人会议的所有议案包括与其利益相关的议案（如债权的审查与确认）均无表决权；另一方面又规定债权人会议的决议对全体债权人，即包括担保权人均有约束力，这无疑是将担保权人置于他人的任意宰割之下，是对其正当利益的严重损害。上述规定致使绝大部分的破产案件在债权人会议表决时担保权人不能有效行使权利。

新《企业破产法》为了解决司法实务中暴露出的上述问题，考虑到立法的原则应当是权利与义务相对应。因此新《企业破产法》第59条规定，未放弃优先受偿权利的担保权人仅对债权人会议通过和解协议和破产财产分配方案的决议不享有表决权，对其他可能涉及其权益的事项均享有表决权，旨在实现利益矛盾冲突下对破产债务人的所有债权人利益保护的最大化，①新《企业破产法》使担保权制度体系在实践操作中得到进一步的构建，进而促进破产制度体系的完善，保证中小企业在融资市场的活跃度，更好地带动国民经济的稳步发展。但新《企业破产法》的上述规定仍存在不足，新《企业破产法》未考虑到若担保权人的担保财产不足以覆盖其债权时，其表决权应如何界定，此时若仍不赋予担保权人普通债权的表决权，明显又暴露出原有的问题，究其根本，担保权人表决权问题没有得到根本解决，其仍被剥夺了一定的权利。

（二）现有观点

一种观点认为，《企业破产法》第五十九条明确规定了未放弃优先受偿权利的表决权应受到限制，其中并没有区分是全部享有优先权还是部分享有优先权，那么只要债权人没有放弃优先权的，就应当适用“对于本法第六十一条第一款第七项、第十项规定的事项不享有表决权”的规定。从《企业破产法》的立法本意看，享有优先权的债权人相对于无优先权的债权人，在实现其债权方面处于相对优势的地位，破产和解协议及破产财产分配方案与他们没有直接利益关系。破产法区分优先权与普通债权的目的，就在于保护处于相对弱势的普通债权人的利益，防止享有优先权的债权人只为自己的利益或是漠视普通债权人的利益。虽然有的担保债权只是部分优先权，但为了其部分优先权的利益考虑，不排除优先权

① 参见冯阿华：《关于完善我国别除权制度的建议》，载《法制与经济》2017年第5期。

人从自身利益出发作出不利于普通债权人的表决意见。因此，在债权人没有放弃其优先受偿权的前提下，其申报的债权中不管是否存在物保之物价款不足以清偿债权的情形，债权人均应按照相关法律法规不享有表决权。

另一种观点认为，对未放弃优先权的债权人所持有的债权中担保财产价值无法涵盖的部分应当与其他债权人的普通债权一样对待，享有相同的表决权。当债权人兼有财产担保和无财产担保债权人双重身份时，虽然其未放弃优先权，仍应当给予其充分的表决权，只是其所代表的债权额仅限于无财产担保的部分。同理，对于有财产担保的债权人在担保物价款不足以清偿其担保债权时，就未受清偿的债权额也应当享有表决权。

（三）编者观点

从权利义务的对等性上分析，第二种观点更有利于保障债权人和债务人双方的合法权益。

首先，从法律规定看，有财产担保债权人为有表决权的债权人，在计算人数是否过半时，应该将其人头数计算在内。但是在计算债权额时，由于总额只计算无财产担保债权，有财产担保债权人的债权额并不计算在内，那么在有财产担保债权人的债权中如果有担保财产无法涵盖的部分（无论担保财产是否已拍卖，只要能合理确定担保财产的价值），如该部分债权额在表决时不予计算，实际上剥夺了担保权人合理的表决权，对担保权人不公。《企业破产法》的宗旨在于公平清理债权债务，在债权人行使表决权方面也应当体现公平原则，不能为保护一方利益而损害另一方利益，在破产程序中对于债权人的保障应当一视同仁。

其次，根据“谁的利益谁做主”原则，因担保财产无法涵盖所有债权，那么无法涵盖的债权应纳入普通债权，权利人享有责任财产变价后按比例受偿的权利。那么，对责任财产的处置与分配事项的表决以及其他普通债权人享有的对其他事项的表决，权利人同样享有与其他普通债权人同等的表决权利，这样才符合“谁的利益谁做主”原则。

综上，担保权人申报的债权中，若担保财产的价值并不能完全涵盖所有债权，那么则应当一分为二地看待这笔债权，即在担保财产范围内的债权，由于其具有优先权的性质，因此该部分债权在清算或和解程序中不享有表决权，在重整程序中，享有分组表决中优先债权组的待遇；而担保财产无法涵盖的债权，由于其具有普通债权的性质，债权人对此享有与普通债权人同等的表决权。

四、担保权表决制度的域外借鉴

美国《破产法典》第506条（a）（1）对担保物的估值的一般标准进行了规定，债权人在担保财产利益的价值范围内构成担保债权，该价值应当根据估值的目的以及对财产的拟定处分或使用来判断。如果债务人意图通过清偿计划继续保有并使用担保财产，那么其须向债权人偿付担保财产的重置价值，即估值的恰当标准应当是该担保财产对于债务人的实际价值，即从市场上重新购置相同担保财产所需支付的金额，是指因继续保有而节约的成本，而不是对于债权人的模拟拍卖的价值。①

日本担保权在公司更生程序中被叫作更生担保权，其范围大致相当于破产程序和民事再生程序中的别除权。债权人的被担保债权中，“更生程序开始时点的担保标的物的财产时价作为担保权价值的评判标准时，该担保权所担保的范围之内的部分”，属于更生担保权。根据日本《公司更生法》第一百三十八条第二款的规定，更生程序中更生担保权人申报债权的，必须就更生担保权的内容、原因、担保标的物财产及价格、表决权数量等事项作出具体申报。担保权的范围不足以覆盖所有债权的，债权人还需要就担保权未覆盖部分债权单独申报为更生债权。②

可见美国、日本在破产法中对担保债权和更生担保债权进行了比较明确的规定，美国破产法规定债权人就其担保物的价值享受担保债权人的地位，而就超过担保物价值部分的债权享受无担保债权人的地位。日本的更生担保债权则是更生程序开始时点的担保标的物的财产时价作为担保权价值的评判标准，该担保权所担保的范围之内的部分，属于更生担保权。除此之外，就担保物价值的确定，美国、日本都认可担保财产价值通过评估的方式确定。美国提出了估值的恰当标准，日本更是提出了在更生担保权申报时，债权人应提供担保财产价格依据，对担保财产未覆盖部分应单独申报为更生债权。这些都对我国具有参考意义。

---

① 参见［美］查尔斯·J. 泰步：《美国破产法新论》（第三版）（中册），韩长印、何欢、王之洲译，中国政法大学出版社2017年版，第810~811页。

② 参见［日］山本和彦：《日本倒产处理法入门》，金春等译，法律出版社2016年版，第194~195页。

五、实务建议

基于担保权表决制度的不完善，为了保障担保权人的利益，编者建议担保债权人在程序中积极与管理人沟通并提供担保物估值依据，及时向管理人或法院提出赋予表决权申请，具体如下：

（一）积极为管理人提供估值依据

如前文所述，担保权人应在破产程序中积极向管理人提供相应估值依据从而维护自己的合法权益。在进行债权申报时，如已有担保物评估报告或其他估值依据的，则应及时出具相应评估报告，如无评估报告，则应及时与管理人沟通并视情况判断是否需要评估，如需要的，及时向管理人提出并积极推进评估。

（二）及时向管理人或法院提出赋予表决权申请

在担保物价值无法涵盖所有债权额时，针对无法涵盖的债权，担保权人应积极向管理人或法院申请赋予其与普通债权人同等的表决权，只有赋予了表决权，才能站在自身角度对相关议案发表对自身有利的意见，才能保障自身合法权益。担保权人同时应利用其自身资金和政府资源优势，积极参与债委会的设立、选举、议事等工作，通过参加债委会、担任债委会主席等方式，在破产程序中充分行使话语权，从而影响破产企业的走向，更好地监督管理人勤勉尽责履职，进而保护自身的合法权益。①

① 参见吴杰：《浅议破产程序中金融债权的保护》，载《法制与社会》2019年第6期。

第三章 金融债权在破产程序中的痛点聚焦

实践中，经常会遇到金融债权与税收债权、职工债权的冲突问题，作为金融债权人，唯有掌握更多税收债权、职工债权相关的知识，才能在交易环节或者债权受偿环节最大化维护自身利益。

第一节 税款债权

一、税收债权与担保债权的顺位问题

金融债权中一般都会存在有财产担保债权，那么，面对税收债权，有财产担保债权是否会劣后呢？

《税收征收管理法》（2015 年修正）第四十五条第一款规定："税务机关征收税款，税收优先于无担保债权，法律另有规定的除外；纳税人欠缴的税款发生在纳税人以其财产设定抵押、质押或者纳税人的财产被留置之前的，税收应当先于抵押权、质权、留置权执行。"根据这一规定，税收债权与担保债权处于同一顺位，按照发生时间的先后决定执行顺序：如果税收债权发生在担保债权之前的，

税收债权优先；反之，担保债权优先。

但根据《企业破产法》第一百零九条的规定，对破产人的特定财产享有担保权的权利人，对该特定财产享有优先受偿的权利。那么，当《税收征收管理法》与《企业破产法》发生冲突时，税收债权与担保债权的顺位先后应当如何认定呢？“（2017）浙06民终1119号”一案已明确：有抵押担保的债权就抵押物而言应当优先于税收债权清偿，税收债权产生时间与抵押权设立时间的先后顺序对此并无影响。理由如下：

首先，位阶相同时，具有特别规定属性的法律优先。《税收征收管理法》与《企业破产法》均由全国人大常委会制定，两部法律的位阶相同。《立法法》第九十二条规定，同一机关制定的法律，特别规定与一般规定不一致的，适用特别规定。一般规定是为调整某类社会关系而制定的法律规范，特别规定是相对于一般规定而言调整范围较窄的法律规范，破产程序中应分析《税收征收管理法》《企业破产法》相应条款的调整范围。《税收征收管理法》第二条规定“凡依法由税务机关征收的各种税收的征收管理，均适用本法”，表明《税收征收管理法》调整的是全体纳税人的税款征缴事项。因此，《税收征收管理法》第四十五条规定调整任何状态下企业的税收债权与有担保债权的清偿顺序问题，涵盖企业破产情形和企业正常经营情形。《企业破产法》第二条规定，破产程序是具备破产原因企业的债务清理程序或重整程序。进入破产程序后，企业将处于非正常状态，为公平清理债权债务，破产企业及破产债权人等相关主体的权利均将受限，同时对各种不同性质的破产债权制定清偿规则。因此，《企业破产法》第一百零九条、第一百一十三条规定调整范围仅限于破产情形下企业的税收债权与有担保债权的清偿顺序问题。两者相比较，《税收征收管理法》第四十五条规定的调整范围要宽于《企业破产法》第一百零九条、第一百一十三条规定的调整范围，后者对争点问题更具有针对性，相对具有特别规定的属性，应在破产程序中优先适用。

其次，在破产背景下适用《税收征收管理法》第四十五条规定，将使得破产债权的清偿体系发生混乱。依据《企业破产法》第一百零九条、第一百一十三条的规定，破产财产设定抵押的，该抵押物应优先清偿担保债权，其他破产财产先清偿破产费用、共益债务，再按照职工债权、税收债权、普通债权的顺序进行清偿，各种不同性质的债权在破产程序中具有特定的清偿顺序，内有严谨的法理依据。《税收征收管理法》第四十五条规定，税收债权发生在抵押权设立之前的，税收债权就该抵押物优先于担保债权清偿。在破产背景下适用《税收征收管理法》第四十五条规定，如果税收债权金额大于抵押物变现金额，以抵押物变现金额为限的税收债权优先于破产费用、共益债务和职工债权清偿，超出部分则将劣后于破产费用、共益债务和职工债权清偿，税收债权在破产程序中的清偿顺序出现混乱。同时，在税收债权金额大于或者等于抵押物变现金额的情形下，抵押权将被消灭，有抵押担保的债权直接变为普通债权；在税收债权金额小于抵押物变现金额的情形下，抵押物变现款项清偿税收债权剩余部分仍应优先清偿有抵押担保的债权，客观上将减少可用于清偿破产费用、共益债务、职工债权的破产财产。税收债权的有无在很大程度上决定了有抵押担保债权能否优先清偿，同时对破产费用、共益债务、职工债权的清偿均将产生重大影响。另外，破产财产是否设立抵押权，在抵押物范围内将决定税收债权的清偿顺序，抵押权的设立最大受益人将是税务机关而非抵押权人。上述情形显然缺乏合理性，《税收征收管理法》第四十五条规定与破产程序中破产债权的清偿体系不相容，二者之间存在根本性的逻辑冲突。可见，《税收征收管理法》第四十五条规定只能调整常态下税收债权和担保债权的清偿顺序，无法适应破产背景下税收债权、有抵押担保债权的清偿顺序问题。

再次，《税收征收管理法》第四十五条规定属于《民法典》第三百八十六条规定的例外情形，但在破产程序中并不优先适用。《民法典》第三百八十六条规定"担保物权人在债务人不履行到期债务或者发生当事人约定的实现担保物权的情形，依法享有就担保财产优先受偿的权利，但法律另有规定的除外"，《税收征收管理法》第四十五条规定属于该条款规定的除外情形。在企业正常经营时，符合条件的税收债权可以优先于有抵押担保的债权就抵押物进行清偿。但是，在企业进入破产程序后，《企业破产法》第一百零九条、第一百一十三条对税收债权与担保债权的清偿顺序再一次作出规定，该规定属于《民法典》第三百八十六条规定除外情形之特殊情形。破产程序中别除权的基础是担保物权，但不能将《企业破产法》第一百零九条、第一百一十三条规定等同于《物权法》（已失效）第一百七十条规定，从而得出《税收征收管理法》第四十五条规定优先于《企业破产法》第一百零九条、第一百一十三条规定适用的结论。同时，《税收征收管理法》第四十五条规定有“税收优先于无担保债权，法律另有规定的除外”的内容，表明在有法律规定的特殊情形下，无担保的债权尚可以优先于税收债权，有担保的债权更可以优先于税收债权。综上，《民法典》物权编、《税收征收管理法》、《企业破产法》相关条款对税收债权、有抵押担保债权清偿顺序的调整针对性逐渐增强，彼此是一般到特别再到更特别的关系，内在逻辑并不能支持《税收征收管理法》第四十五条规定在破产程序中优先适用。

最后，税收债权的优先性在破产程序中应适当受限。税收债权享有优先性的主要原因有二，一是税收具有公益性，公益性权利优先于私利性权利；二是税收具有风险性，税收是一种缺乏对待给付的债权，税收机关与纳税人之间信息不对称，税收的征管存在风险。关于税收债权的公益性，一般情形下公益性权利应当优先保护，但公益性权利并非绝对优先于私利性权利，《企业破产法》第一百一十三条规定税收债权劣后于职工债权受偿，便是公益性权利的优先性在破产程序中受限的具体体现。另外，对于未进入破产程序的企业而言，有抵押担保的债权人即使不能就抵押物优先受偿，其债权仍可以通过债务人的其他财产受偿。但当债务人进入破产程序，鉴于破产财产不足以清偿全部破产债务，税收债权人与担保债权人就抵押物而言形成零和博弈，此时强调税收债权的公益性，不具有说服力。关于税收债权的风险性，一般情形下税收债权的风险应当优先防范，所以《税收征收管理法》赋予税务机关可以采取税收保全、强制执行、纳税担保等多种有力税收保障措施。所以，破产程序中再强调税收债权的风险性，不具有说服力。

综上，当《税收征收管理法》与《企业破产法》发生冲突时，有抵押担保的债权就抵押物而言应当优先于税收债权清偿，税收债权产生时间与抵押权设立时间的先后顺序对此并无影响。

二、处置担保物新生税款的性质问题

在破产程序中处置担保财产所产生的税费，分别由买受人与债务人承担，其中由买受人承担的部分，不涉及用破产财产清偿的问题，而应由债务人承担的税款，性质为何呢?《企业破产法》等相关法律规定对此并未作出明确规定，司法实践中对该问题的认定也并不一致。

1. 观点一：属于破产费用

在“原告承德嘉＊房地产开发有限责任公司与被告＊市自动化计量仪器厂破产管理人债务纠纷”① 一案中，原告在破产拍卖程序中作为买受人为管理人垫付了本应由破产企业缴纳的税费，之后，原告该笔垫付款被管理人认定为普通债，原告不服向法院提起诉讼。河北省承德市中级人民法院审理后认为，该笔税金的纳税主体是破产管理人，是清算组在破产财产的管理、变价和分配中产生的，其行为也是为破产程序进行而实施的，是为了全体债权人的共同利益，破产后形成的税收债权具有特殊性，因此其支出的费用应认定为破产费用、共益费用。按照破产费用、共益费用优先受偿的原则，该笔费用应当从破产财产中优先拨付。最终法院判决原告垫付的税款属于破产费用。广东省高级人民法院在案号为“（2016）粤民终1942号”判决书中同样持有该种观点。

2. 观点二：不属于破产费用

在“吴忠市＊区地方税务局与吴＊燕塑料工业有限公司破产管理人行政强制再审审查与审判监督”② 一案中，尽管税务局答辩认为，企业破产中处置资产所产生的税款属于破产费用，这在全国很多省市如江苏、广东、上海等地都有先例可供参考，在法学界也成为共识。但是，宁夏回族自治区高级人民法院的观点是，对于企业破产中处置资产所产生的税款不能一概认为属于破产费用。根据《企业破产法》第四十一条第二项规定，管理、变价和分配债务人财产的费用属于破产费用。《企业破产法》规定人民法院受理启动破产程序后，债务人便丧失了对企业财产的管理和处分的权利，而是由人民法院指定的管理人接管债务人的财产，对其财产进行管理、变价和分配，必然要支出相应的费用，这些费用为破产费用。本案被上诉人所扣缴的税费属于破产企业管理人在对企业财产依法进行拍卖、变价后因财产增值而产生的增值税，并不是因变价行为本身而产生的费用，依法不属于《企业破产法》所规定的破产费用。

---

① 参见河北省承德市中级人民法院民事判决书，（2015）承民初字第00136号。

② 参见宁夏回族自治区高级人民法院行政裁定书，（2018）宁行申28号。

3. 编者观点

编者认为，在破产程序中处置财产所产生的应由债务人承担的税款性质应当为破产费用或共益债务。

首先，《税法》未豁免破产程序中的纳税义务，但破产程序中产生的税费因发生在破产受理后，所以不属于破产债权。

其次，根据《企业破产法》的规定，破产费用与共益债务均在破产受理后产生，其中破产费用包括破产案件的诉讼费用、管理、变价和分配债务人财产的费用，管理人执行职务的费用，报酬和聘用工作人员的费用；共益债务包括因管理人或者债务人请求对方当事人履行双方均未履行完毕的合同所产生的债务、债务人财产受无因管理所产生的债务、因债务人不当得利所产生的债务、为债务人继续营业而应支付的劳动报酬和社会保险费用以及由此产生的其他债务、管理人或者相关人员执行职务致人损害所产生的债务、债务人财产致人损害所产生的债务。因此，破产程序中管理人处置债务人财产产生的税费可以归入上述破产费用中的“管理、变价和分配债务人财产的费用”；为使破产企业继续经营产生的相关税费可以归入“为债务人继续营业而应支付的其他债务”的共益债务中。

最后，破产程序中产生的税费符合破产费用与共益债务的立法目的。破产费用与共益债务本质是在破产程序中为全体债权人的共同利益而支付的各项费用或者承担的必要债务，主要目的旨在保障破产程序的顺利进行，在使用效果上可以增进所有债权人的利益。破产程序中产生的相关税费符合这一立法本意。

另外，根据四川省高级人民法院于2019年3月20日发布的《关于审理破产案件若干问题的解答》（川高法〔2019〕90号）中的相关规定，破产程序中处置破产财产新产生的增值税、附加税、印花税、契税等税费，属于在破产程序中为实现全体债权人的共同利益而必须支付的费用或者承担的必要债务，可以归为破产费用中“变价和分配债务人财产的费用”，由债务人的财产随时清偿。如处置的破产财产系担保物，则处置破产财产所产生的税费从担保物处置价款中优先清偿。

第二节

职工债权

引言：浙江金海盈公司破产案[①]

浙江金海盈是一家制衣公司，2014 年因严重资不抵债向法院申请破产并被法院受理。同年 6 月管理人介入，在进行债权审核的过程中发现该公司职工债权 179 笔，金额总计 286 万余元。但在管理人处置破产财产过程中，受房地产市场不景气等原因影响，处置财产不尽如人意；又因抵押债权第一顺位优先受偿，职工债权的受偿率为零。

为维护社会稳定，最大限度地保护职工权益，管理人多次与抵押权人——中国人民银行进行沟通，最终银行从大局出发，让渡了部分债权。另外，法院对部分诉讼费用、审计机构对部分审计费用以及管理人对部分报酬均进行了让与，最终使得劳动债权的受偿比例达到了 86%。该案件最大限度上维护了职工的利益，成为保障破产企业职工利益与解决民生的典型案例之一。

由上述案例可知，虽然在破产程序中，金融债权一般为有财产担保的优先债权，根据《企业破产法》的规定有权对抵押物的变价款在抵押范围内优先受偿，但是实践中，为了维护社会稳定，金融债权人往往需要向职工让渡一部分权利。那么，职工债权具体有哪些特殊性呢？下文将进行详细阐述。

一、担保债权与职工债权的顺位问题

引言部分的案例表明，在实践中，金融债权往往向职工让渡一定的利益，那么从应然角度，担保债权与职工债权到底孰优先呢？

《企业破产法》中并未有相关明确规定，但根据《企业破产法》第一百零九条的规定，对破产人的特定财产享有担保权的权利人，对该特定财产享有优先受

---

① 参见张宏伟、楼东平：《形而上与形而下——企业破产法的理论探索与实践创新》，人民法院出版社 2018 年版。

偿的权利。

而根据《企业破产法》第一百一十三条的规定，职工债权属于除破产费用、共益债务之外第一清偿顺位的债权。编者通过检索相关案例，并未找到直接的在破产程序中类似于税收债权的顺位判决。编者将通过如下案例展示职工债权与担保债权的分配顺位问题。

1. 相关案例

在（2014）锡破字第0009-14号案例载明了相应清偿顺位："假定霞*环保资产均能按评估值变现，则依据《企业破产法》第一百零九条的规定，霞*环保有财产担保债权可就霞*环保抵押资产优先受偿52,453,311.33元；依据《企业破产法》第一百一十三条规定的清偿顺序，霞*环保抵押资产的变现所得在优先清偿有财产担保债权后的余额部分和霞*环保其他资产的变现所得的总额，在优先清偿破产费用和共益债务27,969,761.53元后，职工债权可获受偿21,012,720.31元（受偿率100%）、税款债权可获受偿879,258.87元（受偿率100%），有财产担保债权未就霞*环保抵押资产优先受偿的部分和普通债权可获受偿189,799,916.79元（受偿率16.28%）。"

2. 双轨道清偿理论

按照《企业破产法》第一百零九条及第一百一十三条的规定，编者认为担保债权与职工债权不存在先后的顺位问题，两者系在不同的清偿轨道分别清偿（该理论已在破局篇第一部分第三章阐述），可以理解为破产财产的清偿轨道有两个，一个系别除财产的清偿轨道（第一百零九条对应的有担保的债权系用别除财产予以清偿），一个系责任财产（别除财产之外的破产财产）的清偿轨道（第一百一十三条对应的债权系用责任财产予以清偿）。

换言之，担保债权的清偿系用别除财产予以清偿，而职工债权的清偿系用责任财产的予以清偿。正如（2014）锡破字第0009-14号案，担保财产上如没有比抵押债权更优先的债权前提下，担保财产的变价款应用于先行清偿担保债权。如有剩余价值的，担保财产的剩余价值转为责任财产，此时转化的责任财产与其他责任财产共同构成了责任财产的清偿总额，再按照第一百一十三条的规定顺位清偿相应债权，其中包含了职工债权。如果担保财产的变价款无法全额清偿担保债权的，未获得清偿的担保债权转为普通债权，在责任财产体系中按照顺位予以清偿。

二、破产程序中的职工安置问题

因职工问题涉及对弱势主体的保护，虽然通过上文，我们知道了担保债权的清偿系用别除财产予以清偿，而职工债权的清偿系用责任财产予以清偿，看似两个平行的清偿体系与清偿轨道，金融债权的清偿理应不受职工债权的影响。但正如本节引入的案例，在没有其他利益可以保障职工利益的情形下，为了顺利推动案件，金融债权人往往会向职工让渡部分利益。因此，对于金融债权人，有必要了解相关职工安置问题以及职工债权相应问题。

（一）劳动合同问题

1. 劳动合同的继续履行

管理人接管企业后，应根据债务人的具体情况决定是否继续经营，如在破产重整程序中，无论是债务人自行经营模式还是管理人经营模式，债务人或管理人往往会决定继续经营并决定留用相关员工，根据《企业破产法》第四十二条第四项之规定，人民法院受理破产申请后发生的为债务人继续营业而应支付的劳动报酬和社会保险费用以及由此产生的其他债务为共益债务。故在破产企业报经法院许可继续经营的情况下，继续履行劳动合同产生的劳动报酬及社保等产生的债务属于共益债务，其清偿顺序位于普通债权之前。

2. 劳动合同的解除与终止

（1）劳动合同的当然终止

《劳动合同法》第四十四条第四项进行了明确规定，用人单位被依法宣告破产的，劳动合同终止。

（2）劳动合同的解除

自法院受理破产至法院宣告企业破产，期间一般有半年甚至更长的时间，一般破产企业无须太多职工提供劳动亦无力承担更多的职工债务，如果宣告破产后，劳动关系才终止，不仅会导致职工相应的债权金额无法在第一次债权人会议之前确定，无谓地增加了破产成本，甚至阻碍破产程序的进程，且未能将有效的人力资源匹配至有需求的社会因素中，造成社会资源的浪费。因此，管理人可以协商一致解除劳动关系，也可以因已经进入破产程序符合客观情况发生重大变化的情形，依据《劳动合同法》第四十条第三项与劳动者解除劳动合同。

（3）依法解除劳动合同可否适用《企业破产法》关于“视为解除”的规定

《企业破产法》第十八条规定了管理人有权决定继续履行或解除破产企业于破产受理前双方均未履行完毕的合同，管理人于破产申请受理之日起2个月内未通知对方当事人的视为解除合同。该条规定了破产受理后2个月内，管理人未通知继续履行的合同“视为解除”的规定，该条款中的“合同”是否包含劳动合同呢？

编者认为，劳动关系的解除不适用《企业破产法》第十八条之规定，劳动关系的解除必须履行解除通知程序，即《企业破产法》第十八条系对民商事合同适用的规定，不适用劳动合同，可参见（2019）苏05民终5877号[①]及（2020）湘08民终419号[②]案。

（二）企业留守人员问题

1. 留守人员的法定义务

根据《企业破产法》第十五条的规定，自人民法院受理破产申请的裁定送达债务人之日起至破产程序终结之日，债务人的有关人员应当承担以下义务：

（1）妥善保管其占有和管理的财产、印章和账簿、文书等资料。

（2）根据人民法院、管理人的要求进行工作，并如实回答询问。

（3）列席债权人会议并如实回答债权人的询问。

（4）未经人民法院许可，不得离开住所地。

（5）不得新任其他企业的董事、监事、高级管理人员。

以上所称有关人员，是指破产企业的法定代表人；经人民法院决定，可以包括企业的财务管理人员和其他经营管理人员。

除以上法定义务之外，在破产程序中，无论是债权审核程序还是破产审计程序等，均离不开债务人企业原职工的工作配合。那么应如何使留守人员继续配合工作呢？实践中管理人会与留守人员签订协议，下文将对管理人与留守人员签订的协议进行详细介绍。

---

① （2019）苏05民终5877号梁某志与昆山振宏电子机械有限公司职工破产债权确认纠纷二审民事判决书。

② （2020）湘08民终419号章某芳、张家界晟昊置业有限公司破产债权确认纠纷二审民事判决书。

2. 管理人与留守人员签订的协议

(1) 协议性质

本书编者观点，管理人与留守人员签订的协议性质应当为劳务合同，而非劳动合同，理由如下：

①《企业破产法》层面

《企业破产法》第十五条规定："自人民法院受理破产申请的裁定送达债务人之日起至破产程序终结之日，债务人的有关人员承担下列义务：(一) 妥善保管其占有和管理的财产、印章和账簿、文书等资料；(二) 根据人民法院、管理人的要求进行工作，并如实回答询问；(三) 列席债权人会议并如实回答债权人的询问；(四) 未经人民法院许可，不得离开住所地；(五) 不得新任其他企业的董事、监事、高级管理人员。前款所称有关人员，是指企业的法定代表人；经人民法院决定，可以包括企业的财务管理人员和其他经营管理人员。"《企业破产法》第二十八条规定："管理人经人民法院许可，可以聘用必要的工作人员"。因此实务中，管理人聘用破产企业留守人员的目的并非为了解决其就业问题，而是为高效推进破产程序的进程，留守人员承担更多的也是一种作为企业人员的责任。

②社保缴纳层面

《劳动法》第七十二条规定："用人单位和劳动者必须依法参加社会保险，缴纳社会保险费。"在实践中，管理人没有资格且不可能开设社保账户为留守人员缴纳社会保险，无法履行《劳动法》及《劳动合同法》规定的缴纳社会保险的义务。

《企业破产法（试行）》第三十四条第一款第一项规定，"破产财产的管理、变卖和分配所需要的费用，包括聘任工作人员的费用，应当从破产财产中优先拨付"。最高人民法院《关于贯彻执行〈中华人民共和国企业破产法（试行）〉若干问题的意见》第六十六条规定："企业破产法第三十四条第一款第（一）项中的'费用'，包括破产企业留守人员的工资和劳动保险费用以及清算组的必需费用。"随着《企业破产法》的颁布，《企业破产法（试行）》及最高人民法院《关于贯彻执行〈中华人民共和国企业破产法（试行）〉若干问题的意见》已经失效。

鉴于以上两点，管理人与企业留守人员无法建立法律上的劳动关系，双方签订的聘用协议的性质应当为劳务合同。

（2）留守人员的安置

《企业破产法》第四十一条规定破产费用包括“聘用工作人员的费用”，由破产财产随时清偿。因此，管理人应当在破产程序中按照双方的协议内容，将破产财产随时清偿留守人员的劳务费用。

但《企业破产法》中没有规定管理人要为聘用的留守人员缴纳社会保险费，且实践中也存在前述管理人缴纳社保不能的障碍，因此对于该类留守人员，只能按照聘用协议取得一定报酬，而不包括社会保险等待遇。

在没有与新的用人单位建立劳动关系的情况下，留守人员应当办理失业手续，享受失业待遇。

如果在与管理人签订劳务合同之前，破产企业对该留守人员有工资、社保等的欠付情形，应当纳入职工债权的认定范畴。关于破产企业职工债权的认定及清偿将在下面进行介绍。

三、职工债权

（一）法律规定

根据我国《企业破产法》第四十八条第二款“债务人所欠职工的工资和医疗、伤残补助、抚恤费用，所欠的应当划入职工个人账户的基本养老保险、基本医疗保险费用，以及法律、行政法规规定应当支付给职工的补偿金，不必申报，由管理人调查后列出清单并予以公示。职工对清单记载有异议的，可以要求管理人更正；管理人不予更正的，职工可以向人民法院提起诉讼”的规定，破产程序中的职工债权不必申报，在管理人列出清单并公示后自动生效。同时，根据第一百一十三条的规定，破产财产在优先清偿破产费用和共益债务后，职工债权属于第一顺位可优先受偿的债权。需要注意的是，此处“破产财产”不包括第一百零九条规定的已设立担保的别除财产以及存在其他别除权的财产，比如建设工程价款优先受偿权、购房人优先权等。

《企业破产法》将职工债权置于破产财产分配的第一顺位，并赋予了其特殊情况下优先于别除权的权利，充分体现了我国《企业破产法》对员工合法权益的保护。

（二）职工债权种类

1. 职工工资

《劳动合同法》第四十四条规定："用人单位被依法宣告破产的，劳动合同终止。"依据该条规定，人民法院就企业破产案件做出宣告破产裁定之日，企业与职工劳动合同终止。根据该规定，职工工资应当计算至企业被依法宣告破产之日。

实践中，企业被宣告破产之前往往已经停工停产，此时员工工资应当如何计算呢？根据《北京市工资支付规定》第二十七条的规定，非因劳动者本人原因造成用人单位停工、停业的，在一个工资支付周期内，用人单位应当按照提供正常劳动支付劳动者工资；超过一个工资支付周期的，可以根据劳动者提供的劳动，按照双方新约定的标准支付工资，但不得低于本市最低工资标准；用人单位没有安排劳动者工作的，应当按照不低于本市最低工资标准的70%支付劳动者基本生活费。国家或者本市另有规定的从其规定。

2. 社会保险金

根据最高人民法院《关于实行社会保险的企业破产后各种社会保险统筹费用应缴纳至何时的批复》（法复〔1996〕17号）的规定，参加社会保险的企业破产的，欠缴的社会保险统筹费用应当缴纳至人民法院裁定宣告破产之日。该批复与《劳动合同法》规定的劳动合同终止的规定一致。另外，根据《劳动合同法》的规定，用人单位应当在解除或者终止劳动合同时出具解除或者终止劳动合同的证明，并在15日内为劳动者办理档案和社会保险关系转移手续。因此，企业应在宣告破产后及时为劳动者办理档案和社会保险的转移手续，合理安排时间，尽快作出分配方案并提交债权人会议审议通过，将欠缴的社会保险向社保部门补缴。

3. 经济补偿金

（1）确定计算经济补偿金的月平均工资

以员工与债务人解除或者终止劳动合同前12个月内提供正常劳动情况下的应发工资计算其月平均工资。若职工在债务人工作不满12个月，按照其实际提供正常劳动的月数计算其月平均工资。

若员工的月平均工资高于用人单位所在直辖市、设区的市级人民政府公布的本地区上年度职工月平均工资3倍的，按照职工月平均工资的3倍确定其月平均工资。

若员工的月平均工资低于当地本年度最低工资标准度，则按照当地本年度最低工资标准度确定其月平均工资。

（2）确定计算经济补偿的工作年限

员工工作年限以其在债务人的实际工作时间为准，由管理人根据员工的入职登记表、劳动合同、工资发放表以及社会保险缴纳情况进行确定。

对于非因员工本人原因被原用人单位安排到债务人工作，且原用人单位没有向员工支付经济补偿金的，在其与债务人解除或终止劳动合同计算经济补偿的工作年限时，合并计算员工在原用人单位的工作年限。

（3）经济补偿金的计算办法

对于2008年1月1日《劳动合同法》实施之后建立的劳动关系以及《劳动合同法》实施之日存续的劳动合同在《劳动合同法》施行后解除或者终止的，根据《劳动合同法》第四十七条的规定，经济补偿按劳动者在本单位工作的年限，每满1年支付1个月工资的标准向劳动者支付。6个月以上不满1年的，按1年计算；不满6个月的，向劳动者支付半个月工资的经济补偿。

对于2008年1月1日《劳动合同法》实施之前存在的劳动合同，经济补偿金按照劳部发（1994）481号《违反和解除劳动合同的经济补偿办法》（已失效）的有关规定计算，最多不超过12个月的工资。

4. 住房公积金

根据《住房公积金管理条例》的规定，住房公积金的缴纳主体分为两类，即由职工个人缴存和由企业为职工缴存，两部分均属于职工个人所有。参照2018年最高人民法院公布的《全国法院破产审判工作会议纪要》第二十七条的精神，“破产程序中要依法妥善处理劳动关系，推动完善职工欠薪保障机制，依法保护职工生存权……债务人欠缴的住房公积金，按照债务人拖欠的职工工资性质清偿”。据此，债务人欠缴的住房公积金属职工债权性质，按拖欠的职工工资性质在债权清偿时进行清偿。

5. 医疗、伤残补助、抚恤费用等工伤保险待遇

根据劳动部门出具的《工伤认定书》及《劳动障碍能力鉴定结论》，依照《工伤保险条例》第三十条至第四十五条之规定，在其解除或终止劳动合同时，计算债务人依法应向工伤职工支付的各项工伤保险待遇。

6. 职工垫付的款项

最高人民法院《关于正确审理企业破产案件为维护市场经济秩序提供司法保障若干问题的意见》（法发〔2009〕36 号）中对该问题进行明确的说明，第五条规定："在政府协调下，加强与相关部门的沟通、配合，及时采取有力措施，积极疏导并化解各种矛盾纠纷，避免哄抢企业财产、职工集体上访的情况发生，将不稳定因素消除在萌芽状态。有条件的地方，可通过政府设立的维稳基金或鼓励第三方垫款等方式，优先解决破产企业职工的安置问题，政府或第三方就劳动债权的垫款，可以在破产程序中按照职工债权的受偿顺序优先获得清偿。"

四、担保债权让渡职工债权的实践案例

（一）案情简介——世纪之星服装厂破产案[①]

世纪之星服装厂是个人独资企业，2015 年其投资人王某营因涉嫌非法吸收公众存款被警方刑事拘留，后该服装厂停止生产、负债累累，于同年 12 月底被原职工申请破产并于 2016 年被法院受理破产清算。

管理人接受指定后，对世纪之星服装厂进行了相关调查，发现其唯一的资产为设立了抵押的房地产一处，且法院曾在之前的执行案件中对该房地产进行过处置，但是三次公告拍卖均流拍。

高额的职工债亦是本案的一项主要工作。因破产财产设立了抵押，如果按照一般破产程序进行，职工债权受偿比例将会极低。为此，管理人通过与政府、抵押权人进行沟通，从抵押处置款中支出 200 万元，优先处理职工债权。且作为对抵押权人的补偿，管理人自愿放弃了抵押财产处置款受偿的权利。最终，管理人圆满地解决了员工的诉求，维护了社会稳定。

（二）案件亮点与实践经验

上述案件存在以下特点：

第一，涉及欠薪职工数量较多，且金额较大。

第二，有价值的破产财产均设立了抵押，若对抵押权人优先于职工债权人进

① 参见张宏伟、楼东平：《形而上与形而下——企业破产法的理论探索与实践创新》，人民法院出版社 2018 年版，第 401 页。

行清偿，职工债权将面临清偿率极低甚至为零的风险。

对此，管理人从实际情况出发，积极思考应对策略，从以下几个方面入手，圆满地化解风险，完成了任务：

首先，积极与各方主体进行沟通。在以上案件中，管理人积极与债权人、职工、抵押权人、政府有关部门保持良好的沟通与联系。在人民法院的领导指挥下，整合现有资源，妥善处置了职工债权，保证了破产程序的有序进行。

其次，善于平衡抵押权人与职工债权人的利益，最终使抵押权人同意让渡部分利益给职工债权人，保障了职工债权的清偿率。

最后，能够从大局出发，牺牲部分自身利益。比如，为进一步提高职工债权清偿率，向职工让渡管理人报酬；为使抵押权人同意让渡抵押权，自愿放弃对处置抵押财产的报酬等。

作为金融机构，一般所处角色是此类案件中的抵押权人。作为抵押权人，只有积极配合管理人的工作，才能共同推进破产程序的进程，尽早获得清偿。从社会责任出发，让渡部分抵押权不仅可以保护广大职工的利益，更进一步地维护了社会的稳定和经济的发展，体现了金融机构的大局观和责任观。

第四章 金融债权在破产程序中的保护策略

第一节 如何申报金融债权

一、及时申报原则

我国企业破产法并未对金融债权作出特殊的规定，因此金融机构应当按照一般破产债权的要求及时进行债权申报。根据《企业破产法》第四十五条的规定，人民法院受理破产申请后，应当确定债权人申报债权的期限。债权申报期限自人民法院发布受理破产申请公告之日起计算，最短不得少于30日，最长不得超过3个月。实践中，金融机构接到法院或管理人的债权申报通知后，应当在法院确定的债权申报期限内及时向管理人申报债权。

根据《企业破产法》第五十六条的规定，如果金融机构未能在法院确定的债权申报期限内申报债权，可以在破产财产最后分配前补充申报。但结合《企业破产法》的相关规定，补充申报需要承担以下后果：

第一，此前已进行的分配，不再对其补充分配。

第二，为审查和确认补充申报债权的费用，由补充申报人承担。具体收费标准法律并未作出明确规定，司法实践中有的按照律师费标准收取，有的按照法院受理费标准收取。

第三，如不及时申报，将会丧失监督权、异议权、核查权等权利。根据《企业破产法》的规定，债权人享有对管理人监督的权利、对管理人债权审核结果核查以及提出异议的权利。一旦错失时机，上述权利均会丧失。

第四，债务人企业如果进入破产重整或破产和解程序，补充申报人的相关权利亦会丧失。根据《企业破产法》第九十二条第二款的规定："债权人未依照本法规定申报债权的，在重整计划执行期间不得行使权利；在重整计划执行完毕后，可以按照重整计划规定的同类债权的清偿条件行使权利。"第一百条第三款规定："和解债权人未依照本法规定申报债权的，在和解协议执行期间不得行使权利；在和解协议执行完毕后，可以按照和解协议规定的清偿条件行使权利。"因此，在企业破产重整或和解中，重整计划草案或和解协议的通过需要全体债权人进行表决，而补充申报人是不享有表决权的。不仅如此，对前期重整计划草案或和解协议的制定，补充申报人也没有机会发表意见，更无法维护自己的合法权益。

所以，金融债权人应当按照《企业破产法》的相关规定，接到债权申报通知后，在规定期限内及时向管理人申报债权。

二、有财产担保债权申报方式

金融债权一般会涉及担保，《企业破产法》第一百零九条规定"对破产人的特定财产享有担保权的权利人，对该特定财产享有优先受偿的权利"，理论中该权利又被称为"别除权"，即债权人因债设有担保物而就债务人特定财产在破产程序中享有的单独、优先受偿的权利，其中的担保物又被称为"别除财产"。

实践中也会出现第三人为债务人提供财产担保的情形，此时抵押物不属于"别除财产"。因此，根据破产企业是否为主债务人以及担保物是否为"别除财产"，将有财产担保债权分为以下三类：第一类为主债务人为破产企业，担保物为破产企业所有的债权；第二类为主债务人为第三人，担保物为破产企业所有的债权；第三类为主债务人为破产企业，担保物为第三人所有的债权。以上三类担保债权的申报方式分别为：

1. 主债务人为破产企业，担保物为破产企业所有

这类担保债权是破产企业以自己的特定财产向金融机构提供担保的债权。此时金融机构可以作为债权人直接向管理人申报债权，书面说明债权的数额和财产担保情况。此时担保物为“别除财产”，金融机构就其变价款享有优先受偿的权利。

2. 主债务人为第三人，担保物为破产企业所有

这类债权是破产企业为第三人在金融机构的债务提供财产担保产生的债权。金融机构作为担保权人，在担保人被裁定受理破产后，有权向管理人申报债权，即使主债务尚未到期，根据《企业破产法》及其司法解释的相关规定，保证债权在保证人破产申请受理时视为到期。此时金融机构有权在担保范围内就担保财产优先受偿。

3. 主债务人为破产企业，担保物为第三人所有

这类金融债权是第三人为破产企业在银行的贷款提供财产担保产生的债权。担保物并非破产企业所有，所以这类债权严格意义上并不属于破产程序中的有财产担保债权。此时，金融机构在向管理人申报债权的同时，应当积极向上述第三人主张担保权。

如第三人提供物的担保或者连带保证责任的，金融机构债权人应当密切关注该担保物价值或第三人的资信状况，为避免留债清偿产生折现损失或者债转股或者信托份额的清偿额高于实际处置金额，金融机构在特定情况下可以选择不申报债权或暂缓申报债权（待时机明朗后再行申报）。

但需要特别注意的是，根据最高人民法院《关于适用〈中华人民共和国民法典〉有关担保制度的解释》第二十四条，债权人知道或者应当知道债务人破产，既未申报债权也未通知担保人，致使担保人不能预先行使追偿权的，担保人就该债权在破产程序中可能受偿的范围内免除担保责任，但是担保人因自身过错未行使追偿权的除外。

所以根据上述规定，如金融机构债权人决定选择不申报债权的，应当及时通知担保人申报债权。

三、金融债权的利息申报

1. 关于利息计算截止日

根据《企业破产法》第四十六条第二款的规定，附利息的债权自破产申请

受理时起停止计息，因此，金融机构在申报债权时应当将利息计算至破产申请受理时止。但目前就利息截止日是否计算到受理日当日，司法裁判不一，暂无定论。

因此，建议金融机构在申报债权时，应以利益最大化为原则，将利息计算至破产受理日。

2. 关于主从债务利息

主债务人进入破产程序后，根据《企业破产法》的规定主债权停止计息，但此时从债务人未进入破产程序的，从债权是否也同样停止计息?

从最高人民法院的最新裁判结果再到《担保制度司法解释》第二十二条，司法层面一锤定音：主债务停止计息后，从债务亦应停止计息。因此，建议金融机构，为了保障自身的合法权益，应当积极向担保人主张权利。

3. 关于迟延履行利息的申报

司法实践中，迟延履行期间的一般债务利息大都被认定为普通债权，而加倍债务利息却很难得到管理人的确认。虽然《民法典》规定当事人有权在合同中对抵押范围进行约定，但当债务人进入破产程序后，根据特殊法优于一般法的原则，迟延履行期间的加倍利息一般会被认定为劣后债权，即使当事人在合同中予以明确，司法裁判中也大都得不到管理人或法院的认可。

但是，与诉讼程序不同，只要债权人在债权申报期间申报债权的，便无须向管理人支付审查和确认债权的费用。鉴于此，建议金融机构，就债权中的迟延履行利息，无论是一般债务利息还是加倍利息，均可一并向管理人进行申报，由管理人进行审查。如果管理人并未确认，金融机构还可向管理人提出债权异议；但如果在申报阶段放弃对迟延履行利息的申报，则会被管理人认定为主动放弃相关债权，会损害自身权益。

4. 关于复利计算基数

首先，金融机构在债权申报时，应当按照合同约定计算复利。

其次，如果利息总额超过按本金计算的年利率24%，则大概率不会得到管理人的确认；建议调整为24%进行申报。

最后，根据最高人民法院《关于修改〈关于审理民间借贷案件适用法律若干问题的规定〉的决定》(2020年8月20日实施)，利率不应超过一年期贷款市场报价利率的四倍，也就是按照现有贷款市场报价利率计算，年化不得超过LPR4倍。该规定是否包含金融机构亦有争议，本书建议，在无明确规定前提下，金融机构申报债权时亦可从保障自身利益最大化出发，即按照24%的年化进行债权申报。

四、抵押担保债权金额的确定

《担保制度司法解释》第四十七条规定："抵押物登记记载的内容与抵押合同约定的内容不一致的，以登记记载的内容为准。"但在实务中，很多地区不动产抵押权证上记载的往往仅是"被担保主债权数额"，而非"担保范围"。这直接导致了法院或管理人在认定或审核担保债权金额时，仅根据上述规定将不动产抵押权证上记载的"被担保主债权数额"认定为担保债权金额的上限。因此，建议金融机构：如果管理人在审核债权时，仅依据登记记载金额便调减担保范围确定的担保金额，金融机构应当及时向管理人提出异议，管理人解释或调整后仍有异议的，可及时向人民法院提起异议之诉。

五、债务人、保证人均破产下的债权申报

根据《企业破产法司法解释三》第五条之规定，债务人、保证人均被裁定进入破产程序的，债权人有权向债务人、保证人分别申报债权。债权人向债务人、保证人均申报全部债权的，从一方破产程序中获得清偿后，其对另一方的债权额不作调整，但债权人的受偿额不得超出其债权总额。保证人履行保证责任后不再享有求偿权。

债务人、保证人均进入破产程序后，关于金融债权的申报问题，应把握的原则："分别申报，全额申报，总额控制。"也就是金融债权人应分别向债务人的管理人、保证人的管理人申报债权，申报全部债权，只是受偿额不得超过债权总额。另外，保证人履行保证责任后，对债务人不再享有求偿权。

第二节 如何行使债权人权利

一、积极申报债权

金融机构作为债权人在接到法院或管理人的债权申报通知后，应当在法院确定的债权申报期限内向管理人及时申报债权。

根据《企业破产法》第五十六条的规定：“在人民法院确定的债权申报期限内，债权人未申报债权的，可以在破产财产最后分配前补充申报；但是，此前已进行的分配，不再对其补充分配。为审查和确认补充申报债权的费用，由补充申报人承担。债权人未依照本法规定申报债权的，不得依照本法规定的程序行使权利。”根据上述规定，未依法申报债权的债权人将不能行使破产程序有关权利（例如不能参加债权人会议进行表决）。而且，超过债权申报期限补充申报的债权人，需要向管理人支付审查和确认补充申报债权的费用。

具体收费标准法律并未作出明确规定，司法实践中有的按照律师费标准收取，有的按照法院受理费标准收取。为避免支出不必要费用，建议债权人在规定期限内及时申报债权。

二、担任债权人会议主席或者进入债权人委员会

根据《企业破产法》的规定，在人民法院认为必要时，或者管理人、债权人委员会、占债权总额1/4以上的债权人向债权人会议主席提议时召开债权人会议。

债权人会议可以决定设立债权人委员会。债权人委员会由债权人会议选任的债权人代表和1名债务人的职工代表或者工会代表组成。债权人委员会成员不得超过9人。债权人委员会行使下列职权：（1）监督债务人财产的管理和处分；（2）监督破产财产分配；（3）提议召开债权人会议；（4）债权人会议委托的其他职权。债权人委员会执行职务时，有权要求管理人、债务人的有关人员对其职权范围内的事务作出说明或者提供有关文件。管理人、债务人的有关人员违反法律规定拒绝接受监督的，债权人委员会有权就监督事项请求人民法院作出决定，

人民法院应当在5日内作出决定。

因此，金融机构作为大额债权人，建议积极担任债权人会议主席或者进入债权人委员会。成为债权人委员会成员有利于债权人方便及时、全面地了解整个破产案件的信息，从而作出最有利于自己的决策。

三、要求管理人解除合同，涤除抵押物上的租赁关系

实践中，如抵押发生在租赁之后的，租赁权相较于抵押权的实现具有优先性，而对于抵押权人，带租拍卖跟非带租拍卖往往会对两者估值产生很大影响。如果作为抵押权人的金融机构行使抵押权，主张拍卖、变卖抵押物，那抵押物上的租赁关系极有可能影响抵押物的价值。因此，金融机构可以跟管理人协商解除合同，涤除抵押物上的租赁关系。

如果承租人非一次性交完房租（未缴纳完租金）的情形下，根据《企业破产法》第十八条的规定，管理人对双方均未履行完毕的合同具有法定解除权。如果承租人一次性交完房租，那么此时该租赁合同是属于债务人单方履行的单务合同还是双方均未履行完毕的双务合同呢？目前实践中存有争议，但编者认为管理人有权解除，租赁合同属于双方均未履行完毕的合同，原因系虽承租人已经支付全部租金，但租赁尚未到期，同时，承租人负有保管、返还租赁物等主要义务以及通知的附随义务等。

合同解除后，对于承租人提出的押金、租金、装饰装修残值的处理方式亦存在争议，实践中主流做法系租金、押金、装饰装修残值参照债权物权化的理论，亦可认定为“别除财产”上发生的破产费用或共益债务，优先从“别除财产”的变价款中支付。对于解除租赁合同产生的损失赔偿金则作为普通债权处理。

第三节 如何避免债权被撤销

根据《企业破产法》的规定，人民法院受理破产申请前一年内，债务人对没有财产担保的债务提供财产担保的，管理人有权请求人民法院予以撤销。因此，

如金融机构的“借新还旧”、展期贷款合同，若原借款合同债务人未提供财产担保，而新的借款合同或展期协议债务人提供了担保的，将存在被管理人撤销的风险。另外，人民法院受理破产申请前一年内，债务人对未到期的债务提前清偿的，管理人也有权请求人民法院予以撤销。

那金融机构在实务中如何操作才可以避免以上风险呢？

第一，金融机构对企业的借款，往往要求企业在本机构设立资金监管账户，可以定期划扣收息或者企业违约时直接划扣偿债。但是破产申请受理前一年内对未到期债权的清偿，管理人依据《企业破产法》第三十一条的规定，可以行使撤销权。因此，当债务人出现违约时，建议金融机构及时通知债务人借款合同提前到期。这样对于受理破产申请前 6 个月到 12 个月的到期债权清偿就不属于可撤销情形了。

第二，《企业破产法司法解释二》第十四条至第十六条列举了五种情形：债务人对以自有财产设定担保物权的债权进行的个别清偿；债务人经诉讼、仲裁、执行程序对债权人进行的个别清偿；债务人为维系基本生产需要而支付水费、电费等；债务人支付劳动报酬、人身损害赔偿金；使债务人财产受益的其他个别清偿。因此，如果金融机构可以证明其获得的提前清偿属于上述五种情形，则无法被管理人撤销。

若债务人仍无法还款，建议金融机构尽早提起诉讼或仲裁，在获得生效法律文书后及时申请执行。以该种途径获得的个别清偿无法被管理人撤销，进而可以保护自身的合法权益。

第四节

如何向担保人主张权利

一、担保人主体范围

依据《担保制度司法解释》第二十三条第一款之规定，人民法院受理债务人破产案件，债权人在破产程序中申报债权后又向人民法院提起诉讼，请求担保人承担担保责任的，人民法院依法予以支持。

依据《担保法司法解释》第四十四条第一款的规定，保证期间，人民法院受理债务人破产案件的，债权人既可以向管理人申报债权，也可以向保证人主张权利。

对比前后两个条文，首次在司法解释中明确了债权人在债务人进入破产程序后申报债权的，可向所有担保人主张担保责任。原规定仅仅只是对保证担保做出了规定，而提供其他担保方式的担保人如何承担担保责任没有明确规定，在司法实践中造成相当大的困扰。新规定出台后，为金融债权人在追偿主体方面提供了明确的法条指引。

二、时限问题

依据《担保制度司法解释》第二十三条第一款之规定，人民法院受理债务人破产案件，债权人在破产程序中申报债权后又向人民法院提起诉讼，请求担保人承担担保责任的，人民法院依法予以支持。

《担保法司法解释》第四十四条第二款，债权人申报债权后在破产程序中未受清偿的部分，保证人仍应当承担保证责任。债权人要求保证人承担保证责任的，应当在破产程序终结后6个月内提出。

对比两个法律条文，《担保制度司法解释》删除了“应当在破产程序终结后六个月内提出”，这样避免了债权人向保证人主张权利时必须在破产终结后才能提起的争议，即随时可以提起。同样，2018年的《全国法院破产审判工作会议纪要》中关于终结后6个月的限制期限亦理应不再执行。

需要注意的是，自《民法典》后，对保证期限约定不明或没有约定的，都应遵守6个月的保证期限。如果主债务未到期债务人即进入破产程序，在破产受理时视为债务到期，保证期间应自破产受理之日起开始起算6个月，债权人应在上述期限内主张保证人担保责任。

三、主张额度问题

《担保制度司法解释》第二十三条第二款之规定，担保人清偿债权人的全部债权后，可以代替债权人在破产程序中受偿；在债权人的债权未获全部清偿前，担保人不得代替债权人在破产程序中受偿，但是有权就债权人通过破产分配和实现担保债权等方式获得清偿总额中超出债权的部分，在其承担担保责任的范围内请求债权人返还。

根据该规定，在债权人债权未获全部清偿前，担保人不得在破产程序中受偿。打个比方，如一笔债权 1 亿元，债务人清偿了 1000 万元，担保人清偿了 1000 万元。那么，债权人申报债权金额应为 9000 万元而非 8000 万元。除此之外，债权人仍有权利向担保人主张责任。

四、担保人的代替受偿权利

根据《民法典》第七百条之规定，保证人承担保证责任后，除当事人另有约定外，有权在其承担保证责任的范围内向债务人追偿，享有债权人对债务人的权利，但是不得损害债权人的利益。

保证人对债务人享有的是代位权而非追偿权。保证人在承担保证责任后，取得债权人的地位，进而向债务人行使权利，包括主债权的从权利，保证人可以向债权人主张债务人对债权人包括时效抗辩在内的抗辩权，基于的是保证人的代位权。

另根据《担保制度司法解释》第二十三条第二款之规定，虽保证人享有代位权，但在一定程度上也做了相应限制，即担保人只有在清偿债权人的全部债权后，才可以代替债权人在破产程序中受偿；在债权人的债权未获全部清偿前，担保人不得代替债权人在破产程序中受偿。

第五节
如何实现破产财产最大化

一、充分利用追回权——对《企业破产法》第三十五条责任主体及追缴额度的扩充

《企业破产法》第三十五条规定："人民法院受理破产申请后，债务人的出

资人尚未完全履行出资义务的，管理人应当要求该出资人缴纳所认缴的出资，而不受出资期限的限制。”那么，在主体方面出资人如何理解？是否仅仅包含现有股东呢？除此之外，原有股东、发起人、董事、高级管理人员等是否可以作为相关责任主体呢？责任主体确定后，管理人要求追缴的出资款又是多少呢？是否仅限于注册资本中未实缴的出资呢？编者将针对这两个问题对责任主体范围以及管理人所追缴的出资款额度的扩充做出实务总结，方便债权人挖掘破产财产，最大化提升自身债权的清偿率。

（一）出资责任主体

1. 发起人

出资人、股东未足额出资的前提下，发起人责任如何？

（1）法律依据

最高人民法院《关于适用〈中华人民共和国公司法〉若干问题的规定（二）》第二十二条第二款，公司财产不足以清偿债务时，债权人主张未缴出资股东，以及公司设立时的其他股东或者发起人在未缴出资范围内对公司债务承担连带清偿责任的，人民法院应依法予以支持。

最高人民法院《关于民事执行中变更、追加当事人若干问题的规定》第十七条，作为被执行人的营利法人，财产不足以清偿生效法律文书确定的债务，申请执行人申请变更、追加未缴纳或未足额缴纳出资的股东、出资人或依公司法规定对该出资承担连带责任的发起人为被执行人，在尚未缴纳出资的范围内依法承担责任的，人民法院应予支持。

通过以上法律依据，发起人应在未缴纳出资范围内对债务承担连带清偿责任。

（2）相关问题的引出

根据《公司法》的相关规定，发起人仅规定在股份有限公司中，那么有限责任公司是否存在发起人以及发起人如何界定呢？

（3）编者观点

资本充实责任是公司法上的法定责任，若负有出资义务的股东违反了出资义务，那么基于合伙理论的一种理解，其他公司设立者因公司设立行为而应承担相应的连带责任。

虽然法律没有明确规定，但通过如下几则案例，我们认为发起人同样适用于有限公司。

（4）相关案例

例如，芜湖建＊投资公司与芜湖盛＊信用担保公司（以下简称盛＊公司）、余＊进等股东出资纠纷（2017）皖02民终1645号。盛＊公司成立于2009年10月23日，设立时的注册资本为1亿元，公司章程注明，公司股东为余＊进、潘＊江、建＊公司，出资方式均为货币。现盛＊公司已进入破产程序，破产管理人代表盛＊公司要求未完全履行出资义务的出资人补缴其所认缴的出资。法院认为，根据最高人民法院《关于适用〈中华人民共和国公司法〉若干问题的规定（三）》（以下简称《公司法司法解释三》）第一条规定，为设立公司而签署公司章程、向公司认购出资或者股份并履行公司设立职责的人，应当认定为公司的发起人；第十三条第三款规定，股东在公司设立时未履行或者未全面履行出资义务，依照本条第一款或者第二款提起诉讼的原告，请求公司的发起人与被告股东承担连带责任的，人民法院应予支持；公司的发起人承担责任后，可以向被告股东追偿。本案中，建＊公司、余＊进、潘＊江皆为盛＊公司的发起人，故余＊进应对潘＊江的补缴出资义务承担连带责任，潘＊江也应对余＊进的补缴出资义务承担连带责任，一方承担责任后，有权向另一方追偿。同理，建＊公司虽依法如数缴纳了出资款，但仍应对余＊进、潘＊江的补缴出资义务承担连带责任。

（5）总结及建议

债权人在无财产可供执行致案件终本处理情形下可通过诉讼程序，要求发起人对股东未出资本息范围内承担责任；在破产程序中，债权人积极向管理人提供该信息及财产线索。

2. 原股东

股东未履行或者未全面履行出资义务即转让股权前提下责任如何？

（1）法律依据

《公司法司法解释三》第十八条，有限责任公司的股东未履行或者未全面履行出资义务即转让股权，受让人对此知道或者应当知道，公司请求该股东履行出资义务、受让人对此承担连带责任的，人民法院应予支持；公司债权人依照本规定第十三条第二款向该股东提起诉讼，同时请求前述受让人对此承担连带责任的，人民法院应予支持。

受让人根据前款规定承担责任后，向该未履行或者未全面履行出资义务的股东追偿的，人民法院应予支持。但是，当事人另有约定的除外。

最高人民法院《关于民事执行中变更、追加当事人若干问题的规定》第十九条：作为被执行人的公司，财产不足以清偿生效法律文书确定的债务，其股东未依法履行出资义务即转让股权，申请执行人申请变更、追加该原股东或依公司法规定对该出资承担连带责任的发起人为被执行人，在未依法出资的范围内承担责任的，人民法院应予支持。

（2）相关问题的引出

通过以上法律依据，我们可以得出，如果原股东出资期限届满而未履行或未全面履行出资义务的，其应在未依法出资的范围内承担责任。那如果原股东出资期限未届满情形下其转让股权的，那么该原股东是否承担责任呢？也就是说是否可以被追加为被执行人？管理人可否向其主张相关责任呢？

（3）编者观点

编者认为如原股东转让股权时系善意的，即正常处置自身股权行为，那么该行为系原股东合法、合理处置自身权益的行为且没有损害第三人利益的恶意，因此原股东不应承担相关责任。而如果原股东转让股权时存在恶意行为，那么编者认为原股东应承担相关责任。理由如下：

一方面，从信赖利益保护角度出发，股权转让前，债权人与公司之间的合作可推定为系基于对原股东认缴资本的信赖，因此股东在出资期限未届满之前即向第三方转让股权，很有可能导致与债权人预期不符，而股权转让双方之间的合意不应以牺牲债权人的信赖利益为代价，因此基于债权人对原股东的信赖利益理应受到法律保护。

另一方面，从市场保护角度出发，如以出资期限届满转让股权，原股东才承担责任，试想一下，对一些投资失败的股东，在出资期限未到期的情形下即转让股权至不良公司或缺乏民事行为能力的自然人，那么该股东是否会金蝉脱壳，达到逃废债的目的？法律具有指引作用，而非法逃废债绝不是法律所鼓励的。

（4）相关案例

例如，骆＊全、黄＊建案外人执行异议之诉（2021）川34民终492号。凉山车＊＊汽车服务有限公司于2015年9月29日成立，注册资本10,000,000元，骆＊全认缴80%，黄＊建认缴20%。2016年1月22日黄＊建将股权转让给骆＊全，由骆＊全认缴100%。2016年4月11日骆＊全将部分股权转让给原告杨＊伟和骆＊星，由骆＊星认缴60%，杨＊伟、骆＊全各认缴各20%。2017年12月8日杨＊伟、骆＊全、骆＊星将股权转让给冯＊利，由冯＊利认缴100%。以上股东均未实际履行过出资义务，在转让股权时亦未支付过相应对价。后因借贷纠纷法院判决由凉山车＊＊汽车服务有限公司支付陈某借款本金800,000元及利息。因凉山车＊＊汽车服务有限公司未履行给付义务，被告于2018年10月向一审法院申请执行，一审法院在执行过程中，被告以凉山车＊＊汽车服务有限公司原股东未履行出资义务即转让股权为由，申请追加骆＊全、骆＊星、黄＊建、冯＊利等人为被执行人，二原告向法院提起执行异议之诉。

根据法院查明的事实，杨＊伟、骆＊全、骆＊星将股权转让给冯＊利是2017年12月8日，是在2017年8月陈某对凉山车＊＊汽车服务有限公司、廖＊、扈＊伟、王＊佳提起民间借贷诉讼之后，转让股权的对象是身患严重疾病、无亲人、无经济来源的冯＊利，冯＊利明显不具备受让凉山车＊＊公司的条件，冯＊利受让公司股权后也不能履行对公司的出资义务，此种转让，明显使公司的债权人利益受到损害。因此，本案中杨＊伟、骆＊全、骆＊星的股权转让行为属于逃避公司出资义务，其目的明显是为逃避债务，主观恶意明显，严重违背诚实信用原则，与社会主义核心价值观、道德观背道而驰，故上诉人骆某全转让股权的行为不能免除其对凉山车＊＊汽车有限公司的出资义务，对凉山车＊＊汽车有限公司不能清偿的债务上诉人骆＊全仍然要按股权转让冯＊利之前的持股比例承担清偿责任。本案，上诉人转让股权的行为属于恶意逃避债务的行为，其相应的责任不能免除，因此，根据最高人民法院《关于民事执行中变更、追加当事人若干问题的规定》第十九条的规定认定上诉人为应当被追加的被执行人。

（5）总结与建议

对于执行不能或无财产可供执行导致执行终本的案件，债权人可根据《九民会议纪要》相关法律规定，将未届出资期限即转让股权的股东追加为被执行人，以期利益最大化，充分维护债权人权利。在破产程序中，债权人可将该线索提供给管理人，供管理人采取措施追回该股东出资。

3. 董事、高级管理人员未履行勤勉尽责义务

（1）法律依据

《企业破产法司法解释二》第二十条第二款，管理人依据公司法的相关规定

代表债务人提起诉讼，主张公司的发起人和负有监督股东履行出资义务的董事、高级管理人员，或者协助抽逃出资的其他股东、董事、高级管理人员、实际控制人等，对股东违反出资义务或者抽逃出资承担相应责任，并将财产归入债务人财产的，人民法院应予支持。

《公司法司法解释三》第十三条第四款，股东在公司增资时未履行或者未全面履行出资义务，依照本条第一款或者第二款提起诉讼的原告，请求未尽《公司法》第一百四十七条第一款规定的义务而使出资未缴足的董事、高级管理人员承担相应责任的，人民法院应予支持；董事、高级管理人员承担责任后，可以向被告股东追偿。

（2）问题的引出

通过以上法律依据，董事、高级管理人员在股东出资未缴足前提下，应承担相应责任。那么承担的责任是赔偿责任还是在股东未出资范围内的连带清偿责任呢?

（3）编者观点

债务人进入破产程序，若股东未足额履行出资义务，针对此情况董事、高级管理人员未依法向股东催缴出资义务，未能勤勉尽责，二者与债务人所受损失之间存在法律上的因果关系，董事对股东未出资范围，应承担连带赔偿责任。

（4）相关案例

例如，斯曼＊显示科技（深圳）有限公司、胡＊生损害公司利益责任纠纷（2018）最高法民再366号。

原告斯曼＊显示科技（深圳）有限公司（以下简称深圳斯曼＊公司）诉胡＊生、薄＊明、史＊文、贺＊明、王＊波、李＊滨（以下简称胡＊生等六名董事）损害公司利益，终审法院认为股东开曼斯曼＊公司未缴清出资的行为实际损害了深圳斯曼＊公司的利益，胡＊生等六名董事消极不作为放任了实际损害的持续。股东开曼斯曼＊公司欠缴的出资即为深圳斯曼＊公司遭受的损失，开曼斯曼＊公司欠缴出资的行为与胡＊生等六名董事消极不作为共同造成损害的发生、持续，胡＊生等六名董事未履行向股东催缴出资义务与深圳斯曼＊公司所受损失之间存在法律上的因果关系。胡＊生等六名董事未履行向股东催缴出资的勤勉义务，违反了《公司法》第一百四十七条第一款规定，对深圳斯曼＊公司遭受的股东出资未到位的损失，应承担相应的赔偿责任。

（5）总结及建议

债权人应关注董事、高级管理人员是否履行勤勉尽职义务，如未能勤勉尽责的，在未进入破产程序前，可起诉要求董事、高级管理人员承担相应责任；进入破产程序后，积极向管理人提供线索及证据，供管理人采取合理措施保障债权人的利益。

（二）追缴额度

1. 法律依据

《公司法》第一百七十七条规定，公司需要减少注册资本时，必须编制资产负债表及财产清单，并应当自作出减少注册资本决议之日起10日内通知债权人，并于30日内在报纸上公告。债权人自接到通知书之日起30日内，未接到通知书的自公告之日起45日内，有权要求公司清偿债务或者提供相应的担保。

2. 问题的提出

实务中，很多企业违规减资，进入破产程序后，管理人是否有权追回出资？瑕疵减资前后的债权人在财产分配时是否区别对待呢？

3. 编者观点

虽然《公司法》没有明确规定减资程序存在瑕疵的后果，但实际上，股东把资金投入公司后，该资金即成为公司资产，股东不能随意取回。如果公司没有按照法定程序减资，那么，这种减资行为在本质上与恶意抽逃资金的行为存在相似性，因此，编者认为本案瑕疵减资所产生的法律后果与股东未履行或未全面履行出资义务及抽逃出资产生的法律后果并无不同。而公司法司法解释明确规定了抽逃资本的股东应当在抽逃资本范围内对公司债务承担补充赔偿责任①。

4. 相关案例

例如，江苏邦＊防腐公司、溧阳泰＊硅业公司与张＊凤、黄＊川等买卖合同纠纷（2018）苏04民终4119号。

泰＊公司于2014年12月3日成立，公司注册资本为3000万元，股东孟＊华、张＊凤各认缴出资额1500万元，出资期限均为2024年12月31日前。史＊伟、黄＊川受让孟＊华、张＊凤股权后，在出资期限届满前进行减资，法院认为

① 《公司法司法解释三》第十三条第二款之规定，公司债权人请求未履行或者未全面履行出资义务的股东在未出资本息范围内对公司债务不能清偿的部分承担补充赔偿责任的，人民法院应予支持。

本案中，减资虽然经股东会决议并在报纸上公告，且修改了公司章程，办理了工商变更登记手续，但是并未提供证据证明其已通知已知债权人邦*公司，导致邦*公司无法要求泰*公司清偿债务或提供相应担保，也势必免除了史*伟、黄*川认缴但尚未届期的出资义务，如在公司资不抵债的情形下，债权可能无法得到清偿，危及债权人的利益。公司减资时的通知、公告义务人是公司，但公司是否减资、如何减资、取决于股东的意志。至于减资的程序、后果，股东亦属明知且应配合协助。故作为受益人的股东，如存在不当减资行为，可比照抽逃出资，以《公司法司法解释三》第十三条第二款“公司债权人请求未履行或者未全面履行出资义务的股东在未出资本息范围内对公司债务不能清偿的部分承担补充赔偿责任的，人民法院应予支持……”之规定来认定其民事责任。法院判决史*伟、黄*川在不当减资的范围内对泰*公司的上述第二项债务之不能清偿部分承担补充赔偿责任。

再如，德力*公司与江苏博*公司、冯*、上海博*世通光电公司等买卖合同纠纷（2016）沪 02 民终 10330 号。江苏博*公司向德力*公司支付货款 333,000 元，尚欠 777,000 元未付。2012 年 9 月，江苏博*公司的股东召开股东会，通过减资决议，决定江苏博*公司减资 19,000 万元，注册资本由 2 亿元减为 1000 万元，并办理了工商变更登记，但江苏博*公司在减资前未向德力*公司清偿前述债务。法院认为，德力*公司在订立的合同中已经留下联系地址及电话信息，且就现有证据不存在江苏博*公司无法联系德力*公司的情形，故应推定德力*公司系江苏博*公司能够有效联系的已知债权人。虽然江苏博*公司在《江苏经济报》上发布了减资公告，但并未就减资事项直接通知德力*公司，故该通知方式不符合减资的法定程序，也使得德力*公司丧失了在江苏博*公司减资前要求其清偿债务或提供担保的权利。由于江苏博*公司减资行为上存在瑕疵，致使减资前形成的公司债权在减资之后清偿不能，所以江苏博*公司股东应在公司减资数额范围内对江苏博*公司债务不能清偿部分承担补充赔偿责任。

5. 总结及建议

为保障债权人自身权益，债权人在债务人减资或接到债务人减资通知后，应及时要求债务人清偿债务或要求其提供担保；在非破产状态下，对于公司违规减资，债权人可以股东为被告，要求减资股东就未能清偿债务在未出资的本息范围内承担补充责任；在破产程序中，债权人应积极向管理人提供线索及证据，便于管理人采取合理措施追回出资。

二、积极行使撤销权

（一）法律依据

《企业破产法》第三十一条规定，人民法院受理破产申请前一年内，涉及债务人财产的下列行为，管理人有权请求人民法院予以撤销：

1. 无偿转让财产的。
2. 以明显不合理的价格进行交易的。
3. 对没有财产担保的债务提供财产担保的。
4. 对未到期的债务提前清偿的。
5. 放弃债权的。

破产撤销权是破产管理人对破产人在破产宣告前的临界期内实施有害于债权人团体利益的行为有权请求法院撤销的权利。[①]《企业破产法》规定撤销权的目的在于恢复因破产人不当处分而失去的利益，保护全体债权人公平受偿的机会。

（二）相关案例

【相关案例一】

陈＊达与南通新＊＊联合会计师事务所破产撤销权纠纷（2018）苏民申4211号

【裁判要旨】

根据《企业破产法》第三十一条的规定，人民法院受理破产申请前一年内，债务人无偿转让财产的行为，管理人有权请求人民法院予以撤销。

【基本事实】

2015年5月12日一审法院裁定受理安＊公司的破产清算申请，2014年9月9日安＊公司以自己的财产为俞＊强的债务向陈＊达提供抵押担保。

【法院认定】

安＊公司提供担保时，三方之间未有款项往来，未有新的债务产生，该行为损

---

① 李建生：《析破产程序中的撤销权》，载找法网2012年12月19日，https://china.findlaw.cn/info/minshang/minfa/minfalunwen/66058.html。

害了安＊公司其他债权人的利益，且发生在法院受理安＊公司破产申请前一年内，符合《企业破产法》第三十一条的规定，原审判决撤销抵押，适用法律并无不当。

【相关案例二】

＊岭公司与＊华公司破产管理人破产撤销权纠纷（2020）陕民终798号

【裁判要旨】

根据《企业破产法》第三十一条的立法精神，债务人的行为构成可撤销的行为应当具备以下条件：（1）必须是在人民法院受理破产申请前一年内实施的行为。（2）必须是有害于债权人利益的行为，可撤销的行为必须是减少债务人的财产，从而损害全体债权人合法权益的行为。

【基本事实】

2018年9月12日，＊华公司和＊岭公司签订《国有资产无偿划转协议》，协议约定＊华公司同意将经双方确认的清单范围内的资产无偿划转给＊岭公司，＊岭公司同意接受，被划转资产总价值为人民币886.253844万元。2018年11月14日，一审法院作出（2018）陕01破申54号民事裁定书，裁定受理＊华公司破产一案，指定陕西＊＊律师事务所担任破产管理人。

【争议焦点】

双方签署的《国有资产无偿划转协议》和《资产确权协议》是否属于《企业破产法》第三十一条规定的可撤销行为。

【法院认定】

法院于2018年11月14日裁定受理＊华公司破产，双方之间的无偿转让行为发生在破产前一年内，对此双方并无争议，本院予以确认。此外，根据双方签订的《国有资产无偿划转协议》和《资产确权协议》，＊华公司将其资产无偿转让给＊岭公司，对债权人而言，该行为已经导致公司资产减少，从而损害了全体债权人的合法权益。因此，双方的无偿转让行为属于《企业破产法》第三十一条规定的可撤销行为，一审法院撤销该无偿转让行为并无不当。

（三）延伸问题

1. 问题的引出

《企业破产法》第三十一条规定的可撤销的行为中，没有债务人为他人债务追加连带担保的情形。那么，若破产企业在破产受理前一年内，为他人债务增加了保证担保，在管理人请求人民法院行使撤销权前提下，可否类比第三十一条得到肯定答案？

针对该问题，编者检索了相关实务判例，发现实务裁判不一，并且发现未支持撤销的案例多于支持撤销的案例。其中，大部分未予支持撤销的理由系法院以《企业破产法》第三十一条第三项是破产企业为自己债务提供担保，而非为他人债务提供担保而未予撤销；也有部分案例认为其并不符合第三十一条第一项属于无偿转让财产的行为，因此未予撤销；而予以撤销的案例，法院认为破产企业为他人债务提供担保可理解为一种无偿转让财产的行为，可类比《企业破产法》第三十一条第一项债务人无偿转让财产予以撤销。

2. 相关案例

下面编者介绍两个实务中裁判结果相反的案件，仅供参考。

（1）案例一：裁判结果未撤销

【相关案例一】

广安明＊科技公司破产管理人与王＊、袁＊明、杜＊梅破产撤销权纠纷（2017）川16民终414号

【基本事实】

法院于2015年7月6日作出（2015）华蓥执字第364－1号执行裁定书，裁定明＊公司应向王＊清偿债务500万元及其利息；法院根据四川＊＊爱众股份有限公司的申请，于2015年12月25日裁定受理了明＊公司破产清算一案。

【法院认定】

本案争议焦点是明＊公司提供的保证行为是否属于《企业破产法》第三十一条规定管理人可以撤销的情形。该条规定：人民法院受理破产申请前一年内，涉及债务人财产的下列行为，管理人有权请求人民法院予以撤销：（1）无偿转让财产的；（2）以明显不合理的价格进行交易的；（3）对没有财产担保的债务提供财产担保的；（4）对未到期的债务提前清偿的；（5）放弃债权的。本案中，明＊公司为袁＊明、杜＊梅的债务提供的是保证担保，而非财产担保，该保证行为不属于该条第三项规定的情形。由于明＊公司在承担了保证责任后依法享有对袁＊明、杜＊梅的追偿权，该保证行为也不属于无偿转让财产的行为，因此，

明＊公司提供保证的行为不属于该条规定可撤销的情形。

（2）案例二：法院予以撤销

【相关案例二】

泸西＊＊公司破产管理人与昆明＊泰公司破产撤销权纠纷（2018）云2527民初825号

【基本事实】

泸西＊＊公司就昆明＊＊利商贸有限公司向昆明＊泰公司的借款提供担保，承诺若昆明＊＊利商贸有限公司不能在2013年12月31日借款到期时偿还该笔借款，泸西＊＊公司将对该笔借款进行代偿。后泸西＊＊公司未曾代偿过该借款，并因其不能清偿到期债务，资不抵债，根据债权人的申请，法院于2014年1月9日受理泸西＊＊公司的破产申请。

【法院认定】

因泸西＊＊公司出具担保函的时间为2013年1月11日，出具时间在本院受理破产申请前一年内，且泸西＊＊公司出具保证函为昆明＊＊利商贸有限公司的债务进行保证担保，该行为系无偿处置泸西＊＊公司财产的行为，根据其目的和内容，该行为应属于《企业破产法》第三十一条第一项规定的“无偿转让财产”的情形。因此，现泸西＊＊公司管理人请求予以撤销，其诉求理由正当，符合法律规定，本院依法应予支持。

3. 编者观点

破产企业为他人债务追加保证担保，只要在可撤销期内（破产受理日前1年），管理人请求人民法院予以撤销的，应予以撤销。对于上述法院未支持撤销的案例，部分法院认为破产企业为他人提供担保，不属于《企业破产法》第三十一条第三项的法定撤销内容，将该条规定严格限制在为债务人自身债务提供担保或者将该行为限定在不属于无偿转让财产的行为。编者不赞同该观点，理由如下：

（1）类比“无偿行为”，可予以撤销

无偿行为，指无对价或实质上无对价的财产权益处分行为。撤销权角度的无偿行为，包括债务人无对价减少财产权益（如财产转让、债务免除、权利放弃）

或增加财产权益负担（如无对价承担债务）两类行为。[①] 对于债务人为他人无偿提供保证担保是否属于可撤销的无偿行为，目前实务中存在不同的认识，一种观点是债务人为他人担保并无任何经济利益，且在担保合同成立时，债权人未获得任何求偿权，故属无偿行为；另一种观点则认为是有偿行为，债务人提供的担保可以将来的求偿权对第三人行使追偿权，故应属有偿行为，所以我们认为可修改也可不修改。[②] 编者赞同第一种观点，对于他人的债务没有义务，却在没有对价的情况下进行担保，由于求偿权在担保时尚未产生，且其实现具有不确定性，宜将其解释为无偿行为，可予以撤销。[③] 即便按照第二种观点，虽然在法律层面上赋予了担保人的将来求偿权，但一般担保人承担责任的情况往往是因主债务人存在清偿障碍，所以在担保人承担担保责任后，往往面对的很可能是已丧失清偿能力的主债务人，担保人再获得清偿的可能性极低。因此，实务中我们不能机械地适用法律，应准确把握立法精神，考量立法目的。

（2）贯彻《企业破产法》公平清偿原则，可予以撤销

《企业破产法》的精神在于公平清偿债务，保护债权人和债务人的合法权益。虽然《企业破产法》第三十一条仅规定了“无偿转让财产”“以明显不合理的价格进行交易”“对没有财产担保的债务提供财产担保”“对未到期的债务提前清偿”“放弃债权”五种行使破产撤销权的行为。总结这五种行为，如果不撤销，导致的后果均系：在债权人债权额基数不变的情形下，因减少了破产企业用于集体清偿的责任财产，从而削弱了债权人的清偿能力，对债权人不公平。同样的，破产人在受理前一年内为他人债务追加保证担保，将使原本无关的债权人就破产人的财产享有受偿权，在用于清偿普通债权的责任财产不变的基础上，随着债权额基数的扩大，客观上将削弱原有债权人的清偿能力，降低了应有清偿率，进而导致全体债权人可获清偿利益减少，严重损害了广大债权人的利益，这与《企业破产法》第三十一条在特定时期的五项行为在性质与结果上是一致的，且具有对

---

① 王新欣：《民法典债权人无偿行为撤销权对破产撤销权的影响》，载《人民法院报》2020 年 9 月 24 日，第 7 版。

② 严洪祥、钟惠芳：《破产程序中撤销权的行使》，载中国清算网 2012 年 12 月 10 日，http://www.yunqingsuan.com/news/detail/3367/page/2。

③ 敬志恒：《破产撤销权的若干问题探讨》，载中国法院网 2009 年 2 月 24 日，https://www.chinacourt.org/article/detail/2009/02/id/346693.shtml。

破产程序的有害性和不当性，应当参照现有法律规定予以撤销。

（3）可撤销期内为他人债务无偿追加担保可推定为恶意，应予以撤销

债务人之所以走上破产之路并非一朝一夕形成的，受理破产一年内，债务人实控人对于企业经营状况、债权债务关系以及盈利能力等早有预期，在此种自顾不暇的情况下，仍为他人债务无偿追加保证担保，并且在明知承担担保责任后，无法全面从主债务人处获得追偿的，可推定破产企业（债务人）系恶意追加担保。此时无论债务人是否已进入破产程序，即便按照《民法典》第五百三十九条关于撤销权的规定，债权人也有权利请求人民法院撤销以上行为，且根据《民法典》相关规定，民事主体从事民事活动，不得违反法律、不得违背公序良俗。本文引入的案例中，债务人与债权人关于追加担保的约定，不符合民事主体以合法、善意、诚信方式行使权利、履行义务的基本要求，有损合同严守、平等互信、高效便捷的正常交易秩序，与平等、公正、诚信、友善的社会主义核心价值观相悖。

当然编者更倾向认为：在债务人进入破产程序前，对之撤销以债务人存在恶意为前提，但在进入破产程序后，管理人行使破产撤销权不再需要考虑债务人主观上是否存在恶意，因为该行为客观上侵害了全体债权人的清偿利益，所以按照《企业破产法》第三十一条规定应当予以撤销，无论债务人主观上是否有过错，应以客观结果作为判断标准。

（四）总结及建议

为维护广大债权人的合法权益，在债务人被裁定受理破产后，债权人需要关注，在人民法院受理破产申请前一年内，债务人是否有无偿转让财产、以明显不合理的价格进行交易、对没有财产担保的债务提供财产担保、对未到期的债务提前清偿、放弃债权及其衍生的损害债权人利益的行为，如发现该类行为，及时向管理人提供线索，使管理人行使破产撤销权来维护广大债权人的利益。

第三部分

如何共赢：困境企业拯救的战略与战术

对于金融机构来讲，一旦债务人企业进行清算程序，债权极有可能将面临清偿率极低的风险。但如果债务人企业挽救成功，金融机构的债权清偿率也会相应提升，进而实现自身利益最大化。那么，如何挽救困境企业以使其不至于进入破产清算程序呢？

第一章 企业陷入困境的成因及分析

一、企业陷入困境的表现形式

“困境企业”的表现形式，即怎样的企业属于本书中提及的“困境企业”，具体都有哪些表现形式。一般来说，“困境企业”符合以下四种表现形式：

第一，缺“钱”，即企业流动资金出现了问题，无法进行正常的经营活动，或无法正常清偿债务，甚至因此出现了被执行的情况。

结合财务上的概念，营运资本是流动资产（现金、存货、应收账款）与流动负债（应付账款、一年期内的短期欠款）的差额，用来评价企业的流动性风险和短期偿债能力。如果营运资本无法偿还流动负债（如供应商债权）的，就会引发供应商债权人对企业的诉讼，通过查封账户、保全动产、不动产等财产来实现自身权益。此时，金融债权人面对企业财务状况的恶化，也会提起诉讼甚至抽贷，这样企业就陷入了更加严重的财务困境，并陷入无法正常生产经营的窘境。

一般流动比率与速动比率分别控制在2和1左右比较好，可以反映公司有良好的短期偿债能力。比率过小，表示公司的偿债能力不强，比率过大，则表示流动资产占用资金多，不利于资金周转，企业没有合理的流动资产结构。[①] 如下为营运资本的三个基本公式：

---

① 参见《流动比率多少合适》，载就业百科网2020年11月16日，https://www.yebaike.com/22/2642282.html。

营运资本 = 流动资产 - 流动负债

流动比率 = 流动资产/流动负债 × 100%

速动比率 = （流动资产 - 存货）/流动负债 × 100%

第二，缺“人”。具体有三种表现类型：一是设计理念没有具体的人来实施或主导，进而无法将之推向市场；二是因公司一般具有人合性，而内部达不成有效决议致使公司陷入僵局；三是银行账户被查封、机器设备被抵押后企业管理层丧失活力，无法继续创造营业价值。

第三，缺“市场”，即没有销售渠道，造成产品囤积，而产品无法变现又进一步加剧了现金的短缺，甚至导致资金链断裂，陷入困境。

第四，缺“商誉”。商誉是在将来能为企业经营带来高于正常投资报酬率的价值。编者所指的缺商誉最主要有两种表现形式，一种是企业内部原因所致的：如负责人抑郁、刑事拘留等原因导致企业陷入困境；另一种是由于外部原因所致的：如被竞争对手恶意中伤等导致企业陷入困境。

二、企业陷入困境的原因

一般而言，企业陷入困境具有以下六方面的原因：

第一，没有市场。如企业没有好的产品或一定的营销能力而只能生产同质化产品，市场上同质化产品过剩导致过度竞争甚至没有市场；或者经济压力下，消费者谨慎消费，导致市场收紧等。

第二，过度扩张，加杠杆过猛。比如公司业务发展过快，过度扩张，导致该企业短期财政支持与业务增长规模不相匹配，造成公司营运资本短缺及公司流动性困难。

第三，担保链风险。主要体现在为关联企业提供担保，关联企业无法清偿债务时，共同被列为被执行人，银行账户被查封，陷入失信风险。

第四，宏观经济影响。比如新冠肺炎造成的经济下行压力加剧，市场不景气。

第五，“僵尸企业”，即已停产、半停产、连年亏损、资不抵债，主要靠政府补贴和银行续贷维持生存和经营的企业。

第六，企业主要负责人出现意外，比如陷入刑事案件中。该原因主要是对中小微型企业来讲，因其一般经营活动均需要主要负责人掌控，如果主要负责人出现意外，该企业很可能面临一盘散沙的窘境。

三、困境企业拯救思路

困境企业陷入困境的原因不同，拯救的方式不同，对于一些急症，如法定代表人或负责人出现意外的情形下，类似于企业当头一棒，往往可以通过召开新闻发布会进行危机公关，政府部门介入进行舆情管控，成立联合调查组、应急帮扶组等。但对于一些慢性病，如企业内部治理结构的问题、市场的问题导致企业已经出现了资不抵债或无法清偿到期债务情形的，往往需要借助破产的法律工具才能处理。本节主要介绍《企业破产法》语境下，如何利用破产工具对企业实施危困拯救。在本书前一部分，编者已经对破产及破产程序做了简略的介绍，我们发现，破产不仅仅是一项法律制度，它在某种程度上更是一种工具——可以使企业实现自我拯救的工具。那么，这一工具如何运用呢？困境企业如何通过破产获得拯救、实现新生呢？

破产有清算、重整、和解等多种途径，对已经“病入膏肓”的“僵尸企业”，及时转入破产清算程序，可以实现市场出清；优化资源配置才是保护债权人利益的合理方式，对债务人股东及其员工也是一种解脱。对有发展潜力但暂时遇到困难的企业，破产重整、和解、预重整可以起到很好的保护作用。

第二章 困境企业拯救的战略思维

对于很多有拯救价值的企业，现在越来越多的金融债权人不再被动等待债务人企业破产，他们在收到困境企业的风险预警信号后，选择积极与债务人沟通，通过引入专业的服务团队，对债务人企业进行诊断把脉，无论是自己作为投资人还是帮困境企业引入投资人，目的均系通过对困境企业的拯救，提升自身的债权清偿比例或者在投资环节赚取更多利益。

如果把破产企业陷入困境比作企业生病了，破产是一种治疗方案的话，那么破产程序前的梳理就是寻找企业病因的过程。一般来说，这一阶段主要目的系对困境企业进行“把脉”，主要对公司资质、股权关系、负债情况、资产状况、诉讼仲裁等基本情况进行梳理，继而为企业找到“病因”。“把脉”之后，需要为困境企业制定拯救方案，这时需要考量三点因素：一是选择清算、重整、和解哪种手段更有利于甲公司；二是甲公司及其股东或出资人有哪些资源可以助力；三是根据甲公司的现状，哪种程序更适合它。

通过我们的经验，总结起来，拯救步骤一般是这样的：第一，聘请专业团队对困境企业进行尽职调查；第二，专业团队在尽调基础上做出困境企业拯救方案，该方案中，一般我们会对债务人的偿债能力进行分析，并测算出模拟清偿率、投资人的投资额度及对应股权占比；第三，与投资人、债务人进行战略会商；第四，确定拯救方案；第五，部分地区有预重整制度的，可考虑以预重整的方式作为程序启动的方式。

本部分内容，我们将介绍困境企业拯救的核心内容——偿债能力分析及六种拯救方式，下面一一为大家介绍。

第一节

偿债能力分析

偿债能力分析的方法，通常为假设清算法，即在假设清算条件下，依据法定破产清算程序中的清偿顺序，对债务人在基准日的偿债能力进行分析，综合确定评估价值的一类评估方法。[①] 无论是重整还是和解，对债权人的清偿率如果不高于假设清算下的清偿率，那么债权人很可能无法通过重整计划或和解协议，也就无法对债务人企业进行有效拯救。本节编者重点介绍偿债能力分析的必要性及模拟清偿率的测算方法。

一、偿债能力分析的必要性

（一）判断债务人是否具有挽救价值

根据《全国法院破产审判工作会议纪要》第十四条明确规定了具有挽救价值和可能的困境企业才可进入重整程序，评估机构会梳理债务人资产状况，并结合管理人的债权审核结果以及审计结论做出合理的偿债能力分析，其是债务人资产状况的一个重要反映，是法院据以判断债务人是否满足重整条件的重要参考依据。如通过偿债能力分析报告，债务人不具备重整所需的资产状况或运营价值，则债务人就不具备受理破产重整的条件。

（二）有助于债权人通过重整计划

根据《企业破产法》第八十七条第二款之规定，按照重整计划草案，普通债权所获得的清偿比例，不低于其在重整计划草案被提请批准时依照破产清算程序

① 参见史春雷：《重整程序中的偿债能力分析问题研究》，载《法制与社会》2010年第35期。

所能获得的清偿比例。该条充分体现了企业破产法对普通债权人利益的保护。因此，只有在假设清算的前提下对债务人进行偿债能力分析，并计算出清算条件下普通债权人的模拟清偿率，才能使得重整计划草案中制定的普通债权清偿率有一个最低基准。如在重整程序中，重整计划草案使得普通债权人的清偿率高于模拟清偿率，那么，不仅充分保障了债权人的知情权，而且最大限度保护了债权人的利益，可合理推断普通债权人会同意重整计划草案，进而有利于重整程序的进行。

（三）制作重整计划草案的重要内容

管理人或债务人在制作重整计划草案时，要论证债务人具备重整价值，并确保方案有利于维护债权人的利益，此时，债务人的偿债能力分析无疑是必需的，其分析结论是否客观公正，将对每一位债权人的利益构成潜在的实质性影响。

另外，除了进行偿债分析外，重整计划中亦应包含对偿债能力分析的描述。虽然我国《企业破产法》第八十一条明确的重整计划草案必备内容中并没有包含偿债能力分析，但第八十一条设置了兜底条款，即规定有利于债务人重整的其他方案应包含在内，而偿债能力分析报告是判断企业重整价值以及测算模拟清偿率的关键，因此，偿债能力分析应作为重整计划草案的一部分。目前，学界对于此问题的研究成果较少，有学者建议在司法解释中明确规定重整计划草案应当包括该草案被提请批准时普通债权依照破产清算程序所能获得清偿比率的计算依据，以及按照重整计划草案普通债权所能获得清偿比率计算依据的详细说明。[①] 此外，还有其他学者认为偿债能力分析报告是制作重整计划草案的重要依据，也是法院强制批准重整计划的重要依据，其分析结论是否客观公正、公允，将对每一位债权人的利益构成潜在的实质性影响。债务人或者管理人应当将偿债能力分析报告有关数据、计算方法和依据进行充分披露；同时，评估人员应当出席债权人会议接受债权人的质询。[②] 上述观点不仅承认了重整计划草案中偿债能力分析的必要性，而且建议将相关计算数据、依据和方法在偿债能力分析报告中充分披露，从而使债权人的知情权得到充分保障，最大限度地保护债权人利益，实现重整制度的价值。

---

① 参见王欣新：《试论重整制度之立法完善》，载《昆明理工大学学报（社会科学版）》2010年第5期。

② 刘敏、池伟宏：《法院批准重整计划实务问题研究》，载《法律适用》2011年第10期。

（四）法院批准重整计划的重要依据

根据《企业破产法》第八十七条第二款，未通过重整计划草案的表决组拒绝再次表决或者再次表决仍未通过重整计划草案，但重整计划草案中普通债权人的清偿率不低于模拟清偿率的，债务人或者管理人可以申请人民法院批准重整计划草案。如果进入法院强制裁定程序，那么偿债能力分析能够为法院判断重整计划草案是否符合强制裁定通过的条件提供依据，从而推动重整计划草案的顺利通过；若重整程序下普通债权的受偿率等于或低于清算状况下的受偿率，则可合理推断普通债权人组不会通过重整计划草案，应及时宣告破产。①

注：编者在做偿债能力分析必要性时，以重整程序为例，不代表在和解程序中，不需要做偿债能力分析。编者认为，和解程序中同样需要对偿债能力进行分析，在保障债权人知情权的同时，可提高债权人清偿率，有助于债权人通过和解协议，助力债务人脱困。

二、模拟清偿率的测算

综上所述，模拟清偿率的测算至关重要，下面编者引入模拟清偿率的计算公式及测算图表。

（一）计算公式

清偿率 = 修正后责任财产 - 清偿优先债权的费用（破产费用、共益债务、职工债权、税收债权）/修正后的普通债权总额 × 100%

责任财产 = 全部财产总价值 - 别除财产价值

其中，修正后的普通债权总额除了管理人审核认定的普通债权外，还包含别除财产无法清偿担保债权（包括比担保债权更优先的债权）的剩余债权额。如别除财产价值 1 亿元，需要用别除财产清偿的债权额共 1.2 亿元，那么 2000 元未清偿的债权滚入普通债权。修正后的责任财产亦包含别除财产清偿担保债权（包括比担保债权更优先的债权）后剩余的财产价值。如别除财产价值 1 亿元，需要用别除财产清偿的债权额 0.8 亿元，那么 2000 元的别除财产转为责任财产。

---

① 张善斌、张亚琼：《债务人清算状况下的偿债能力分析是否是重整计划草案必备要素？哪些中介机构可以出具?》，载微信公众号“破产法实务”2021 年 12 月 3 日，https://mp.weixin.qq.com/s/fDL9UWBqNl37zK4GuCCZaQ。

（二）测算图表

1. 资产总额的构成

关于资产总额的构成如表3。

表3　资产总额的构成

名称	具体	数值
总价值	责任财产	1
	别除财产	2

注：以上1、2数据可援引评估报告中的估值数据。

2. 别除财产的清偿

关于别除财产的清偿如表4。

表4　别除财产的清偿

名称	具体	数值
别除财产	别除财产上的破产费用或共益债	3
	被拆迁人优先权	4
	消费者购房人	5
	建设工程价款优先受偿权	6
	抵押权	7
	剩余价值	8（2－3－4－5－6－7）

注：3~7的数据按照管理人审核认定的数据填写。剩余价值=2－3－4－5－6－7。

3. 计算修正后的责任财产

关于计算修正后的责任财产如表5。

表5　计算修正后的责任财产

名称	具体	数值
责任财产	责任财产	1
	剩余财产滚入（正）	8
	总计	9

注：如果别除财产的剩余价值为正数，那么该部分财产滚入责任财产，即得到数据8。

4. 计算修正后的普通债权

关于计算修正后的普通债权如表6。

表 6　计算修正后的普通债权

名称	具体	数值
普通债权	普通债权	10
	剩余财产滚入（负）	8
	总计	11

注：如果别除财产剩余价值为负数，需要确定扣减哪一项优先债权时转为负数，假如在清偿完毕消费者购房人的债权额后剩余财产尚不能完全清偿建设工程价款优先权的，那么建设工程价款优先权的剩余债权滚入普通债权，所有抵押债权均滚入普通债权。此时建设工程优先债权未清偿部分加上全部抵押债权可得出数据 8。

5. 计算模拟清偿率

关于计算模拟清偿率如表 7。

表 7　计算模拟清偿率

名称	具体	数值
修正后的责任财产	—	9
清偿优先债权的费用	破产费用	12
	共益债务	13
	职工债权	14
	税收债权	15
修正后普通债权	—	11
清偿率	（9 - 12 - 13 - 14 - 15）/11	

注：12 ~ 15 的数据源于管理人。

第二节　重整模式

破产重整是指当困境企业存在再生希望时，引入投资人，通过业务重组和债务调整，使破产企业摆脱财务困境、恢复营业能力。

一、破产重整的运行机理

当困境企业具备了破产条件，但具有重生可能时，破产重整是拯救这一困境企业的方案之一。从对利益主体的价值以及谈判磋商两方面可以解读出破产重整的运行机理：

（一）对利益主体的价值

首先，对出资人而言，如果企业破产清算，出资人股权价值清零，企业亦将不复存在；如果企业破产重整，管理人会根据实际情况在重整方案中对出资人权益进行相应调整，即使股权被调整为零，企业也会继续存活，对于创建企业的出资人来说也是更希望见到的。

其次，对于债权人来说，如果企业清算，债权人只能在所有可变现资产价值范围内获得清偿；而如果企业不可变现价值仍然较高，选择重整、引入新的战略投资人，那么债权人的受偿比例也会提高。

最后，对破产企业自身来讲，通过破产重整的方式摆脱财务困境，通过引入投资人进行债务调整和业务重组，获得新生当然比清算后退出市场要好。

（二）谈判磋商

破产重整不同于清算，管理人需要考量更多因素，也需要对更多主体的利益进行权衡。在这一过程中，谈判磋商尤为重要。

债务人股东与重整投资人之间的谈判：重整投资人之所以会买单，是看重了企业脱困之后的发展前景，所以投资资金的对价是股权，而股权是现有股东需要进行让渡的。所以，债务人股东对债务人企业的股权如何让渡、让渡多少给重整投资人是重整中谈判的核心之一。谈判的载体是《重整投资协议》和《重整计划》中的《出资人权益调整方案》，一般由管理人或债务人进行起草。谈判结束后，管理人将上述协议以及方案提交出资人会议表决和法院裁定。

债权人与重整投资人之间的谈判：重整后企业的股权在重整投资人、债权人以及原出资人之间进行共享与分配，对于重整投资人，其投资额度及对应股权占比都需要进行核算与磋商。对于债权人，其清偿额度的大小以及债转股后的股权占比大小均是管理人及各利益主体需要考量的问题之一。这一谈判的载体是《重整投资协议》以及《重整计划》中的《偿债方案》，一般由管理人或债务人进行起草，并居中磋商，达成一致后提交债权人会议表决和法院裁定。

金融债权人作为超级优先权人及优先债权组的核心成员，只有掌握一定的技术手段以及谈判策略，才能最大化保障自身利益。

二、四种重整模式

（一）存续型重整

关于存续型重整的具体可参见图9。

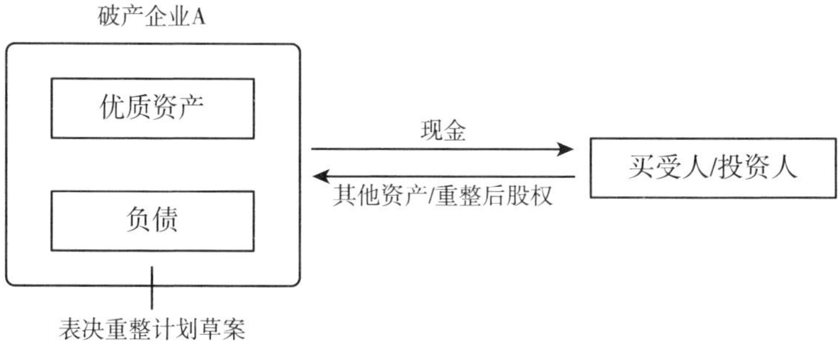

图9　存续式重整

存续型重整是指通过债务减免、延期清偿、债转股等一系列偿债方案，以及重整投资人通过支付相应款项解决债务负担等措施，保持原企业在重整之后法人资格继续存续，这也是我国目前破产法语境中的破产重整，以及实践中最常被采用的重整类型。

1. 优势与不足

这一类型重整的优势是，保留了企业的原壳，相当于保留了依靠原壳存续而维系的无形资产，比如品牌价值；亦不必支付清算条件下与职工解除劳动合同的经济补偿金问题等。

但这一类型重整也有不足之处：首先，有潜在的债务风险，例如破产债权补充申报制度便带给重整投资人较大风险；其次，行政罚款或刑事罚金风险；最后，债务豁免所得课税风险（一般需缴纳豁免额25%的税收）。

2. 债务减免所得税的节税思路

针对债务减免产生的巨额所得税，有以下三种途径筹划税收：第一，积极寻求政府和税务机关支持，争取获得“个案批复式”税收优惠政策；第二，充分利用以前年度亏损递减和资产损失税前扣减，降低应纳税所得税额；第三，争取特殊性税务处理，达到递延纳税义务。

（二）清算式重整

清算式重整，又被称为重整式清算，是将债务人具有活力的营业事业之全部或主要部分出售给他人，使之在新的企业中得以继续经营存续，并以转让所得对价来清偿债务。债务人企业最终被清算注销，本质上看是一种换壳新生式重整。

1. 典型案例如浙江玻璃破产重整案：（如图10）

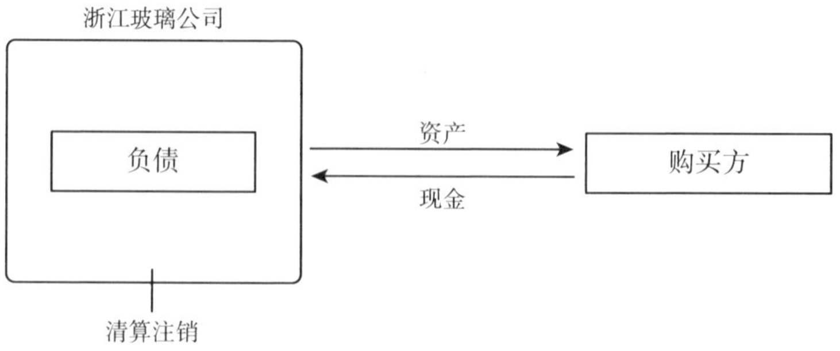

图10 清算式重整

浙江玻璃重整中继续经营、成功招募重整投资人，但在2013年3月10日浙江玻璃及其四家关联公司破产案第三次债权人会议上普通债权组未通过重整计划草案，导致重整计划草案未能获得债权人会议通过。同月25日，绍兴中级人民法院依照《企业破产法》第八十八条的规定，裁定终止重整程序，转入破产清算。转为清算程序后，管理人采取“托管经营”的方式，委托第三方公司继续生产经营，实现了破产清算条件下的正常生产。4月13日，第四次债权人会议表决通过《破产财产变价方案》，经公开拍卖或变卖，公司的资产变价金额合计约23.02亿元，最终实现了采用清算形式完成营业出售。

2. 优势与不足

这一类型重整的优势与不足也很明显：优势是可以依托营业事业之全部或主要部分，完整保留产能，部分无形资产也能存续。因换壳新生，存续型重整条件下的不足也被弥补了。不足是因资产转让需要过户，会产生不菲的税金。

（三）剥离式重整（反向出售式重整）

剥离式重整又称为“反向出售式重整”，是指保留企业主体资格与资产剥离清算相结合——破产企业新设立一个全资子公司，将资产（改制重组程序可节税）和债务剥离平移给子公司，作为清理资产与偿债的替代主体。重整后公司不承担破产债权（存留清单列明的须承担的除外），不享有清单列明之外的资产、权益，战略投资人取得公司100%股权的对价款，作为破产财产处理，专项用于破产费用、共益债务和破产债权的清偿。

哪些企业适合采用反向出售式重整呢？一般来说，适用于具有特殊资质的企业，这些资质构成该企业的无形资产，具有一定的价值，但需要依附于该企业，不能通过买卖转移。

1. 典型案例如浙江振越集团反向出售式重整案（如图11）

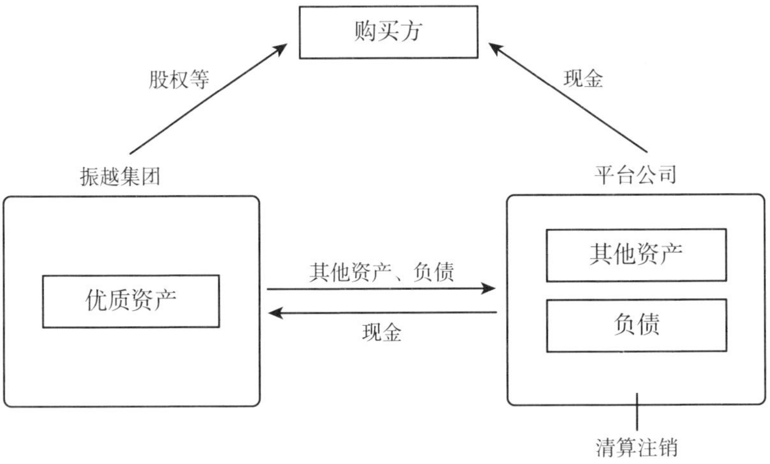

图11　剥离式重整

管理人对振越公司名下建设工程施工资质等无形资产、在建未完工程项目及处于保修期的项目进行重整并重组给重整投资人；不在重整范围的资产及债务，则按账面原值和原有法律状态剥离分隔至专门设立的资债处置公司由管理人继续处置。重整投资人提供的偿债资金及剥离分隔至新设资债处置公司的资产清理变价款项同时纳入振越公司重整计划向各债权人进行清偿。最终清偿及补充分配后，各债权人未获清偿部分不再清偿，各债权人也不得向留存的新振越公司进行主张。

2. 建筑企业采反向出售式重整的必要性

（1）从债务人角度，一方面保留了债务人的主体资格，壳资源得到保留；另一方面建筑资质与一定资产相匹配，避免了“名为转让股权、实为转让行政许可”的违法嫌疑，通过资质平台的设置有效隔断优良资产与一般资产，避免重整的失败，最大限度保护了债务人的利益。

（2）从投资人角度，一方面通过有效利用反向出售式重整可以保留优质的壳资源，迅速产生效益，达到其投资目的；另一方面通过反向出售式重整可有效地在重整计划中剥离资债，即将劣质的债务转移到子公司，则可完美隔离原企业的债务风险。

（3）从债权人角度，反向出售式重整过程中因留下了优质的壳资源并且剥离出了劣质的债务，其壳资源很容易受到投资人的青睐，从而相较于其他重整方式持续周期短，其债权能及时得到清偿，实现了资产价值和利益的最大化保护。

（4）从社会效应方面，由于建筑企业资产大都是在建工程，避免了因解除合同而产生的建筑工人生存等不稳定因素。维护了社会稳定，实现了社会价值最大化。

3. 反向出售式重整模式的特点

编者认为反向出售式重整的核心有六点：一是留存清单的制作与投资者的招募；二是设立资债平台；三是将非留存清单的资产、债务一并转入资债平台；四是重整计划的表决通过；五是重整投资人提供偿债资金取得重整企业的全部股权；六是资债平台的处置与注销。

其中，留存清单的制作与投资人招募至关重要且两者紧密相关，留存清单决定了投资人的招募范围，而投资人的招募又在一定程度上促进留存清单的科学化，因此两者直接决定了破产企业能否重整成功，并且在一定程度上直接影响着债权人、债务人的利益。

对于资债平台的设立，目前有两种模式：一是由原破产企业新设全资子公司作为偿债平台，而后将留存清单外的资产、债务打包装入偿债平台，再将资债处置平台予以清算注销；二是原破产企业直接分立，与债权人约定债务由其中一个新公司（资债处置平台）承担，而后将资债处置平台予以清算注销。两种最主要的区别就是以子公司的形式还是分立的形式设立资债处置平台。资债平台设立后，原破产企业中非留存清单的资产、债务会一并转入资债平台。

另外，鉴于反向出售式重整的特性，其重整计划中往往包含资债平台的产生方式、资产以及债权债务整体平移、股权出售计划或投资人取得重整企业股权及留存清单等方面的内容，亦包括对资债平台处置方面的内容，如对平台资产的处置，以及对资债平台债务清偿方案的设定等。

4. 税费承担问题

那么，该模式下，如果将剥离出去的资产和部分负债放在一个独立平台之上，是否可以规避债务重组产生的所得税债务呢？比如，1亿元的债务，清偿率是20%，2000万元的资产打包转移之后相当于豁免了8000万元的债务。根据《公司法》的规定，分立各方对原债权债务承担连带责任，但与债权人就债务清偿另有约定的除外。所以，如果债权人全体同意分立后的债务由平台公司承担，毕竟平台公司破产清算最终要注销，那么对于留下来的公司是否可以成功规避所得税呢？答案是否定的，原因是在税法上纳税主体是原存续企业，如果在分立时约定由平台公司承担全部债务，那么对于原企业来讲，该约定生效时就产生了债务重组所得，仍需要缴纳税费。

在振越公司破产重整案中，其重整计划中载明："诸暨市税务机关确定对振越公司向新设资债处置公司转移除重整资产外其他资产征收交易税费的，以及在重整资产外其他资产和负债按账面值，分隔剥离至新设资债处置公司继续处置后而确定由新振越集团承担重整所得税负的。"由于此种情形致重整计划无法执行的，管理人可在报告债权人委员会或法院后终止重整计划的执行。这也就意味着在反向出售式重整模式中，存在税费承担的不确定性因素，直接影响着重整计划可否顺利实施。

从交易的实质脉络出发，无论是通过子公司方式还是分立方式设立资债平台，在资产以及债务转移过程中，只要有应税行为的发生就会产生纳税义务，实务中一些特殊重整的案件，大多通过个案处理的方式实现税务减免的效果。也就是税务机构只要严格按照《税法》征收税费，建筑企业很有可能因税收问题影响甚至阻碍重整计划的通过与实施，因此税务的承担与否与方式问题对是否能重整成功起到了关键性的作用，所以该问题不容忽视。

（四）和解式重整

和解式重整是指在不引进战略投资人的情况下，由企业原股东或债权人对企业再出资。通过债务减免、延期清偿以及债转股等方式，与债权人达成和解，化解债务负危机，并辅以法人结构治理、经营管理改善、注册资本核减或增加，乃至营业转变或资产置换等措施，达到企业重建的目的。

投资人也可以在进入破产程序前，与债务人股东谈判并达成一致意见，也就是先将债务人的股权调整到投资人名下，待进入程序后，投资人与债权人达成和解并向债权人予以清偿，如此投资人便采用破产和解的手段实现了重整的目的，使债务人获得重生。

三、重整的相关法律问题

（一）重整的提起与受理

根据《企业破产法》的相关规定，债务人或者债权人，均可以直接向人民法院申请对债务人进行重整。

同时规定了清算转重整的提起主体及程序：债权人申请对债务人进行破产清算的，在人民法院受理破产申请后、宣告债务人破产前，债务人或者出资额占债务人注册资本1/10以上的出资人，可以向人民法院申请重整。

（二）重整管理模式的选择

重整管理模式选择是指选择谁为重整人，根据《企业破产法》规定分为两类，分别是债务人自行管理模式和管理人管理模式。选出的重整人负责债务人企业的管理（管理财产和营业事务）和提案（制作重整计划）。

1. 管理人管理模式

管理人因为与债权人、债务人均无利益关联，因此这一管理模式的最大优势是公平。在下列情形下，采取管理人管理模式：一是经营者之前行为已构成关系人交易或有关系人交易之嫌疑；二是经营者之重整目的欠缺诚信或有欠缺诚信之嫌疑；三是经营者缺乏经营能力；四是经营者未履行《企业破产法》或其他法律规定的汇报、记录职能；五是重整计划可能涉及股权结构调整。

为兼顾效率，管理人可选择以下两种方法：一是管理人从债务人企业选聘经营人员；二是管理人外聘经营人员（往往是意向的重整投资人）。

2. 债务人自营模式

债务人对自身企业较为了解，因此这一模式的最大优势是效率，具体体现为可以更好保持企业经营的持续性、提高事务管理的有效性、增强重整计划的针对性。

通常情况下，已经成功预重整的企业会采取债务人自营模式。为兼顾公平，这一模式下管理人可以加强动态监督。

（三）重整计划的制作、表决、批准、执行

1. 重整计划的制作

制作重整计划应当关注重整计划的衡平性、可行性、合法性。

（1）基本内容

一是偿债方案。对各类债务的减免比例、清偿方法、清偿期限、偿债来源、偿债担保等。

二是经营方案。具体包括：经营资金来源（股东增资、企业借款、变卖非核心资产、恢复经营后所获利润等）、企业治理调整（股权结构调整、管理人员更换等）、生产经营安排（员工安置、合同履行、设备维护、业务调整等）。

（2）附注内容

一是重整计划可行性测试结论。重整计划是否全面、确定、具体，能够付诸实施并取得预期效果的判断。二是在重整计划付诸实施并取得预期效果的情况下，债权人所获清偿是否优于通过破产清算所获清偿的判断。

（3）修改条款

具体包括：对重整计划修改条款（包括修改权限、修改主体等）的设计，注意需得到重整计划表决主体（债权人会议和出资人会议）的明确授权、重整计划批准主体（法院）的明确批准，同时不得以任何模糊性格式条款变相规避表决主体的利益自治以及批准主体的合法性审查。

2. 重整计划的表决

（1）重整计划的表决筹备

一是与各方主体，包括管理人、债务人股东、重整投资人之间进行先期协调，签妥重整投资协议，使之与重整计划衔接。二是与政府部门先期沟通，落实政府援助承诺。三是交司法先期审查。

（2）重整计划的表决分组

重整计划依照债权分类分为不同的债权组进行表决，一般分为优先受偿债权组、劳动债权组、税收债权组、普通债权组等分别进行表决。当重整计划涉及出资人权益调整时，还需要设立出资人债权组。

3. 重整计划的批准

出席会议的同一表决组的债权人过半数同意重整计划草案，并且其所代表的债权额占该组债权总额的2/3以上的，即为该组通过重整计划草案。重整计划草案涉及出资人权益调整事项的，应当设出资人组。各表决组均通过重整计划草案时，重整计划即为通过。自重整计划通过之日起10日内，债务人或者管理人应当向人民法院提出批准重整计划的申请。

4. 重整计划的执行

重整计划由债务人负责执行。在法院裁定批准重整计划后，已接管财产和营业事务的管理人向债务人移交财产和营业事务。

为避免执行不当，重整计划中应当明确监督期。在重整计划规定的监督期内，由管理人监督重整计划的执行。在监督期内，债务人应当向管理人报告重整计划执行情况和债务人财务状况。

当重整计划中的偿债方案和经营方案均执行完毕后，重整计划即执行完毕。此时监督期届满，管理人向人民法院提交监督报告，监督职责终止。若监督期内重整计划未执行完毕，经管理人申请，法院可以裁定延长重整计划执行的监督期限。自重整计划执行完毕时起，债务人不再承担清偿责任。

债务人不能执行或者不执行重整计划的，法院经管理人或者利害关系人请求，应当裁定终止重整计划的执行，并宣告债务人破产，之后债务人进入破产清算程序。

第三节 和解模式

破产和解是指困境企业与债权人会议达成和解方案或与全体债权人就债务清偿达成协议，经法院审查认可后中止破产程序。

根据和解方案通过时表决人数要求的不同，破产和解可以分为两类：一是强制和解，即在债权人会议中和解协议需经出席会议的有表决权的债权人过半数同意，并且其所代表的债权额占无财产担保债权总额的2/3以上，方可通过的和解。二是债务人与全体债权人就债权债务的处理自行达成协议，请求人民法院裁定认可的和解，因全体债权人都已同意，被称为自行和解。

一、强制和解

（一）概述

对于强制和解：第一，时间限制，即应当在法院受理破产申请后、宣告债务人破产前，向法院提出。第二，主体限制，即提出主体限制为债务人。第三，司法介入，即法院需要对和解申请进行审查，符合条件的裁定和解，并予以公告。第四，债权人会议多数决，即和解协议的决议，应当由出席会议的有表决权的债权人过半数同意，并且其所代表的债权额占无财产担保债权总额的2/3以上。第五，债权人会议通过和解协议后，由法院裁定认可，终止和解程序，并予以公告。管理人向债务人移交财产和营业事务，并向法院提交执行职务的报告。第六，和解协议草案经债权人会议表决未获得通过，或者债权人会议通过的和解协议未获得法院认可，法院应当裁定终止和解程序，并宣告债务人破产。

（二）典型案例

苏州电气强制和解案：

苏州电气因无力偿还到期债务，陷入资金困境被银行诉至法院。2018年11月15日，法院裁定受理苏州电气破产清算一案。2018年12月17日，管理人向法院提交许可继续营业报告，认为苏州电气具有稳定的运营基础与成熟的盈利模式，继续经营有利于维护债权人及自身的利益，法院准许苏州电气继续营业。2019年4月4日，苏州电气公司向法院申请破产和解并提交了和解协议草案。

本案适用强制和解程序的意义：

1. 苏州电气本身具有稳定的运营基础与成熟的盈利模式，适用强制和解程序可使债务人免受清算程序而导致不可逆的消亡。

2. 大部分债权人与苏州电气公司有良好合作关系，有同意适用强制和解程序的可能，因不是全体债权人一致同意，故不具备自行和解的客观条件。

3. 破产清算阶段无重整投资人进入，没有适用重整程序的可能。

4. 本案从破产案件受理至终止和解程序仅用了七个多月的时间，节约了案件审理周期和债权人维权的时间成本，简便快速地清理了债权债务关系，使破产企业优质资产得到了合理的优化配置。

二、自行和解

（一）概述

《企业破产法》对自行和解的规定较少，仅在《企业破产法》第一百零五条中规定了“人民法院受理破产申请后，债务人与全体债权人就债权债务的处理自行达成协议的，可以请求人民法院裁定认可，并终结破产程序”。首先，自行和解没有时间限制，可理解为在法院宣告债务人破产后，债务人仍可提出；其次，自行和解协议要求债务人与全部的债权人达成一致；再次，自行和解跳过了债务人申请、法院裁定和解、召集债权人会议并进行表决等阶段；最后，自行和解协议经法院裁定认可后，破产程序即告终结，不存在和解失败后进入清算的情况。

（二）典型案例

无锡糖业烟酒有限责任公司自行和解案：

糖烟公司于2015年向银行及个人借入大量资金，后因不能清偿到期债务，陷入破产境地。2016年6月13日，无锡中院根据债务人申请，依法裁定受理糖烟公司破产清算，并指定管理人。糖烟公司第一次债权人会议召开后，管理人积极处置破产财产，对糖烟公司持有K公司36%的股权，积极开展资产清查、评估和变现工作，先后为债权人草拟了重整计划草案及和解协议，最终全体债权人与破产企业达成和解协议，并由法院裁定认可，从而终结破产程序。现该案已顺利审结，在全额清偿债权人的债务之后，糖烟公司继续经营，主体资格得以存续。

该案适用自行和解的意义有：

本案系无锡中院首例债务人与全体债权人自行和解终结破产程序的案件，以破产企业与全体债权人达成和解的方式终结破产程序，取得了多赢局面，且债务人延续了破产企业主体资格。

1. 管理人在清算债务人财产中发现K公司股权这一优质资产，经评估预计变现金额可全覆盖所有债务，因此采用自行和解对每一位债权人的债权清偿率、债权清偿效率能够更快更好地实现。

2. 因为自行和解是遵循债务人与全体债权人的意思自治，不需要司法主导介入，所以更有效地节约了司法资源。

三、和解相关法律问题

（一）和解申请的提出与受理

申请和解的主体只有债务人，债务人可以直接向人民法院申请和解，也可以在人民法院受理破产申请后、作出破产宣告前申请和解。申请和解时必须同时提出和解协议草案，人民法院经审查认为和解申请符合本法规定的，应当裁定和解，予以公告，并召集债权人会议讨论和解协议草案。对债务人的特定财产享有担保权的权利人，自人民法院裁定和解之日起可以行使权利。

（二）和解协议的内容

和解协议中应当包含清偿债务的办法、清偿债务的期限和清偿债务的财产来源三部分。

（三）和解协议的生效与变更

债权人会议通过和解协议的决议，由出席会议的有表决权的债权人过半数同意，并且其所代表的债权额占无财产担保债权总额的2/3以上。债务人和债权人达成的和解协议，必须经人民法院裁定后方能生效。

《企业破产法》中没有规定和解协议的变更事项，实务中一般依据《全国法院破产审判工作会议纪要》中关于重整草案变更的规定，比如广东新兴混凝土有限公司和解案。

（四）和解协议的法律效果

对债务人：首先，债务人应当按照和解协议规定的条件清偿债务。其次，债务人不得违背公平清偿原则在和解程序中给个别和解债权人以和解协议外的利益，但公平地给全体债权人增加同等清偿利益的除外。最后，在债务人完全履行和解协议后，对和解债权中依和解协议而免除的债务部分不再承担责任。

对债权人：首先，债权人应当按照和解协议规定的数额、时间和方式请求和接受清偿。其次，债权人不得超出和解协议的范围进行个别追索。最后，和解债权人未依法申报债权的，在和解执行期间不得行使权利，在和解协议执行完毕后，可以按照和解协议规定的清偿条件行使权利。

（五）和解协议的无效、终止执行及其后果

因债务人的欺诈或者其他违法行为而成立的和解协议，人民法院应当裁定无效，并宣告债务人破产。和解债权人因执行和解协议所受的清偿，在其他债权人所受清偿同等比例的范围内，不予返还。

债务人不能执行或者不执行和解协议的，人民法院经和解债权人请求，应当裁定终止和解协议的执行，并宣告债务人破产。人民法院裁定终止和解协议执行的，和解债权人在和解协议中作出的债权调整的承诺失去效力。和解债权人因执行和解协议所受的清偿仍然有效，和解债权未受清偿的部分作为破产债权。

（六）重整与和解的区别

第一，和解仅能由债务人向法院申请。重整既可由债务人申请，也可由债权人申请，占债务人注册资本10%以上的出资人亦可向法院申请。

第二，和解范围仅限于无担保的债权人，即和解债权人。重整的范围及于全体债权人。

第三，和解协议经法院认可生效后，管理人不对和解协议的执行进行监督，债权人会议可对债务人执行和解协议进行监督。重整计划规定有监督期，由管理人监督重整计划的执行，监督期满，管理人还需提交监督报告。

第四，和解范围限于无担保的债权人，自法院裁定和解之日起，对债务人特定财产享有担保权的权利人可以行使权利。法院受理重整后，对债务人的特定财产享有的担保权暂停行使。

第四节
预重整

上一节我们提到了，现在越来越多的金融债权人不再被动等待债务人企业破产，而是积极与债务人沟通谈判，对困境企业进行拯救。上一节我们分享了拯救的战略思维，重点介绍了6种拯救方案。

那么拯救方案确定之后，下一步的工作是破产程序的启动。除了《企业破产法》规定的传统启动方式外，本节重点介绍预重整相关内容。很多人认为预重整也是一种拯救方式，对此，编者是赞同的，但编者更倾向性地将预重整作为一种很好的程序启动方式，其不仅能够提高重整程序的成功率，而且能提升重整效率。

一、概述

（一）程序

债务人先与债权人协商，制作重整计划草案，将重整计划草案提交主要债权人表决获得主要债权人同意，再将重整申请与重整计划草案一并提交法院审查，在同意重整计划的债权人达到《企业破产法》规定的多数决要求的前提下，法院可以直接裁定批准重整计划，使之发生约束全体债权人的效力。

预重整中的关键问题是如何将债权人的预表决效力延伸至重整程序。一般解决途径为：由参与预表决的债权人出具认诺，同意将预表决效力延伸至重整程序；认诺出具后，重整程序中不再组织前述债权人重新表决，前述债权人不能推翻其预表决态度。但债务人在预重整中披露信息不实、强迫债权人表决的，预表决效力有权依照《合同法》（已失效）中关于欺诈、胁迫等规则撤销。

（二）特点与本质

将“与债权人协商”“制作重整计划草案”“将重整计划草案提交主要债权人表决获得主要债权人同意”这三项步骤移出司法程序，交市场自治完成。其作为一种新型的拯救机制，其价值优势在于，通过非司法程序与司法程序的结合、当事人意思自治与司法干预的结合，以较低的成本，较短的时间，实现债权人、债务企业、担保企业等各方价值利益的最大化，实现困境企业的自救，实现效率与公平的双重价值目标。此外，政府或法院可通过预重整程序指定临时管理人，在一定程度上避免了管理人选任的不确定性。待预重整案件由法院正式受理后，法院可根据临时管理人履职表现等因素决定是否将其转为重整案件管理人。

二、预重整的成文规范

预重整的成文规范分为全国性规范性文件以及地方性的规范性文件，其中，全国性规范性文件有：最高人民法院《关于为改善营商环境提供司法保障的若干意见》第十六条、最高人民法院《全国法院破产审判工作会议纪要》第二十二条、国家发改委、最高人民法院等十三部委《加快完善市场主体退出制度改革方案》第四条、最高人民法院《九民会议纪要》第一百一十五条等。地方性规范性文件有：浙江省高级人民法院《关于企业破产案件简易审若干问题的纪要》第七条至第十条，2015 年 2 月，深圳市中级人民法院发布《破产案件立案规程》第二十五条，2019 年 7 月 10 日，温州市政府发布《企业金融风险处置工作府院联席会议纪要》，2019 年 4 月，深圳市中级人民法院发布《审理企业重整案件的工作指引（试行）》第三章，2019 年 6 月 27 日，苏州市吴中区人民法院发布《关于审理预重整案件的实施意见（试行）》第三章，2019 年 12 月 30 日，北京市第一中级人民法院发布《北京破产法庭破产重整案件办理规范（试行）》，2020 年 2 月 19 日，苏州市吴江区人民法院发布《审理预重整案件的若干规定》，2020 年 5 月，四川天府新区成都片区人民法院、四川自由贸易试验区人民法院《预重整案件审理指引（试行）》等。

三、预重整的启动模式

（一）法院启动

1. 债权人或者债务人直接向法院申请预重整，法院予以受理并作出预重整决定。

2. 债权人或者债务人向法院申请破产重整，法院先行预立案，经听证认为债务人有重整价值和可能，暂时不裁定破产重整而作出预重整决定。

（二）政府启动

企业出现债务危机向当地政府请求拯救并要求预重整，或者债权人向当地政府要求债务危机企业预重整，当地政府认为债务危机企业有重整价值和拯救可能，作出预重整决定，并指定管理人进行指导、监督和协助。

四、预重整模式

狭义上的预重整是指破产重整前置程序的预重整，广义上预重整是指破产受理前以及受理破产清算后转重整。具体又分为四种模式：

1. 模式一：温州模式（政府主导型）——吉尔达鞋业重整案

吉尔达鞋业是中国皮革行业有影响力的品牌。2013 年 11 月，温州市政府召开专题会议，将其纳入重点帮扶解困企业。2017 年 2 月 24 日，市政府决定对吉尔达鞋业启动预重整，同年 5 月 11 日，温州市中级人民法院对吉尔达鞋业进行诉前登记。2017 年 12 月 18 日，吉尔达鞋业向温州市中级人民法院申请重整。2018 年 2 月 7 日，吉尔达鞋业重整案第一次债权人会议表决通过《重整计划（草案）》，随后温州市中级人民法院裁定批准重整计划，全程仅用时 50 天，高效解决了企业债务危机。

2. 模式二：深圳模式（司法主导型）——福昌电子重整案

2015 年 10 月，福昌电子停产停业，数百名供应商与 3700 多名员工维权。2015 年 11 月 12 日，债权人向深圳市中级人民法院申请破产重整，深圳市中级人民法院以“预重整”方式审理该案。管理人进场后，核实并安抚了 3510 名员工和 500 余家供应商，并协助潜在重组方了解企业情况。

2016 年 6 月 29 日，深圳市中级人民法院裁定受理福昌电子重整案，并批准继续营业。2016 年 12 月 26 日，福昌电子向法院和债权人会议提交重整计划草案；2017 年 3 月 21 日，债权人会议表决通过《重整计划（草案）》；2017 年 4 月 18 日，深圳市中级人民法院裁定批准福昌电子重整计划。

3. 模式三：司法主导型——破产清算转重整

法院裁定受理破产清算程序后，在宣告债务人破产之前，由债权人、债务人、出资人和战略投资人进行协商并完成重整计划草案，再由债务人或者出资额占债务人注册资本 1/10 以上的出资人向受理法院申请破产重整，案件由破产清算程序转为破产重整程序。

也就是在破产清算程序中进行预重整，待主要债权人、投资人、原出资人就重整计划草案达成一致意见后，债权人或相关权利主体再行向人民法院提出申请，由清算程序转入重整程序，如此便不用受限于“6 + 3”个月的时间限制，在一定程度上提高了重整成功率。

4. 模式四：意思自治型——盛润股份重整案

在破产申请受理前，由债权人、债务人、出资人和战略投资人在律师事务所或会计师事务所等中介机构协助下，协商谈判达成重整计划草案，然后由债务人或者债权人依法申请破产重整，在破产重整程序中经法院裁定批准重整计划草案。

广东盛润集团股份有限公司2007年开始着手庭外重组工作，2009年9月30日，经过与债权人、股东的数轮沟通协商，拟定了债务重组方案并获得债权人、股东的支持。盛润股份与债权人就重组事项签订了《重组意向书》。

深圳市中级人民法院于2010年4月14日正式受理债权人的重整申请。2010年5月，深圳市中级人民法院批准盛润股份在管理人监督下管理财产和营业事务，并由债务人在前期债务重整方案的基础上制订重整计划草案。

五、预重整的操作流程

第一，法院或者政府受理预重整。

第二，指定临时管理人，并确定其职责范围。

第三，管理人协助债务人、债权人制定预重整工作方案。

第四，根据债务人的债务清册，通知已知债权人进行预重整债权申报并予以公告。

第五，管理人对债权进行登记、审查，并编制债权表。

第六，招募战略投资人，签署投资协议。

第七，拟定预重整计划方案，并征求利害关系人的意见，对预重整计划方案进行修改和完善。

第八，召开临时债权人会议，表决预重整计划方案。

第九，确定适格主体依法向法院提出破产重整申请。

第十，法院受理破产重整程序后，预重整正式进入破产重整程序。

六、预重整的实施结果

一是各相关方在预重整阶段对相互间的债权债务关系作出妥善安排，不需要进入破产程序；二是各利害关系人达成一致形成预重整计划方案，向法院申请破产重整后，预重整转为破产重整。

破产程序开始后、宣告破产前实施的预重整，可能根据实际情况转为破产重整程序或者宣告破产。

七、预重整中的待解决问题

（一）预重整中的债权申报

首先，预重整是否需要公告申报债权呢？从实务上看多数预重整案件并没有发布债权申报公告，预重整阶段债务人可以提供自己掌握的资产负债情况给管理人出具预重整方案，并通过与主要债权人沟通等方式确认债权。

预重整阶段公告债权申报的主要为两类企业：第一类为基于法律规定需要进行信息披露的上市公司。第二类为对社会秩序和公共利益具有重大影响的涉众类案件，如重庆珠峰系公司预重整案。

其次，预重整转入重整程序后是否需要再次申报债权？由于存在部分未收到通知或并未申报债权的债权人，且预重整阶段债权申报无论从形式上还是性质上都不等同于《企业破产法》规定的法定程序，因此正式进入重整程序后，管理人会进行公告并按照合法期间继续受理债权申报。预重整阶段已经申报的债权人无需再次申报债权。涉及利息、违约金调整的，管理人只要把截止期限调整至破产受理日止即可。

（二）预重整是否中止诉讼、执行

1. 个别清偿民事诉讼是否中止

预重整阶段因为并未进入正式重整程序，除破产清算程序中转预重整的情况之外，预重整阶段案件没有中止审理的法律依据。①

① 参见广东省深圳市福田区人民法院民事判决书，（2019）粤民初28号。

2. 预重整能否中止执行

《企业破产法》对此无明确规定，但实践中有的法院通过司法强制力中止，例如深圳市中级人民法院。另外，实践中上海地区预重整中相关执行程序也会中止。

（三）预重整期间是否停止计息

结论：不停止计息。

【相关案例】

郭＊岭、杜＊华、张＊英与广＊石油、恒＊机械民间借贷纠纷（2018）鲁0503民初257号

【基本事实】

被告杜＊与原告签订《借款合同》，被告广＊石油、恒＊机械在“担保人”处盖章，并向法院提交了东营市垦利区人民法院鉴定委托函及决定书各1份，证明垦利区人民法院决定对广＊石油、恒＊机械预重整，主张公司债务应停止计息，相关案件应中止审理。

【法院认定】

东营市河口区人民法院在一审判决认为，“根据相关法律规定，附利息的债权自破产申请受理时起停止计息，被告杜＊、被告张＊、被告广＊石油、被告恒＊机械以垦利区人民法院出具的对被告广兴石油、被告恒＊机械预重整案选定管理人决定书主张该两被告债务应停止计息，无事实和法律依据，法院不予采信。”

（四）预重整期间能否行使担保物权

1. 担保物权是否暂停行使

在破产程序中，担保物权因为具有别除权性质在破产清算程序中原则上可以继续行使，而在重整程序中按照《企业破产法》第七十五条规定应当暂停行使。但是在预重整程序中，强制要求担保物权暂停行使同样缺乏法律依据，难以实现。

2. 如何继续使用担保物

第一，引入投资人提供借款清偿债务，根据《民法典》第三百九十三条的规

定，主债权消灭后抵押权自然消灭。投资人提供的借款作为共益债务，管理人可以在该抵押物上为投资人再次设定担保以维护投资人利益。

第二，将抵押财产直接转让给投资人，根据《民法典》第四百零六条的规定，抵押期间，抵押人可以转让抵押财产。当事人另有约定的，按照其约定。抵押财产转让的，抵押权不受影响。

第三，债务人可以通过提前清偿债务或提供替代担保取回质物或留置物。

第三章 困境企业拯救过程中的相关问题探析

第一节 债转股的理论学说与定价思路

一、关于“债转股”的三种理论学说

1. 债权出资说

所谓债权出资，即债权人与债务人达成投资合意，债权人以自己的债权出资入股。债转股的债权出资理论认为，作为债权投资行为，应当遵循《公司法》有关股东出资的规定，以评估、审计报告为基础，由各参与方考虑企业发展前景、未来盈利能力等通过竞争性协商与市场化博弈确定。同时债转股的投资行为性质决定应遵循自愿原则，当债转股的债权在工商登记变更完成后，债权人的债务即视为清偿完成，即使后续因其他原因再次由重整程序进入破产清算程序，已通过债转股方式清偿的债权也不得再恢复为破产债权。[1] 根据债转股的债权出资理论，当债权人选择债转股方案后视为其债权已经全部清偿完毕。

① 参见王欣新：《企业重整中的商业银行债转股》，载《中国人民大学学报》2017 年第 2 期。

2. 代物清偿说

所谓代物清偿是指债权人受领“他种给付”以代替“原定给付”，从而使债的关系消灭的清偿方式。其构成要件有四：一是须有债的关系存在；二是须达成代物清偿的合意；三是他种给付与原定给付自有不同；四是他种给付须现实接受。按照第四点要件的理论，代物清偿为实践合同，当事人仅是达成合意并不当然成立代物清偿，还必须发生现实给付，并经债权人受领才能产生消灭债权债务关系的效果。需要特别注意的是，“代物清偿并非对原合同的变更，而是原合同的灭失”。在破产重整中，债权人在破产发生前已对重整企业享有债权，双方之债伊始即存，后债权人通过重整计划，债权债务人就计划中以股份清偿债权达成合意，管理人将股份划入债权人名下为现实给付，双方成立代物清偿。根据债转股的代物清偿理论，当债权人选择债转股方案后，管理人将股份划入债权人名下时，视为其债权已经全部清偿完毕。①

3. 债权分配说

债权分配说认为重整程序中的债转股与实体法上的债转股是两种完全不同的制度，重整程序中的债转股是企业破产法规定的、以分配出资人权益的方式清偿债权的特殊程序制度，是一种程序性权利。因实体法上的债转股和司法实务中的债转股的法律依据不同，法律意义完全不同。实体法上的债转股是债权人和相对人进行的债权和股权交易的法律行为，不论是基于当事人消灭债权的意思、代物清偿、抵销或者混同，债权的消灭都是实体权利义务关系的消灭，债权上的担保利益，包括物的担保和人的担保，因为担保附随性亦归于消灭。司法实务中的债转股，仅是破产程序分配债务人财产的一种方式，债权人因接受出资人权益的分配而致其债权相应消灭，仅发生程序法上债权消灭的效力，附随于债权的担保利益并不会因此而消灭。②

二、债转股的相关法律规定

1.《国务院关于积极稳妥降低企业杠杆率的意见》第五条规定：“有序开展

① 参见韩长印：《破产法视角下的商业银行债转股问题——兼与王欣新教授商榷》，载《法学》2017 年第 11 期。

② 参见邹海林：《透视重整程序中的债转股》，载《法律适用》2018 年第 19 期。

市场化银行债权转股权。

以市场化法治化方式开展债转股。由银行、实施机构和企业依据国家政策导向自主协商确定转股对象、转股债权以及转股价格和条件，实施机构市场化筹集债转股所需资金，并多渠道、多方式实现股权市场化退出。

以促进优胜劣汰为目的开展市场化债转股。鼓励面向发展前景良好但遇到暂时困难的优质企业开展市场化债转股，严禁将‘僵尸企业’、失信企业和不符合国家产业政策的企业作为市场化债转股对象。

鼓励多类型实施机构参与开展市场化债转股。除国家另有规定外，银行不得直接将债权转为股权。银行将债权转为股权应通过向实施机构转让债权、由实施机构将债权转为对象企业股权的方式实现。鼓励金融资产管理公司、保险资产管理机构、国有资本投资运营公司等多种类型实施机构参与开展市场化债转股；支持银行充分利用现有符合条件的所属机构，或允许申请设立符合规定的新机构开展市场化债转股；鼓励实施机构引入社会资本，发展混合所有制，增强资本实力。”

2.《关于市场化银行债权转股权的指导意见》在第三节“实施方式”第一项“明确适用企业和债权范围”中指出：市场化债转股对象企业由各相关市场主体依据国家政策导向自主协商确定。

市场化债转股对象企业应当具备以下条件：发展前景较好，具有可行的企业改革计划和脱困安排；主要生产装备、产品、能力符合国家产业发展方向，技术先进，产品有市场，环保和安全生产达标；信用状况较好，无故意违约、转移资产等不良信用记录。

鼓励面向发展前景良好但遇到暂时困难的优质企业开展市场化债转股，包括：因行业周期性波动导致困难但仍有望逆转的企业；因高负债而财务负担过重的成长型企业，特别是战略性新兴产业领域的成长型企业；高负债居于产能过剩行业前列的关键性企业以及关系国家安全的战略性企业。

禁止将下列情形的企业作为市场化债转股对象：扭亏无望、已失去生存发展前景的“僵尸企业”；有恶意逃废债行为的企业；债权债务关系复杂且不明晰的企业；有可能助长过剩产能扩张和增加库存的企业。

转股债权范围以银行对企业发放贷款形成的债权为主，适当考虑其他类型债权。转股债权质量类型由债权人、企业和实施机构自主协商确定。

第三条第二款规定："通过实施机构开展市场化债转股。

除国家另有规定外，银行不得直接将债权转为股权。银行将债权转为股权，应通过向实施机构转让债权、由实施机构将债权转为对象企业股权的方式实现。"

3.《金融资产投资公司管理办法（试行）》

该部分不再援引具体发条，全文明晰了金融资产投资公司（FAIC）的设立要求，为商业银行设立债转股实施机构的实施路径及资金来源进一步指明方向。

三、债转股的操作思路

（一）优先测算单股抵顶债权额思路

1. 代表案例－TG公司重整案

重整前注册资本78亿元，加重整投资人出资55亿元，扣减现金清偿债权额近30亿元，剩余103.78亿元作为重整后TG公司的出资总额，剩余46.57%的股份，抵顶转股债权，换算成出资额为48.33亿元。另外，方案中为在重整过程中贡献较大的某公司保留了0.45亿元的出资份额，持股比例为0.43%。由于债券类和经营类债权人具有转股选择权，倒推出转股债权的折股定价区间为5.64∶1～7.26∶1，即每股抵顶5.64～7.26元债权。

2. 操作思路

第一，计算重整后出资总额：注册资本＋重整投资－现金清偿额。

第二，计算出投资人的股权占比：投资额度/重整后出资总额。

第三，计算拟转股债权占股比例：1－投资人比例－预留比例（如有）。

第四，转股债权换算为出资额。

第五，计算单股抵顶债权金额：转股债权/对应出资额。

（二）直接单股定价

1. 代表案例——上市公司LD公司破产重整案

LD公司股票停牌前一交易日的价格为2.41元/股，通过调整出资人权益，原股东让渡股权合计213,703,446股，投资人向重整公司投资5亿元现金或与之同等价值的5亿资产，换得5亿元等值股权，剩余4,522,062股用于清偿债务。单股价值乘以拟转股总股权数，即为拟转股债权的实际清偿价值，结合其他测算数据，推导出债权额在6000元以上部分按照每100元清偿1.037334股流通股的方式进行清偿，最终得出普通债权的实际清偿率不低于5%。

2. 操作思路

第一，确定债转股的单股定价：单股价值为股票停牌前一交易日的价格。

第二，计算投资人所占股权占比。

第三，计算用于清偿债务的股权数：总股权数 - 投资人所占股权数。

第四，计算债转股比例：拟转股债权数/清偿债务的股权数。

（三）优化后的国际货币基金组织（IMF）思路

1. 基本公式及原理

股权比例 = 拟转股债权总额的实际清偿价值/拟转股债权总额的实际清偿价值 + 新增利益

其中拟转股债权总额的实际清偿价值 = 拟转股债权总额 × 模拟清偿率

新增变量：新的重整投资

股权比例 = 拟转股债权总额的实际清偿价值/拟转股债权总额的实际清偿价值 + 新增利益 + 新的重整投资

其中新增利益在投资人、债权人以及原出资人之间适当分享。

2. 操作思路

（1）计算模拟清偿率

模拟企业破产清算状态下的清偿率，即公司可变现资产总额除以全部普通债权额。

（2）计算全部转股债权的实际清偿价值

计算全部转股债权的实际清偿价值，即全部转股债权额乘以模拟清偿率。

（3）计算单笔债权模拟清偿价值

计算单笔债权在清算状态下的模拟清偿价值，即单笔债权额乘以模拟清偿率。

（4）计算占股比例

计算转股债权人的占股比例范围：最低占股比例 = 转股债权实际清偿价值/（全部转股债权的实际清偿价值 + 新的重整投资 + 新增利益），最高占股比例 = 转股债权实际清偿价值 + 新增利益/（全部转股债权的实际清偿价值 + 新的重整投资 + 新增利益）。

四、出资人权益调整

（一）出资人权益调整的必要性

鉴于债务人已经不能清偿到期债务，且明显缺乏清偿能力，如破产清算，现有的资产将无法满足各类债务的清偿，出资人权益为零。为挽救债务人，出资人和债权人共同努力，共同分担债务人重整承担。因此，本计划安排对出资人权益进行调整。

（二）出资人权益调整的范围

根据《企业破产法》第八十五条第二款规定，重整计划草案涉及出资人权益调整事项的，应当设出资人组，对该事项进行表决。

债务人出资人组由债务人工商登记记载的股东组成。

（三）出资人权益调整的方式

1. 股权让渡给新的投资人。

2. 剩余部分通过债转股让渡给债权人。

通过上述编者引入的几种债转股的操作思路，可计算出重整后企业的投资人以及债权人股权占比，当然如要给原出资人预留或其他特殊贡献的债权预留股权的，可直接进行简单的数学计算即可，此处不再赘述。

（四）出资人权益调整方案的通过

虽然没有明确的法律规定，但编者认为，应参考特殊事项的表决机制：即出资人组参会并同意的出资人所代表的表决权额占参会出资人表决权总额的2/3以上。

（五）受限股权的过户问题

1. 受限股权的种类

（1）股东的其他债务关系，其股权被依法查封、冻结。

（2）股东为其债务或他人债务在其股权上设定担保债权。

2. 实践中的解决方案

实践中，对受限股权的过户问题，有的法院在上级法院批复后协调解决：如北京五谷道场食品技术开发有限公司破产重整案，房山法院上报到北京高院，北京高院再到最高院，后经最高院作出批复后，经与涉案法院多次协调，最终解除冻结，完成股权变更登记；有的法院直接裁定解除质押登记并出具协助执行通知书：如南昌宝葫芦农庄有限公司破产重整案件。有的法院直接以协助执行通知书解决：如南通太平洋海洋工程有限公司破产重整案，由破产受理法院启动法院向工商局出具《协助执行通知书》并跟债务人、债权人、管理人多次沟通协调下才最终完成工商变更登记。①

编者认为，解决受限股权的过户问题，首先要厘清债务人企业（破产企业）是否已资不抵债，如果破产企业已资不抵债，那么出资人的股权价值为0，理论上不会影响查封或质押债权人的权益，可以进行过户。如果破产企业资可抵债，那么要解决过户问题，仍需跟债权人积极协商，妥善处理受限股权过户事宜。当然，实践中也有很多案例，即便破产企业资不抵债，往往也是管理人与债权人协商化解的。编者罗列的以上解决方案均属个案，虽不具有普适性，但不得否认，有一定的实践借鉴价值。

五、转股后的公司治理机制问题

对于重生后的企业公司治理机制如何搭建，在实现投资人的控制权的同时，也需要考虑债权人知情权、参与权及监督权。

编者建议破产企业在进行重整的同时，即在重整计划中明确调整公司的治理机制，如不能具体至人时，可先明确框架，如先明确董事会成员的人数，投资人在董事会中有多少席位，债权人在董事会中有多少席位；同理，监事会成员的人数及设置规则。而后在重整计划执行阶段召开股东会、监事会并以章程修订案的方式明确董事会、监事会成员信息；董事会成立后可选聘总经理等高管。如此，既可以满足重整投资人的控制权要求，又能满足转股债权人的知情权及监督权，可实现重大事项决策上的制衡力。

六、对金融机构债转股的几点建议

1. 根据《金融资产投资公司管理办法（试行）》相关规定，对于银行，建议

① 徐杰：《重整计划中如何实现出资人受限股权的转让》，载微信公众号“问破”2019年3月10日，https://mp.weixin.qq.com/s/oPyhlYISpJ9zfL-pWZlbzw。

其通过债转股实施机构来完成。

2. 选择债转股之前谨慎评估股权价值的合理性。

3. 选择债转股后，积极争取重整后公司中董事会、监事会席位。

4. 如有保证人或其他连带债务人，建议谨慎选择债转股，或者重整计划可以满足追偿权的，再予以选择。

5. 合理评估退出机制。

第二节 债转股后原债权人的追偿权问题

债转股后债权人的追偿制度由于理论基础匮乏、制度缺失、政策波动等原因，其法律属性、适用对象、实施流程等均存在很大争议，需要进一步深化研究。我国现行法律中尚未有专门针对债转股后债权人追偿制度的规定，只能从《企业破产法》《公司法》《担保法》（已失效）中找到间接的依据。那么，“债转股”后原债权人的债权是否视为全部清偿？如果没有视为全部清偿，实际清偿额又如何计算？针对追偿权问题，债权人应如何维护自己权益呢？编者将在本节围绕着上述三大问题进行阐述。

一、是否视为全部清偿，实务裁判案例不一

1. 已全部清偿，不能追偿

【相关案例】

＊＊银行赤峰分行与东北＊钢集团加工公司合同纠纷（2020）内民终 88 号

【基本事实】

2015 年 9 月 10 日，东北特钢林西公司与＊＊银行赤峰分行签订最高额抵押合同，以东北特钢林西公司赤峰市房权证林西县字第 174011502271 – 174011502276 六个房产证内合计 12,739.03m^2 房屋和林国用（2011）字第 630 号土地证内 92,208.19m^2

国有建设用地使用权为上述授信提供抵押。东北特钢集团与＊＊银行赤峰分行于同日签订最高额保证合同，约定为上述授信5000万元最高本金余额及基于该主债权之本金所发生利息、违约金、损害赔偿金、实现债权的费用、因债务人违约而给债权人造成的损失和其他所有应付费用等提供连带责任保证。2016年10月10日，大连市中级人民法院裁定受理东北特钢集团重整。＊＊银行赤峰分行于东北特钢集团重整过程中就本案涉案债务本金以及截至重整时产生的利息向管理人申报了债权，管理人确认＊＊银行赤峰分行截至重整受理日享有债权金额本息合计54,447,920元。2017年8月11日，大连市中级人民法院裁定批准了东北特殊钢集团有限责任公司、东北特钢集团大连特殊钢有限责任公司、东北特钢集团大连高合金棒线材有限责任公司《重整计划》。在《重整计划》执行过程中，东北特钢集团管理人向中行赤峰分行清偿了50万元及二次受偿资金2,012,796.90元，并已支付完毕；剩余债权51,935,123.10元按照每6.5158元债权转为重整后东北特钢集团1元注册资本的比例向＊＊银行赤峰分行转股7,970,644.14股。

【争议焦点】

东北特钢林西公司应否偿还中行赤峰分行信用证垫资本金及相应利息并确认中行赤峰分行就上述债权及案件受理费享有相关优先受偿权。

【法院认定】

内蒙古自治区高级人民法院认为，2018年10月15日，东北特钢集团等三家公司管理人向大连市中级人民法院上报《东北特钢等三家公司重整计划执行监督报告》，东北特钢集团等三家公司《重整计划》已执行完毕。以上事实说明，中行赤峰分行的涉案保证债权已获得全部清偿，中行赤峰分行对东北特钢林西公司的主债权也相应归于消灭。另外，北京中企华资产评估有限责任公司上海分公司作出的《东北特殊钢集团有限责任公司股东全部权益价值分析报告》并非执行《重整计划》债转股时计算东北特钢集团每股价值的依据，中行赤峰分行以该报告为依据，认为其债权未实际受偿，事实依据不足，也与《重整计划》的内容不符。

2. 未全部清偿，可以追偿

【相关案例】

东营市＊金振兴壹号资产管理中心与东营经济技术开发区国有资产运营公

司、东营＊圆有色金属公司保证合同纠纷（2018）鲁05民初923号

【基本事实】

2015年12月19日，建行东城支行与国有资产运营公司签订《最高额保证合同》，约定国有资产运营公司为天信集团公司在2015年12月10日至2020年9月9日期间与建行东城支行签订的借款合同、银行承兑协议、信用证开证合同等法律性文件提供最高额为26,000万元的连带责任保证。2017年1月23日，本院受理天信集团公司破产重整案。2017年4月24日，建行东城支行向天信集团公司管理人申报了涉案债权。2017年5月11日，管理人确认建行东城支行的债权金额为233,967,613.07元，其中有特定财产担保债权的金额为108,204,204.06元，普通债权金额为125,763,409.01元。《山东天信集团有限公司等十五家公司重整计划》载明：普通债权人的债权额20万元（含20万元）以下的部分在重整计划执行期内以现金方式全额清偿，超过20万元的部分债权人可以选择按6.5%的清偿率清偿或选择债转股清偿。涉案债权经两次转让，并通过公告方式向借款人和担保人通知了债权转让情况，最终财金资产管理中心依法取得涉案债权。庭审中，财金资产管理中心确认按照重整计划安排，对于20万元以上部分其已按照1：0.065的比例选择了债转股。

【争议焦点】

财金资产管理中心的债权是否得到了足额清偿。

【法院认定】

涉案债权经管理人确认的债权金额为233,967,613.07元，其中有特定财产担保债权的金额为108,204,204.06元，普通债权金额为125,763,409.01元。经过本院（2017）鲁05民破1－12、16、19、20号之二民事裁定书确认的《山东天信集团有限公司等十五家公司重整计划》载明：普通债权人的债权额20万元（含20万元）以下的部分在重整计划执行期内以现金方式全额清偿，超过20万元的部分按6.5%的清偿率清偿。故该部分是财金资产管理中心将会从天信集团公司受偿的款项，应从财金资产管理中心的主张中予以扣除，即财金资产管理中心无法从天信集团公司获得清偿的债权数额为125,763,409.01元－20万元－（125,763,409.01元－20万元）×6.5%＝117,401,787.425元，国有资产运营公司、方圆有色金属公司对该不能受偿部分借款本息承担连带清偿责任。

二、关于实际清偿额问题

通过上述案例，可以发现，当债权人在破产程序中选择债转股后，实务中既有判定该债权人债权已全部清偿，不能向相关责任主体追偿的，也存在判定该债权人债权未全部清偿，针对未清偿部分可以向相关责任主体追偿，可见实务裁判中无统一适用标准。编者认为认定债权人可否向担保人进行追偿，需要思考以下几个问题：

1. 债转股后，原债权人的债权能否视为全部清偿。

编者认为不能视为全部清偿，理由如下：

（1）从法律规定角度。根据《企业破产法》第九十二条第三款之规定，债权人对债务人的保证人和其他连带债务人所享有的权利，不受重整计划的影响。因此当债权人选择债转股清偿后，如果能测算出该债转股清偿行为的实际清偿比例，那么在股权交割后，其部分债权，即按照该清偿率得到清偿，剩余部分仍有权向相关责任主体进行追偿，这样也更符合法律应有之义。

（2）从公平清偿原则角度。编者更赞同重整程序下的债转股，仅是破产程序分配债务人财产的一种方式，债权人因接受出资人权益的分配而致其债权相应消灭，仅发生程序法上债权消灭的效力，如债权人可以向其他主体行使追偿权的，仍有权就剩余债权向其主张权利，这样符合公平清偿原则。

（3）从挽救企业角度。重整中选择债转股方案对债权人进行清偿均是因债务人清偿不能才采取的方案，若此时视为全部清偿，意味着当转股完成时，原债权消灭，同时，向其他责任主体追偿的权利亦随之消灭，这明显是会极大损害有担保的债权人的权益，因此视为全部清偿是十分不合理的，会极大地削弱债权人选择债转股方案的积极性，会导致债权人会议不能通过债转股类型的重整方案，进而会影响对困境企业的有效拯救。

2. 实际清偿额的计算方法

综上所述，如果债转股后，不能视为对债权人的债权已全部清偿，那么实际清偿额又是多少呢？编者通过研究相关文献以及司法实践中披露的重整计划，编者总结了三种债转股的定价思路。通过这三种思路，推导计算出不同情形下的实际清偿额，该内容已在本篇本部分第二章第一节进行介绍，本节简要概括如下：

（1）优先测算单股抵顶债权额思路

该思路是债转股部分的实际清偿率根据股权价格确定，清偿率可以参照如下公式计算：清偿率=（持股数量×每股价格）/转股的债权金额。“每股价格”指的是重整后公司的股权价值。例如，假设每股抵顶债权5元，一笔50万元的债权即可抵顶10万股。确定基准日后，引入第三方评估机构，评估测算出单股股权价值。假设评估后的公允价值为每股3元，那么清偿率即可得出为60%（3/5×100%），转股实际清偿额即可通过债权金额乘以清偿率得出。

（2）国际货币基金组织（IMF）思路——优先测算占股比例

第一步，计算模拟清偿额，即清算状态下的实际清偿额；第二步，每笔转股债权的模拟清偿额除以全部转股债权的模拟清偿额与企业新增利益之和，得出每笔转股债权的最低占股比例，即每笔转股债权的占股比例=每笔转股债权的模拟清偿额/（全部转股债权的模拟清偿额之和+新增利益）。该思路下需要测算公司在破产清算状态下的模拟清偿率，同样需要选定基准日，对公司的全部可变现资产进行评估，评估值与全部普通债权之比即为模拟清偿率。

（3）直接单股定价——上市公司债转股思路

与第一种思路类似，该计算方法适用于上市公司。通过测算清偿率来计算实际清偿价值。但这一思路中并不需要引入第三方进行评估，而是直接借用了股票停牌前一交易日的单股价值。债权人就可以依据单笔转股债权乘以实际清偿率来计算自己获得的实际清偿价值。

若在重整计划中对清偿额的计算方法无约定，导致双方存在争议，法院应当根据诚实信用的原则，在平衡各方当事人利益的基础上，对相关内容进行补充解释，编者认为该类案件按照基准日的股权评估价值确定实际清偿金额，并据此计算债转股清偿率比较妥当。

3. 基准日的确定

目前清偿额计算方法中存在争议的内容为单股价值评估的基准日，这一基准日的确定将极大影响清偿额的计算。实务中，存在以最终债权人债转股退出日作为基准日进行计算的，编者认为该计算方式有失公允。首先，债权人选择债转股是出于其自身意志，是一种投资行为，该公司股价应由其自担风险，自负盈亏，如果以退出日作为基准日，那是否意味着当股值为0时，债权人根本没有得到清偿呢？这对债务人和债权人来说都是极为不公平的。因此，编者认为，以法院裁定破产受理日作为基准日比较公允且具有可操作性。其次，从法律角度，破产受理后的核心系产生对债权人公平清偿的法律后果，此时重整企业更多的是理“财”与理“债”的工作，因此与重整计划批准日时点的股权价值相比，一般不会有太大变化。最后，从实操角度出发，因重整计划的制定也依赖于评估机构的评估报告，一般重整计划出具日或法院裁定批准的重整计划中均载明了股权评估结果，这就要求我们需要在重整计划出具或批准之日之前选择一时间节点作为基准日。所以无论从法律上还是实践可操作性角度，编者认为以破产受理日作为基准日更为合理。

三、实务建议

鉴于目前对于债转股后债权人可否行使追偿权这一问题，司法实务中仍然存在不同判例，所以对选择债转股的债权人来说，是否能够追偿仍存在一定风险，鉴于此，实务中如何处理能够最大化保证债权人的利益呢，编者提出如下建议：

1. 谨慎选择债转股

对于债权人来说，如果担保人或其他负有连带清偿责任的债务人名下有抵押物或查封物或担保人主体资质良好的，债权人经评判后，可直接选择现金清偿或其他非债转股的清偿方式，这样债权人后续可直接向相关责任主体行使追偿权，此时，债权人不存在无法追偿的风险。或者债权人甚至可以选择不申报债权或者暂缓申报债权（待时机明朗后申报债权），以避免留债清偿产生折现损失或者债转股的清偿额高于实际处置金额。

2. 协商在重整计划明确相关内容

（1）在转股完成前，不免除担保人对相应债权的担保责任，不解除担保措施。

（2）选择“债转股”的债权人可以与债务人或管理人协商并在重整计划中载明：“有担保权债权较无担保权的债权在转为股权后应享有优先权，并要求债务人或实际控制人在一定期限内或满足一定条件，收购有担保权的债权人的股权”，并将此约定记载于转股协议。

（3）重整计划中明确载明实际清偿额的计算方式，并载明债权人选择债转股后不影响其向相关责任主体行使追偿权。

3. 协商设置多样化的退出机制

（1）优先股

对于有财产担保的债权人可以设定其持有的股权为优先股。优先股持有人可获得优先分配利润的权利，优先股又分为不可赎回优先股与可赎回优先股，其中不可赎回优先股，是公司不能再赎回的股权，每年优先分配的利润可合理设定；可赎回优先股是可协商到一定的期限，由公司再赎回的股权，在公司赎回之前，每年可给予优先股持有人固定年化的分红额或按设定好的其他合理的分红方式。因此可以通过设定优先股的方式来保障有财产担保债权人的权益，但是该方案也有一定弊端，即优先股持有者的权利相较普通股权会受到限制，比如无法享有对公司事务的表决权，更不能参与到企业的核心管理当中。该种方案适合仅对债权受偿有需求，而对控制公司无须求的债权人，再配合一定的退出手段，使其债权快速受偿。对于破产企业来说，选择将债权转化成优先股股权，对降低破产企业的资产负债率和杠杆率有实际效果，并可优化企业资本结构，降低企业财务负担。①

（2）可转债

可转债因兼具“股权”和“债权”双重特点，一般自可转债发行结束之日起在一定的封闭期后，选择可转债的债权人可自由选择将其持有的可转债转换成该公司的普通股股票或选择继续保持原有债权。实务中，诸多债权人在选择债转股时都存在犹豫，因为其未来收益性是不可预见的，而出于被动接受或对自身债权受偿的需要又不得不选择债转股。可转债的适用能很好地解决上述问题，封闭期的存在使得债权人有时间去观望破产企业的重整效果，有利于各债权人作出更能保障自身权益的抉择。通过实施可转债，可给予各债权人及破产企业一定的缓冲期，让债权人更容易接受可转债这一方案，同时也可以优化企业资本结构。

---

① 徐静怡：《债转股股东退出法律问题探析》，载《浙江金融》2017 年第 6 期。

第三节 担保物权的行使受限问题

一、担保物权受限的种类

在破产程序中，担保物权的行使不可避免地受到破产程序的限制，从其变现流程上来看，编者将其大体分为如下三类：

（一）担保物变现前——行使受限

对担保物的行使根据我国破产法及相关司法解释的规定，在重整程序中若担保财产是重整所必需，则担保债权人对特定物的担保权暂停行使，具体到担保物变现前，体现在对担保物的行使受限上，即不能自由地启动担保物拍卖或变卖程序。虽然法律只规定了重整程序可以行使受限，但实践中，在非重整程序中，如清算程序中依然存在对担保物行使受限的现象，究其原因也不无道理，但是否公允并合理，仍值得商榷。

1. 暂停行使

由于在宣告破产之前，清算程序可转重整程序，此时管理人会因担保物系将来“重整所必需”等理由，暂停担保债权人对特定物的行使。如果在清算程序中，即对未来有可能是重整所必需的担保物进行处置，则丧失了对破产企业挽救的机会，无疑在社会本位的指导思想下，并未实现社会价值最大化。因此，大部分管理人都希望暂停担保权行使，以使自己能够掌握更多的资源为履行职务提供更大的操作余地和工作便利，造成了实务中担保物权暂停行使这一受限情形的频繁出现。

2. 捆绑现象

我国现行破产法及相关司法解释规定①，在破产清算程序中，对债务人特定

① 《最高人民法院印发〈全国法院破产审判工作会议纪要〉的通知》第二十五条规定，担保权人权利的行使与限制。在破产清算和破产和解程序中，对债务人特定财产享有担保权的债权人可以随时向管理人主张就该特定财产变价处置行使优先受偿权，管理人应及时变价处置，不得以须经债权人会议决议等为由拒绝。但因单独处置担保财产会降低其他破产财产的价值而应整体处置的除外。

财产享有担保权的债权人可以随时向管理人主张就该特定财产变价处置行使优先受偿权，但如果单独处置担保财产会损害破产财产整体价值，管理人有权拒绝担保债权人主张的及时对担保财产进行变价并就获得的价款主张优先受偿权的权利。即理论上认为，基于担保财产受到财产捆绑效应的影响，将债务人有担保和无担保的财产一体出售，往往能够实现债务人财产价值最大化，因此应当对担保物权的行使进行限制，避免因担保财产的执行而使其他关联资产受到贬值损失等，使得能够最大化维护债权人、债务人的权益。

（二）担保物变现时——管理主体受限

担保物变现时的受限主要体现在变现管理主体的受限上。法律上并未明确规定担保权行使或变现的主体只能是管理人，也并未禁止担保债权人或相应的执行法院作为变现主体，而且最高人民法院在关于企业破产法司法解释理解与适用的指导文件中提到，“为使管理人的工作能够有序进行，别除权人的权利能够及时实现，可设立适当的期限，作为别除权人行使权利的催告期限，管理人在此期限内未协助实现担保物权时，别除权人有权自行处置受偿”。[①] 但实务中，基于法院在指定管理人后，由管理人接管债务人财产，其中包含了有财产担保的别除财产，由管理人进行维护并管理，因此管理人往往作为担保物的变现主体，如果由担保债权人或执行法院对担保物进行拍卖或变卖，缺少应有的处理机制，处理不好会导致管理人履职紊乱甚至会导致担保债权人与其他债权人利益失衡。因此，实践中我们更多的是由管理人对担保物进行维护、管理及变现，如此一来即限制了担保权人或者相应的执行法院作为变现主体的权利。

（三）担保物变现后——“立即”优先受偿权受限

担保物变现后的受限主要体现在变价款的“立即”优先受偿权方面的受限。实践中担保物的行使受限还会被扩大化解释为对已变现款项对担保债权人的立即清偿，比如在破产清算程序中，管理人会认为因未宣告破产，对特定物上是否存在其他更为优先的权利，未来是否有可能存在担保权被撤销的情形或被相关利益主体撤销等，从而限制了变价款的“立即”优先受偿权，甚至司法实践中有观点

① 最高人民法院民事审判第二庭：《最高人民法院关于企业破产法司法解释理解与适用：破产法解释一、破产法解释二》，人民法院出版社2013年版，第141页。

认为，将担保物变价款交由债务人使用，能够使企业持续生产，创造利润，并可以此偿还担保物的变价款，所以是正当的，导致担保物因其他原因已经被变价，但担保债权人仍需等待财产统一分配，未能随时清偿，从而限制了担保人的立即优先受偿权。①

二、问题的提出与反思

破产法的基本原则之一是对债权人进行公平清偿，但是司法实践中，管理人出于对全局的考虑，难免会因过于保护普通债权人的权益或过于追求债务人拯救价值实现更高的社会价值，从而在一定程度上，侵害了担保债权人的合法权益，现编者围绕着担保物变现前、变现时、变现后频发的上述受限情形，做出如下理性追问与相应分析：

（一）担保物变现前

1. 暂停行使突破相关规定是否合理

《企业破产法》第七十五条仅规定了重整程序下可暂停行使担保物权，并未对清算程序作出限制。但实务中，即便清算程序中，管理人往往会以“将来或可能进入重整程序”“在未来将可能实现变现价值最大化”等可能发生、也可能不发生的“薛定谔的利益”，限制了担保权人对特定担保物的行使。

首先，这实际是对《企业破产法》第七十五条进行的扩大化解释，即便管理人提出的理由是合理的，但并未有明确的法律规定做配套支持，如基于对重整可能性及重整价值的保护，对担保物的行使受限时间未能设定合理的范围，一味地暂停行使只会导致担保权人的利益无限受损。其次，该“暂停行使”的目的本身是为了助于企业的继续经营，并为债务人成功重整获得喘息空间，如果对“非重整所必需”的担保物行使权利就不应当受到限制，实践中，不应“一刀切”、不加论证地对所有担保物暂停行使权利。即最起码，对于明显不属于“重整所必需”的担保物，及时拍卖或变卖，进而变现。但问题是，法律并未明确何为“重整所必需”“重整非必需”的判断标准，况且在投资人尚未出具投资方案之前，无论是管理人抑或是债务人，并不能有效论证何为“重整所必需”。最后，如果

① 王之洲：《论担保债权在重整程序中的保护与限制》，载《人民法院报》2015年9月30日，第7版。

担保财产经评估后，很明显没有剩余价值，且非重整所必需，如不允许担保债权人行使权利，甚至让担保债权人承担因不能及时行使权利而产生的成本和风险，显然是不合理的。

因此，编者认为一味地扩大化解释“暂停行使担保物权”的适用范围难免有失公允，亟待解决和完善。在清算程序中，为了保护破产企业的拯救价值，可以给一定的合理的中止期限，在该期限内，管理人可以对担保物权的变现权暂停行使。管理人在该期限内充分论证担保物是否系重整所必需，并征询相关利益主体是否由清算转重整的意愿。

2. 捆绑现象是否公允

《全国法院破产审判工作会议纪要》第二十五条规定，担保权人权利的行使与限制。在破产清算和破产和解程序中，对债务人特定财产享有担保权的债权人可以随时向管理人主张就该特定财产变价处置行使优先受偿权，管理人应及时变价处置，不得以须经债权人会议决议等为由拒绝。但因单独处置担保财产会降低其他破产财产的价值而应整体处置的除外。因此若在破产清算程序中，即使担保债权人申报了债权，但其担保物与全体债权人的利益存在“捆绑”情形，管理人出自维护全体债权人利益的考量，限制了担保债权人对担保物的变价权。如确实存在利益捆绑情形，捆绑处置确实能提升整体处置价值且能提升普通债权人清偿率的，限制担保债权人的变现权具有一定合理性，但应同时给予其一定补偿方能保证公平性，但实践中是否需要“捆绑”等均是由管理人“一言堂”所决定的，其做出“捆绑”决策鲜少有相应的科学的评估基础或相应论证。即便有科学合理的论证作为支撑，然，因“捆绑”导致担保债权人让利于其他债权人所做出的牺牲，在法律规制层面，并未有对担保债权人的保护机制，亦未有相应的补偿机制。

因此，编者认为，管理人以“单独处置担保财产会降低其他破产财产的价值而应整体处置价值”为由拒绝担保物权的行使的，首先，要有科学合理的论证作为支撑，其次，在法律规制层面，要有相对应的给予担保债权人的补偿机制。否则，会过度侵害担保债权人的合法权益。

（二）担保物变现时，管理人是否理应作为担保物权管理主体

管理人作为对担保物的当然管理主体，有其一定的合理性，但其是否为唯一

适格的管理主体，有待商榷。根据《最高人民法院关于审理企业破产案件确定管理人报酬的规定》第十三条规定，管理人对担保物的维护、变现、交付等管理工作付出合理劳动的，有权向担保权人收取适当的报酬。管理人与担保权人就上述报酬数额不能协商一致的，人民法院应当参照本规定第二条规定的方法确定，但报酬比例不得超出该条规定限制范围的10%。而实践中，担保物一般具有标的大、难处置等特点，相较于其他无担保财产的处置，管理人付出的劳动及智慧甚至还要更大，但相较于处置其他无担保财产收取的管理人报酬，管理人仅仅只能收取其不到一折的报酬，因此，管理人往往对处置担保物缺乏动力，但此时担保物是否变现、何时变现的主动权均掌握在管理人手中，管理人只需以“此时变现无法实现担保物价值最大化或单独处置影响整体价值”的理由即可搪塞担保债权人，但又无法公允的考证其观点，从而导致担保物权的行使受限。有观点提出，不同于管理人，担保权人具有极强的动力处置自身担保物，如果其作为管理主体，其可以充分发挥主观能动性，并积极调动一切资源对担保物及时变现，从一定程度上，优化了资源配置效率，提升了破产效率。

编者认为，如果担保权人作为担保物的管理主体，不可否认，其能在一定程度上促进担保物的及时变现，但管理人统一管理债务人财产的规则不容随意突破，为有效解决该冲突，第一，我们可在法律规则层面，设定明确的合理的催告期限，在此期限内，管理人如认为担保物权的行使应该暂停的，管理人应提出合理的理由，如在该期限内，管理人认为担保物权的行使不应受限或者认为担保物权的实现应该受限但没有明确的、合理的理由，担保权人为维护自身合法权益，可以申请处置或自行处置担保物。如此即能最大化保障管理人充分平衡担保债权人与其他债权人利益，亦能避免管理人怠于履职导致的无休止的对担保债权人利益的侵害。第二，为提升管理人的履职动力或促使其更充分地发挥主观能动性，可适当提升管理人报酬的受偿比例。第三，清算程序中，管理人如认为债务人具有拯救价值的，管理人在上述催告期限内积极履职，尽快聘请评估机构对债务人企业进行偿债能力及重整价值进行分析，尔后与可以提出转重整申请的主体进行沟通或召开债权人会议，以此使管理人做出的限制担保物权的决策具有合理支撑。如管理人认为债务人单独处置担保财产会影响整体财产价值的，同样地，需要对担保财产进行单独及合并评估，以此来论证或充分证明暂停行使担保物权具有合理性，如果管理人怠于履职的，即可更换为担保债权人或其执行法院作为适格的管理主体。

（三）担保物变现后，“立即”优先受偿权受限是否合理

《企业破产法》第一百零九条规定担保债权人对债务人特定财产享有优先受偿的权利。该优先权不仅包括担保债权人对变价所得价款的顺位优先权，还应当包括就变价款随时清偿的权利。《全国法院民商事审判工作会议纪要》第112条规定了，如果认为担保物不是重整所必需，管理人或者自行管理的债务人应当及时对担保物进行拍卖或者变卖，拍卖或者变卖担保物所得价款在支付拍卖、变卖费用后优先清偿担保物权人的债权。有观点认为，该条虽然没有明确规定拍卖价款清偿给担保债权人的具体时限，但从该条的文义理解角度，在清偿拍卖、变卖费用后即优先清偿担保债权人，而拍卖、变卖费用的确定一般较少有争议，因此，应理解为对担保变现后，应立即清偿担保债权人。换言之，如果该项担保财产因某种特殊原因实现变现后，担保债权人就变现款的优先受偿权是不受任何限制的，必须立即个别优先清偿担保权人，而无须等待所谓的集体分配，更不允许以任何理由非法占用、截留，换句话说只是在程序权利（行权时间）上加以限制，而不影响该担保权的实体权利（和优先受偿属性）。[①]

编者认为，对于实践中，管理人提出的担忧如担保物上存在更优先的债权人主张权利，或有其他利益相关方行使撤销权等，不得不承认，会存在这种可能性，但也不是没有办法予以处理，我们需要在保护担保债权人与该等利益主体之间寻找一种平衡。比如，可要求管理人在审查担保债权的同时，即应审查该债权是否存在可撤销的情形，同时要调查该特定物上是否有其他更优先的权利。如无可撤销情形的且管理人基于勤勉尽责对是否有更优先的债权进行初步调查未发现的或者发现有更优先的权利经通知并给予合理的债权申报期限后仍未能申报债权的，即便日后有更优先的债权人主张权利，应适用《企业破产法》第56条的规定[②]，即对在别除财产分配之前未能及时申报债权或补充申报的，不再对其进行分配，由其承担不利后果。

---

① 徐阳光、王静：《破产重整法律制度研究》，法律出版社2021年版，第195～196页。

② 《企业破产法》第五十六条规定，“在人民法院确定的债权申报期限内，债权人未申报债权的，可以在破产财产最后分配前补充申报；但是，此前已进行的分配，不再对其补充分配。为审查和确认补充申报债权的费用，由补充申报人承担”。

（四）担保物的暂停行使，补偿机制是否完善

根据《企业破产法》第八十七条之一款规定①，重整程序中的担保债权人有权对因延期受偿遭受的损失主张补偿，该法条规定了受限规则，但并没有对补偿规则进行补充，因此理论上如何确定补偿标准，亦值得商榷，除此之外，该条还会有可能指引担保权人不同意重整计划，不利于企业重整价值的实现。另外，根据《全国法院民商事审判工作会议纪要》相关规定②，其对于充分保护的方式亦仅仅进行了概括性表述，即“减少价值相应担保或者补偿”，但并没有具有指导意义的可供参考的具体标准。此外，上述条款只适用于重整程序，如在清算程序中管理人可能以“存在转重整可能性”这一理由暂停行使担保物权，但如若最终没能重整或没有重整成功，此时担保债权人的这种折让显得没有任何价值。或者退一步讲，即便破产企业最终重整成功，那么也系建立在担保债权人做出牺牲或折让的基础上，也就是无论破产企业是否重整成功，可以肯定的是，侵害了担保债权人的应有利益。再如，管理人以“单独处置财产影响破产企业的整体财产价值”为由暂停行使担保物权的，无论是否提升了整体财产价值，担保债权人均做出了退让或牺牲。

编者认为，以上情形下，从公平角度，理应给予担保债权人一定补偿。然而，破产法及其相关司法解释并未设置合理的补偿机制，可以解决担保债权人的利益损失问题，因此，无论是补偿或替代担保，其标准抑或是使用条件等都亟待立法予以完善。

---

① 《企业破产法》第五十六条规定，“按照重整计划草案，本法第八十二条第一款第一项所列债权就该特定财产将获得全额清偿，其因延期清偿所受的损失将得到公平补偿，并且其担保权未受到实质性损害，或者该表决组已经通过重整计划草案”。

② 最高人民法院《印发〈全国法院破产审判工作会议纪要〉的通知》第一百一十二条规定，“在担保物权暂停行使期间，担保物权人根据《企业破产法》第七十五条的规定向人民法院请求恢复行使担保物权的，人民法院应当自收到恢复行使担保物权申请之日起三十日内作出裁定。经审查，担保物权人的申请不符合第七十五条的规定，或者虽然符合该条规定但管理人或者自行管理的债务人有证据证明担保物是重整所必需，并且提供与减少价值相应担保或者补偿的，人民法院应当裁定不予批准恢复行使担保物权。担保物权人不服该裁定的，可以自收到裁定书之日起十日内，向作出裁定的人民法院申请复议。人民法院裁定批准行使担保物权的，管理人或者自行管理的债务人应当自收到裁定书之日起十五日内启动对担保物的拍卖或者变卖，拍卖或者变卖担保物所得价款在支付拍卖、变卖费用后优先清偿担保物权人的债权”。

三、域外机制的借鉴

（一）美国

不同于我国《企业破产法》，对担保物权行使受限的，美国破产法对于担保债权人给予了充分的保护，首先，无论是破产重整程序，还是破产清算程序；无论是企业破产还是个人破产，担保债权人都有权要求恢复行使担保债权。[①] 其次，充分保护既包括补偿、替代担保，还包括任何能为债权人提供对等保护的方式。另外，美国破产法有别于国内还采取了开放式列举立法模式，允许当事人就充分保护的方式进行协商。[②]

同时，美国破产法的补偿机制也更加完善，主要体现在计息方式上。美国破产法规定足额担保债权在破产程序启动后不停止计息，且担保债权人对该利息在超额担保的范围内享有优先受偿权，直至原债权利息超过超额担保的部分时停止计息。[③] 可见，美国破产法在限制担保债权人享有的变现权的同时为担保债权人提供了较为全面的权利救济途径与补偿。

（二）日本

日本破产法中诸多防止过度保护的机制是值得我们借鉴的。如日本破产法在担保债权人行使与限制上的总体原则是，承认别除权人对担保财产享有的优先受偿权，别除权人能够不通过破产程序实现债权。[④] 意味着日本破产法认可担保债权人对担保财产享有的优先受偿权，但该权利同时也受到管理人的监督与制约，管理人可以随时介入其变卖行为。

此外，日本破产法允许管理人经法院许可后，可以通过全额清偿担保债权的方式消灭担保财产上的负担，这在日本破产法上称为赎回；管理人可以要求担保债权人提供担保财产，从而对该财产进行评估；管理人还可以向法院申请为担保债权人处置担保财产设定期限，如果担保债权人未在设定的期限内处置担保财

---

① 《美国破产法》第361条、第362条、第363条、第364条。

② 《美国破产法》第361条。

③ 《美国破产法》第506（b）条。

④ 李飞：《当代外国破产法》，中国法制出版社2006年版，第794页。

产，将丧失对担保财产的处分权。[①] 可见，日本破产法既防止了保护不足，又防止了过度保护。

（三）德国

《德国破产法》亦是通过补偿机制保护担保债权人的权益。根据德国《强制执行法》的规定，担保债权人可以强制拍卖或者强制管理担保财产，变卖事宜原则上由债权人负责，但是管理人有权向法院申请临时性终止，作为终止的补偿，应向担保债权人支付利息及其间的价值损失；[②] 德国破产法在注重给与担保债权人补充外，也注重防止担保债权人或管理人迟延变现担保物上，通过法院规定变价期限等措施，督促其对担保财产进行变价；为了避免在破产程序中减少不必要的变价开支，还规定了哪一方变价担保财产，相关费用就由其承担，激励担保财产占有方以最经济的方式对担保财产进行变价。[③]

四、救济机制

（一）担保物变现前——引入充分保护与防止过度保护机制

1. 规定免于中止的情形

在破产清算与和解程序中，建议立法上规定若干可以免于中止的情形。如在指定期限内对担保财产进行必要性的考察，审查该担保财产是企业持续经营所必需之物，具体到技术层面，管理人或利害关系人认为如有必要的，可引入评估机构对单独财产及打包财产进行分别评估，如果打包财产的评估价值高于每个单独财产的总价值，那么就可以将该份评估报告作为重整必需财产的论证材料，并可以借助于债权人会议来决策最终是否重整。如若没有必要引入评估机构即可判定非重整所“必需”或经债权人会议或其他利益主体决策无重整可能性的，担保债权人可通过向管理人主张该免于中止的情形或管理人发现该免于中止的情形的，则不应对担保债权人行使其权利进行限制。

---

① ［日］谷口安平：《日本倒产法概述》，田言译，中国政法大学出版社2017年版，第122~124页。
② 许德风：《论担保物权在破产程序中的实现》，载《环球法律评论》2011年第3期。
③ ［德］莱因哈德博克：《德国破产法导论》，王艳柯译，北京大学出版社2014年版，第138~142页。

2. 赋予合理的担保物暂停行使期限

在破产清算与和解程序中，针对担保物的暂停行使，需要赋予一个合理期限，不能始终暂停担保权人的变现权，亦不能像重整程序无限期的暂停行使，对于这个期限的合理设定，编者认为，可以参考王欣新教授提出的建议期限在60天到90天，[①] 为了防止过度保护可以向法院申请延长上述期限，当然对延长的期限也要给予一定的规定限制，比如，只能延期申请一次，且不超过3个月。如此，督促管理人对担保财产进行及时变价，提升破产财产的处置效率，优化资源的重新配置效率，提高破产案件的办案效率。

3. 完善恢复行使担保物权的情形

对担保物权暂停行使后，当担保债权人认为其变现权受限存在不合理之处的，担保债权人有权向人民法院请求恢复行使担保物权，《全国法院民商事审判工作会议纪要》第一百一十二条对充分保护的方式进行了穷尽性列举，但这一问题的解决需要的不是方程式，而是开放性、可使用性和多面性的权衡与推演，因此应结合实务经验不断完善恢复行使担保物权的情形，如适当赋予担保债权人对经营方案可行性的挑战权限，若担保债权人能证明该重整计划不可行则可提出异议，并可作为恢复行使担保物权的理由，经法院审理认定后给出是否恢复其行使担保物权的裁定。

（二）担保物变现时——明确变现主体及监督主体

实务中，有关的学者认为担保债权人可以直接自己将担保物变价，本书认为，此举措系过度保护了担保债权人的权利，不应该被支持。因为管理人的角色是中立的，其能代表广大债权人的利益。如让担保债权人自己对担保物进行处置，因担保债权人可能会认为只要能够覆盖或最大化覆盖其债权的清偿即可，无法最大程度地实现担保物价值最大化。况且无法保护破产企业整体财产价值的最大化，如此，有损其他债权人的权益，有违破产法立法本意。

编者建议，应以管理人处置为原则，担保债权人处置为例外。在管理人作为管理主体时，应赋予担保债权人一定的监督权，而不应过度保护。只有在规定的合理的催促期限内，管理人不履职或怠于履职的，才赋予担保债权人自行变现的

---

① 王欣新：《论破产程序中担保债权的行使与保障》，载《中国政法大学学报》2017年第3期。

权利，但也应谨慎赋予，编者建议至少需要经过人民法院的许可，如赋予担保权人变现权利时，管理人仍需发挥监督或制约功能，如发现存在不利于其他利益相关方的行为时，管理人可以随时介入其变价行为。此外，管理人还可以向法院申请为担保债权人处置担保财产设定期限，如果担保债权人未在设定的期限内处置担保财产，将丧失对担保财产的处分权。

（三）担保物变现后——引入预分配制度

上文编者分析了担保物的“立即”优先受偿权受限，究其原因，也不是完全没有合理性，除了编者在上文介绍的实操层面的相关建议，对于如何保护担保债权人的利益也不过分保护其利益是我国立法在制度层面应解决的问题。

编者认为，我国立法可以参考在浙江地区率先实行的预分配制度，也就是对于满足条件的担保债权人，法院、管理人可以将抵押物变现后的款项预先分配给担保债权人，如在主体上进行限制，如信用良好的银行或资产管理公司，并要求该等主体向法院出具执行回转的承诺。或在预分配额度上对其进行限制，如先行分配担保物变现金额的70%。旨在通过引入预分配制度，保障担保权人的“立即”优先受偿权，但同时，也对未来可能存在的影响其他利益主体相关权益时，提供了一定的缓冲空间与机会。

（四）担保物变现过程中的其他制度构建

1. 补偿机制

《企业破产法》第八十七条虽然载明了担保债权人就其特定财产将获得全额清偿，其因延期清偿所受的损失将得到公平补偿，但并未对“公平补偿”的具体方式作出披露。如果担保债权人的担保物因与破产程序存在捆绑效应，从而导致限制了其变现权或者优先受偿权，那么可以借鉴域外机制，通过一定的补偿机制进行补偿。在此编者将补偿机制分为利息补偿与价值补偿。①

利息补偿针对的是对担保物的优先受偿权。当担保债权人的优先受偿权受到了限制，此时担保债权人可主张按照主债权合同所载明的利息计算方式主张相应利息，该利息的起算时间应为担保债权人理应实现其权益之日，如重整结束之日

① 许德风：《论担保物权在破产程序中的实现》，载《环球法律评论》2011年第3期。

或者《企业破产法》第七十五条所对应的日期。鉴于该部分利息的产生是出自于整体债权人利益点考量，同时为了保障担保债权人利息实现的可能性，可以将该部分利息列入共益债务。另外，参考美国破产法相关规定，为了防止对担保债权人过度保护，若原债权利息超过超额担保的部分时则停止计息。

价值补偿针对的是担保物的变现权，该补偿系弥补担保物使用期间造成的价值减损，通过价值差额确定补偿数额，但不包括因市场波动引发的价值减损。当然考虑到，部分担保物其价值过高且计算方法存在争议，如果该部分损失由全体债权人承担，明显又损害了广大债权人的利益，因此此时编者建议对于价值过高的担保物，应及时允许担保债权人向法院申请恢复清偿，避免因市场波动给担保债权人带来过大经济损失，也保护广大债权人的权益，既防止了保护不足，又防止了过度保护。此外应注意，为了防止估值过高或过低的情形出现，应当根据不同的程序阶段、评估目的选择合适的资产评估价值类型。

2. 赋予担保债权人监督权

为了实现充分保护，担保权人本可以依据担保物权优先受偿，但在重整程序中为了实现企业和社会整体利益而对其进行了限制，担保债权人不得不承担担保物在重整期间贬值、毁损的风险，并且影响了其权利的实现。因此，我国有些学者主张，“确立有担保权人对重整过程的监督权，能够更好地维护金融秩序，防止重整程序中腐败或者错误行为的发生”。① 同时也有利于担保债权人参与到重整程序中来，而不是只能坐等重整的结果。因此，可以在立法中明确赋予担保权人一定的监督权限，如问询权、必要的调查权等。问询权即担保权人可以就担保物的处置方案或计划向管理人问询了解；必要的调查权系因为担保权人不参与担保物处置方案的执行，对处置期间执行效果均不甚了了，无法有的放矢地监督，故而有必要适当扩大担保权人监督权限，赋予担保权人必要的调查权，即在担保权人有初步证据证明管理人存在不利于担保物变现方案执行的情形时，可以对管理人进行必要的调查，并有权检查相关材料。

---

① 朱明阳：《试论破产重整中银行担保债权的限制与保护》，载《重庆广播电视大学学报》2010 年第 4 期。

五、实操建议

（一）关于恢复行使担保物方面的建议

1. 在破产重整程序中

根据《全国法院民商事审判工作会议纪要》第一百一十二条之规定，担保债权人可采取如下措施维护自身权益：

（1）可要求管理人重管理人或者自行管理的债务人应当及时确定设定有担保物权的债务人财产是否为重整所必需。如果认为担保物不是重整所必需，担保债权人可要求管理人或者自行管理的债务人应当及时对担保物进行拍卖或者变卖，拍卖或者变卖担保物所得价款在支付拍卖、变卖费用后优先清偿担保物权人的债权。

（2）在担保物权暂停行使期间，担保物权人可向人民法院请求恢复行使担保物权的，人民法院裁定批准行使担保物权的，管理人或者自行管理的债务人应当自收到裁定书之日起十五日内启动对担保物的拍卖或者变卖，拍卖或者变卖担保物所得价款在支付拍卖、变卖费用后优先清偿担保物权人的债权。

因此，对于金融债权人在担保法律关系无争议的情况下，要求管理人尽快确定担保物是否重整所必需。如果发现担保权的暂停行使会对担保物的价值造成严重影响的，应当及时与破产管理人进行沟通，并向人民法院请求恢复行使担保权，就担保物的变价款在其担保范围内优先受偿。

2. 在破产清算与和解程序中

（1）随时向管理人主张就该特定财产进行变价处置

根据《全国法院破产审判工作会议纪要》第二十五条之规定，在破产清算和破产和解程序中，对债务人特定财产享有担保权的债权人可以随时向管理人主张就该特定财产变价处置行使优先受偿权，管理人应及时变价处置，不得以须经债权人会议决议等为由拒绝。因此，原则上讲，金融债权人可随时向管理人主张对特定财产进行变价处置。

（2）管理人有正当理由的，金融机构可给予合理的中止期限

如管理人认为破产企业“有重整可能性”，或者“单独处置会影响整体价值的”，会影响担保物的处置，况且如上所述，编者认为这两种情形并非不无道理，

但同时，我们也认为，不能无休止暂停担保物的行使，因此实践中，编者建议金融债权人可尝试给予管理人合理的中止期限，如60~90日，要求管理人在该期限内论证是否有重整可能性及单独处置是否会影响整体财产价值。如论证后破产企业不具备重整可能性或单独处置不影响整体财产价值的，管理人应尽快恢复担保物的行使。

（3）要求利息补偿或价值补偿

编者认为，在非破产重整程序中，无论是对因破产企业有重整可能性还是因单独处置担保物影响整体财产价值而暂停担保物变现的，均系为了保护更高的利益价值而损害了担保债权人的个别利益，因此从公平角度讲，建议金融机构向管理人提出要求利益补偿或价值补偿。

（二）关于担保物处置的管理主体方面的建议

1. 可要求管理人合理期限内对担保物进行处置

综上分析，司法实践中都是管理人作为担保物的处置管理主体，最高院关于破产法司法解释的指导文件中亦载明，"为使管理人的工作能够有序进行，别除权人的权利能够及时实现，可设立适当的期限，作为别除权人行使权利的催告期限，管理人在此期限内未协助实现担保物权时，别除权人有权自行处置受偿"。因此，建议担保债权人可先行要求管理人在合理期限内对担保物进行处置。

2. 如管理人在合理期限内不予处置或不能处置的，请求更换处置主体

如管理人在合理的催告期限内不予处置或不能处置担保物的，担保债权人可向人民法院申请请求更换处置主体，请求自身或执行法院对担保物进行处置并受偿。

（三）关于担保物的"立即"优先受偿权方面的建议

虽然，法律并未规定担保物变价后多长时间内向担保权人分配，但实践中管理人的担忧也并非不无道理，因此，建议担保债权人与管理人坦诚沟通，积极向管理人主张行使自己的"立即"优先受偿权，同时，参考浙江地区，向管理人申请预先分配，并向管理人、法院出具执行回转的承诺。同时，也可视情况要求管理人给予利息补偿。

（四）积极采取相关救济措施

1. 积极申请处置、提存担保物

如存在担保关系有争议，但担保物价值已经发生减损，此时不管出自担保债权人考量还是整体程序的考量，如此时担保物便于寻找买受人，则担保债权人可向管理人申请先处置该担保物；如此时担保物不存在买受人时，可以通过向管理人申请提存该担保物，上述两种途径，管理人亦可要求担保债权人提供替代担保物，从而保障担保物价值，这样既保护了担保债权人的合法权益，也维护了全体债权人的权益。当然，若担保关系不存在争议，担保债权人也可向管理人申请处置或提存该担保物。

2. 善用以物抵债方式

在中国邮政储蓄银行股份有限公司嘉峪关市分行（以下简称邮储银行）与管理人责任纠纷案中，管理人依据《全国法院破产审判工作会议纪要》第二十五条规定，“担保权人权利的行使与限制。在破产清算和破产和解程序中，对债务人特定财产享有担保权的债权人可以随时向管理人主张就该特定财产变价处置行使优先受偿权，管理人应及时变价处置，不得以须经债权人会议决议等为由拒绝”，通过以物抵债的方式，实现了以实物方式优先偿还邮储银行的担保债权，具有一定借鉴意义。此外，依据上述法律规定，该途径也无须经过债权人会议作出决议为必经程序。因此实务中可参考上述方式，当担保物找不到买受人或者维护担保物需要付出不合适的费用时，可以通过以物抵债的方式，清偿担保债权人，既保障了担保债权人的优先受偿权，也缓解了破产企业的压力，有利于实现后期对于其他债权人的公平清偿。

3. 积极阻却破产程序的同时处置抵押物

如果申请破产的启动主体非担保债权人，那么在破产受理日前，一般要经过法院的审查程序，特别是一些重大复杂案件，如果担保债权人知晓有意向债权人申请债务人破产时，担保债权人可积极阻却破产程序，主要路径有：（1）利用债务人的异议程序达成。（2）与申请人接洽谈判。（3）同时尽快处置抵押担保物的变现。

第四节
重整中信托工具的适用问题

一、信托工具在我国破产重整中的适用

如今，受市场大环境等影响，越来越多的大型企业进入破产程序，这类债务人债务体量庞大、种类复杂，通过引入财产权服务信托，将信托工具嵌入破产重整业务中，旨在提升司法重整程序的管理质效。如渤海钢铁集团有限公司重整案、方正集团重整案均在出售式重整模式下，将债务人资产分为两部分：一部分为核心类的优质资产打包出售，另一部分为具有经营价值的非核心资产，将该部分委托第三方机构运营管理，设立财产权信托，用以清偿各债权人。再如，海航集团重整案，其在存续式重整模式下，将发起人持有的持股平台 100% 的股权及应收账款类债权作为信托财产。

【渤海钢铁集团有限公司重整案】

2019 年 1 月 30 日，渤钢二债会表决通过了《渤钢系企业重整计划（草案）》，后法院裁定批准重整计划，进入重整执行阶段。根据重整计划，唐山德龙作为投资人，出资 200 亿元重整渤钢，其中 160 亿元现金清偿债权，剩余 40 亿元补充运营资金。

重整计划中，渤钢系企业采用“出售式重整”模式，重整后渤钢系企业将一分为二，分别重组为“钢铁资产平台”和“非钢资产平台”。在“钢铁资产平台”通过债转股予以清偿，而在“非钢资产平台”通过信托受益权份额清偿，非钢资产平台通过引入信托公司、资管公司发行信托产品，以信托受益权方式实现对债权的清偿，参与信托计划的债权人或其继受人依法享有对非钢资产平台、信托计划、受益人大会等知情权。[1] 通过信托受益权的安排，使破产企业的资产剥离、分割更具有可操作性，有利于确保优质资产的整体性和独立性，在此基础

---

① 天津市高级人民法院民事裁定书，（2018）津破 1－13 号之一，附件 2：《渤钢系企业重整计划》。

上引入重整投资人，可打消重整投资人的顾虑，减少重整投资人的负担，重整工作更容易成功。[①]

【方正集团重整案】

2020年7月，北京一中院裁定受理方正集团等五家公司实质合并重整。该案采用资产出售式重整的模式，并坚持全部资产用于清偿债权的原则。重整主体资产划分为保留资产和待处置资产。其中，保留资产为按照重整计划规定的方式置入新方正集团以及由投资者直接收购的重整主体的资产，主要是重整主体享有处置权资产中的绝大部分股权类资产、债权类资产和其他资产等。重整主体以除保留资产以外的其他保留资产设立新方正集团和各业务平台公司。

待处置资产为重整主体全部资产中扣除保留资产的剩余部分，以及重整主体账外的资产，主要为权属瑕疵或诉讼未决的资产。待处置资产将委托信托机构设立以未获全额清偿的债权人为受益人的信托计划，在信托计划项下实现待处置资产清理、确权和处置等工作，处置所得优先支付相关费用后向受益人补充分配。[②] 方正集团的股东将股东权益无偿让渡给以未获全额清偿的债权人为受益人的信托计划，信托计划通过方正集团间接持有其他四家重整主体100%的股权。在信托计划项下实现待处置资产及或有权益清理、确权和处置等工作，处置所得在优先支付相关费用后向未获全额清偿的债权人追加分配。补充分配机制的设置真正做到了全部资产用于清偿债权，还债资产不仅包括现有资产还包括未来可能追回的资产。[③] 方正集团重整案将信托金融工具引入债权清偿体系中来，使集团企业规模大、业务多、资产复杂等问题迎刃而解。

通过上述案例，我们可看出，以上两个案例均系出售式重整模式下引入信托工具，在厘清破产企业资产后，将资产按照性质分类处置，以最大限度地发掘资产价值，编者总结该交易模式如图12所示。

---

① 马然：《重整计划中信托受益权清偿安排》，载微信公众号“破产圆桌汇”2021年1月22日，https://mp.weixin.qq.com/s/rZsmM97ZBfIG4UrtOTl1Cw。

② 杨志锦、边万莉：《方正集团提交重整计划草案：约537亿～733亿资金偿债》，载百度空间2021年4月30日，https://baijiahao.baidu.com/s?id=1698469629060947808&wfr=spider&for=pc。

③ 王欣新：《方正集团重整方案的解读与启示》，载微信公众号“中国破产法论坛”2021年5月6日，https://mp.weixin.qq.com/s/7PZNIAT8jQHc8oWoDqu1eg。

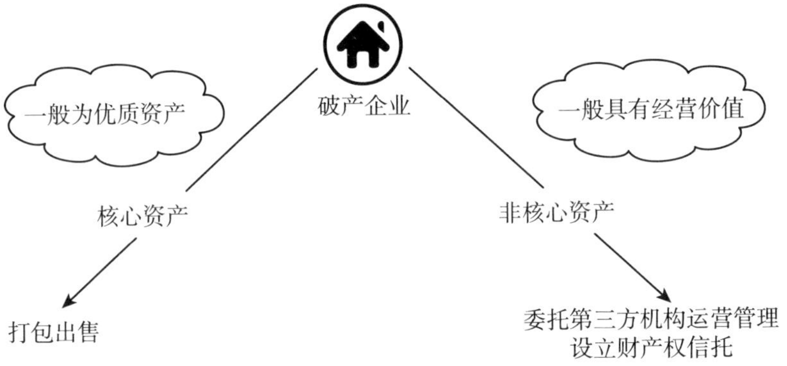

图 12　出售式重整模式下的信托工具运用

【海航集团重整案】

截至 2021 年 2 月 10 日，321 家公司经合并抵销后资产总值为 2532 亿元，负债总额为 10,390 亿元，净资产为 -7858 亿元，严重资不抵债。2021 年 3 月 13 日，海南高院依法裁定对海航集团有限公司等 321 家公司进行实质合并重整，该案也通过设立信托抵偿债务，以具体做法为由发起人作为委托人，成立信托计划，并将持有的总持股平台的股权以及对各业务板块的应收款债权注入信托计划，作为信托财产。信托成立后，信托计划通过总持股平台实现对所有信托底层资产的实控及管理，即将 321 家公司的全部资产纳入了信托计划。信托底层资产包括信托计划可实际控制的重整企业直接持有的全部资产，具体包括但不限于各类上市公司股票、金融机构股权等股权投资类资产，房屋、土地、在建工程等实物资产，应收账款等其他资产。除小部分现金清偿及留债清偿外，原则上 321 家公司的全部债务将归集至发起人公司，并以发起人设立的信托计划份额受偿。① 债权人成为信托受益人后，享有 321 家公司整体财产利益，可以分享重整后相关企业的运营及处置收益。另外，鉴于原管理层的业务能力与经营意愿，海航集团未引入专业资产管理公司，而是保留了原管理团队对信托资产的管理职权。此外，重整计划将信托受益权做了分层（分为优先受益人和普通受益人），将信托收益区分为特定收益与非特定收益，并明确了不同类型债权人的受偿顺序。海航

① 《海航集团有限公司等三百二十一家公司实质合并重整案计划（草案）》，发布于海航集团有限公司等 321 家公司实质合并重整案第二次债权人会议 2021 年 9 月 29 日。

重整案例中通过设立信托的方式注入股权和应收款债权，有助于充分发挥信托计划资产管理、运营、偿债的多元价值功能，逐步缓释风险，充分发挥321家公司的运营价值，最大限度地实现广大债权人利益最大化。

通过该案例，可看出海航重整方案中，系在存续式重整模式下，将信托受益权分配给债权人。编者总结该交易模式如图13所示：

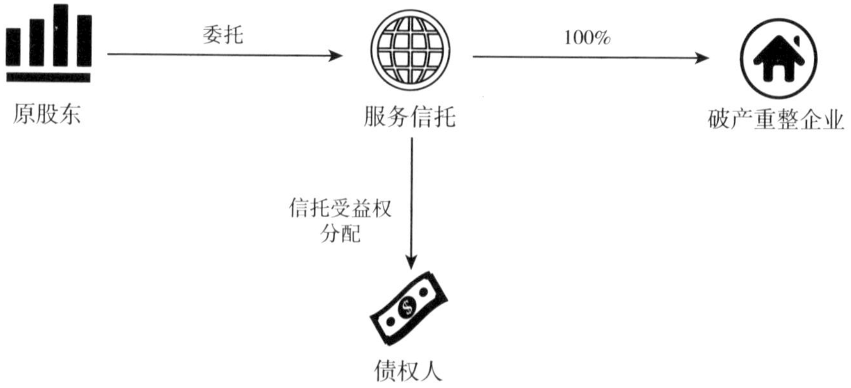

图13　存续式重整模式下的信托工具运用

除此之外，信托还有其他广泛应用，如在投资人资金不充裕的情况下，可通过信托工具为投资人做配资，以减轻投资人压力，更好推动案件进展。信托还可参与其他特殊投资模式：如担保式信托，债务人转移资产所有权于信托公司，由信托公司将该资产划分为优先受益权与普通受益权，制定信托计划约定募集的资金投资于优先受益权凭证。投资的方式采用资产抵押式借贷。又如债务人把资产所有权移转给信托公司，信托计划约定把资产出借给第三方以获得租金收益，投资人把资金以入股的形式投向第三方公司，此时，信托公司为显名股东，投资人作为隐名股东。①

二、破产重整中适用信托工具的优势

因为信托特有的优势以及与破产重整程序的适配性，使在大型企业破产重整中以信托收益权偿债的模式广为流传，通过上述实际案例，编者对信托模式的优

① 蒋政宇、欧阳睿：《信托破产隔离分析》，载微信公众号"法律与新制度经济学"2018年8月26日，https://mp.weixin.qq.com/s/zn0UDau3pDZfS5ItgUPvog。

势进行总结如图 14 所示。

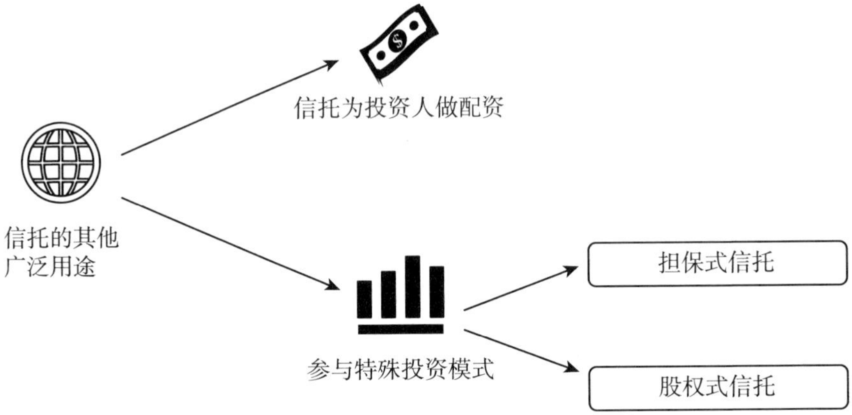

图 14　信托工具的其他广泛用途

1. 对于债权人而言，非核心资产不易处置，拍卖、变卖价值极易贬损，难以实现债权人利益最大化，而信托公司通过对剥离资产的管理和处分，实现信托财产的增值，从专业和特色化角度体现信托公司的优势和价值，原破产企业的债权人将通过信托受益权人身份持续享有剥离资产运营处置的相关收益。①

2. 对于投资人而言，投资人只希望收购优质资产，不希望全盘收购所有资产，信托法所确立的信托关系区别于其他资管产品的委托代理关系，信托财产具有效力层级最高的法定破产隔离的作用，破产重整项目中，以剥离资产设立财产权信托，该部分资产不纳入企业破产财产，由信托公司独立运作，可以有效隔离与原破产主体其他财产之间的关联性，② 为投资人解决后顾之忧。

3. 对于管理人而言，大型破产企业往往资金链断裂，资不抵债，且债务金额庞大、种类庞杂。如何在法定时限内最大维护广大债权人利益的最大化成为最大难点，而信托模式可以时间换空间，使短期清偿和长期清偿相结合，提高破产企业非核心资产价值，从而最终提高债权人的受偿率。且在破产重整程序中引入信托模式，使财产分配方案设计更加灵活，在债务人资不抵债的情况下满足不同

① 郑艳、梁娜、马燕宇：《从三个经典案例看信托公司如何参与企业破产重整》，载搜狐网 2021 年 6 月 20 日，https://www.sohu.com/a/471243171_270543。

② 郑艳、梁娜、马燕宇：《从三个经典案例看信托公司如何参与企业破产重整》，载搜狐网 2021 年 6 月 20 日，https://www.sohu.com/a/471243171_270543。

债权人的需求，维护市场稳定，做到经济效应与社会效应相统一。

4. 对债务人而言，由于信托的设立，相较于债转股的清偿方式，债权人对重整后企业的关注将转移到信托上，且由于信托经营活动独立于重整企业自身的经营，重整企业可以不受干扰的进行经营，因此有利于后续重整后的企业独立运营。另外，由于信托财产的所有权与受益权的分离功能，某些情况下债务人也可作为信托的劣后级受益人或权利归属从信托中获得一定的利益，因此信托的设立有助于债务人的重生。

5. 在技术层面，同样为了剥离负债，实现财产独立与责任独立，设立信托与设立子公司相比，前者成本更低，且由于信托财产具有独立性和破产隔离的功能，更能够避免出现财产混同，并且可摆脱原管理层对信托财产的决策权，因此避免股东侵害债权人的情况出现，而且信托的设立不会受委托人已经进入重整程序的影响，其适用范围和方式与设立子公司相比更具灵活性和柔软性。

三、重整程序中适用信托工具的问题

财产权信托作为一种有效的工具，对于债权人、投资人和管理人均有毋庸置疑的积极作用，提高了破产案件的效率，维护了广大债权人利益最大化。但是，随着信托工具在大型企业破产重整中的广泛应用，随之引发的一些问题我们也不得不正视：

1. 管理人职责及破产法功能层面：个别案例将破产企业全部资产笼统打包设立信托计划，不免有“转移责任”之嫌，将原本应在破产程序中解决的问题转移到破产程序之外，使破产法的功能无法得到发挥。

2. 保护债权人权益层面：将债权人的权益分散到信托计划中，后续清偿能力不可控，缺乏相应监管措施和保障制度。另外，若债权人除了破产企业之外，还存在其他债务人或担保人，债权人分配到信托计划份额后，是否影响其对其他主体追偿也存在争议。

3. 设立信托计划成本承担层面：财产变价、清偿债权人本身是管理人职责，设立财产权信托类似管理人将其中一块的工作“分销”给信托机构，以此导致广大债权人或投资人既要支付管理人报酬，也须支付信托设立及管理费用，该种模式也存在不合理之处。

4. 程序保障层面：非核心资产的处置变现本同样属于管理人的职责范围，

且有明确的程序要求，管理人在破产法律框架下履职，有助于依法保障破产程序中各利益相关方的权益。而设置财产权信托后，对财产的处置、分配方案的决议，由受益人大会取代了原先的债权人大会，规制监管也由原先的《企业破产法》过渡到《信托法》，使非核心资产的处置工作脱离了破产程序的轨道，导致其不受破产法的监管与规制，不利于保护债权人的权益。

第五节 重整投资人的选任及变更问题

重整投资人的选任直接决定了困境企业是否能够挽救成功。对于困境企业，除了要解决其财务困境以外，更重要的是能够解决企业陷入困境的管理问题、技术问题抑或市场问题，也就是重整投资人的引入，不仅要实现清偿债务的目标，更重要的是使困境企业获得造血能力，促进困境企业成功转型。如渤钢重整案件，引入的投资人不仅是利用资金和融资优势解决其债务问题，而且还依托于渤钢原有业务，投资人通过剥离非钢资产、将钢铁资产板块予以整合并嫁接资源使其更精简高效地运营，实现了渤海钢铁业务的迭代、企业的再生。

一、重整投资人的招募及选任

（一）相关法律规定

目前全国无统一的适用法律依据，有个别法院通过工作指引的方式对法官、管理人办案起到一定的实务指导作用。如深圳市中级人民法院关于印发《审理企业重整案件的工作指引（试行）》（以下简称《深圳指引》），根据其规定，重整投资人是指在重整程序中，债务人无力自行摆脱经营及债务困境时，为债务人提供资金或者其他资源，帮助债务人清偿债务、恢复经营能力的自然人、法人或者其他组织。其可以是单一的自然人、法人或者其他组织，也可以是两个以上自然人、法人或者其他组织组成的联合体。重整投资人可以由债务人或管理人通过协商和公开招募的方式引进，也可以由债权人推荐。

债务人自行管理财产和营业事务的，债务人可以通过协商引进重整投资人。管理人负责管理财产和营业事务的，重整投资人由管理人向社会公开招募。

存在下列情形的，管理人可以申请协商确定重整投资人：

1. 债务人与意向投资人已在预重整或者债务人自行经营管理期间初步形成可行的债务清偿方案和出资人权益调整方案的。

2. 在重整申请受理时，债务人已确定意向投资人，该意向投资人已经持续为债务人的继续营业提供资金、代偿职工债权，且债务人已经就此制订出可行的债务清偿和出资人权益调整方案的。

3. 重整价值可能急剧丧失，需要尽快确定重整投资人的。

4. 存在其他不适宜公开招募重整投资人的情形，并经债权人会议同意的。

多家意向重整投资人经初步审查合格并缴纳保证金的，由债权人会议选定重整投资人。选定规则为：

1. 经出席会议的有表决权的债权人过半数同意，并且其所代表的债权额占无财产担保债权总额 1/2 以上的，该意向重整投资人即为重整投资人。

2. 经表决所有意向重整投资人均不符合上述 1 的标准，但其中一家意向重整投资人获得同意的表决人数、债权额比例均超过其他意向重整投资人的，该意向重整投资人即为重整投资人。

3. 经表决所有意向重整投资人均不符合上述 1、2 的标准，但仅有两家意向重整投资人参与表决的，获得较多债权人支持的即为重整投资人；超过两家意向重整投资人参与表决的，由债权人会议对最多债权人和最多债权额同意的两家意向重整投资人再次表决。

（二）重整投资人的招募方式

选任重整投资人通常有两种模式：一是公开征集模式，二是非公开谈判模式。[①] 其中，常见非公开谈判模式有协商、债权人推荐等。

1. 公开招募

为最大化债权人、债务人利益，应确立以公开招募的方式为基本原则。《深

① 参见池伟宏：《论重整计划的制定》，载《交大法学》2017 年第 3 期。

圳指引》也确立了如系管理人负责招募的，原则上进行公开招募。

公开招募投资人大致步骤如下：（1）发布招募公告，披露重整案件基本信息、对投资人要求及其他相关信息；（2）意向投资人递交响应文件，对意向投资人进行资格审查，与符合要求的意向投资人签署保密协议及意向投资协议并收取一定保证金，配合其尽职调查；（3）与意向投资人、债权人、出资人谈判重整投资金额、出资人权益调整、债权清偿方案、经营方案等重整投资主要条件，意向投资人提出重整计划的初步方案，提交管理人参加遴选；（4）评选并确定重整投资人；（5）管理人与投资人、债务人及相关利益主体签订重整投资协议。

其中步骤（1）至（3）系招募投资人阶段，步骤（4）系投资人的选任过程，在本节下一个内容重点阐述。

对公开招募这种方式，由于实务中比较常见，因此编者不再过多赘述。

2. 非公开谈判①

（1）适用情形

《深圳指引》列举了几种可采取非公开招募的方式，例如：①债务人与意向投资人已在预重整或者债务人自行经营管理期间初步形成可行的债务清偿方案和出资人权益调整方案的；②在重整申请受理时，债务人已确定意向投资人，该意向投资人已经持续为债务人的继续营业提供资金、代偿职工债权，且债务人已经就此制订出可行的债务清偿和出资人权益调整方案的；③重整价值可能急剧丧失，需要尽快确定重整投资人的；④存在其他不适宜公开招募重整投资人的情形。

（2）不公开选任投资人的标准

有实务律师认为，应当从商业需求和法律理念等多维度综合考量，除偿债资金金额之外，还需要综合考虑债务人规模、职工权益的保护、债务人营运价值的维护、引进投资人的难度和效率以及债务人经营管理层的重要性、投资人经营方向与债务人的适合性等各种因素。具体而言，可根据如下事前、事中和事后标准选定确定不公开选任投资人的选任标准：①投资人在债务人危机期间提供资金或者资源有助于缓解债务人财务危机或者改善债务人营业状况；②引入投资人对推

① 参见池伟宏：《破产重整投资人的选任和保护》，载微信公众号“天同诉讼圈”2018年11月8日，https://mp.weixin.qq.com/s/1iua-APy87TjFuMhjqJqzw。

动重整程序有促进作用且投资人也承担了相应成本；③主要债权人参与引入投资人的谈判或者认可谈判结果；④债务人已经和多个意向投资人进行谈判或咨询了意向；⑤债务人引入投资人时披露的企业价值基本真实且公允；⑥根据债务人的规模和行业特点，投资人的经营管理有利于债务人恢复或者增强盈利能力；⑦投资人的信用状况能够对重整计划的执行提供充分保障。

其中，①、②点是事前标准，基于困境企业危机时期的紧急性，为维护债务人财产价值和营运价值而提供紧急援助的投资人具有不可替代的作用，如果没有危机期间投资人的援助，债务人财产价值将严重贬损，债权人的清偿利益也将严重下降，解除投资协议将严重违反诚实信用原则，这是事先选定战略投资人的重要理由。③、④、⑤点是事中标准，分别体现了选任投资人过程中主要债权人意志、竞争性谈判商业价值及公允价格原则。第⑥、⑦点是事后标准，重整计划的执行需要投资人具备充足的资金实力和经营管理能力，避免不能执行重整计划导致二次破产风险。

对于非公开谈判这种方式，实务中也比较常见，但编者提示仍需注意其适用范围，并严格把控其选任标准，不能侵害债权人的利益，亦不能忽视对债务人持续运营能力的影响。

3. 债权人推荐

《深圳指引》中肯定了债权人推荐这种方式，实务中不常见，编者团队曾做过一起重整案件（角色系管理人），重整投资人的遴选系债权人共同推荐，大大缩短了招募投资人的期限，提高了案件效率。

具体案情如下：A 企业（在天津）因无法偿还到期债务，债权人申请其进入破产清算程序。A 企业的核心资产系持有 B 公司（在河北）50% 的股权，起初管理人拟定了财产（股权）变价方案，最终债权人会议并未通过该方案，理由系大部分债权人认为潜在投资人因不了解股权情况不可能参与拍卖，如仓促进入司法拍卖程序，股权只能被 B 公司另一股东低价购买（B 公司两位股东积怨已久，矛盾不断），如此会严重损害债权人权益。后部分债权人向管理人提出债务人由破产清算程序进入破产重整程序的申请，经过债权人会议审议并表决，全部债权人均同意债务人转入重整程序，且经管理人询问债务人及其股东意见，均同意进入重整程序。因是否能对股权资产保值并增值，需要对 B 公司财务运营状况了解的人作为投资人，鉴于核心资产的特性，50% 股权价值的维护刻不容缓，基于效率的考虑，经大部分债权人的共同推荐，由其中一位债权人作为公司重整投资人（该投资人长期在B公司项目所在地，深谙B公司状况，其并非原债权人，系进入程序后收购了部分债权人的债权）。管理人经与投资人方、债权人方沟通，本着重整计划草案遵循依法保障债权人权益原则、恢复公司持续经营和盈利能力原则，制定了重整计划草案，最后经过了债权人会议决议，各表决组的全体债权人均同意了重整计划，最终获得法院裁定批准。

编者认为，重整投资人的遴选应以公开招募为原则，如由于其他原因不宜采用公开招募方式的，也应取得债权人会议的同意。正如本案中，编者团队作为管理人，事先征得了所有债权人的同意并在重整计划草案中专门做了关于重整投资人的选定未公开招募的说明，如此既尊重了债权人意见，又维护了破产企业核心资产价值。

4. 假马规则的借鉴

实务界、学术界越来越多的人认为，为解决投资人不公平竞争，可借鉴美国《破产法典》第三百六十三条中国外在出售和假马竞标规则（staking horse bid），具体是指，债务人在重整程序启动后确定具有购买出售财产意愿的收购方作为“假马”，对出售财产确定出价，同时通过契约约定“假马”的权利，以吸引潜在的收购方竞价购买该财产，便于债务人在多个竞标人之间确定最终的中标人。如果最终中标的并非“假马”，则给予保护与补偿：成本补偿、分手费补偿、协商投标程序、排他性竞价权。

编者团队处理的一起实质合并破产案例中，困境企业在进入破产程序之前先将企业托管给A，A具有一定的投资实力及投资意向，管理人接管企业后，广泛征求了债务人股东、高级管理人员、职工及主要债权人的意见，各方均同意由A作为重整投资人对困境企业进行重整。基于上述，为有效推进重整工作，管理人拟将A暂时确定为意向重整投资人，并与其签订重整投资框架协议，主要内容系重整期间，以借款形式向债务人提供借款用于项目建设，若最终被确定为重整投资人，之前投入的资金转换为重整投资资金，若重整失败，按共益债处理；且为了体现公平原则，在重整计划草案中将参照假马竞标的规则通过竞争确定最终重整投资人，如A或其指定的第三方未能确定为最终的重整投资人，将退还其投入的资金，另给予其10%的补偿。

编者认为，该案例通过协商的方式引入投资人，后参照了“假马规则”这种竞标方式确定最终的重整投资人，系将公开招募与谈判协商选任投资人的方式有机结合。这样既可以避免破产企业在重整过程中被迫接受较低的出价，同时可以增强重整中投资人的投资意愿。构建非公开谈判选任投资人和公开招募投资人两种方式相结合的利益平衡机制，有利于最大化挽救困境企业且能最大化维护债权人的权益。

（三）重整投资人的选任

1. 实践中的选任方式

现有重整模式下，对于重整投资人的选任，有管理人直接选定的方式，也有债权人会议选定的方式。前者效率高但存在管理人履职风险，未能充分尊重债权人会议自治原则，后者由于人数众多且不同类型的债权人诉求不一，难以达成一致，且效率低下，成本高。另外，在重整过程中很有可能存在留存清单不一致，投资价格不一致无法进行比拟的情况，那么如何设定正当合理的投资人选定方式，便很重要。

2. 建议

（1）比选规则的确定方式

编者认为，法院和管理人作为中立主体不宜作出最终商业决策，管理人有提议权。投资人的比选规则既要考虑到效率问题又要考虑尊重债权人会议，因此建议管理人提前设定好科学的投资人比选规则，并交由债权人会议审议通过，该种方式能平衡各方利益诉求。

（2）可对投资人进行等级排序

在招募环节，交由债权人会议对比选规则进行表决，建议选择至少3家投资人，从优先级排序到次优级再到次级，并设置一定的选任条件或违约责任，比如优先级的投资人发生违约情形的，其缴纳的保证金不予退还且应补足与次优级投资人之间的差额作为违约金，以此类推。这样设定的目的旨在保障重整程序的顺利推动及重整计划的顺利执行，并且能激励和督促投资人积极履约，在一定程度上可减少投资人违约情形的发生。

二、重整投资人的变更问题

实践中，重整计划执行过程中，投资人放弃投资的情形屡见不鲜，而《企业破产法》关于重整计划的执行，仅有6条规定，系在第八十九条至第九十四条。根据《企业破产法》相关规定，法院在批准重整计划的同时，终止重整程序，但从某种意义上讲，重整计划的执行才是破产企业真正重整的开始，它直接决定了困境中的企业最终可否拯救成功，债权人的清偿利益（较于清算程序）可否得到保障。然而，根据《企业破产法》的规定，在重整计划执行过程中，如投资人放弃投资导致重整计划无法执行前提下，只能宣告债务人破产，那么，如何在拯救困境企业、保护债权人利益最大化及破产重整效率之间保持平衡。

（一）原投资人放弃投资，可否变更投资人？

《全国法院破产审判工作会议纪要》第十九条规定："债务人应严格执行重整计划，但因出现国家政策调整、法律修改变化等特殊情况，导致原重整计划无法执行的，债务人或管理人可以申请变更重整计划一次。债权人会议决议同意变更重整计划的，应自决议通过之日起十日内提请人民法院批准。债权人会议决议不同意或者人民法院不批准变更申请的，人民法院经管理人或者利害关系人请求，应当裁定终止重整计划的执行，并宣告债务人破产。"从该条文看，在能申请变更重整计划的情形中，列举了出现国家政策调整、法律修改变化等特殊情况，但实践中，出现国家政策调整、法律修改等特殊情况的并不多，基本都是债务人或投资人无法履行导致重整计划无法执行，那么如投资人放弃投资，是否包含在"等特殊情况"呢？

1. 现有观点

部分观点对《企业破产法》第九十三条的理解是，当重整计划执行失败时，转入清算是唯一选择，其依据是"应当"二字，既然原重整计划无法执行，那么就应该根据《企业破产法》的规定，及时转入清算。《企业破产法》之所以这样规定系基于破产效率的考虑，重整计划的执行不能仅仅追求债权人的利益最大化，而忽视破产重整效率，加大其他方面的司法成本。

部分观点认为，既然《全国法院破产审判工作会议纪要》已对重整计划执行中的变更问题做了规定，该规定具有创新性，也具有可操作性，应对本条的理解与适用做扩充解释，因为在实践中，能够与国家政策调整、法律修改变化对等分量的其他特殊情况基本上不存在，更多导致原重整计划无法执行的，是市场变化、债务人或战略投资者情况变化。对允许变更重整计划的情况，法官在裁量中应当适当放宽，更多地应交由因重整计划变更而可能遭受不利影响的债权人、出资人决定，由债权人会议决定。对涉及当事人对自身权益的判断与调整，应当更多地尊重利害关系人的意愿。①

2. 编者观点

编者认为，虽然《企业破产法》第九十三条中规定，债务人不能执行重整计划的，应当裁定终止重整计划的执行，并宣告债务人破产。虽然该条中有“应当”二字，但我们不能忽略了“应当”的前提，即“经管理人或者利害关系人请求”。换言之，由重整转入清算的前提是，管理人或利害关系人不再“相信”破产企业可以通过重整计划被“拯救”，希望转入清算以更大程度地保障债权人利益。当债务人自身架构不适合执行重整计划时，或当其不配合执行重整计划时，管理人或利害关系人可能会产生此种“心态”，但当客观原因导致重整计划无法执行时，管理人或利害关系人往往不会产生此种“心态”。相反，它们可能更倾向于对重整计划进行变通，以消除客观原因带来的不利影响。因此，考虑到重整立法的“促进”导向，本着有利于困境企业重整成功的目的，应当对引发重整计划变更的特殊情况作广义解释，交给债权人会议充分讨论决定，更多尊重利害关系人的意愿。②

因此，编者认为，重整计划无法执行的，并不当然导致转入清算程序，应允许对之进行必要、适当的变更。

（二）变更的程序问题

假设我们对《全国法院破产审判工作会议纪要》第十九条的变更条件做扩充解释，即允许投资人变更，那么是否有其他程序性变更条件呢？可否在保护债权人利益基础上变更多次？是否需要经过债权人会议决议通过？在债权人会议决议通过的前提下法院必然裁定确认吗？编者认为，要解决这些问题，我们先从重整计划执行的原则出发，进而对以上问题一一简要分析。

1. 重整计划执行的原则

韩长印教授主编的《破产法学》第十一章破产重整中指出了重整计划执行

---

① 参见王欣新：《〈全国法院破产审判工作会议纪要〉要点解读》，载《法治研究》2019 年第 5 期。
② 参见王欣新：《破产法》，中国人民大学出版社 2019 年版，第 333 页。

所应遵循的原则，包括全面执行原则；集体执行原则；追求效率原则；依法变更原则。①

编者认为以上原则正是体现了破产法的价值功能与应有之义：在重整计划执行过程中，要实现公平、利益与效率三者之间的衡平与统一。其中集体概括执行原则体现的是公平清偿原则，解决的是公平问题；依法变更原则系有效发挥破产重整对困境企业的拯救功能，体现的是债务人及债权人的利益最大化原则，解决的是利益的问题；追求效率原则，体现的是各项社会、司法成本保护及效率提升原则，解决的是效率问题。其中对于投资人变更的问题，我们已在前文进行了论述，允许变更系体现了追求债务人复兴及债权人利益，但同时需要注意的是，我们在适用依法变更原则（投资人放弃投资，可以变更投资人）的同时，也要注意追求效率原则，切莫一味地追求利益最大化而忽视了破产效率。债权人会议在追求利益的同时，虽然在一定程度上拯救了债务人、实现了自身利益最大化，但在更宏观的社会成本视角考虑，如忽视了破产效率，程序的冗长必然会导致产生其他无形成本，如司法资源的浪费等。申言之，对于更换投资人的适用，我们要在利益最大化与效率之间实现衡平。

2. 编者观点

在破产程序中，重整计划的执行不仅要考虑债务人以及债权人的利益，在适用依法变更原则的基础上，仍然要符合效率原则，除此之外，变更投资人时未过重整执行期限并且原重整计划并未进行实质性进展。具体条件及程序如下：

（1）原重整计划的执行并未获得实质性进展

虽然我们并未明确执行变更的条件应满足原重整计划的执行未获得实质性进展，但国外立法如美国《破产法典》规定了重整计划可以修改，但是必须有特殊情况出现，而且法院认为该修改是必要的，该修改也只有在重整计划还没有获得实质程度的执行时才可进行，变更的程序与通过计划的程序相同。②

因此，对于重整计划的执行，适用的必要条件系原重整计划未实质性推进，如果原重整计划的执行已获得实质性进展，则没有变更的必要性。如本主题讨论的，重整计划执行过程中原重整投资人已实质性履行了约定义务，那么通常情况

① 参见韩长印主编：《破产法学》，中国政法大学出版社2007年版，第179页。

② 参见张世君：《我国破产重整立法的理念调适与核心制度改进》，载《法学杂志》2020年第7期。

下，原投资人即不会根本性违约，也就不存在再次变更投资人的必要。相反，如果此时变更投资人，不仅不能很好地解决出现的问题，反而可能导致更多更大的问题，如新旧投资人之间的衔接问题，原投资人与债权人之间就已清偿款项如何解决的问题，原出资人股权调整问题等。总体上来讲，在原重整计划已获得实质性进展前提下，更换投资人不仅不能解决问题，反而否定了之前的工作，导致正常的已形成的交易秩序紊乱，影响更多当事人的利益。不仅如此，拖延了重整计划的执行程序，导致了更多不确定因素的发生，浪费了更多的司法成本，也不符合重整计划执行中追求破产效率的价值原则。

（2）变更重整计划需在执行期限内

既然属于重整计划执行，那么变更重整计划必须在重整执行期限内，这是不言而喻的，也是重整计划变更执行的首要条件。如果未能在重整计划执行期限内完成重整计划的执行，且法院未批准重整计划执行期限延长的，那么此时编者认为，应按照《企业破产法》第九十三条规定，宣告债务人破产。因此，实务中需要注意，出现重整计划的变更事项时，要保证重整计划执行期限是足够的，如经初步评估，在原先的重整计划期限内不能完成重整计划变更的，债务人（债务人执行重整计划模式下）应向法院申请重整计划执行期限的延长，管理人应向法院申请重整计划监督期限的延长。

另外，重整计划执行期限的延长事关各当事人利益，适用何种程序为宜应采审慎原则。编者认为，本质上讲，重整计划执行期限的延长也属于重整计划的变更，应按照《全国法院破产审判工作会议纪要》相关规定，适用与重整计划表决相一致的程序。申言之，从审慎角度出发，建议召开债权人会议决议通过重整计划执行期限延长的事项。

（3）经过债权人会议决议

从程序上看，对于重整计划变更表决事项，应适用与重整计划表决相一致的程序，不同在于，对于重整计划变更表决，应提交给遭受不利影响的债权人组和出资人组进行表决，未受影响的债权人无须参与表决。如日本《公司更生法》第二百七十一条也规定计划执行人可以申请法院变更计划，变更的程序与通过计划的程序相同，但是不受变更影响的关系人无须参加表决。[①]

---

① 参见张世君：《我国破产重整立法的理念调适与核心制度改进》，载《法学杂志》2020年第7期。

《全国法院破产审判工作会议纪要》第二十条规定了，重整计划变更后的重新表决与裁定批准。人民法院裁定同意变更重整计划的，债务人或者管理人应当在六个月内提出新的重整计划。变更后的重整计划应提交给因重整计划变更而遭受不利影响的债权人组和出资人组进行表决。表决、申请人民法院批准以及人民法院裁定是否批准的程序与原重整计划的相同。

因此，编者认为，变更投资人应以重整修正案的形式提交债权人会议（遭受不利影响的债权人组和出资人组）分组表决。

（4）管理人申请，法院裁定

根据《企业破产法》规定，重整计划的制定主体有债务人、管理人，在债务人自行管理模式下，重整计划的制定主体系债务人；在管理人管理模式下，重整计划的制定主体系管理人。不同的是，进入重整计划执行阶段，以债务人执行为原则，管理人执行为例外，《全国法院破产审判工作会议纪要》第十九条、第二十条规定重整计划变更的申请主体及重整计划的制定主体均系债务人或管理人。

但在重整计划执行期间，为防止债权人、债务人、出资人等利害关系人滥用变更申请权，为个人私利任意提出变更重整计划的申请，重整计划在执行过程中确需变更的，债务人或相关利害关系人应当先向管理人提出申请，由管理人审查后再向法院提出变更申请。①

因此，编者认为，变更后的重整计划或重整计划修正案应限定在由管理人向法院提起申请（其他利益主体可向管理人提出，管理人审查后向法院申请），由法院依法裁定。

（5）次数应做限制，允许变更一次

虽然《全国法院破产审判工作会议纪要》并无明确规定，投资人放弃投资属于重整计划可以变更的情形，但通过上文分析，编者认为应做扩充解释，但同时应该满足第十九条对变更次数的限制，也就是允许变更一次。对变更次数进行限制，旨在追求利益最大化的同时追求破产效率，避免更多社会资源、司法资源的无谓浪费，并保证司法的谦抑性。

① 参见崔明亮：《破产重整计划执行法律问题研究》，载《中国政法大学学报》2018年第2期。

（三）重整计划中载明了无须债权人会议决议的，法院可否依申请直接裁定更换投资人？

编者认为，如重整计划已载明了无须债权人会议决议，按照原条件决定新的重整投资人，管理人向法院申请更换投资人，旨在推动重整计划的执行、保障债权人的利益，且没有侵害相关主体利益的，法院可依申请直接裁定更换投资人，原因如下：

1. 符合债权人根本利益

重整计划载明："法院批准重整计划后，若出现重整投资人不执行重整计划的情况，管理人将在经法院批准后，按照原条件决定新的重整投资人。"根据"谁的利益谁做主"的原则，既然债权人会议已明确了决定新重整投资人的条件，在原投资人无法完成投资前提下，更换投资人能够保证债权人的利益最大化，避免宣告破产后债权人恢复到破产清算状态下（较低）的清偿比例。

2. 符合重整计划执行原则

相比较再次召开债权人会议决议投资人变更事项，在原重整计划中载明更换投资人的规则，保障了债权人和债务人等主体的合法权益，同时也体现了重整计划执行的效率原则，一定程度上节省了破产程序成本，不仅节省了各项经济、司法成本，也能助推提升营商环境。

3. 符合企业破产法功能与价值取向

企业破产法鼓励"多兼并重组，少破产清算"，旨在更大程度上拯救困境企业。鉴于原重整计划已经过债权人会议分组表决，在原重整计划中载明允许更换投资人以及明确投资人的更换规则，体现了重整制度力图促进债务人复兴的精神和价值取向，在追求债权人利益最大化的同时也追求破产效率，符合企业破产法功能与价值取向。

（四）因原投资人放弃投资导致债权人损失的，损害赔偿责任如何确定？

编者认为，重整计划本质上属于多方意思自治的体现，对各方当事人均具有拘束力，投资人有义务按照约定的期限完成重整计划，否则应当承担相应的损害赔偿责任。

一般情况下，在同等条件下更换投资人，对债权人的直接损失很可能源自执行期间的延长导致造成的利息损失。那么投资人是否应承担损害赔偿责任以及如何承担，应视投资人基于何种原因放弃投资来具体分析，如原投资人系基于非自身原因（如客观原因或其他无法归责于投资人的原因）而放弃投资，那么该损害赔偿责任就不应由原投资人承担，理由系因情势变更、不可抗力等不可归责于投资人的原因而导致，该等损失系重整固有风险，具有不可预见性，遭受的损失不应仅仅由投资人承担，应当由各当事人共担。如果系基于原投资人违约而给债权人造成损失的，那么根据《民法典》第五百七十七条规定，[①] 债权人有权要求原投资人承担违约责任，如要求投资人继续履行投资义务，或者要求投资人采取补救措施，对于不具备继续履行条件或不能继续履行的，也不能采取其他补救措施的，可以解除合同，并要求原投资人赔偿损失。

三、变更投资人（重整计划执行过程中）的救济途径

（一）在重整计划中明确允许投资人可变更及变更规则

通过上述分析，在重整计划执行程序中，三大原则中的依法变更原则，旨在维护相关利益方权益，因此，在企业具有挽救价值，且为了保障各方当事人的利益，我们可在重整计划中明确允许投资人可变更及相应的变更规则。如果仅因为原重整投资人不能执行就“终止重整计划的执行，并宣告债务人破产”，可能对债权人的利益更为不利，且无法实现困境企业复兴的目标。所以，在投资人放弃投资或违约时，应当允许对重整计划进行变更。

因此，为提高破产效率，保护债务人、债权人利益，建议在重整计划中载明：“法院批准重整计划后，若出现重整投资人不执行重整计划的情况，管理人将在经法院批准后，按照原条件或按照设定的变更投资人规则决定新的重整投资人”。

（二）发挥并尊重债权人会议决议的作用

根据“谁的利益谁做主”的原则，且根据《全国法院破产审判工作会议纪要》第十九条、第二十条的规定，如重整计划中未载明重整投资人变更事项的，应交由债权人会议（遭受不利影响的债权人组和出资人组）分组讨论决定。

---

① 《民法典》第五百七十七条规定：“当事人一方不履行合同义务或者履行合同义务不符合约定的，应当承担继续履行、采取补救措施或者赔偿损失等违约责任。”

（三）重整计划执行期间的延长

重整计划执行过程中，如未能顺利执行的，建议债务人及时向法院申请执行期限的延长，管理人及时申请监督期限的延长，以确保在执行期间顺利完成投资人的变更，相关债务清偿及资产重组等相关事项。

值得一提的是，在本质上讲，重整计划执行期限的延长也属于重整计划的变更，因此编者建议，为谨慎起见，应适用与重整计划表决相一致的程序，即交由债权人会议决议。

（四）变通表决，采用非现场会议方式审议

考虑到重整计划执行的效率原则，建议在重整计划中载明，如遇重整计划修正或调整时，采用非现场会议的方式进行表决并审议，如管理人可采用邮寄、通讯或网络会议的方式进行表决，这样可极大地提升破产重整计划执行的效率，节省时间及各项费用成本。

第四部分

重点突破：房地产企业破产下的金融债权保护

近年来，受宏观经济及政策影响，房地产市场持续低迷，各地法院受理房地产企业破产案件的数量呈不断上升趋势。而房地产企业破产案件中涉及的债权种类较多，往往存在较大金额的金融债权，对于金融机构来说，如何在各类债权中获得较大比例清偿呢？金融机构债权人又会遇到哪些优先于其抵押权的债权类别呢？除破产债权的催收以外，金融机构在“烂尾楼”处置过程中，又能起到何种作用呢？金融机构如何提高自身债权清偿率或者是否存在其他契机而从中获益呢？本部分内容将对上述问题进行详细阐述。

第一章 房地产企业破产的特殊性

房地产企业的破产与其他类型企业相比存在特殊性，房地产企业涉及公共安全具有公共属性，当房地产企业破产时会牵扯多方利益，可能产生清偿顺位冲突问题，房地产企业的破产还涉及多学科交叉。

一、公共属性

无论是房地产企业还是其产品，都具有极强的公共属性，具体体现在：第一，房地产涉及公共安全。所谓公共安全，是指社会和公民个人从事和进行正常的生活、工作、学习、娱乐和交往所需要的稳定的外部环境和秩序。对于房地产企业来讲，购房人数众多，且每笔交易均关乎购房人的居住权与生存权，因此房地产企业的破产极易引发群体性的不稳定社会事件，进而破坏公共安全。第二，房地产行业具有严格的行业监督。房地产行业是经济发展的支柱性产业，且为社会生产和生活提供物质基础保障，因此房地产行业在开发主体资格、许可条件和经营行为以及开发项目售后管理等环节的监督管理都是非常严格的。

二、涉及多方利益

当某房地产企业破产时，相比较其他行业，将面临更多主体利益的相互冲突与协调。首先，主体多元。有包括广大农民工在内的建设工程承包人、施工人，有已经付款或部分付款的购房人，有设立了抵押的金融机构，还可能有被拆迁人等。以上主体均或多或少地享有各类优先权，如何协调以上各方的权利将是管理人面临的主要工作。其次，房企破产具有涉众的特点。在公共安全一节已经提到，房地产企业不仅关乎经济发展，而且为各行各业和民众生活提供着房屋、场所的需要，不仅人数众多，而且涉及普通民众的生存权和居住权，更关乎社会的稳定，因此房地产企业破产需要考量的权益众多。

三、各类债权冗杂、清偿顺位冲突

在房地产企业破产中，因利益主体多元，往往涉及各类债权，甚至涉及多种优先债权，比如，承包人的建设工程优先权、银行的抵押权、购房人的优先权均与已建成的房产价值息息相关，且都应当在房产价值内优先清偿，那么如果房产价值不足以清偿以上各类优先债权怎么办？如何进行优先权顺位的排序？

四、多学科交叉

企业破产法因其所涉问题的复杂性、调整手段的多元性，其实体和程序内容实际已涵盖到民商法、经济法、社会法、诉讼法、行政法、财税法、刑法、国际法等多个部门法。与其说企业破产法归属于某一个部门法，毋宁认为企业破产法是一个跨越诸多法学学科的综合性学科（领域）。[①] 具体到房地产企业破产中，除了普通破产业务需要具备的法学知识以外，还需要了解建设工程领域的特殊法规，比如建筑法、房地产管理法、土地管理法、工程质量管理条例、行政法规和部门规章等。

---

① 《破产案件审判庭设置的正当性证成》，载 http://rmfyb.chinacourt.org/paper/html/2016-05/25/content_112280.htm?div=-1，最后访问日期：2020 年 2 月 26 日。

第二章 有财产担保债权顺位解析

第一节 被拆迁人优先权

一、被拆迁人优先权的法理基础与规范依据

拆迁，是指国家通过行使公权力，将公民房屋拆除，并对被拆迁人予以一定货币或者其他房屋进行补偿的行为。公民的私有住宅不可侵犯，因此赋予被拆迁人优先权主要是基于国家对不动产物权的绝对尊重与强力保护。《关于审理商品房买卖合同纠纷案件适用法律若干问题的解释》（已被修改）第七条规定，拆迁人与被拆迁人按照所有权调换形式订立拆迁补偿安置协议，明确约定拆迁人以位置、用途特定的房屋对被拆迁人予以补偿安置，如果拆迁人将该补偿安置房屋另行出卖给第三人，被拆迁人请求优先取得补偿安置房屋的，应予支持。也就是说，如果开发公司 A 承诺给 B（被拆迁人）特定的补偿安置房屋后，又将该房屋出卖给了 C，为了保障 B 的权利，法律牺牲了部分交易安全、允许在此种情况下 B 有权优先取得该特定房屋。

赋予被拆迁人 B 此种优先权的法理有三：

第一，保障公民的生存权益。生存权是指在一定社会关系中和历史条件下，

人们应当享有的维持正常生活所必需的条件的权利，是基本人权之一。

第二，从价值角度出发，赋予被拆迁人优先权体现了我国法律对不动产物权的保护，有利于维护社会稳定。

第三，从市场效率角度，赋予被拆迁人优先权可以保障顺利拆迁。

二、被拆迁人优先权的适用范围

被拆迁人优先权的适用范围应当为拆迁人因拆迁行为对被拆迁人进行补偿的补偿范围。根据《国有土地上房屋征收与补偿条例》第十七条的规定，作出房屋征收决定的市、县级人民政府对被征收人给予的补偿包括：

1. 被征收房屋价值的补偿。

2. 因征收房屋造成的搬迁、临时安置的补偿。

3. 因征收房屋造成的停产停业损失的补偿。

其中，对被征收房屋价值的补偿，不得低于房屋征收决定公告之日被征收房屋类似房地产的市场价格。被征收房屋的价值，由具有相应资质的房地产价格评估机构按照房屋征收评估办法评估确定。

（一）拆迁安置房及过渡期临时安置费

根据图15所示，权利人原来享有原房屋的所有权，后该房屋拆迁后灭失，权利人理应取得过渡期临时安置费以及拆迁安置房。假设房地产开发企业擅自处置了该拆迁安置房，将其出售给了第三人，那么针对该拆迁安置房及过渡期临时安置费，被拆迁人是否享有优先权？

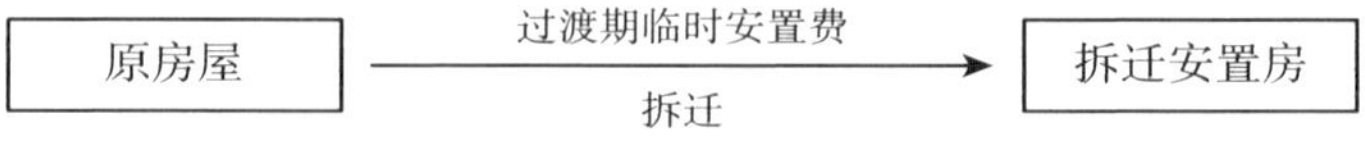

图15　原房屋与拆迁安置房的关系

司法实践：成都国＊锦城房地产开发有限公司与成都市＊房产管理局、王＊物权确认纠纷一案①

本案中，＊房管局是被拆迁人，其与国＊公司签订了拆迁补偿协议以及产权调换协议，之后，国权公司将补偿安置的房屋另行出售给了第三人王＊。法院认

① 参见中华人民共和国最高人民法院民事裁定书，（2017）最高法民申691号。

为，涉案产权调换属于拆迁补偿安置，以产权调换为补偿方式的拆迁补偿安置协议为以物易物的互易合同。涉案《拆迁补偿安置协议》中不仅对房屋的补偿方式、安置房屋面积、过渡期限等一般内容进行约定，而且对协议的标的物，即安置用房的位置、用途也作了明确、特别约定的情况下，该标的物具有了特定性。结合拆迁补偿安置协议的特殊性，按照对被拆迁人利益的侧重保护原则，《关于审理商品房买卖合同纠纷案件适用法律若干问题的解释》将此种情况下被拆迁人对该特定房屋的债权视为一种特种债权，赋予物权的优先效力，称为特种债权优先权，也就是债权物权化。

根据物权法理论，被拆迁人对拆迁补偿安置房屋所享有的物权优先效力可自由处分，即被拆迁人有权按照其意愿和实际情况，既可请求行使优先权，也可放弃该权利。

在这个案例中，虽然国＊公司已经将房屋交付给了第三人，且第三人已实际占有，但即使房管局请求按照被拆迁房屋的现有市场价格赔偿损失，该主张仍然具有物权的性质。

（二）拆迁补偿款

如图16所示，权利人原来享有原房屋的所有权，后该房屋拆迁后灭失，权利人理应获得一定的拆迁补偿款。针对该拆迁补偿款，被拆迁人是否享有优先权？

图16　原房屋与拆迁补偿款的关系

司法案例：林某1、林某2等与广东宝＊实业有限公司普通破产债权确认纠纷案①

本案中，被告开发的房地产项目是拆迁原告祖辈房屋而获得，原告为项目建设弃产。本来双方约定以被告给付原告安置房屋作为补偿，但因工程逾期等原因安置房屋并未建成，双方改为约定由被告向原告给付一定金额的拆迁补偿款。款项尚未给付，被告被法院宣告破产。原告就拆迁补偿款以及相应的利息向管理人申

① 参见广东省广州市越秀区人民法院民事判决书，（2019）粤0104民初35974号。

报优先债权，主张就破产财产优先受偿，管理人对优先权性质不予认可，遂成诉。

法院审理后认为，拆迁补偿款具有优先性，应当作为优先债权以第一顺位获得清偿，但拆迁补偿款所产生的孳息应当为普通债权。理由如下：

首先，拆迁补偿款债权可以参照相关的法律规定优先受偿。根据相关法律规定，建筑工程承包人的优先受偿权优于抵押权和其他债权，但消费者交付购买商品房的全部或者大部分款项后，承包人该优先受偿权不得对抗买受人。最高人民法院《关于审理商品房买卖合同纠纷案件适用法律若干问题的解释》（已被修改）第七条第一款规定："拆迁人与被拆迁人按照所有权调换形式订立拆迁补偿安置协议，明确约定拆迁人以位置、用途特定的房屋对被拆迁人予以补偿安置，如果拆迁人将该补偿安置房屋另行出卖给第三人，被拆迁人请求优先取得补偿安置房屋的，应予支持。"所以被拆迁人依约应取得补偿安置房屋的权利在与其他权利人产生冲突时，其优先受偿权依法大于建设工程承包人、房屋抵押权人的优先受偿权。本案原告要求确认对被告享有的拆迁补偿款债权为优先债权合情、合理、合法。

其次，对于拆迁补偿款所产生的利息，该部分债权虽为拆迁补偿款的孳息，但主要目的是对被告逾期履行债务的惩罚，与拆迁补偿款有本质上的差别，如视之为优先债权，势必减少普通债权的受偿金额，对普通债权人的权利造成损害。故从公平原则考虑，应确认上述债权为普通债权。

（三）拆迁补偿安置协议无法实现后的赔偿

如图 17 所示，若开发商将本应置换给被拆迁人的拆迁安置房出售给了善意的第三人，导致被拆迁人无法取回的，被拆迁人就拆迁补偿安置协议无法实现后的赔偿是否享有优先受偿权？

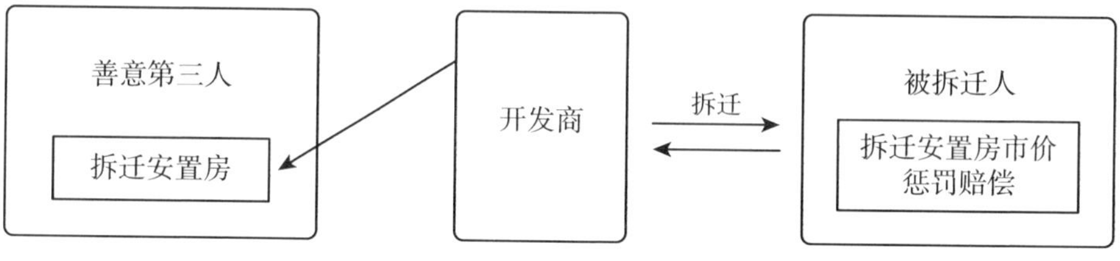

图 17　善意第三人取得被拆迁人原房屋

一般而言，拆迁补偿安置协议无法实现后的赔偿包含两类：一是填平性赔偿，即拆迁安置房的市价；二是惩罚性赔偿，如违约金等。针对该两类赔偿，性质是否有所不同?

司法实践1——填平性赔偿：邓＊、叶＊与湖南博＊置业有限公司普通破产债权确认纠纷案①

该案中，博＊公司与叶＊签订《拆迁补偿合同》，约定置换与现在同地方同面积的一层门面房，后博＊公司破产，原约定的回迁门面已被改建，叶＊能否实现门面房的优先受偿权呢？如已无法实现，相应的赔偿是否具有优先性?

法院认为，首先，基于债权物权化理论，叶＊享有对回迁门面的优先受偿权。由于博＊公司在叶＊原址上修建成了消防通道，原址上修建的其他临近门面已被销售完毕，故叶＊能否实现门面房的优先受偿权，还需在破产财产分配时确定。其次，如叶＊不能取得实物分配（门面房），则按债权金额3,729,600元（按房屋成本价确定的适当补偿）获得优先受偿权。

司法实践2——惩罚性赔偿（观点1：普通债权）：刘＊与鹤壁市鼎＊房地产开发有限公司房屋买卖合同纠纷案②

本案中，原告因被告违约，请求被告承担不超过已付购房款一倍的赔偿。

被告辩称：法院受理破产申请后，惩罚性违约金不作为破产债权。根据《企业破产法》第十八条，法院受理破产申请后，管理人对破产申请受理前成立而债务人和对方当事人均未履行完毕的合同有权决定解除或者继续履行，并通知对方当事人。管理人自破产申请受理之日起二个月内未通知对方当事人，视为解除合同。最高人民法院《关于审理企业破产案件若干问题的规定》第五十五条第五项规定，清算组解除合同，对方当事人依法或者依照合同约定产生的对债务人可以用货币计算的债权可作为破产债权，债权以实际损失为计算原则。违约金不作为破产债权。不作为破产债权的违约金是指惩罚性违约金和未发生实际损失的违约金。故，假使原告在被告正常经营状态时依据《关于审理商品房买卖合同纠纷案件适用法律若干问题的解释》能够获得“1+1”惩罚性赔偿，但在法院受理破产申请后，其请求也不应支持。

法院认为：关于原告要求被告支付已付购房款一倍赔偿金的诉请。根据最高人民法院《关于审理企业破产案件若干问题的规定》第五十五条第十一项规定：

① 参见湖南省常德市中级人民法院民事判决书，(2019）湘07民初1号。

② 参见鹤壁市淇滨区人民法院民事判决书，(2018）豫0611民初3908号。

“下列属于破产债权：……（十一）债务人在破产宣告前因侵权、违约给他人造成财产损失而产生的赔偿责任。”本案中，原告因被告违约，可以请求被告承担不超过已付购房款一倍的赔偿责任，而被告在破产宣告前因违约需承担的赔偿责任属于破产债权，故被告应承担的不超过已付购房款一倍的赔偿责任属于破产债权。

浙江省绍兴市中级人民法院在何＊与如＊绿源置业有限公司破产债权确认纠纷一审民事判决书［案号（2017）浙06民初481号］中亦持该观点。

司法实践3——惩罚性赔偿（观点2：劣后债权）：北京泰＊房地产开发有限公司与王＊破产债权确认纠纷案①

法院认为：关于王＊要求泰＊公司支付220万元赔偿款的债权是否属于惩罚性债权及是否应列入破产债权的问题

泰＊公司在不具有商品房预售许可证明的情况下与王＊签订商品房买卖合同，根据最高人民法院《关于审理商品房买卖合同纠纷案件适用法律若干问题的解释》（已被修改）第九条第一款的规定，王＊有权要求泰＊公司返还已支付的购房款及利息、赔偿损失，并请求泰＊公司承担不超过已付购房款一倍的赔偿责任，原审法院据此确认王＊对泰＊公司享有的债权金额包括赔偿款220万元并无不当。

泰＊公司以本案220万元赔偿款为惩罚性债权为由，认为应按照最高人民法院《关于审理企业破产案件若干问题的规定》第六十一条的主旨精神确认该债权不属于破产债权。对此本院认为，最高人民法院《关于审理商品房买卖合同纠纷案件适用法律若干问题的解释》（已被修改）第九条关于“不超过已付购房款一倍的赔偿责任”的规定系对出卖人欺诈行为的惩罚性规定，故本案中220万元的赔偿款在债权性质上与一般的交易性债权，即普通债权有所区别，属于惩罚性债权。泰＊公司关于该债权性质属于惩罚性债权的上诉观点本院予以采信。但最高人民法院《关于审理企业破产案件若干问题的规定》第六十一条仅规定国家有关机关对债务人的违法行为采取的刑事和行政处罚措施产生的刑事、行政范畴的惩罚性债权，以及破产案件受理后债务人未支付应付款项的滞纳金不属于破产债权，并未涉及民事范畴的惩罚性债权，而本案讼争的220万元赔偿款债权属于民事惩罚性债权，因此，泰＊公司关于参照该司法解释否定本案220万元赔偿款债权为破产债权的上诉请求缺乏依据，本院不予支持。

---

① 参见北京市高级人民法院民事判决书，（2016）京民终129号。

本院同时认为，目前泰＊公司已进入破产程序，其破产财产应由全体债权人公平分配，同一顺序的破产债权应得到公平受偿。如果将惩罚性债权赋予一般普通债权的清偿顺序，将降低处于同一清偿顺序的其他普通债权的清偿率，导致对债务人的法律惩罚转嫁到其他普通债权人身上，使其他普通债权人对此惩罚性债权承担连带责任，违反《企业破产法》第一条规定的公平受偿原则。基于最高人民法院《关于审理商品房买卖合同纠纷案件适用法律若干问题的解释》作为一般法的司法解释，主要是调整债务人有清偿能力时的常态下发生的一般性法律问题，而《企业破产法》是解决债务人丧失清偿能力时的非常态下发生的特别法律问题的特别法，根据特别法优于一般法、下位法服从上位法的法律适用规则，在债务人破产程序中，企业破产法的原则应优先适用。本院认为，本案220万元赔偿款虽应确认为破产债权，但为保证泰＊公司所有债权人的债权能得以公平受偿，该债权作为惩罚性债权应当劣后于普通破产债权清偿，即待此次破产程序中所有普通债权人的债权得以完全清偿后，仍有剩余破产财产可供清偿时，再予以清偿。

综上所述，对于拆迁补偿安置协议无法实现后的两类赔偿：填平性赔偿，即拆迁安置房的市价一般在破产中被认定为优先债权；惩罚性赔偿，则因并无明确的法律规定，司法实践中的认定也不一致，有的法院将其认定为普通债权，也有的法院将之认定为劣后债权。编者观点，根据2018年3月最高人民法院发布的《全国法院破产审判工作会议纪要》，对于法律没有明确规定清偿顺序的债权，以补偿性债权优先于惩罚性债权的原则合理确定清偿顺序。由于惩罚性赔偿具有惩罚性，因此编者倾向于将其认定为劣后债权。

第二节 购房人优先权

一、概述

购房人优先权，是指符合特定条件的购房人在房产开发企业破产时，针对尚未建成或尚未完成交付的房产享有的在其价值范围内优先受偿的权利。享有优先权的购房人有两类：一是“消费者购房人”，二是办理了预告登记的购房人。对于“消费者购房人”来讲，法律之所以赋予其优先权，不单是为了保护消费者的合法权益，更是为了保障这一批特殊购房人的居住权，因为“房产”对“消费者购房人”来讲已超出一般商品的范畴。对办理了预告登记的购房人来说，优先权的赋予有利于维护正常的交易安全，保障交易秩序与公平。

在房产企业破产后，假设该房产企业名下有若干尚未竣工的房产，那么具有优先权的购房人应当如何主张权利呢？

（一）债权申报形式

根据购房合同是否已被解除，区分债权人的申报形式。如果购房合同继续履行，债权人应当申报针对已完工的房产部分的不动产债权和针对尚未完工部分的物权瑕疵以及违约金等金钱债权。这种情形下，符合一定条件的债权人针对已完工部分房产享有类似于取回权的优先权，即其债权应当在已完工部分房产价值范围内获得优先受偿；而物权瑕疵部分以及违约金债权则纳入普通债权进行清偿。

如果购房合同已经解除，债权人应当申报购房款返还并赔偿损失的金钱请求权。这时，购房人的优先权不复存在，全部债权将进入普通债权序列进行清偿。

（二）优先性的体现

首先，《企业破产法》规定，对于双方均未履行完毕的合同，管理人有权选择是否继续履行。管理人进行考量的基础是怎样实现破产财产的价值最大化。因此，当继续履行合同不符合这一原则时，管理人一般会选择解除合同。而购房人优先权则可以对抗管理人的合同解除权。

其次，对于债权人已经履行完毕、但债务人尚未履行完毕的合同，在一般情形下，债权人仅有权对其损失向管理人申报普通债权。但在购房人满足优先权的情形下，其部分债权将会作为优先债权获得清偿。

（三）优先权的效果

在上文已进行了简单阐述：对于已经完工部分的建筑物，购房人享有类似于别除权的优先权。也就是说，针对已经竣工的部分房产，购房人享有类似于将其别除于破产财产内的优先权。比如，该房产某一房屋竣工后价值 300 万元，已建成部分经评估价值 200 万元，购房人甲已付款 280 万元，那么，债权人甲有权在

200 万元的范围内获得优先受偿，剩余 80 万元及其他损失为普通债权。

（四）优先权标的

购房人的债权并非全部为优先债权，而是在优先权标的价值范围内享有优先权。该优先权标的为房企破产受理时的涉案房产状态。

（五）优先受偿的前提

第一，不存在顺位优先于购房人优先权的其他优先债权，比如拆迁人优先权。

第二，购房人的对待给付义务履行完毕，即购房人给付的房款不低于房屋现状的价值，破产前后均可给付。其中，“给付房款”的认定标准应当参照民间借贷的标准进行认定，即大额资金有转账记录、小额现金有合理解释。

（六）适用范围

享有该类优先权的购房人有两类：一是“消费者购房人”，二是办理了预告登记的购房人。具体还要满足哪些条件下文将进行详细阐述。

二、“消费者购房人”优先权

（一）法律依据

《民法典》第八百零七条规定了建设工程优先受偿权，即承包人对于建设工程的价款就该工程折价或者拍卖的价款享有优先受偿的权利。先前，最高人民法院为了统一各地法院对这一法定优先权的认识，在 2002 年 6 月颁布了最高人民法院《关于建设工程价款优先受偿权问题的批复》（已失效），该批复第二条规定：“消费者交付购买商品房的全部或者大部分款项后，承包人就该商品房享有的工程价款优先受偿权不得对抗买受人。”该条实际上对承包人的建设工程价款优先权进行了限制，即承包人的上述优先权不得对抗“消费者购房人”的优先权。换句话说，就工程折价或者拍卖的价款，“消费者购房人”有权优先于承包人得到清偿。那么，这一优先权有哪些条件呢？其中的“消费者购房人”又应当作何解释呢？

由于各地法院司法实践不一，2005 年 12 月最高人民法院执行工作办公室关于最高人民法院《关于建设工程价款优先受偿权问题的批复》中有关消费者权利应优先保护的规定应如何理解的答复中，对消费者购房人的权利进行了明确，即批复第二条关于已交付购买商品房的全部或者大部分款项的消费者权利应优先保护的规定，是为了保护个人消费者的居住权而设置的，即购房应是直接用于满足其生活居住需要，而不是用于经营，不应作扩大解释。

重庆市高级人民法院在2003年3月就对批复中的“消费者”进行了明晰，立法意图与最高人民法院一致。根据重庆市高级人民法院关于对最高人民法院《关于建设工程价款优先受偿权问题的批复》（已失效）应如何理解的意见的内容，优先保护购房消费者的利益时，应注意把握以下几个条件：

首先，购房消费者中消费者的含义应与《消费者权益保护法》中的“消费者”含义相同，即购房者购房是为生活消费需要而不是为经营需要。其次，购房消费者已交付全部或大部分购房款（超过50%），且能支付尾款。最后，购房消费者在购买商品房的过程中无恶意损害抵押权人利益的行为。

最高人民法院颁布的《关于人民法院办理执行异议和复议案件若干问题的规定》第二十九条关于排除执行的商品房买受人的认定标准也可以为“消费者购房人”的认定提供参考：（1）在人民法院查封之前已签订合法有效的书面买卖合同；（2）所购商品房系用于居住且买受人名下无其他用于居住的房屋；（3）已支付的价款超过合同约定总价款的百分之五十。需要注意的是，最高人民法院关于印发《全国法院民商事审判工作会议纪要》的通知（以下简称《九民会议纪要》）中对上述规定做出了补充解释。《九民会议纪要》第一百二十五条规定，对于《关于人民法院办理执行异议和复议案件若干问题的规定》第二十九条规定的“所购商品房系用于居住且买受人名下无其他用于居住的房屋”如何理解，审判实践中掌握的标准不一。“买受人名下无其他用于居住的房屋”，可以理解为在涉案房屋同一设区的市或者县级市范围内商品房消费者名下没有用于居住的房屋。商品房消费者名下虽然已有1套房屋，但购买的房屋在面积上仍然属于满足基本居住需要的，可以理解为符合该规定的精神。对于其中“已支付的价款超过合同约定总价款的百分之五十”如何理解，审判实践中掌握的标准也不一致。如果商品房消费者支付的价款接近于百分之五十，且已按照合同约定将剩余价款支付给申请执行人或者按照人民法院的要求交付执行的，可以理解为符合该规定的精神。

（二）“消费者购房人”优先权的主体标准

综合上述法律规定的内容，对于享有优先权的“消费者购房人”主体应当满足以下标准：

第一，满足真实购房人标准，即为生活消费需要。

第二，签订了合法的房屋买卖合同（不能出现无销售许可证、购房人限购、以及其他合同无效事由等）。

第三，交付全部或大部分价款（超过50%），且能支付尾款。

（三）相关问题

1. 未取得预售许可证能否主张购房人优先权

根据最高人民法院《关于审理商品房买卖合同纠纷案件适用法律若干问题的解释》第二条的规定，出卖人未取得商品房预售许可证明，与买受人订立的商品房预售合同，应当认定无效，但是在起诉前取得商品房预售许可证明的，可以认定有效。因此，首先，应当判断当前商品房买卖合同的效力，如果在起诉前取得商品房预售许可证明，则可以认定为有效。其次，破产程序中，管理人应当考虑预售许可证明办理的可能性，不能直接认定合同效力。

2. 能否针对购房款主张优先权

最高人民法院针对山东省高级人民法院就处置济南彩石山庄房屋买卖合同纠纷案请示的答复中认为，基于《最高人民法院关于建设工程价款优先受偿权问题的批复》（已失效）保护处于弱势地位的房屋买受人的精神，对于《最高人民法院关于建设工程价款优先受偿权问题的批复》（已失效）第二条“承包人的工程价款优先受偿权不得对抗买受人”的规定，应当理解为既不得对抗买受人在房屋建成情况下的房屋交付请求权，也不得对抗买受人在房屋未建成等情况下的购房款返还请求权。因此，最高院认为“消费者购房人”有权针对购房款主张优先权。

具体到房地产企业破产中，如果满足以下两个条件，则“消费者购房人”有权针对购房款主张优先权：第一，购房人优先权成立（真实购房人、合同合法、交付全部或大部分购房款）；第二，客观上无法提供所涉房屋，或者提供所涉房屋明显不符合经济原则，管理人选择返还购房款的，对该部分购房款返还请求权赋予优先权；反之，则不具有优先权。

实践中也有管理人认为，应当以购房人支付房款的比例进行判断：对于支付50%以上购房款的购房人，对退房款或房屋变价款享有优先权。相反，对支付50%以下购房款的购房人，对退房款或房屋变价款不享有优先权。

但编者认为这一做法有待商榷。编者认为如果是管理人解除合同的，基于对弱者保护的原理，购房款应当具有优先受偿权。但如果是购房人主张解除合同的，那管理人应当通过判定是否有利于债务人财产的保值增值，如房价上涨，则优先退款；如房价下跌，则应当将购房款列入普通债权获得清偿。

三、预告登记购房人

购房人为保障将来实现物权，可以与出卖人约定向登记机关申请预告登记。如在商品房预售中，购房者可以就尚未建成的住房进行预告登记，以制约开发商把已出售的住房再次出售或者进行抵押。

《民法典》第二百二十一条规定，当事人签订买卖房屋或者其他不动产物权的协议，为保障将来实现物权，按照约定可以向登记机构申请预告登记。预告登记后，未经预告登记的权利人同意，处分该不动产的，不发生物权效力。最高人民法院《关于适用〈中华人民共和国物权法〉若干问题的解释（一）》（已失效）第四条规定："未经预告登记的权利人同意，转移不动产所有权，或者设定建设用地使用权、地役权、抵押权等其他物权的，应当依照《物权法》（已失效）第二十条第一款的规定，认定其不发生物权效力。"预告登记使物权变动请求权经过公示后，具备了对抗第三人的效力，即具备了一定的物权效力。因此，从预告登记的性质上说，预告登记是债权物权化的一种具体表现，或者可以称为"准物权"效力。

具体到房地产企业破产中，已经办理了预告登记的购房人也享有对已公示房产变现价值的优先受偿权。该权利是基于对物权公示的原理，为了保护交易安全而设立，因此该优先权顺位次于前述基于保护居住权而设立的"消费者购房人"优先权。

另外，预告登记购房人的优先权与抵押权原理一致，所以，在判定二者顺位时应当遵循公示原则，公示在前的顺位在前。

四、“28条”购房人

法律上并不存在“28条”购房人名词，编者系基于其规定在最高人民法院《关于人民法院办理执行异议和复议案件若干问题的规定》第二十八条，所以为了便于理解及解释，因此暂称其为“28条”购房人。

根据最高人民法院《关于人民法院办理执行异议和复议案件若干问题的规定》第二十八条之规定，符合下列条件的购房人，有权在金钱债权执行中对登记在被执行人名下的不动产提出异议，并排除执行：

第一，在人民法院查封之前已签订合法有效的书面买卖合同。

第二，在人民法院查封之前已合法占有该不动产。

第三，已支付全部价款，或者已按照合同约定支付部分价款且将剩余价款按照人民法院的要求交付执行。

第四，非因买受人自身原因未办理过户登记。

从以上规定可以看出，该类购房人除登记公示以外，已经满足了物权变动的其他要件：购房合同合法有效、对待给付义务已完成、对不动产已实际占有。而未公示的原因又不归咎于购房人，所以此类购房人享有可以对抗第三人的物权期待权，具有物权的效力。

司法实践：福建法院2017年发布保护产权典型案例之案例三

基本案情：安溪茶博＊第15幢148号房产登记于被执行人苏＊名下，案外人郑＊在该房产被查封之前已经与被执行人苏＊、吴＊夫妻签订合法有效的书面买卖合同，且支付了全部购房款并实际占有使用，案外人郑＊欲办理过户登记时，因被执行人苏＊、吴＊联系电话已停机而未能完成过户登记。

法院观点：法院认为，若继续执行上述房产，将损害买受人，即案外人郑＊的合法权益。最终法院依据《关于人民法院办理执行异议和复议案件若干问题的规定》第二十八条裁定对该房产终止执行。

因此在房地产企业破产中，编者倾向认为：此类购房人系基于实际上的占有行为代替了登记的行为，产生了相应的公示效力，因此有权主张对该房产进行取回，相对应房产不可再列入破产财产范畴。

五、以房抵债问题

《民法典》第一百四十六条规定，行为人与相对人以虚假的意思表示实施的民事法律行为无效。以虚假的意思表示隐藏的民事法律行为的效力，依照有关法律规定处理。因此，在商品房买卖合同中，应当追本溯源，对购房人的真实意思表示进行探究。（见图18）

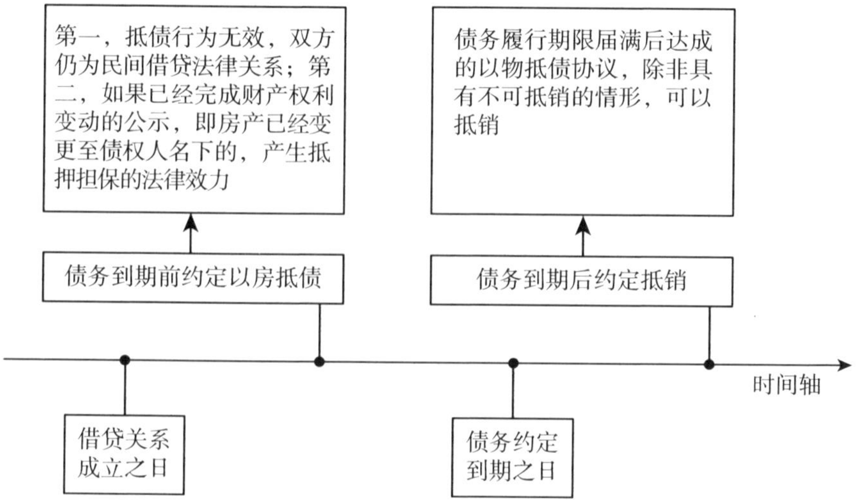

图18　以房抵债与借贷时间轴的关系

（一）前债未到期约定以房抵债

根据《民法典》第四百零一条规定，抵押权人在债务履行期限届满前，与抵押人约定债务人不履行到期债务时抵押财产归债权人所有的，只能依法就抵押财产优先受偿，即禁止抵押权人在债务履行期限届满前与抵押人约定债务人不履行债务时抵押财产归债权人所有，从而避免债权人滥用其优势地位，使其从债务人处以较低价格获得高于债权金额的抵押物。江苏省高级人民法院在《关于审理民间借贷纠纷案件的会议纪要》第三条第三项中规定："当事人之间以借贷为目的签订房屋买卖合同作为担保的，人民法院应当认定双方名为房屋买卖实为民间借贷关系。出借人以房屋买卖关系提起诉讼，请求履行房屋买卖合同并办理房屋过户登记手续的，人民法院应当向其释明按照民间借贷关系变更诉讼请求；出借人坚持不予变更的，人民法院应当判决驳回其诉讼请求。"

2015年8月，最高人民法院在《关于审理民间借贷案件适用法律若干问题的规定》（以下简称《民间借贷司法解释》）中进一步规定以签订买卖合同作为民间借贷合同的担保时，出借人要求履行买卖合同时，法院应当按照民间借贷法律关系审理；且在判决生效后，出借人可以申请拍卖买卖合同标的物偿还债务。该规定是最高人民法院在司法解释层面上对让与担保制度的规范和调整，但并未对是否具有担保物权之优先受偿性等物权效力予以明确。

2019年11月，最高人民法院发布了《九民会议纪要》，其中第七十一条正式明确了让与担保的概念和效力。合同如果约定债务人到期没有清偿债务，财产归债权人所有的，人民法院应当认定该部分约定无效。因此，在债务未到期的情形下，双方约定抵销是无效的。但是，如果当事人根据上述合同约定，已经完成财产权利变动的公示方式转让至债权人名下，债务人到期没有清偿债务，债权人有权请求法院参照法律关于担保物权的规定对财产拍卖、变卖、折价优先偿还其债权。

综上，前债未到期约定以房抵债的行为将产生以下法律后果：第一，抵债行为无效，双方仍为民间借贷法律关系；第二，如果已经完成财产权利变动的公示，即房产已经变更至债权人名下的，产生抵押担保的法律效力。

（二）前债到期后约定抵销

2015年12月，最高人民法院民一庭程新文庭长在《关于当前民事审判工作中的若干具体问题》中明确，“先签订借款合同，借款到期后无力还债，双方又签订房屋买卖合同，将前期借款转为购房款的，就不再定性为借款法律关系”。换句话说，在借款到期之后双方可以约定以房抵债。

根据《九民会议纪要》第四十四条的规定，当事人在债务履行期限届满后达成以物抵债协议，抵债物尚未交付债权人，债权人请求债务人交付的，人民法院要着重审查以物抵债协议是否存在恶意损害第三人合法权益等情形，避免虚假诉讼的发生。经审查，不存在以上情况，且无其他无效事由的，人民法院依法予以支持。换言之，债务履行期限届满后达成的以物抵债协议，符合一定条件的，可以抵销。

但需要注意以下不可抵销的情形：

第一，以房抵债的“债”是虚构的。根据《企业破产法》第三十三的规定，虚构债务的行为无效。

第二，符合《企业破产法》第四十条规定的不允许抵销的情形：①债务人的债务人在破产申请受理后取得他人对债务人的债权的；②债权人已知债务人有不能清偿到期债务或者破产申请的事实，对债务人负担债务的；但是，债权人因为法律规定或者有破产申请一年前所发生的原因而负担债务的除外；③债务人的债务人已知债务人有不能清偿到期债务或者破产申请的事实，对债务人取得债权的；但是，债务人的债务人因为法律规定或者有破产申请一年前所发生的原因而取得债权的除外。

第三，以房抵债的“房”价明显低于市场价格。根据《民法典》第五百三十九条的规定，债务人以明显不合理的低价转让财产，对债权人造成损害，并且受让人知道该情形的，债权人可以请求人民法院撤销债务人的行为。

综上，关于以物抵债问题，编者归纳观点如下：

第一，判定原先债的性质，若原先债的性质为优先债（如原先债为建设工程价款优先权），那么购房人优先权与建设工程优先权同属于优先债，在破产财产满足清偿这两种债的前提下，编者观点不受一年可撤销或恶意抵销的时间限制；如果原先债的性质为普通债的，那么由于“以物抵债”旨在把普通债上升为优先债的顺位，那么此时满足“一年前的欠债到期+房屋买卖并办理预告登记”这两个条件的，以房抵债才能成立。

第二，如果出现了不可抵销的情形，债权人与债务人之间则分别存在两个法律关系：民间借贷法律关系、房屋买卖法律关系。针对借款，如无其他优先情形，应当为破产债权中的普通债权；针对房屋买卖合同，既已生效，管理人有权主张购房人继续支付购房款，购房人拒不支付的，管理人有权依据《民法典》合同编中的相关规定，主张解除合同。

第三节 建设工程价款优先受偿权

一、建设工程价款优先受偿权的理论基础和法律依据

建设工程价款优先受偿权，是指当发包人未按约定支付工程款时，承包人享

有的就其所建工程的折价或者拍卖价款优先受偿的权利。《民法典》第八百零七条规定，发包人未按照约定支付价款的，承包人可以催告发包人在合理期限内支付价款。发包人逾期不支付的，除按照建设工程的性质不宜折价、拍卖的外，承包人可以与发包人协议将该工程折价，也可以申请人民法院将该工程依法拍卖。建设工程的价款就该工程折价或者拍卖的价款优先受偿。就此，法律确定了工程价款的优先受偿权。2002 年 6 月，最高人民法院发布的《关于建设工程价款优先受偿权问题的批复》（已失效）第一条指出，人民法院在审理房地产纠纷案件和办理执行案件中，应当依照《合同法》第二百八十六条（现《民法典》第八百零七条）的规定，认定建筑工程的承包人的优先受偿权优于抵押权和其他债权。该批复正式确立了工程价款优先权的顺位优先于抵押权。那么，工程价款优先权的法律性质为何呢？

对于建设工程价款优先受偿权的性质，法学界目前有三种观点，分别将其认定为法定抵押权说、不动产留置权说和优先权说。就立法本意而言，编者认为，建设工程款优先受偿权本质应当为不动产留置权：法律之所以赋予承包人该项优先受偿权，是为了保障承包方背后的实际施工人的利益，即广大农民工的权益。因此，为了保护弱势群体的合法利益，维护社会稳定，当承包人团队付出了辛勤劳动，而无法获得工程款时，法律允许他们将所建成的建筑物进行“留置”，并有权在发包人无法付款时对建筑物折价、拍卖，就折价、拍卖的所得款优先受偿。基于此，就保护法益的角度而言，建设工程优先受偿权显然要优先于抵押权。

二、工程价款优先权的行使

（一）工程价款优先权的行使主体

《民法典》及有关司法解释确立了承包人当然的享有建设工程价款优先受偿权，也即承包人系建设工程价款优先受偿权的行使主体，但是建设工程项目涵盖主体广泛，不仅仅包含了承包人，还包含勘察人、设计人、实际施工人以及装修装饰人等，那么这些主体是否也享有该项权利呢？

第一，勘察人、设计人不享有工程价款优先权。理论上，勘察、设计合同的承揽人的抗风险能力相对较强，在与建设单位的合作中处于相对独立、平等的地位，一般不涉及弱势农民工保护的问题。规范层面上，浙江省高级人民法院执行局《关于印发〈执行中处理建设工程价款优先受偿权有关问题的解答〉的通知》第六条及安徽省高级人民法院《关于审理建设工程施工合同纠纷案件适用法律问题的指导意见》第十六条均排除了勘察人、设计人的优先权。

第二，实际施工人有条件地享有工程价款优先权。依据《合同法》（已失效）代位权制度，以及最高人民法院《关于审理建设工程施工合同纠纷案件适用法律问题的解释（一）》第四十四条、广东省高级人民法院《关于在审判工作中如何适用〈合同法〉第286条的指导意见》第二条（已失效）、安徽省高级人民法院《关于审理建设工程施工合同纠纷案件适用法律问题的指导意见》第十八条等规定，一般情况下，分包人不能向建设单位主张享有优先权，但在总承包人怠于行使权益时，可以承继优先权的地位。

第三，建筑装修装饰人有条件地享有工程价款优先权。最高人民法院《关于装修装饰工程款是否享有合同法第二百八十六条规定的优先受偿权的函复》中明确，装修装饰工程属于建设工程，可以适用《合同法》第二百八十六条（现《民法典》第八百零七条）关于优先受偿权的规定，但装修装饰工程的发包人不是该建筑物的所有权人或者承包人与该建筑物的所有权人之间没有合同关系的除外。享有优先权的承包人只能在建筑物因装修装饰而增加价值的范围内优先受偿。也就是说，建筑装修装饰人行使优先权需要满足两点：首先，发包人是该建筑物的所有权人或者承包人与该建筑物的所有权人之间有合同关系。其次，优先受偿的范围应当限于建筑物因装修装饰而增加价值的范围内。

（二）工程价款优先权的行使期限

工程价款优先权基于法律的规定直接在债务人的财产上设立，无须转移财产的占有，也无须登记，该优先受偿权是不以占有或者登记为公示要件的权利。由于该优先权无须公示即可具有优先受偿的效力，难免威胁、损害到第三人利益（特别是担保物权人的利益），因此法律规定这一优先权具有行使期限的限制：18个月。那么这一期限如何计算呢？

具体到破产中，如果承包人未行使解除权，管理人也未作为，那么根据《企业破产法》第十八条的规定，合同自破产受理之日起2个月后视为解除。

2021年1月1日正式生效的最高人民法院《关于审理建设工程施工合同纠纷

案件适用法律问题的解释（一）》第四十一条规定，承包人应当在合理期限内行使建设工程价款优先受偿权，但最长不得超过18个月，自发包人应当给付建设工程价款之日起算。之所以如此规定，是因为实践中工程价款的确定需要进行结算，而合同的解除是即刻生效的。18个月的行使期限是除斥期间，如果合同解除后18个月内还未完成结算，那么承包人的权利就丧失了。所以，为了进一步保护承包人能够行使这项权利，法律进一步明确行使期限应当自发包人应当给付建设工程价款之日起算。

需要注意的是，如果承包人逾期不主张，则丧失优先受偿权，在破产程序中其债权按照普通债权审定。

（三）工程价款优先权的行使条件

工程价款优先权的行使应当满足以下条件：第一，对象必须是权利人所承包和实际建造的建筑工程。第二，工程应按期交付，质量符合国家标准和合同约定。第三，建设工程属于依法可折价或拍卖的工程。

（四）工程价款优先权行使的不同情形

建设工程竣工且质量合格，承包人自然有权请求其承建工程的价款就工程折价或者拍卖的价款优先受偿。那么，如果建设工程未竣工呢？最高人民法院《关于审理建设工程施工合同纠纷案件适用法律问题的解释（一）》第三十九条规定，未竣工的建设工程质量合格，承包人有权请求其承建工程的价款就其承建工程部分折价或者拍卖的价款优先受偿。

施工合同无效的情形下，该项权利是否丧失？《民法典》第七百九十三条规定，建设工程施工合同无效，但建设工程经竣工验收合格的，承包人仍然享有工程价款优先受偿权。

如果建设工程施工合同无效，且建设工程经竣工验收不合格，则按照以下情形分别处理：

1. 修复后的建设工程经竣工验收合格，发包人请求承包人承担修复费用的，应予支持。

2. 修复后的建设工程经竣工验收不合格，承包人请求支付工程价款的，不予支持。

（五）工程价款优先权的主张方式

承包人可以通过下列方式主张自己享有的工程价款优先权：

1. 催告发函。根据《民法典》第八百零七条的规定，发包人未按照约定支付价款的，承包人可以催告发包人在合理期限内支付价款。但需要注意，承包人发函时应当明确，如果发包人不能在催告期内按时还款，则会通过协商工程折价或起诉拍卖的方式，行使自己的工程价款优先受偿权。

2. 诉讼。在诉讼请求中承包人除了主张工程价款的金钱请求权以外，应当明确自己享有的优先受偿权。

3. 破产程序中进行债权申报。与诉讼方式相同，债权人除了主张金钱债权之外，应当明确申报工程价款优先受偿权。

三、工程价款的范围

工程价款的范围，是指承包人的哪些工程款享有优先受偿的权利。

旧规：

最高人民法院在2002年的《关于建设工程价款优先受偿权问题的批复》（已失效）第三条中规定："建筑工程价款包括承包人为建设工程应当支付的工作人员报酬、材料款等实际支出的费用，不包括承包人因发包人违约所造成的损失。"

新规：

最高人民法院《关于审理建设工程施工合同纠纷案件适用法律问题的解释（一）》第四十条

承包人建设工程价款优先受偿的范围依照国务院有关行政主管部门关于建设工程价款范围的规定确定。

承包人就逾期支付建设工程价款的利息、违约金、损害赔偿金等主张优先受偿的，人民法院不予支持。

《建设工程施工发包与承包价格管理暂行规定》

第五条第二款　工程价格由成本（直接成本、间接成本）、利润（酬金）和税金构成。

住房和城乡建设部、财政部2013年修订的《建筑安装工程费用项目组成》

建筑安装工程费用项目按费用构成要素组成划分为人工费、材料费、施工机具使用费、企业管理费、利润、规费和税金。

四、工程价款优先权的效力

第一，劣后于“消费者购房人”优先权。这是因为二者所保护的法益中，“消费者购房人”优先权所保护的法益价值更高。

第二，先于所建造工程上的抵押权。这一点在最高人民法院的批复中已经明确，前文已提及，不再赘述。

五、其他特殊问题

（一）对施工方无条件放弃优先受偿权的书面承诺的效力判断

自2021年1月1日起施行的最高人民法院《关于审理建设工程施工合同纠纷案件适用法律问题的解释（一）》第四十二条规定，发包人与承包人约定放弃或者限制建设工程价款优先受偿权，损害建筑工人利益，发包人根据该约定主张承包人不享有建设工程价款优先受偿权的，人民法院不予支持。

编者观点：放弃的债权原则上有效，因为承包方有权利处分自身权利。但如因放弃该笔债权导致施工单位资不抵债，无法支付农民工工资进而损害农民工利益的，理论上农民工可作为债权人行使代位撤销权。鉴于农民工的特殊身份，此种情形下，承包人的放弃行为因严重威胁农民工生存权而无效。

（二）工程款债权的优先标的问题

破产程序中，如果相同建筑物之上设立了多个优先债权，那么管理人应当根据顺位进行清偿。例如，开发商名下有100套房屋，其中包括2000万元的工程款债权；评估后，100套房屋的价值为1000万元。破产前开发商卖掉了30套（均未交付登记），其中10套为“消费者购房人”，另外20套则进行了预告登记。假设每套房按照价值10万元出售，那么，承包人优先受偿的金额为多少呢？

首先，承包人的优先受偿金额应当在折价拍卖的价值范围内，即1000万元范围内，所以剩余的1000万元应当计入普通债权。

其次，承包人的优先权落后于“消费者购房人”优先权，因此房屋拍卖价值应当先清偿“消费者购房人”，即100万元，所以，承包人的优先受偿金额为900万元，剩余100万元再次计入普通债权。

第四节

担保债权

抵押债权，又称有财产担保债权，是指在破产程序中债权人享有的就其债权在抵押物价值范围内优先受偿的权利。

一、实现条件

抵押债权的实现需要满足以下条件：

第一，抵押物特定。

第二，抵押财产可变价。

第三，优先受偿的范围不超过抵押物的变价价值。

（一）抵押物特定

1. 抵押物范围

《民法典》第三百九十七条规定，以建筑物抵押的，该建筑物占用范围内的建设用地使用权一并抵押。以建设用地使用权抵押的，该土地上的建筑物一并抵押。抵押人未依据前款规定一并抵押的，未抵押的财产视为一并抵押。因此：

（1）土地抵押不包括抵押登记时尚未建造的地上物。

（2）在建工程抵押不包括破产受理时尚未建造的地上物。

2. 无证建筑与违法建筑问题

（1）关于未办理权属登记的“无证建筑”是否视为一并抵押

根据《民法典》第二百三十一条的规定，因合法建造、拆除房屋等事实行为设立或者消灭物权的，自事实行为成就时发生效力。因此对于具备初始登记条件、尚未登记的“无证建筑”应当属于合法建造房屋的事实行为，物权因此而设立。所以，该类无证建筑应当受《民法典》第三百九十七条“视为一并抵押”条款的调整，若当事人仅进行了土地抵押登记的，地上的“无证建筑”应“视为一并抵押”。

（2）关于未办理权属登记的“违法建筑”是否“视为一并抵押”

行为人拥有合法的建房手续、完成特定审批、取得合法土地使用权是事实行为取得物权应当具备的前提条件。因此，违法建筑因建设行为的违法性，不能发生设立物权的法律效果，建造人对违法建筑也不享有物权权益。

（二）抵押物可变价

金融债权人需要注意实践中抵押物不可变价的情况，如抵押物已销售，第三人已合法取得物权或者即便未取得物权，但具有优先权的，如“消费者购房人”优先权。

（三）优先受偿的范围不超过抵押物的变价价值

优先受偿的范围限于抵押物的变价值，且如在同一抵押物上还有更优先的债权的，抵押物的变价值优先清偿更优先的债权，仍有剩余的，清偿抵押债权人。

二、抵押债权的顺位

根据各类优先权所保护的法益以及立法目的的不同，抵押权的顺位如下：

1. 劣后于工程价款优先受偿权。

2. 劣后于付款超过50%的“消费者购房人”“房屋买卖合同已经预告登记”而预告登记在抵押登记之前的购房人优先权。

3. 优先于“房屋买卖合同已经预告登记”而预告登记在抵押登记之后的购房人的物权期待权。

第三章 “烂尾楼”的破局之法

房企破产不同于其他类型的企业破产，房企破产因涉及的债权人范围广泛，如被拆迁人、大量购房业主、材料商、农民工等诸多主体。房企破产后往往面临的是未开发完成的项目或“烂尾楼”工程，其中因该破产资产大部分系在建工程，故存在变现价值较低，甚至变现不能等情形，由此导致大量农民工、业主集体信访及维权事件，如处理不好，会影响社会秩序的稳定。

对“烂尾楼”破局，应围绕“烂尾楼”的保值增值开展工作，以债权人的高清偿率、业主的住房保障为目标，最后实现法律效果、社会效果和政治效果相统一。本文介绍了三种“烂尾楼”的破局之法：共益债重整式、股权调整式（存续式重整）、资产出售式（清算式重整），采用这几种方法，可对房地产企业开发项目实施再投资，保证项目顺利竣工通过验收，不但能避免资源浪费，发挥现有资产最大价值，提升债权人的债权受偿比例，还能解决因房地产企业破产所带来的社会问题。

第一节 共益债重整式

房企破产程序下，续建适用于房地产已部分开发并已销售的项目，债务人、管理人可主导对“烂尾楼”完成复工续建，而后将经验收合格的房产向购房人交付。通常情况下，管理人可通过跟原施工方协商让其垫付工程款，也可采用共益债融资的方式引入投资人，让其支付续建费用。

一、共益债重整式的适用

（一）续建借款的性质

实践中，可由管理人借款续建，对应在建工程中的破产财产份额的续建借款，系用于破产财产增值的共益债务，以破产财产变价优先清偿；对应在建工程中的别除财产份额的续建借款，系用于别除财产增值的债务，由优先权购房人承担或以别除财产变价优先清偿。

（二）共益债重整式实操

该内容详见本部分第四章共益债投资实操。

二、共益债重整的利与弊

（一）共益债重整的利

1. 基于共益债系“债性”融资，因此相较于股权调整式、资产出售式，投资人的招募会相对简单，因此可快速实现项目的续建、销售，能在最大限度上减少停工损失。

2. 对破产企业，无须承担资产过户的税费。共益债续建模式因不涉及资产过户，故无须承担资产出售式重整模式下的资产过户税费。

3. 对债权人，由于共益债续建模式将“烂尾”的“半成品”续建成“成品”进行销售，将资产价值最大化，故能提高债权人的清偿比例。

4. 可以保留原企业的资源价值。如破产企业具有特许资质，不需要重新办理项目原有的立项审批、规划许可、施工许可、预售许可等手续。

5. 对投资人，由于共益债优先清偿的特性，其投资安全性较高，且退出机制明确。

（二）共益债重整的弊

1. 债权清偿周期长。由于共益债重整式需要将“烂尾”项目续建完成、再行销售后才能回款，所以债权人的清偿周期大大延长。

2. 相较于其他两种模式，共益债重整更依赖于管理人的管理能力。共益债重整模式下，不同于股权调整式及资产出售式下招募的投资人一般都具有房地产行业优势。共益债重整模式系沿用原企业的法人主体，管理人为烂尾项目的主要负责主体，囿于其专业性的匮乏，可能会导致二次“烂尾”。

3. 鉴于共益债重整的重整计划执行期间较长，而未来市场又具有很大的不确定性，所以重整计划是否能够顺利执行具有不确定性。

三、典型案例

【相关案例一】上海悦和置业重整案

【审理经过】上海悦合置业有限公司于 2020 年 3 月进入破产重整。悦合置业破产确认债权超百亿，涉及工程方、抵押贷款、购房业主、民间借贷、债务人等，各方利益错综复杂。在上海市第三中级人民法院的专业指导下，管理人与绿庭投资共同拟定重整计划，通过共益债以及项目委托管理方式盘活上海目前最大烂尾楼项目“悦合国际广场”，重整计划成功获得了超百亿债权的支持。由上海绿庭投资控股集团股份有限公司作为重整投资人以共益债方式投资金额 2.5 亿元，同时作为悦合置业的项目管理受托方，负责悦合国际广场后续的开发续建管理、招商和运营管理、销售管理。

【典型意义】本案是上海首例续建式房地产开发企业破产重整，也是上海首例以共益债方式进行重整的烂尾楼，对未来上海地区地产项目的重整有着创新性的借鉴意义。本案以创新性的思维，打破传统重整理念，悦合国际广场项目虽已“烂尾”但工程量已近竣工，仅需部分资金投入就可以实现资产价值重塑，资产价值增量既保障了共益债借款的安全，也较破产清算大幅提高了债权清偿率，有效平衡了各方利益，实现共赢。

【相关案例二】长兴县振宇房屋开发有限公司、长兴绿宇房地产开发有限公司破产清算案

【审理经过】长兴县振宇房屋开发有限公司（以下简称振宇房开公司）和长兴绿宇房地产开发有限公司（以下简称绿宇房开公司）是长兴县成立较早、规模最大的房地产关联企业，自 2014 年开始，由于房地产市场持续低迷，导致资金链断裂，公司陷入严重经营困境。2015 年 10 月 12 日，振宇房开公司、绿宇房开公司向长兴法院提出破产清算申请，长兴法院于 2015 年 10 月 26 日分别裁定受理振宇房开公司、绿宇房开公司破产清算案。振宇房开公司债权人共有 121 家，债

务金额达16亿元，另外还涉及莱茵河畔购房业主110余户；绿宇房开公司债权人87家，债务金额达12亿元，另外还涉及中央公馆购房业主500余户。自2016年1月7日、8日，振宇房开公司、绿宇房开公司第一次债权人会议召开后，绿宇房开公司中央公馆项目于2016年4月全面复工续建，于2017年4月通过综合验收，现已陆续向业主交付房屋。振宇房开公司莱茵河畔项目于2016年9月全面复工续建，第一期、第二期预计将于2018年3月30日、12月30日前交付。至此，振宇房开公司、绿宇房开公司两个“烂尾”楼盘全部成功复建，均可以按计划交付业主。

【典型意义】“烂尾”楼盘复工需大量启动资金，本案审理中通过从企业及其债权人内部挖掘资金的方式获得了复工资金。(1) 从债权人处获得首期启动资金。振宇房开公司在无法引入投资人的情况下，与其债权人进行协商，通过向债权人借款的方式获取首期启动资金。在政府、法院和管理人的多方努力下，将借款的性质确定为破产共益债务，在今后清偿时与破产费用在同一顺位，并可随时清偿。在此基础上，通过浙江金融资产交易中心平台设计融资方案，向杭州阅好投资管理合伙企业再借得款项1.5亿元，至此，莱茵河畔项目得以全面复工续建。(2) 从债务企业人振宇房开公司处回收资金。对绿宇房开公司与万融公司签署的1.5亿元住宅和商铺的《商品房买卖合同》及相应的《融资租赁合同》，因万融公司实际只支付购房款7200万元，尚有7800万元未付，法院和管理人决定解除上述合同，同时与万融公司就租房款和违约金行使抵销权。最终万融公司退还价值3000万元的房屋，并以现金方式支付剩余购房款3000万元，通过该种方式回笼了6000万元的资产。

第二节 股权调整式

破产程序中，管理人除通过上述共益债融资方式引入资金外，还可通过“股性”融资的方式引入资金，目前较为常见的是管理人与法院招募到适格投资人后，让其注资并接手未完工项目的继续开发工作，管理人可以在重整计划中通过调整破产企业股东权益的方式引入投资人。此乃存续式重整。

一、股权调整式的适用

（一）投资人的招募

管理人是否能够招募到适格的投资人对后续整个项目的建设、运营及销售起到至关重要的作用，可以说是能否重整成功的关键。所以对投资人的适格性，我们不仅要求其在资金上要具有一定的优势，而且最好系专业的房地产公司或专门投资房地产行业的公司，因为此类投资人往往对于房地产项目的开发，有着丰富的经验，并且有一套有效的项目开发管理机制，可保证项目开发的高效、有序运作。

除此之外，建议投资人以续建、销售及物业三家公司联合的方式进行招募，这样可以化解“烂尾楼”续建的多种难题，集续建、销售及物业于一体，形成房地产服务的闭环。因此，选择成熟的投资人可为破产房企的项目进行继续开发，并能盘活烂尾资产，使房地产项目的重整价值大于破产清算价值，在平衡各方利益的同时，实现整体利益的最大化。

（二）重整计划对股东权益调整

一般情况下，进入破产程序的企业大多资不抵债，原股东权益所剩无几，对于破产企业的利益应在投资人与债权人之间适当分享。对于破产企业的出资人身份，管理人或债务人可通过重整计划在投资人与选择债转股的债权人之间衡平，当然对于做出特殊贡献的原股东，出资人调整方案中也可酌情预留少量股权。

假设破产企业的债权额（债权人统称假定为D）为4亿元，企业的清算价值为1亿元，重整价值为2亿元，债务人原股东为A，由于破产企业已资不抵债，因此原股东权益调整为0。假设投资人为B，投资人拟投资1亿元，那么调整后的股权就应当在B与D之间衡平，具体方法涉及债转股等技术手段的运用（详细计算方式可参考本篇第三部分关于债转股部分的内容）。

通过实施该方案，对于破产房企而言，其负债率下降，帮助企业去杠杆，减轻负债企业经营压力，盘活企业，便于进行项目开发；对于政府而言，通过投资方注资及债权人转股等方式，逐步实现维稳目标，最大化地保障政府与广大业主的合法权益。

二、股权调整式的利与弊

（一）股权调整式的利

1. 不需要重新办理项目原有的立项审批、规划许可、施工许可、预售许可等手续。项目开发各项手续的办理及变更等内容，系投资人决定是否收购破产房地产企业并盘活项目主要考虑的要件之一，故投资人应当要求将这些内容列入重整计划草案，作为其中的先决条件。

2. 相比较资产收购“烂尾楼”方式，股权调整式不会涉及过户，因此不会涉及大额因过户产生的土地增值税、契税、印花税、增值税。

3. 可以保留原企业的无形资产价值，如破产企业具有特殊资质或特有资源，是有特许经营资质的公司，可通过存续式重整得以保留。

（二）股权调整式的弊

隐形债权债务问题。基于《企业破产法》的规定，在重整计划执行完毕后，对未申报债权的债权人，破产企业仍应按照同性质债权同比例予以清偿，所以对投资人不利。

三、典型案例

【相关案例】威海屹东房地产开发有限公司破产重整案①

【审理经过】山东省威海市环翠区人民法院于2020年11月2日裁定受理威海屹东房地产开发有限公司破产重整。其后威海屹东房地产开发有限公司与其债权人华辉公司签订重整投资意向书，并作出相关经营方案。华辉公司先行筹措3000万元用于部分破产费用及普通债权中的业主债权及非业主小额债权的清偿，后续还将投入500万元用于前期施工建设；同时破产管理人协助将债务人的股权

① 威海市环翠区人民法院：《【优化营商环境】7亿元负债、99天重生，环翠区法院着力打造“庭外重组+庭内重整”的优化营商环境新范例》载微信公众号“威海市环翠区人民法院”2021年10月8日，https://mp.weixin.qq.com/s/3yFX4OdHdr39Hi5lY24Mtg。

变更至投资人或投资人指定方名下。2021年2月9日，山东省威海市环翠区人民法院已批准重整计划并终止重整程序。

【典型意义】本案运用股权调整的方式，从资不抵债、濒临破产，到重整旗鼓、商海扬帆，屹东房地产仅用了短短99天就重获新生，成为环翠区乃至威海市破产重整案件的新范例，对于优化营商环境大环境下法院如何优化司法服务、展现司法担当也具有重要的示范意义。

第三节 出售资产式

该模式系通过将在建工程整体打包出售后由接盘投资人负责续建，产生相关收益归买受人。此路径为清算式重整，可较为简单便捷地实现涉房破产企业资产变现，理论上在目前房地产不景气的市场环境下，将在建工程直接变现的难度较大，但在实务中在建工程仍然具有一定市场，而且在破产程序中处置在建工程不受执行程序中"两拍一变卖"的限制，不存在流拍的结果。

一、出售资产式的适用

（一）附义务出售

对房地产企业，很多业主的诉求系向其交付质量合格的房屋。对于出售资产式（清算式重整）重整模式，管理人或债务人也要将向业主交付合格的房屋作为第一要义。所以实务中，管理人一般都会在拍卖公告中附条件出售，即买受人购买在建工程后，后续须履行向业主交房的义务。

（二）起拍价及处置底价的设置

1. 起拍价的设定

管理人可以对"在建工程"进行评估后，以评估值为基础设定起拍价，但是基于效率提升和成本节约的双重考虑，我们认为起拍价的确定应将评估方式作为兜底解决方式而非优选方式。如管理人可以通过询价方式为债权人会议提供起拍价定价参考，询价方式包括但不限于政府指导价、政府价格统计、二手市场价格、大型电商提供的大数据统计结果等。

2. 处置底价的设定

在保护购房人的基础上（向业主交付质量合格的房屋），为了保护一些债权人的利益，且为了债权人会议能够通过，管理人在设定方案时可提前结合债权债务情况设置能够清偿购房人的处置底价。

除此之外，在对“烂尾楼”处置过程中，起拍价、保证金、增加幅度、拍卖次数、降价幅度、保留价、处置底价均应由债权人会议决定，经债权人会议同意后，管理人才可执行。

（三）对争议房屋的解决

买受人出价的多少系以可去化房产的数量为基础的，对于管理人已审核确认要交的房屋，理论上已不应作为投资人的买受标的，对该部分房屋，投资人应履行的是交房义务，并不能产生收益。对于涉诉房屋或其他争议房屋的处理，管理人可与买受人进行协商，先由买受人承担争议房屋的全部或部分房款，待争议结果出来后，视情况向投资人退还多缴纳款项或要求补交少缴纳款项。

二、出售资产式的利与弊

（一）出售资产式的利

1. 鉴于网络拍卖的处置方式公开、透明，且不受“两拍一变卖”的拍卖限制，经过充分竞争，价格作为选择投资人的唯一标准，既高效又便捷。不像股权调整式，对于投资人的招募，除了考虑价格，还应该考虑投资人的续建能力、去化能力等。

2. 以公开促公正，以公正换理解。债权人反对重整方案往往是出于对管理人和法院的误解，担心资产价值低估或者定向选择投资人以维护某些特定主体利益。“清算式重整”以司法竞价的方式让选择投资人变得完全公开、透明，只要招募标准适当，至少实现了程序公平，因价高者得避免资产低估。因为公开公平，容易被债权人理解，增加了重整方案通过的概率。

（二）出售资产式的弊

1. 相比前两种方式，出售资产式因涉及资产所有权发生变更，因此会产生高额的税费成本，从而会降低债权人的清偿比例。

2. 由于未能充分挖掘“烂尾楼”价值，未能充分做到对“烂尾楼”价值的保值增值，会影响债权人受偿比例，因此并不能最大化保障债权人的利益。

3. 对于一些商用性质的烂尾楼（如办公楼、商业楼宇），很难以适格的价格招募到投资人。

4. 考虑到以收购资产方式参与项目重整，可能涉及项目原有的立项审批、规划许可、施工许可、预售许可等手续的重新办理等问题。

三、典型案例

【案例】港城置业公司破产清算案

【审理经过】湖州港城置业有限公司（以下简称港城置业公司）成立于2009年8月28日，注册资本1.8亿元。因该公司自身体量较小，资金实力不足，在开发凯旋国际项目过程中管理混乱，对外高额融资，导致资金链断裂，于2015年年中全面停工。可售房源1233套，工程停建时已经签订预售合同1091套，除500余套属于正常销售外，其余均为借款提供担保或以房抵债。购房户多次聚众至政府，造成巨大的维稳压力及影响。2015年8月4日，湖州市中级人民法院裁定受理港城置业公司破产清算一案，并指定吴兴区人民法院审理，于2015年11月15日召开第一次债权人会议，包括“消费型购房者”等群体在内的700多家债权人参加会议，会议表决通过了《破产财产变价和分配方案》。凯旋国际整体资产经过三次拍卖，最终以4.68亿元成交，溢价率11.43%。拍卖成交后，吴兴区人民法院依法作出过户裁定并向国土部门发出协助执行通知书，办理资产移交、过户工作。拍卖成交后2个月内，该楼盘已经重新开工，成为房地产开发企业破产、“烂尾楼”处置的成功案例。近600户的“消费型购房者”群体自主决定是否继续交房，1/3选择退还全部购房款项，2/3选择和接盘方重新签订新的商品房买卖合同。

【典型意义】港城置业公司破产清算案入选2016年浙江法院破产审判十大典型案例，是湖州地区涉及债权人人数较多、债务规模较大的房地产公司破产案件，债务规模近10亿元。（1）本案情况复杂，债权类型几乎囊括了房地产企业所能遇及的各种情况，包括购房者、工程款债权人、金融机构债权人、民间借贷债权人。购房者中又涉及正常购房、以房抵债、以商品房买卖合同作为担保、假按揭等情形；工程款债权人涉及商品房预售资金监管、工程款债权人主体认定等问题。经过政府、法院和管理人共同努力，上述问题均得以妥善处理。（2）购房者债权权益保护方面，坚持“生存权益”第一位保障的原则，将不超过一套房、住宅性购房、不属于以房抵债或担保的“消费型购房者”的债权确定为最优先保护的群体，并赋予其选择权，可根据自身情况选择退款或是继续交房。对以房抵债或以商品房买卖合同作为担保的情形，考虑到港城置业公司进入破产清算无法继续建设交房的事实，严格按照基础的借款、担保、工程款等法律关系审查认定。（3）民间借贷债权审查方面，在公安机关前期调查的基础上，确定无论是否被纳入刑事非吸案件、无论是否个人名义借款（资金投入公司）、无论是否进行以房抵债，均按照“损失额”标准审查认定债权。民间借贷申报债权8.25亿元，最终确认债权3.58亿元。（4）资产处置方面，通过府院联动机制，推动优惠政策出台并形成会议纪要，使凯旋国际成为优质资产。同时汇集多方力量，历时1月有余对工程现场进行清理，为拍卖奠定良好基础。起拍价4.2亿元，经过49轮竞价以4.68亿元的价格由上海爱家投资集团有限公司拍得，溢价率达11.43%，最大限度维护了债权人利益，是省内淘宝网拍卖平台成交价格最高资产之一。

在市场经济中，企业的退出是常态，在现有法律的框架内，综合运用法律、经济、政策、市场等手段，充分调动、发挥各方力量，尽可能实现各方利益最大化的目的，其中不仅包括解决债权人与债务人之间、不同类型的债务人之间的平衡保护问题，还要解决已有事业存续与发展、社会的稳定和发展等平衡保护问题。因此通过多样性重整模式的选择，会在更大程度上有效利用并盘活社会资源、扶持仍有希望的产业、维护广大债权人的合法权益。因此，本所律师根据本案的实际情况，有针对性地提出符合现行法律规定（很多情况下更是符合《企业破产法》的宗旨、目的、原则）的更科学合理、具有可操作性、更能实现平衡保护目的的三套重整方案，以期保障各方利益，推动该困境项目妥善解决。

第四章 共益债投资实操

第一节 概述

一、共益债种类

根据《企业破产法》第四十二条的规定，法院受理破产申请后发生的下列债务，为共益债务：

（1）因管理人或者债务人请求对方当事人履行双方均未履行完毕的合同所产生的债务。

（2）债务人财产受无因管理所产生的债务。

（3）因债务人不当得利所产生的债务。

（4）为债务人继续营业而应支付的劳动报酬和社会保险费用以及由此产生的其他债务。

（5）管理人或者相关人员执行职务致人损害所产生的债务。

（6）债务人财产致人损害所产生的债务。

对于上述共益债务，根据《企业破产法》的规定由债务人财产随时清偿。

二、法律规定

《企业破产法司法解释三》第二条对共益债作出了如下规定：破产申请受理后，经债权人会议决议通过，或者第一次债权人会议召开前经人民法院许可，管理人或者自行管理的债务人可以为债务人继续营业而借款。提供借款的债权人，主张参照《企业破产法》第四十二条第四项的规定优先于普通破产债权清偿的，人民法院应予以支持，但其主张优先于此前已就债务人特定财产享有担保的债权清偿的，人民法院不予支持。管理人或者自行管理的债务人可以为前述借款设定抵押担保，抵押物在破产申请受理前已为其他债权人设定抵押的，债权人主张按照《民法典》第四百一十四条规定的顺序清偿，人民法院应予支持。

该条款主要规定了破产申请受理后，破产企业为继续营业而进行的借款，性质应当为共益债，且债权人有权要求债务人提供相应担保。

对于上述规定，有以下问题需要注意：

（一）借款期间如何确定

对于起算日，法院裁定受理破产申请的裁定书落款日的当日不算。

对于截止日，重整案件、和解案件，应当在法院裁定终止重整、终止和解前。法院裁定终止重整、终止和解后发生的新的借款，不在本条调整的范围内。由重整计划或和解协议在草案制定、表决的范围内充分协商，议定其法律性质及清偿顺位。重整计划、和解协议中约定提供的融资作为普通债权、共益债务或者担保债权的可能性均存在，首先取决于重整计划、和解协议的安排，其次在内容上不得违反法律、行政法规的强制性规定，不得损害个别债权人的合法权益，在程序上符合法律规定。

（二）批准机关

1. 债权人会议

那么，债权人会议可否授权债委会批准共益债借款呢？

根据《企业破产法司法解释三》第十三条，债权人会议可以依照《企业破产法》第六十八条第一款第四项的规定，委托债权人委员会行使《企业破产法》第六十一条第一款第二、三、五项规定的债权人会议职权。债权人会议不得作出概括性授权，委托其行使债权人会议所有职权。

其中，《企业破产法》第六十一条第一款第二、三、五项规定的债权人会议职权分别是：申请人民法院更换管理人，审查管理人的费用和报酬；监督管理人；决定继续或者停止债务人的营业。

因此，债权人会议不能授权债委会批准共益债借款。

2. 人民法院

《企业破产法》第二十六条规定，在第一次债权人会议召开之前，管理人决定继续或者停止债务人的营业或者有本法第六十九条规定行为之一的，应当经人民法院许可。

其中，《企业破产法》第六十九条第一款第四项规定，管理人实施“借款”行为，应当及时报告债权人委员会。同条第二款规定，未设立债权人委员会的，管理人实施前款规定的行为应当及时报告人民法院。另外，最高人民法院关于破产审理审判的文书样式38项规定法院许可文件使用批复形式。

第二节 实操要点

相较于将“烂尾”建设工程直接处置，如能将房地产企业盘活（由于资产价值的提升），可在一定程度上使债权人利益最大化。因此，作为大额债权人，越来越多的金融机构更倾向于想办法盘活资产，如对工程进行续建，以期提高自身债权的清偿率。那么在债务人续建但无现金兑付的情况下，大额债权人往往有投资意愿成为“投资人”或引入“投资人”，这里我们重点阐述共益债投资模式下的实操要点。

一、尽职调查

投资人应与管理人及相关方充分沟通，了解拟投资项目的实际情况，具体如下：

1. 投资人委托中介机构进行尽职调查，并由中介机构向管理人发送尽职调查文件清单，并视情况进行现场尽调。

2. 中介机构审阅管理人提供的尽调文件并现场调查，对债务人的项目情况、资产负债、债权债务、诉讼执行等情况进行全面尽职调查。中介机构起草并出具尽职调查报告。

3. 投资人结合尽职调查及沟通情况，设计并提交《重整投资方案》，管理人依据《重整投资方案》等文件，制定《重整计划（草案）》，并提请债权人会议表决，并由法院裁定确认。

二、共益债投资的架构设计

关于共益债投资的架构设计如图 19。

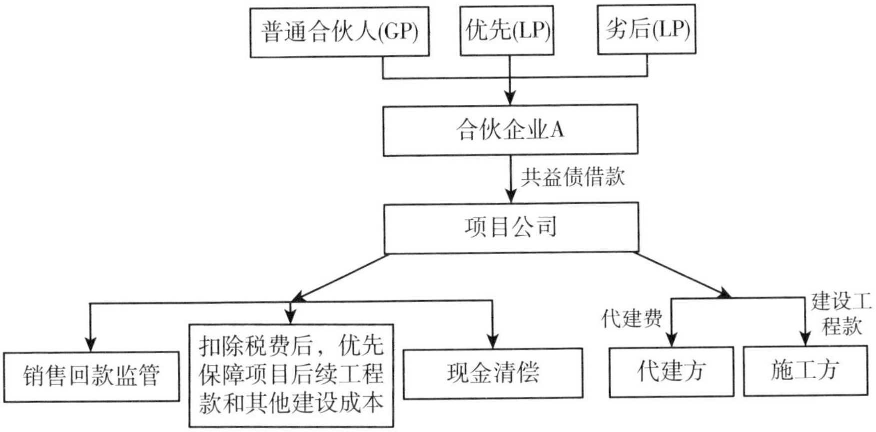

图 19　共益债投资架构

投资人可以用自有资金直接投资项目公司，也可以通过设定杠杆的方式引资，然后再行投资项目公司。管理投资人可作为优先有限合伙人（LP），引入具有先天优势的施工方或包销方作为劣后有限合伙人（LP），共同设立一家合伙企业，将募集的资金作为共益债投放于破产企业，项目资金主要用于项目续建，待续建后的房产项目销售回款后，可按照重整计划或法律规定按顺序进行现金清偿。如下为架构设计时考虑的因素：

（一）投资额度

在尽调基础上，充分考虑市场因素，对后期续建资金做出预算，并考虑提升一定幅度确保资金流动性充足。

（二）投资期限

根据项目现状与施工方（或引入的代建方）沟通确认施工期限，与包销方沟通确认销售期限进而设定合理的投资期限。如果项目开发、施工、销售顺利，可提前偿还。

（三）投资收益

由于共益债投资的“债性”，在确保收益的同时，注意合伙企业综合收益不能超过法律规定。再综合其他因素对优先 LP 与劣后 LP 的投资收益进行合理分配。

（四）投资前提

在一债会之前，重整投资方案要获得人民法院批准。一债会后，重整投资方案获得债权人会议大会通过，且经法院裁定认可。另外，与各个优先债权人已签署相关文件，如让渡承诺等。

（五）退出方式

可考虑销售回款后或销售回款达到一定金额后，按约定比例留存一定的经营所需款项，剩余部分可提前申请清偿，可以采用先息后本的方式。

三、共益债投资的方式

（一）对于投资人来讲，如能让优先于共益债的抵押债权人、建设工程价款优先权人自愿让渡优先权，更能保障投资人的资金安全。

因此，为了确保投资人资金安全，投资人在投放之前，建议先行取得抵押债权人、建设工程价款优先权人自愿向共益债债权人让渡优先权的文件。担保权人、建设工程价款优先权人可以在优先权范围内将获偿的权利与投资人受偿的权利置换，即担保权人、建设工程价款优先权人承诺以优先权获偿的款项为投资人受偿承担差额补足责任，该约定并不侵犯任何第三方债权人权益。

（二）为共益债办理增信措施

为了保证投资人资金安全，管理人或者自行管理的债务人可以为前述借款设定抵押担保。一般对于房企而言，对投资人的增信措施往往是在建工程抵押。

《担保法制度司法解释》对在建工程抵押的合法性进行了明确，但对在建工程抵押的条件未作具体规定。建设部（已撤销）《城市房地产抵押管理办法》第三条将在建工程抵押限定为：抵押人为取得在建工程继续建造资金的贷款，以其合法方式取得的土地使用权连同在建工程的投入资产，以不转移占有的方式抵押给贷款银行作为偿还贷款履行担保的行为。根据《担保法制度司法解释》、《城市房地产抵押管理办法》及其他法律法规的规定，在建工程抵押必须具备以下条件：

1. 在建工程抵押款的用途为在建工程继续建造所需资金。《物权法》（已失效）出台前信贷客户不得用在建工程为他人的债务提供担保，也不能为自己其他用途的债务进行担保，只能为取得在建工程继续建造资金的贷款担保。《物权法》（已失效）实施后在建工程抵押可以为其他债权种类设定抵押，对在建工程抵押担保的种类没有限定。

2. 在建工程占用范围内的土地，已经交纳全部土地出让金，并取得国有土地使用权证。

3.《城市房地产抵押管理办法》明确规定，在建工程抵押合同应载明土地使用权证、建设用地规划许可证和建设工程规划许可证三证的编号，故在建工程抵押必须已经取得土地使用权证、建设用地规划许可证和建设工程规划许可证。同时，正在建造的在建工程抵押，还必须取得建设工程施工许可证。

4. 投入工程的自有资金必须达到工程建设总投资的25%以上，并已经确定工程施工进度和工程竣工交付日期。

四、共益债投资的投后管理

1. 资金管控

投资人将共益债借款资金支付至专项账户，由投资人和管理人共同管控。

具体而言，可通过设立监管账户、在银行预留印鉴、共同保管U盾及财务专用章等方式对资金进行共同管控，制定科学合理的审批制度，并按制度审批使用资金，确保资金用途符合约定。

2. 工程监管

投资人可聘请管理团队驻场，对房地产项目的续建进行监管，通过与相关责任方的对接，如与施工单位、监理单位的对接，把控项目进展和项目资金的使用。

3. 销售监管

投资人对企业经营销售情况进行监管。根据已制定的经营方案，对企业经营进度实时跟踪，要求破产管理人及时披露目标项目的开发、销售及回款情况。目标项目产生回款后，需进行资金归集并设定销售回款达到一定金额后，按约定比例留存一定的经营所需款项，剩余部分可申请提前清偿。[①]

① 赵敏、刘啸森等:《破产重整程序中的共益债投资实务》，载北大法宝 2021 年 2 月 9 日，https://www.pkulaw.com/lawfirmarticles/10e7eb300f6217f8748e88afafd6009bbdfb.html。

第五部分

“白马骑士”：如何投资困境企业

面对破产企业，金融债权人除了债权人这一角色以外，还可以成为投资人，对适合且值得投资的困境企业、破产企业进行投资，这也是不良资产处置的投行思维，也将是今后金融债权人发展的重要方向。该类投资者因其投资对象的特殊性被形象称为“白马骑士”。

第一章 破产常态化发展引发的投资机遇

第一节 破产常态化发展

一、形势分析

1. 经济形势

近年来，世界经济整体下行，经济运行稳中有变、变中有忧。随着国际环境愈发复杂紧张以及全球疫情扩散，经济恢复势头有所放缓。多重考验下，全国企业面临着资金链断裂、陷入财务危机的难题，不少企业走到破产程序，部分企业最终破产清算，具有挽救价值的企业经过重组、重整恢复了经营。如海航集团于2017年年底就爆发严重债务危机，2020年由海南省联合工作组协助推进其风险处置工作，2021年重整计划获得法院裁定批准；2022年1月17日紫光集团的千亿重整计划获得北京市第一中级人民法院的裁定批准；恒大集团债务违约事件持续引发市场关注。诸多大型企业的破产重整事件，反映出当今世界的经济形势。

各经济体纷纷采取措施调整自身的经济结构以推动经济复苏。在2020年全球经济下滑3.1%后，2021年全球经济增速将达到5.9%，但不少新兴经济体和发展中国家经济增长面临困境，世界经济增长的不均衡性越发突出。[①] 2021 年，全年国内生产总值 1,143,670 亿元，按不变价格计算，比上年增长 8.1%，两年平均增长 5.1%，国民经济持续恢复发展，改革开放创新深入推进，高质量发展取得新成效，实现了“十四五”时期的良好开局，[②] 也为投资者创造了良好的投资环境，提供了大量的投资机会。

2. 国家政策

宏观层面，“十四五”规划明确提出我国经济发展战略导向，即推动高质量发展，必须立足新发展阶段、贯彻新发展理念、构建新发展格局。必须坚持深化供给侧结构性改革，以创新驱动、高质量供给引领和创造新需求，提升供给体系的韧性和对国内需求的适配性。必须强化国内大循环的主导作用，以国际循环提升国内大循环效率和水平，实现国内国际双循环互促共进。[③]

目前，中央政策可以概括为“一一五三”：“一”指一个高质量发展的要求，“一”指一条供给侧结构性改革的主线，“五”指“去产能、去库存、去杠杆、降成本、补短板”的五大任务，“三”指三大攻坚战。2018 年前大家还在担忧国内房地产及经济过热风险，现在担忧已被经济下行与外部贸易战风险取代，政策基调也变为“六稳”“六保”。随着去产能和去库存前几年完成的效果显现，现在政策的重心已经转向去杠杆、降成本、补短板，[④] 有助于调整资本配置，减少资本错配问题，使资本更好服务于企业。而投资困境企业、破产企业一定程度起到调控市场配置的作用，有助于“去杠杆”，深化供给侧结构性改革，从而推动我国经济高质量发展。

3. 理念嬗变

从《企业破产法》的发展看，清偿债权人是企业破产法最古老、最本质的一项功能。然而，随着时代的进步，立法者注意到破产制度不应当鼓励失败，理性

---

① 《2022 世界经济形势分析与展望》，载中国经济形势报告网，http://www.china-cer.com.cn/news/2022010516334.html。

② 《2021 年中国经济“成绩单”公布：GDP 1143670 亿元比上年增长 8.1%》，载中国经济形势报告网，http://www.china-cer.com.cn/news/2022011716521.html。

③ 《“十四五”规划和 2035 远景目标的发展环境、指导方针和主要目标》，载新华网，http://www.gov.cn/xinwen/2021-03/05/content_5590610.htm。

④ 中国经济形势报告网，2019（第十五届）中国经济形势解析高层报告会，http://www.china-cer.com.cn/latest_events/2018091210.html。

的债权人也逐渐认识到，将债务人“处死”并不是实现债权的最好方法。所以，破产重整制度应运而生。符合破产清算条件但又具备再生希望的企业，通过业务上的重组和债务调整，摆脱债务危机，重新恢复营业能力。破产重整的背后体现的是重新开始的立法理念。重新开始的立法理念源自美国的《消费者破产法》，其宗旨为“赋予诚实而又不幸的债务人以重新开始的机会”（it gives the honest butunfortunate debtor a new opportunity in life and a clear field for future effort）。[①] 破产理念的这一嬗变不仅可以使债权人实现利益最大化，拯救危困企业使其重生，同样也给投资人带来了新的机遇。

4. 配套机制

《企业破产法》相关制度已经逐渐完善。2020 年，最高人民法院修正了《企业破产法司法解释二》《企业破产法司法解释三》，明确破产受理后借款的清偿顺序、单个债权人的知情权、债权人会议表决机制、管理人处分债务人重大财产的权限和程序等问题。2021 年，《企业破产法》修订工作也提上日程。新的《企业破产法》修订工作将围绕适用范围、破产条件、破产程序、完善重整制度、健全关联制度等方面，并在自然人破产、金融机构破产、上市公司破产等问题上作出规定，积极回应实践需要。

此外，破产法庭、专门破产法院的探索工作也在缓步推进。推动在破产案件需求大的城市设立破产法庭，扩大清算与破产审判庭覆盖面。继续充实破产审判队伍，完善破产审判考核激励机制。实践中，一些法院开始了简化破产程序的探索，省略某些破产程序的环节或者缩短破产程序时间。例如，不设立破产管理人，所有的破产事务均由法院操作；线上举行破产债权人会议，无须债权人亲自到法院进行债权申报，通过网上申报即可。

二、破产案件分析

《全国人民代表大会常务委员会执法检查组关于检查〈中华人民共和国企业破产法〉实施情况的报告》显示，从破产案件数量看，2007 年至 2020 年，全国法院共受理破产案件 59,604 件，审结破产案件 48,045 件，其中破产清算约占破产案件总量的 90%，重整约占比 10%，和解不到 1%。从时间顺序看，《企业破

① 顾芳芳：《破产法立法价值嬗变之考察》，载《改革与开放》2013 年第 6 期。

产法》实施后一段时间，每年的破产案件数量在3000件左右，党的十八大以来，随着供给侧结构性改革持续深化，加快建立和完善市场主体挽救和退出机制，破产案件数量快速上升，2017年至2020年受理和审结的破产案件分别占比法律实施以来案件总量的54%和41%。从破产企业类型看，国有困难企业完成集中退出，民营企业破产案件占绝大多数，2020年民营企业破产案件占案件总量的近90%。

可以说，《企业破产法》得到深入贯彻和实施，破产法律制度体系得到进一步完善，破产司法保障能力得到持续提升，法律实施取得积极成效的同时也给投资人带来了更多机遇。

第二节 投资的底层逻辑

得益于破产理念的嬗变以及破产法律制度的完善，越来越多的投资者利用市场发展，选择投资一些困境企业亦或是破产企业。首先，投资者通过研究问题企业尤其是涉及重组企业的基础报表、媒体报道、重组方案等公开信息，进行基本面分析，选择适当的企业进行投资，降低风险、抢占先机。其次，投资者以较低的价格购买困境企业本身、困境企业的债权、困境企业的股权，当困境企业重整成功恢复经营，再以高于买入的市场价格卖出，利用杠杆撬动企业资产，从中获得丰厚收益。简言之，“白马骑士”通过投资困境企业获益，这就是“白马骑士”投资最基础的逻辑。

在判断某一困境企业是否值得投资，投资者应当综合考虑下列问题以判断该企业的核心业务，进行具体评估：

1. 企业的市场份额如何；
2. 企业的品牌效应如何；
3. 企业的产业是否集中；
4. 企业的产业是否存在结构性缺陷；

5. 企业是否拥有商标、专利等隐形资产；

6. 企业的资产是否得到充分使用；

7. 企业是否有重要雇员离开，从而导致重要客户关系的流失；

8. 企业的发展前景是否受监管规则的抑制；

9. 企业是否存在恢复经营的可能性。

“白马骑士”可以通过破产重整程序来实现收益。也就是说，破产法律框架构成“白马骑士”投资的生态环境，困境企业重整是“白马骑士”赖以生存的关键。重整程序使得投资者可以低价进入，因为困境企业需要与债权人谈判，清理债务，获得“新生”。投资者可以直接担任破产企业的重整投资人、收购破产债权等，参与重组计划谈判，以大债权人身份掌握重整主动权。因为破产企业的负债情况、经营情况，市场会给予正反馈，正是借此机会，投资者能够以低价购买目标企业的债权与股权，购买问题资产。

同时，破产企业经历重整程序，可恢复正常经营，“白马骑士”通过投资行为，赚取企业升值空间的利润。企业的债权亦具有投资价值，如上市公司重整后股票价格会攀升，并可能增发新股，投资者可能选择债转股从而获益。总之，投资者通过重整程序在溢价中获利。

如果破产企业未重整成功，而是进入了清算程序，破产法律制度中的绝对优先原则也为“白马骑士”保障了利益。绝对优先原则是指在《企业破产法》的清偿顺序中，排在前列的权利人优先于排在后位的权利人获得清偿。绝对优先原则与清偿顺序紧密相连。我国《企业破产法》第一百零九条规定，对破产人的特定财产享有担保权的权利人，对该特定财产享有优先受偿的权利。第一百一十条规定，享有本法第一百零九条规定权利的债权人行使优先受偿权利未能完全受偿的，其未受偿的债权作为普通债权；放弃优先受偿权力的，其债权作为普通债权。第一百一十三条规定，破产企业在优先清偿破产费用和共益债务后，依照下列顺序清偿：（1）破产人所欠职工的工资和医疗、伤残补助、抚恤费用，所欠的应当划入职工个人账户的基本养老保险、基本医疗保险费用，以及法律、行政法规规定应当支付给职工的补偿金；（2）破产人欠缴的除前项规定以外的社会保险费用和破产人所欠税款；（3）普通破产债权。破产企业不足以清偿同一顺序的清偿要求的，按照比例分配。破产企业的董事、监事和高级管理人员的工资按照该企业职工的平均工资计算。投资者可以选择购买有担保的债权以及共益债等，获得优先清偿顺位。

国外证券法、税法的特殊规定，为“白马骑士”境外投资创造了良好法律环境。例如，美国《证券法》设立了破产豁免规定，在重整期间仍满足美国证券交易委员会（SEC）正常报表要求的前上市公司，重整后可以迅速发行新股，无须履行首次公开发行股票的正常程序。美国《税法》还允许符合条件的重整企业通过结转其营业亏损净值来对冲未来收入，使企业有可能少缴或者不缴企业所得税。①

中国信贷市场及资本市场的快速发展、破产法律制度的不断完善赋予了一批特殊投资者机遇，这些特殊投资者就是“白马骑士”，他们解救目标公司，将其拖出困局。他们拥有专业的知识、丰富的经验，通过债务重组、资产重组、破产重整等方式，剥离问题资产，盘活有价资产，在溢价中谋利。投资者在评估风险后，可以进行该种特殊类型资产的投资活动，以获取更高利益。

① 贺丹：《〈秃鹫投资〉：秃鹫生存，需要怎样的破产法律生态环境?》，载微信公众号“破产法快讯”2017年10月8日，https://mp.weixin.qq.com/s/Nd79UWDFIZ4zBWUl1Gd9JQ。

第二章 投资标的

编者认为“白马骑士”所涉及的投资标的主要包括困境企业本身、困境企业的有形资产以及困境企业的无形资产。

第一节 困境企业

一、概述

受经济下行及新冠肺炎疫情全球传播等影响，部分企业陷入现金流断裂、债务压身等财务困境，其经营活动受到巨大挑战。但是这也给投资者提供了投资机遇，即通过破产重整程序投资。投资者以重整投资人身份参与企业破产，向困境企业注入一定资金，待企业重整成功恢复经营能力后进行处置变现，可以获得业绩和估值的双增长，获取高额收益。

投资困境企业最具吸引力的一点就是其相对较低的价格。若企业当前的所有者处于惊慌的状态，并且认为自己的选择很有限，投资者在进行交易谈判中便具有优势地位。事实上，由于令人迷惑的信息、紧迫的时间压力、不确定的问题和陌生的程序等原因，困境企业投资市场可能是最没有效率的市场之一。因此，需求大大地超过了潜在投资者，使得对困境企业的投资价格相对传统交易来说变得较低。困境企业投资还受益于其与更具流动性的证券投资的低相关性，这可以使投资者组合风险多样化，并且为投资者提供对冲机会。此外，债权交易和购买出售破产企业债权的市场规模相对较大，并且受到的监管较小。债权交易具有高度投机性，并且不受证券或并购的监管。因此，在其他投资者认为高风险的领域，困境企业的投资者视之为绝好的投资机会。

此种模式下，困境企业自身即为投资标的。近年来，上市公司破产重整案例数量大幅上升，截至2020年国内已有60多家上市公司完成重整，带来大量投资机会。当前，“白马骑士”们可关注钢铁、水泥、平板玻璃、电解铝、煤炭、造纸、光伏等行业，这些行业涉及较多不良资产。

二、特点

1. 利用破产重整制度，以困境企业为投资标的，具有较强的司法保护力度。因为《企业破产法》明确规定了破产重整的条件、重整计划的制定与执行，为重整制度提供强有力的司法保护，保证重整过程规范透明，提高重整效率和成功率。

2. 可以全面、有效地解决企业债务问题，实现经营管理权的优化。这也是破产重整制度天然的优势，投资者通过重整投资困境企业亦具有这样的特点。

3. 投资者可以主导重整计划，具有较大的控制权。当投资者控制了困境企业足够份额的债权或者投资额能获得足够份额的股权时，其在企业重整计划中便掌控了相当大的控制权，可以使困境企业重整计划朝着投资者所期望的方向发展。

4. 为投资者提供了新的处置不良资产的方式，提高了化解不良资产的效益。

5. 综合经营效益高，可以保全、运营资产，投资风险相对小。

三、投资模式

重整投资人可依靠重整投资方案进行投资，分为直接参与模式与间接参与模式。直接参与模式主要包括向重整企业提供纾困借款、直接向重整企业提供投资款。间接参与模式主要为向重整投资人提供配资服务等。各类模式将在后文详细介绍。

四、投资步骤

困境企业投资一般由五个步骤组成：

1. 跟踪分析目标行业及重点企业。在选择目标企业时，应注意分析该企业的主营业务基本面是否出现实质性变化，行业需求及竞争格局是否出现实质性变化。

2. 当目标企业生产经营恶化、亏损到一定程度但具有重整价值时，可通过跟债务人表明投资意愿，聘请专业团队尽调并出具投资方案，若评判后认为具有投资可行性的，可着手与债务人、相关重要债权人进行谈判，形成预重整方案，或者在合适时点开始向其债权人收购债权资产。具体债务投资规模及份额，视时机、形势及目标而定。

3. 通过跟不同利益主体谈判，不断修正重整方案，然后启动破产重整程序。

4. 按照重整计划对困境企业进行“输血”和“补给”，投资者投入资金，同时还可以邀请合适的财务投资人和战略投资人加盟进行后续投资，并对困境企业业务体系和管理架构进行重组和重构，综合解决资金、人才、产业、上下游产业链衔接、社会资源配给等问题。

5. 企业脱胎换骨后，因持有其资产而获取高额回报。

五、实务案例

方正集团由400余家公司组成，集团中有多家金融机构、上市公司。集团关联企业资产类型复杂多样，且一些资产存在权属瑕疵，债务结构复杂，涉及融资融券、境内外债券、结构性融资等问题。全集团3400多亿元债务，纳入重整程序的将近2000亿元。

管理人将其重整企业的资产分为保留资产和待处置资产。保留资产出资设立新方正集团和各业务平台公司，作为收购公司，同时也是投资者持股和运营平台，并承接相应业务和职工就业。根据普通债权人对清偿方案的选择情况，新方正集团主要股权由投资者有条件受让，剩余股权全部抵偿债权。待处置资产设立信托计划，处置所得在优先支付相关费用后对受益人补充分配。

经过多轮竞争性选拔，最终确定由珠海华发集团与平安人寿组成联合体作为重整投资者。在投资人遴选过程中，管理人坚持市场化竞争的原则，制定每一轮遴选方案和评价体系，公平公正对待全部投资人，促使有实力的投资人提出更好的重整投资方案，提供最优偿债和发展资源，受到社会广泛关注和好评。

投资方案包括重整模式、交易结构安排、未来经营计划、债权清偿方案、职工权益保护、后续风险控制、监管整改计划等方面，使投资方案符合重整目标和债权人诉求。

优选投资者的自有业务与债务人具有高度的匹配度和协同性，具有承接管理债务人相关业务的丰富资源和整合经验，并承诺将调动一切资源全面改善及提升方正集团企业的经营业绩。通过这样机制确定的投资者一起制定的重整计划已经是对债权人最优的方案，可以保证充分实现债权人的清偿权益。

重整计划执行完毕后，新方正集团的股权结构为：平安人寿设立的 SPV（特殊目的公司）持股约 66.5%，珠海华发集团有限公司（代表珠海国资）设立的 SPV 持股约 28.5%，债权人组成的持股平台（合伙企业）持股约 5%。[①]

第二节 有形资产

一、概述

有形资产，顾名思义是企业中看得见、摸得着的东西。困境企业的有形资产并非一个清晰的法律概念，其界定存在财务上与法律上的交叉。在财务上，企业的有形资产包括固定资产和存货资产。在法律上，企业的固定资产又分为动产与不动产两类。动产包括机器设备、运输工具和存货等，不动产包括土地、房屋建筑物等。按照资产性质，企业有形资产又可以进一步分为实物资产与金融资产，前者是指经济生活中所创造的用于生产物品和提供服务的资产，后者是指单位或

① 王欣新：《新方正集团成立！标杆重整案落地》，载微信公众号"不良资产头条"，https://mp.weixin.qq.com/s/kzos35A6_jDTdCAlqR1S2g。

个人拥有的以价值呈现的资产。有形资产的价值是由它的有形性质所创造的。作为企业，盈利是最终目的，而盈利最终落脚在产品生产层面，即有形资产。故投资者选择投资困境企业的有形资产是有价值的。

实务中，对于不动产类实物资产可通过司法拍卖形式投资，因为法拍资产属于经济生态中的病弱资产，是违约的产物，是“白马骑士”眼中的投资标的。2020年全国司法拍卖共拍卖1,026,205件，成交金额5703亿元，其中房产拍卖次数最多。[①] 司法拍卖经过拍卖平台数年的数据沉淀，已经具备了大数据分析的价值，可供分析的维度相当丰富，分析结果对不良资产投资，甚至对经济形态的判断、宏观政策制定都有一定的指导意义。对于金融资产可通过公开交易市场、非公开交易市场等进行交易投资，通过重整程序、私募基金、流动性纾困、不良资产证券化等形式获取困境企业的股权与债权。

二、分类

1. 产品。

2. 设备装置。

3. 厂房、土地、建筑物。

4. 有价证券，股票、中期商业票据、短期商业票据、有担保债券、无担保债券、有资产支持的证券等。

5. 应收账款。

三、特点

1. 与无形资产相比，困境企业的有形资产具有实物性、可触摸性、可视性，对于投资者而言更易追踪分析和估值。

2. 有形资产可能存在减值风险，尤其是购买价格被夸大或存在市场压力时，比如供需关系剧烈变动，可能导致价格变化。

3. 实物资产投资风险小。一方面，因实物资产如厂房、土地、设备等本身具有内在价值，即使经济情况萧条，其价值也较为可靠。另一方面，与投资无形

① 源城科技：《司法拍卖2020－2021趋势分析》，载微信公众号“源城科技”2021年2月6日，https://mp.weixin.qq.com/s/DFVR_u2XNVCDuIQtPwEk9Q。

资产相比，市场价格浮动有限，收益有限。

4. 实物资产投资流动性不足，如有损坏会可能降低其价值。

5. 金融资产投资相较于实物资产投资、无形资产投资，风险偏大，但收益高。

四、投资模式

投资者对困境企业的有形资产进行投资，依照资产类型可分为实物资产投资模式和金融资产投资模式。实物资产投资模式通常通过司法拍卖形式。金融资产投资模式又分为债权投资、股权投资、混合性投资。各类模式将在后文详细介绍。

五、投资步骤

困境企业有形资产投资主要分为两个步骤：

1. 通过前期尽职调查、数据分析，锁定目标企业和目标资产，实物资产投资可充分利用各司法拍卖平台，金融资产投资详见后文。

2. 购买困境企业有形资产。

六、实务案例

例如，浙江昱辉阳光能源有限公司是一家纯涉外企业，注册资本 5.5 亿美元，拥有 16 家子公司，是全球光伏产业中少数具备从多晶硅到光伏发电系统的垂直一体化运作大型太阳能企业之一。然而，因全球贸易保护主义抬头及国内光伏产业政策波动，浙江昱辉阳光能源有限公司遭遇困难，资金链断裂，该公司在省内外多家法院负有诉讼和执行案件，明显缺乏清偿能力，符合清算条件。破产企业浙江昱辉阳光能源有限公司、浙江昱辉智能系统集成有限公司、浙江昱辉照明节能技术有限公司（简称昱辉三公司）主体资产，资产拍卖成交额 7.8 亿元，创嘉兴地区破产资产拍卖最高成交价格纪录，有效释放土地资源 450 余亩，处置厂房面积 20 万余平方米。[1]

再如，在 2018 年债券违约数量持续增高的刺激下，中国开始涌现秃鹫基金，

---

① 杨薇：《嘉兴破产资产拍卖最高纪录诞生！780000000 元，成交！》，载微信公众号“南湖晚报”2020 年 11 月 9 日，https://mp.weixin.qq.com/s/5rbWbgRXYJ_bIHUCbbExqA。

惠誉统计，2018 年国内共计来自房地产、工业和矿业领域的 45 家公司的 117 只债券违约，金额总计 1105 亿元。不良债券市场规模的扩大提供了特殊的投资机遇。陕西蓝鲸投资管理有限公司、上海合晟资产管理股份有限公司、陕西景唐投资管理有限公司等对冲基金进入了该业务。上海枫时资产管理有限公司在 2017 年康美药业爆出债务工具重挫后，以面值 70% 的价格买入了该公司的债券。虽康美药业后因证券虚假陈述被起诉，但 2018 年康美药业顺利向投资者全额支付了款项。上海枫时资产管理有限公司没有因购入该公司债券而亏损，反而获取了可观的收益。

第三节 无形资产

一、概述

无形资产是指没有实体的物质，但其具有价值，以价值形态存在于企业，为企业带来经济效益，直接或间接地改变劳动对象，主要特指专利权、商标权、著作权、非专利技术荣誉等。[①] 无形资产的价值来源是无形的，困境企业无形资产的价值或来自某些权利如许可权、抵押权等，或来自一些无形因素影响，如竞争优势、独一无二性等。由于无形资产不具有实物形态，因此也不易被其他企业模仿。当两个企业的产品技术含量相同、性能相近，若其中一个企业拥有著名商标，那么价值增幅远超另一个企业。这就是无形资产为企业带来的价值，使其产品增值、价格提高、利润增长。大数据时代，无形资产越发具有有形价值，已经成为很多企业发展的主要驱动力。

通常无形资产的价值反映在企业持续经营状态中，所以破产企业等困境企业的无形资产的价值需要评估，因为这些无形资产不仅反映现实价值，更多反映的

---

① 郑锦凤：《无形资产与有形资产的异同探析》，载《财经界》2020 年第 36 期。

是未来价值。许多无形资产在困境企业中看似毫无价值，但在其他人眼中却能带来无限收益，正所谓“彼之砒霜，吾之蜜糖”。只要在合适的契机投资，投资者可以从中获益。

二、分类

1. 权利类。如专利权、非专利权、商标权、著作权、土地使用权、特许经营权等。

2. 人力资源类。如客户关系、合同权益、品牌价值、产能指标等。

三、特点

1. 无形资产收益能力强，有效使用期和保持期长，对使用者的效益贡献大，转让价格也会提高，评估值会更大。

2. 无形资产具有共享、共益、可交换、可多头多次转让的特点，促使企业无形资产增值。

3. 无形资产的升值速度快，具有更大的空间。在我国，企业有形资产的扩张受到资金短缺的制约，反而无形资产扩张受外界因素制约相对小。以有限的资金巧做无形资产经营是企业快速成长的途径。

4. 数字经济时代，无形资产的种类大大丰富，价值不断升高，投资收益也随之增加。

四、投资模式

投资者对困境企业的无形资产进行投资，主要分为直接投资与间接投资。直接投资主要指直接购买困境企业的无形资产，间接投资主要是指在投资困境企业、投资困境企业有形资产时，考虑无形资产价值并进行投资。

五、投资步骤

困境企业无形资产投资主要分为三个步骤：

1. 通过前期尽职调查、数据分析，锁定目标企业和目标资产。

2. 采用成本法、市场法、收益法等评估方法对目标资产进行价值评估。

3. 购买困境企业无形资产。

六、实务案例

例如，中山市柏仙多格制衣贸易有限公司名下共有 47 件注册商标，起拍价为 100 元，竞拍周期为 1 天，经过 3124 轮竞价，最终以 128, 930 元结束竞拍，涨幅达 1288%，具有投资价值。（如图 20）

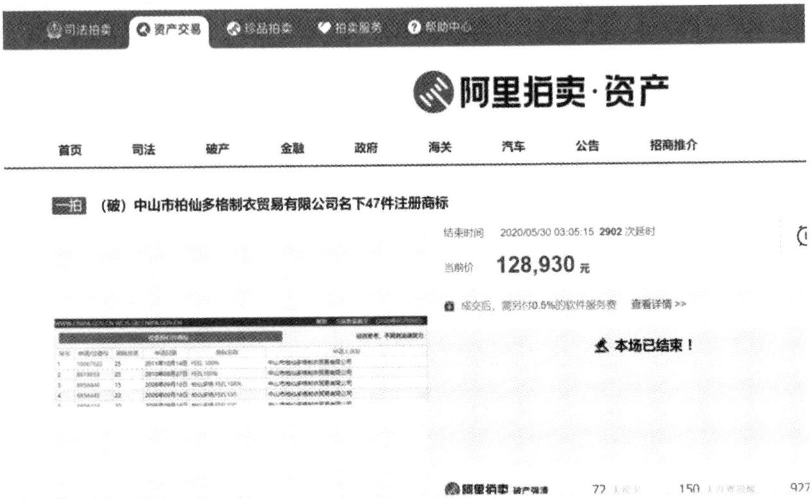

图 20　注册商标的成交示例

又如，重庆鹅掌门餐饮管理有限公司成立于 2003 年 12 月 31 日，为重庆市知名餐饮连锁企业，在 25 个省市自治区分布近 200 家直营店和加盟店。2018 年，鹅掌门公司因自身经营问题，导致公司陷入债务纠纷，资金链断裂，被重庆市九龙坡区人民法院裁定受理破产清算。经管理人核查，鹅掌门公司无固定资产，仅 8 个商标可供处置，其中“鹅掌门”和“巴国印象”具有极高的拍卖价值。2019 年 9 月 25 日，鹅掌门公司名下 8 个商标权以共计 80 元的价格开拍，经过 364 次竞买、215 次延时竞价，最终以 5. 61 万元成交，溢价高达 700 倍，创重庆法院商标权拍卖溢价率新高。

第三章 投资方式

编者将“白马骑士”的投资主要概括为三种投资方式，即股性投资、债性投资及混合性投资。

第一节 股性投资

一、直接获取困境企业股权

（一）概述

投资人直接获取困境企业股权是最为常见的股性投资方式，投入一定资金成为困境企业的新股东。主要包括两种情况：第一种情况是当困境企业进入破产重整程序，投资者作为破产企业债权人，通过债转股方式继受股权。此种情况下，重整程序中的股权转让都要求原股东无偿让渡股份，由债务人或管理人统一将这部分股份转让给债权人即投资人；第二种情况是投资者经过前期调查锁定陷入财务困境的问题企业，购买该问题企业的股权。由于企业陷入财务困境，往往资不抵债，其股价大打折扣，投资者可以以较低的价格实现对目标公司的股权投资。

（二）特点

1. 收益高。股权投资者可以从企业分红、企业上市回报等获取利润，同时还可享受企业的配股、送股等一系列优惠措施。此外，投资者通常以低于市场的价格购入困境企业的股权，若困境企业被成功盘活，恢复经营，其股权价值会大幅增加，投资者会获得非常高的收益。

2. 风险大。困境企业若没能被成功盘活，进入破产清算程序，投资者将面临巨大风险，承担相应的投资损失。

3. 参与企业的经营活动。这是股权投资的明显特征。

（三）相关图示

关于股权投资示意如图21。

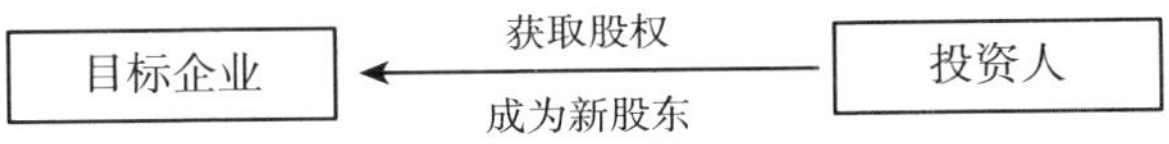

图21　股权投资示意

（四）增信措施

1. 差额补足

又称差额补偿、差额支付，是为了保障主权利义务关系中权利人一方利益的实现，当义务人未能依约履行义务或未能达到某种营利性业绩目标时，由补足义务人依照约定和承诺就差额部分履行补足义务的行为。常见情况包括投资本金和分红的差补、资管产品的差补等。投资者应与补足义务人缔结差额补足协议，或三方缔约，或由补足义务人单方向受益人出具承诺函。

2. 附条件回购股权

附条件回购是由投资者与目标公司签订协议，约定目标公司承诺在一定条件后或期限后按约定价格购回股权。随着《民法典》及《担保制度司法解释》的出台，一般情况下，法院认可该类回购协议的效力。

3. 流动性支持

又称流动性承诺，在不少交易安排中有所涉及，其原理是优先级投资者未能得到足够偿付时，流动性支持提供方有义务向优先级投资者提供一定的支付，来确保优先级投资者的收益更稳定、更安全。常见情形是由第三方如目标公司的大股东或控制人为投资者出具表明愿意为融资人履行合同提供流动性资金支持的承诺，承诺如债务人不履约具函方对债务人进行流动资金支持以使债务人具备偿债能力，具体支持金额不作明确约定。

但投资者须注意各种增信措施的性质界定，目前有五种观点，分别为第三人清偿说、独立合同义务说、债务加入说、保证说以及非典型保证说。增信措施的性质认定的不同，会影响投资者权利的行使。

（五）退出渠道

1. 股权转让。

2. 第三方收购。

3. 大股东回购。

4. 特殊情形下的异议回购。《公司法》第七十四条规定："有下列情形之一的，对股东会该项决议投反对票的股东可以请求公司按照合理的价格收购其股权：（一）公司连续五年不向股东分配利润，而公司该五年连续盈利，并且符合本法规定的分配利润条件的；（二）公司合并、分立、转让主要财产的；（三）公司章程规定的营业期限届满或者章程规定的其他解散事由出现，股东会会议通过决议修改章程使公司存续的。自股东会会议决议通过之日起六十日内，股东与公司不能达成股权收购协议的，股东可以自股东会会议决议通过之日起九十日内向人民法院提起诉讼。"

5. 破产清算。困境企业未重整成功或重整后再次出现资不抵债情况最终破产，投资者只得以此渠道退出。

二、私募股权投资基金模式

（一）概述

私募股权投资（PE）是指通过私募形式对非上市企业进行的权益性投资，包括投资非上市公司股权与上市公司非公开交易股权。追求的并非股权收益，而是通过上市、回购、并购等路径出售股权获利。私募股权投资基金在法律上有着多种多样的组织形式，依据《私募投资基金监督管理暂行办法》第二十条以及《证券投资基金法》第二条、第九十四条和第一百五十三条之规定，我国私募基金分为契约型私募基金、公司型私募基金以及有限合伙型私募基金。

目前，市场上涌现出大量专注于投资破产企业的私募股权投资基金，多采用普通股、可转让优先股等投资工具形式。符合法律条件的投资人可以设立此类基金，其他投资者可以选择认购此类基金，以实现投资目的。

（二）特点

1. 不涉及公开市场操作，无须披露交易细节。私募股权投资是通过非公开方式面向少数机构投资者或个人募集，其销售和赎回都是由基金管理人私下与投资者协商、操作。

2. 权益性投资，极少涉及债权投资。因此对被投资企业的决策管理享有一定的表决权。

3. 投资期限较长，一般可达3~5年或更长，属于中长期投资。

4. 流动性较差，无上市交易，没有形成特定市场以供非上市公司的股权出让方与购买方直接达成交易。

5. PE投资机构多采用有限合伙制，这种企业组织形式具有很好的投资管理效率，并避免了双重征税的弊端。

6. 投资退出渠道多样化，可以通过IPO、售出、兼并收购、标的公司管理层回购等退出。

（三）适用范围

1. 投资范围

《证券投资基金法》

第九十四条第二款　非公开募集基金财产的证券投资，包括买卖公开发行的股份有限公司股票、债券、基金份额，以及国务院证券监督管理机构规定的其他证券及其衍生品种。

2. 合格投资者

《私募投资基金监督管理暂行办法》

第十一条　私募基金应当向合格投资者募集，单只私募基金的投资者人数累计不得超过《证券投资基金法》《公司法》《合伙企业法》等法律规定的特定数量。

投资者转让基金份额的，受让人应当为合格投资者且基金份额受让后投资者人数应当符合前款规定。

第十二条　私募基金的合格投资者是指具备相应风险识别能力和风险承担能

力，投资于单只私募基金的金额不低于100万元且符合下列相关标准的单位和个人：

（1）净资产不低于1000万元的单位。

（2）金融资产不低于300万元或者最近三年个人年均收入不低于50万元的个人。

前款所称金融资产包括银行存款、股票、债券、基金份额、资产管理计划、银行理财产品、信托计划、保险产品、期货权益等。

第十三条　下列投资者视为合格投资者：

（1）社会保障基金、企业年金等养老基金，慈善基金等社会公益基金。

（2）依法设立并在基金业协会备案的投资计划。

（3）投资于所管理私募基金的私募基金管理人及其从业人员。

（四）中国证监会规定的其他投资者

以合伙企业、契约等非法人形式，通过汇集多数投资者的资金直接或者间接投资于私募基金的，私募基金管理人或者私募基金销售机构应当穿透核查最终投资者是否为合格投资者，并合并计算投资者人数。但是，符合本条第一、二、四项规定的投资者投资私募基金的，不再穿透核查最终投资者是否为合格投资者和合并计算投资者人数。

3. 相关案例

案例一：2021年7月5日，著名私募股权投资机构华平投资与上海文盛资产管理股份有限公司共同成立"文盛特殊机会资产管理公司"，将通过多元化的投资方式收购单体地产特殊机会资产，业务覆盖特殊机会、不良债务及困境企业纾困等多个细分领域。

案例二：广东省破产管理人协会、中信资产管理有限公司、中信银行广州分行共同设立了广东省破产投资基金，通过市场化的手段解决破产程序中的融资难题，同时也提供了大量的投资机会。

（五）相关图示

1. 契约型

关于契约型基金投资如图22。

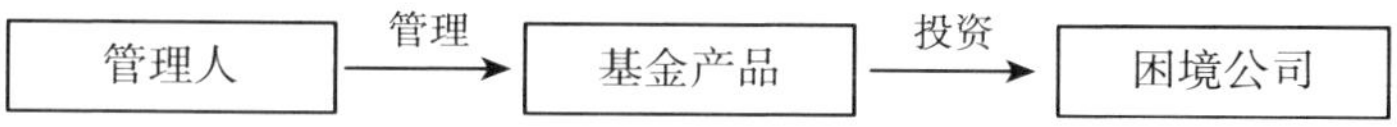

图22　契约型基金投资示意

2. 公司型

（1）自我管理（如图23）

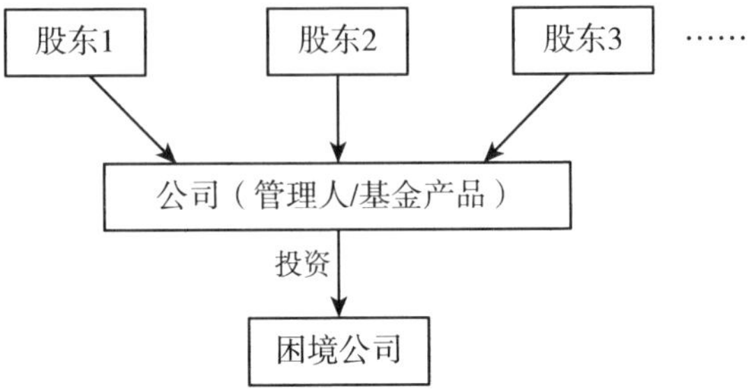

图23　自我管理型基金投资示意

（2）委托管理（如图24）

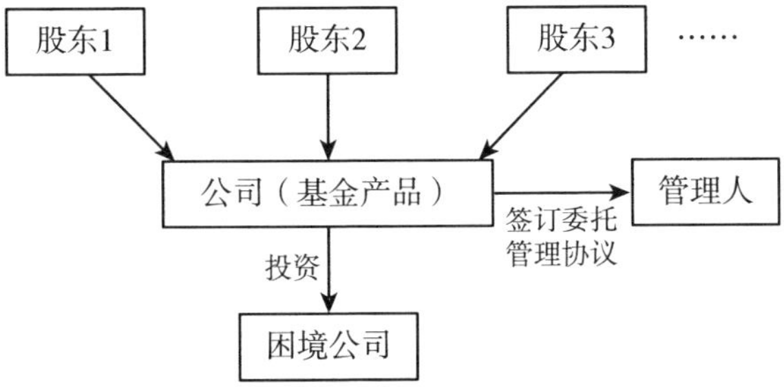

图24　委托管理型基金投资示意

3. 合伙型

（1）内部管理（如图25）

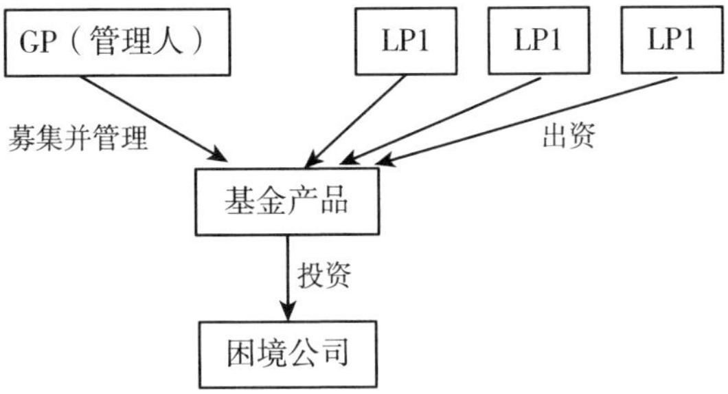

图25　合伙型内部管理基金投资示意

（2）外部管理（如图 26）

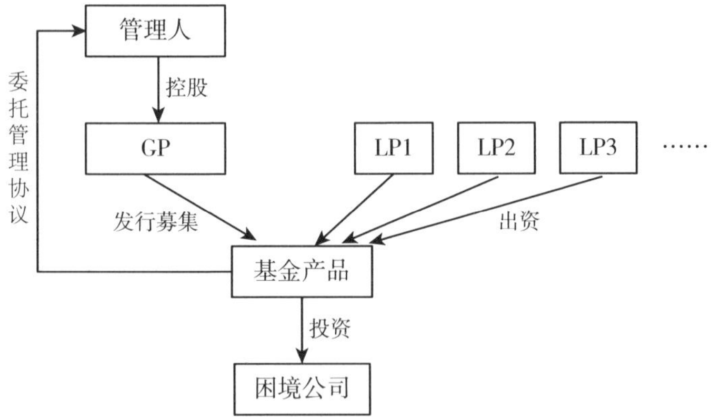

图 26　合伙型外部管理基金投资示意

（六）增信措施

实践中，投资者为了防范风险，通常会要求管理人或 GP、其他 LP、第三方提供保底承诺或增信措施。具体包括：

1. 本息固定回报、定期分红。

2. 优先级份额固定收益、劣后级差额补足。

3. 到期回购或收购。

《私募投资基金监督管理暂行办法》《关于规范金融机构资产管理业务的指导意见》等规章条例明确规定，私募基金管理人不得向投资者承诺投资本金不受损失或承诺最低收益。从现有裁判案例来看，法院基于金融安全、公共利益的考量，往往认定私募基金管理人向投资者提供的保底承诺或增信措施无效。

但如果是第三方所提供的保底承诺或增信措施，司法实践中法院往往认可其效力。依据《担保制度司法解释》第三十六条之规定，有时可能会被认定为构成担保、债务加入等其他法律关系。

《担保制度司法解释》第三十六条规定："第三人向债权人提供差额补足、流动性支持等类似承诺文件作为增信措施，具有提供担保的意思表示，债权人请求第三人承担保证责任的，人民法院应当依照保证的有关规定处理。

第三人向债权人提供的承诺文件，具有加入债务或者与债务人共同承担债务等意思表示的，人民法院应当认定为民法典第五百五十二条规定的债务加入。

前两款中第三人提供的承诺文件难以确定是保证还是债务加入的，人民法院应当将其认定为保证。

第三人向债权人提供的承诺文件不符合前三款规定的情形，债权人请求第三人承担保证责任或者连带责任的，人民法院不予支持，但是不影响其依据承诺文件请求第三人履行约定的义务或者承担相应的民事责任。”

（七）退出渠道

私募股权投资基金的退出渠道主要可归纳为：上市退出、股权转让、破产清算。具体而言：

1. 上市退出，是指目标公司在A股主板、创业板、港股主板、美股纽交所、纳斯达克等几个板块上市后，私募基金管理人卖出其持有的目标公司股票，投资者成功退出。目标公司上市是实现双方利益最大化、最理想的退出方式。对于私募基金而言，目标公司上市后，一旦限售期结束，其退出的时机选择极为自由，而且，一般情况下，目标公司上市后，其退出获得的溢价较高。但国内股票市场规模较小、上市周期长、难度大。故投资者在考虑以私募基金方式投资破产企业时，要充分调查、分析该破产企业的价值与潜力，判断企业重组后上市的可能性。

2. 股权转让退出，是指私募基金管理人通过转让其持有的目标公司股权或股份从而实现退出，包括协议转让、企业回购、兼并收购及二级出售。当目标公司无法上市时，股权转让便成为最优选择。股权转让退出方式具有自身优势，即投资者可以在不违反投资协议约定的任意时间将其持有的股权变现，同时与目标公司上市相比，这种退出方式操作程序简单、成本低，并且适合各种规模的目标公司。但是投资者应当注意股权转让的相关法律规定，《公司法》第三章、第五章就对有限责任公司的股权转让以及股份有限公司的股份转让作出了明确规定。

3. 破产清算退出，是指清算、解散目标公司，从而实现私募基金的退出。实际上，破产清算并非严格意义上的盈利退出，而是投资止损行为。如果困境企业在重整恢复经营后，无法上市，无人愿意受让股权，经营失败再次出现资不抵债情况，最终进入破产清算程序，投资者最终只能选择破产清算退出方式。很多私募基金在投资时会约定清算优先权，即目标公司依法定顺序清偿公司债务后的剩余财产优先向私募基金分配，直至其全部收回投资本金甚至约定的收益，然后才向其他股东分配。但是，投资者须注意，清算优先权条款违反了我国《公司法》的规定，会被认定为无效，不过实践中，如果在投资协议中巧妙设计，依然可以在合法的前提下实现清算优先权的目标。

第二节 债性投资

一、对困境企业进行流动性纾困

（一）概述

目前经济形势，从内部来看，我国经济持续恢复增长，发展动力进一步增强，但经济恢复仍然不稳固、不均衡；从外部来看，全球疫情仍在持续演变，国际环境更趋复杂严峻。在此背景下，部分企业生产经营成本上升、应收账款的压力增加。近年来企业陷入困境的现象增多，以上市民营企业为主，再加上部分优质非上市民企，这些民企近年来经营效益明显下降，陷入了一定的经营困境，导致资金链断裂而进入破产程序，面对该种流动性缺失情形的，可引入新的运营方盘活困境企业。通过对困境企业纾困，让有发展前景但是陷入流动性困境的破产企业重新获得流动性支持，不仅有利于维护广大债权人的利益，也有助于实体经济健康发展。

（二）特点

流动性纾困的目的是盘活陷入困境的企业现金流，实现资源的流动与再配置，投资方除了本身能获得经济效益外，还能拯救困境中的企业，实现经济效益与社会效益相统一。

（三）适用范围

如典型的共益债投资，即投资人向债务人提供借款来维续其生产、续建项目，债务人将生产、续建完成后的所得变现，以共益债务清偿或其他优先清偿的方式将本息支付给投资人。实践中，共益债投资常见于房地产企业破产重整过程中的项目续建融资。债务人获得现金流后，能够使企业重生，重新激活生产建设，实现收益；投资者则可以从企业的恢复经营收益中收回借款本金及获得利息收益。此次不再赘述，详情可查看第四部分第四章。

（四）相关图示

关于债性投资示意如图27。

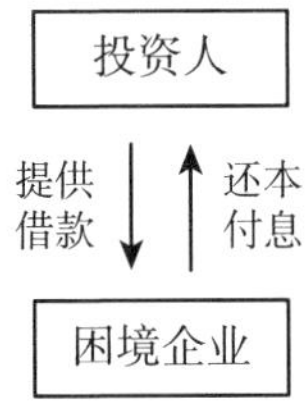

图27　债性投资示意

（五）增信措施

1. 投资人在重整投资文件中明确投资款项的性质和投资款项的清偿优先权，同时，虽然《企业破产法司法解释三》第二条确认了为债务人继续营业所作的借款为共益债权，但考虑到破产债务投资仍存在巨大风险，在投资前获得破产受理法院的司法确认，能够进一步确保投资将被认定为共益债务并优先清偿。

2. 根据《企业破产法》第七十五条规定："在重整期间，债务人或者管理人为继续营业而借款的，可以为该借款设定担保。"因此，投资人可以要求债务人用其财产为本次共益债借款提供抵押担保，并进行登记备案。实务中，进入破产程序的债务人通常已经没有无权利负担的"干净资产"可供设定担保，投资人可以视情况要求债务人的关联方或者第三方提供担保。

（六）退出渠道

投资者注入资金后，企业恢复经营，回归正轨后，对投资者"还本付息"，投资者退出项目。如共益债投资模式下，根据重整计划或投资协议的安排，投资人向管理人支付投资款项，并落实增信措施（如需）；根据重整计划或投资协议的安排，由投资人或受托方负责目标项目的后续开发管理、销售管理，或者重整计划所约定的其他安排；根据重整计划或投资协议的安排，管理人或投资人将目标项目的销售所得款项用于清偿共益债本息和破产债权。

二、向第三方提供配资服务

（一）概述

1. 收购债权的投资方：实务中，因不良债权的成本较低，不仅部分投资者瞄准不良资产行业，而且资产管理公司等也有收购不良债权的需求，以低廉的价格从债权人手中收购特定的不良债权，获得预期利润。但部分投资者因“囊中羞涩”无法支付或不能完全支付收购资金，为了让投资者也有机会参与前期债权收购中，该种模式应运而生，金融债权人可以直接与投资者合作，为其发掘优质标的，协助其收购不良债权，并提供资产尽调、处置经营方案或提供资金等服务，以此来实现多方共赢。

2. 重整投资方：企业重整的目的是重生，因此进入重整的企业仍然需要现金流进行运营，所以作为重整投资人的资金压力是比较大的。此时，金融机构向破产重整投资人发放贷款，用于支付破产企业的重整投资款，还款来源依赖于重整投资人的增信措施及重整成功后的收益等。

（二）特点

1. 市场上特殊机会资产投资交易机会，时间往往稍纵即逝，投资者需要有敏锐反应和及时完善的决策机制，才能把握这种交易机会。

2. 要求投资者资金要充足，精准把握特殊机会投资时效性，才能为投资方提供专业的顾问服务和强大的资金支持。

（三）适用范围

重整投资人的投资款项不仅要用于清偿债权，也要用于困境企业的恢复生产及运营。实践中，一些破产企业重整的标的额十分巨大，所需资金额高达上亿甚至几十亿元，因此，在重整投资方资金不足时，往往具有配资需求，此时，投资人可寻求金融机构的资金支持。

（四）相关图示

关于配资服务的示意如图28。

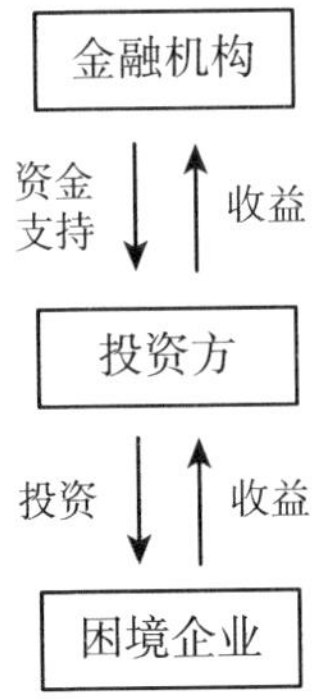

图28　配资服务示意

（五）增信措施

1. 抵押担保：若金融机构向投资人提供资金支持，可让投资人增加抵押物担保；

2. 保证担保：第三方（可为投资方的关联方或外部担保公司等）对该笔配资进行保证担保。

（六）退出渠道

1. 收购债权投资方：为资产管理公司发掘项目，协助收购，资产尽调，提供处置经营方案，在完成不良资产的价值实现后退出。

2. 重整投资方：破产企业重整成功后，偿债能力恢复或底层资产处置变现后，重整投资人“还本付息”，项目结束。

三、与基金管理人合作

（一）概述

在前期对破产企业债权充分尽调的基础上，金融机构可以与基金管理人组建有限合伙企业实现投资目的。信托公司可以成立信托计划认购有限合伙份额，通过有限合伙企业收购不良债权，通过协助基金管理人清收获取收益。

（二）特点

1. 风险小。以有限合伙组织形式进行债权投资，有限合伙人承担的是相对有限的责任，投资风险相较于其他组织形式小。

2. 效率高。基金管理人管理有限合伙企业，运营资产项目，提供处置服务，投资管理效率高。

3. 灵活性强。处置不良资产获得的资金可再循环运用于收购不良债权，也可按分配规则向各合伙人分配。

（三）相关图示

关于与基金管理人合作示意如图29。

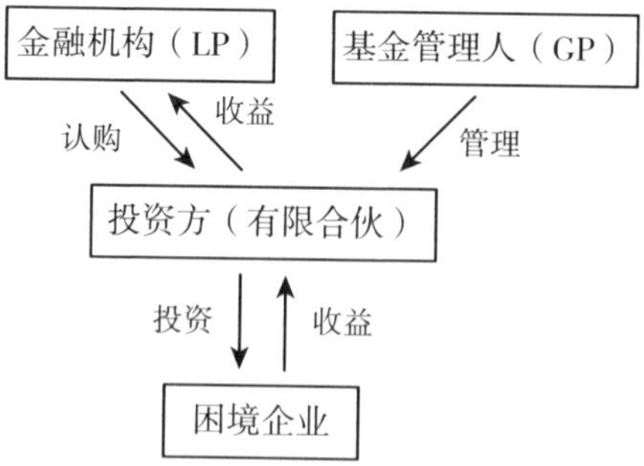

图29　与基金管理人合作示意

（四）增信措施

可采取由第三方提供担保措施、差额补足、流动性支持、回购承诺等增信措施。

（五）退出渠道

1. 在收购不良资产后，在资产分类的基础上进行价值提升，然后寻找机会出售或通过其他方式实现债权回收。

2. 与基金管理人合作模式下，信托公司等金融机构一般作为LP参与投资。金融机构可与基金管理人在合伙协议中明确约定退伙条件。在清收获取的收益达到预期目标，按分配规则向各合伙人退还投资并分配收益后，可实现退出。

四、不良资产证券化

（一）概述

类比资产证券化的模式，将破产债权清收所产生的现金流为偿付支持，通过设计交易结构对产品进行信用增级，以此为基础发行产品和进行管理。换言之，发起机构将不良信贷资产池转让给受托机构，由受托机构以资产支持证券的形式发行受益证券，以不良资产清收所产生的现金流支付资产支持证券收益。

（二）特点

1. 通过该种模式可以将所需资金进行“分割”，使投资者多元化，降低融资的难度。

2. 该种模式操作较为复杂，专业分工比较细致，涉及参与主体较多，主要包括发起人、受托机构、SPV、资产服务顾问、资金保管机构、信用增级机构、信用评级机构、承销商、登记机构、其他中介服务机构（包括律师事务所、会计师事务所、税务事务所等）、投资者等。

（三）适用范围

1. 在未来一定时期内有相对稳定的现金回流。

2. 现金的回流分布在整个证券的存续期内。

3. 不良资产足够分散。

4. 资产要达到一定的规模。

5. 不良资产具有标准化、高质量的合同条款。

（四）相关图示

关于不良资产证券化示意如图30。

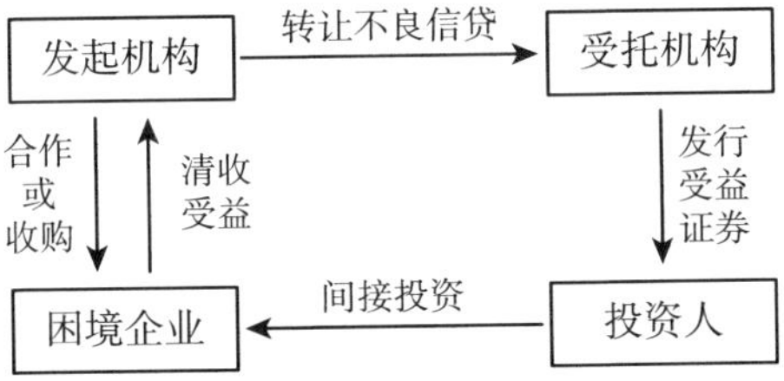

图30　不良资产证券化示意

（五）增信措施

1. 内部增信：通过在发债环节对企业资产池或不同层次交易风险进行配置和设计的方式提升信用，依靠资产池自身为信用风险的防范提供保证，主要有优先级和次级结构分级、超额抵押、追索权和回购条款等表现形式。

2. 外部增信：即第三方信用担保，主要由发行人、服务商、委托人等以外的第三方机构提供防范信用损失的保证，以提高债券信用等级。

（六）退出渠道

受托机构发行资产支持计划，管理信托财产，待以不良资产清收所产生的收益支付资产支持证券收益后，该项目实现退出。具体步骤如下：①

1. 确定证券化资产并组建资产池

资产证券化发起人根据自身需求和市场条件，对项目的资产进行规划，通过发起程序，按照一定的资产条件确定用来进行证券化的资产，构建一个具有同质性的资产池。

2. 设立 SPV

发起人设立并将基础资产转移至特殊目的机构（SPV），由于目前特殊目的公司相关配套法律不健全，国内通常以信托计划、券商专项计划或保险资管计划作为 SPV。

3. 风险隔离，实现“真实出售”

风险隔离机制可以使基础资产原始所有人的其他资产风险与证券化交易隔离开，风险也不会“传染”给资产支持证券持有者，确保将资产有效地从项目公司手中剥离，转移到 SPV 中。

4. 信用增级和信用评级

为了吸引投资人，根据市场条件和信用评级机构意见，SPV 常通过发起人或第三方进行信用增级，对资产池及其现金流进行预测分析和结构重组，实现最优化的分割和证券设计。

5. 销售交易

由承销商承销证券将证券销售给投资人，SPV 则从承销商处获得证券发行收入，按照约定的价格向发起人偿付购买基础资产的资金，同时 SPV 还会根据需要确定证券权益受托人，为投资人管理所发行的证券。

6. 后期服务与管理

销售交易后，还有资产池管理、清偿证券、定期报告等工作。具体来讲，这些管理和服务工作包括资产现金流的收集、账户的管理、债务的偿付以及交易的监督和报告等。

① 褚公磊：《浅析 PPP 模式中社会资本退出机制——以资产证券化为例》，载《PPP 观察》2017 年 4 月刊。

第三节
混合性投资

一、股加债模式

（一）概述

通过设立有限合伙基金的形式，使基金中部分资金用于受让破产企业的股权，其他资金为破产企业进行债性融资，构成固定收益与超额收益结合的交易结构。

（二）特点

1. 通过股加债搭配的模式，弥补单一模式投资下的弊端，降低困境企业债务重组项目中，投资人与融资人可能面临的风险。

2. 可以解决债权融资中投资人无法参与企业经营的问题，股加债模式下，投资人可充分发挥资源整合、管理经营能力，切实参与到破产企业的拯救中，自控风险。

（三）适用范围

投资方有意向参与经营管理，但又担心风险过大的情况下，可以采取股加债的模式，既可参与经营管理，又可分散风险。如下述盾安集团的案例：

盾安集团是制冷、民爆行业的龙头，其控股的盾安环境（002011. SZ）是一家以空调为主业的上市公司，大约在2012年收购了四家光伏子公司。2013年，在光伏子公司刚投产1个月之时，光伏产业却陷入低谷，四家子公司合计亏损近5000万元，且欠盾安环境13.15亿元，盾安环境面临2013年的业绩压力。在这样的情况下，盾安环境急需的就是找到一个有实力的承接方，将整个光伏产业链剥离出去。

此时，信达资产参与进来，一方面，处理四家光伏子公司对盾安环境的债权。信达承接了盾安环境对其中一家子公司内蒙古盾安光伏的8亿债权（可能是看重其拥有的1.3亿吨煤炭资源配置权益，风险控制力更强），一次性向盾安环境支付8亿元，由盾安集团为债务重组提供担保。另一方面，处理四家光伏子公司股权。中国信达、信达资本、中建投信托、盾安集团共同设立了一个基金共

15.321亿元，以其中7.66亿元受让了这四家子公司100%的股权；另外，7.66亿元，委托中建投发放信托贷款给内蒙古盾安光伏。

该案例是典型的股加债的形式设计固定收益与超额收益相结合的交易结构，从而为客户提供多方位金融服务。①

（四）相关图示

关于混合性投资示意如图31。

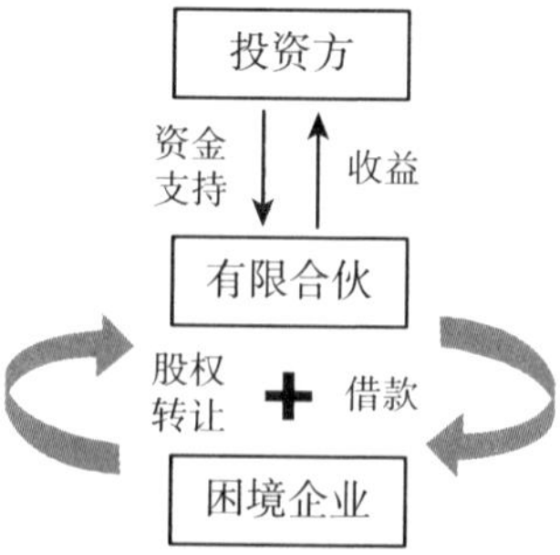

图31 混合性投资示意

（五）增信措施

债性融资的部分可参考第二节债性投资中第一点对困境企业进行流动性纾困。

（六）退出渠道

破产企业重整成功后，偿债能力恢复或底层资产处置变现后，偿还相关债权，并向股东进行分红。

二、债转股模式

（一）概述

1. 收债转股

在破产程序中，债务人出于资不抵债的状态，原则上股东没有分配权益的权利，但在重整程序中，由于债务人企业具有重整价值，且在重整计划顺利执行完毕后法人主体资格依然存续，重整债务人的股权依然具有价值，故债权人通过收

① 魏薇：《不良资产四个投资关注点》，载微信公众号“仁达评估上海”2019年4月22日，https://mp.weixin.qq.com/s/-DZdYudeFDBIOrcQIHD-Hw。

购其他债权人对破产企业的债权，增加持有的债权金额，在重整计划中按照相关折算依据转为股权。该种模式下，股东直接出让股权，不改变公司的注册资本，只发生股东的变更。

2. 投股还债

债权人对破产企业再出资，通过债转股方式，达成和解，化解债务危机，并辅以经营管理，达到企业重建目的。该种模式下，将增加股东或股东股权，也就是债权人将对公司所享有的合法债权转变为对公司的投资，从而增加公司的注册资本。

（二）特点

债转股具有清偿行为和投资行为双重属性，债权人可以参与经营管理，避免重整计划执行期间，原出资人不予配合或配合力度不足的情形，风险可控。

（三）适用范围

适用于破产企业的债权人存在转为破产企业股东的意向。如以下案例：

1. 浙江振越建设集团有限公司重整案

《重整计划》中载明："对振越公司的财务审计已表明，振越公司已严重资不抵债，如振越公司进行破产清算，振越公司现有资产不足以清偿各类债权，出资人权益已为0。按振越公司股东会出具的同意书将全体出资人权益归零并将全部出资（股权）按振越公司债权人委员会或法院确认的重整方案相应处置的决议，为将依上述重整方案重整后的新振越公司重组给重整投资人，本重整计划对振越公司出资人的权益进行调整，即由全体出资人无偿让渡所持对振越公司的全部出资（股权），让渡的股权由重整投资人或其指定的第三人有条件受让。"

2. 海航集团有限公司等321家公司实质合并重整案

《重整计划》中载明：根据资产审计、评估和债权申报及审查情况，321家公司资产不足以清偿全部债务，整体已严重资不抵债，出资人权益为零。为挽救海航集团，避免其破产清算，充分保障全体债权人权益，因此本《重整计划草案》安排对321家公司出资人的权益进行调整……海航方股东的出资人权益全部清零，依法转移至债权人享有……重整完成后，上述股东将不再享有321家公司的任何股东权益，此类股东权益将由全体债权人享有。

编者作为管理人也经办过天津开发区合友房地产开发有限公司破产重整案，在重整计划中约定普通债权在经法院裁定确认后，按照以下期限及方式进行清偿：（1）原则上对债权人以债转股的方案进行清偿；（2）如债权人不同意以债转股方式进行受偿的，可以选择按照15%的清偿率由重整投资人于本重整计划裁定批准后5日内予以现金清偿。

（四）相关图示

关于债转股投资示意如图32。

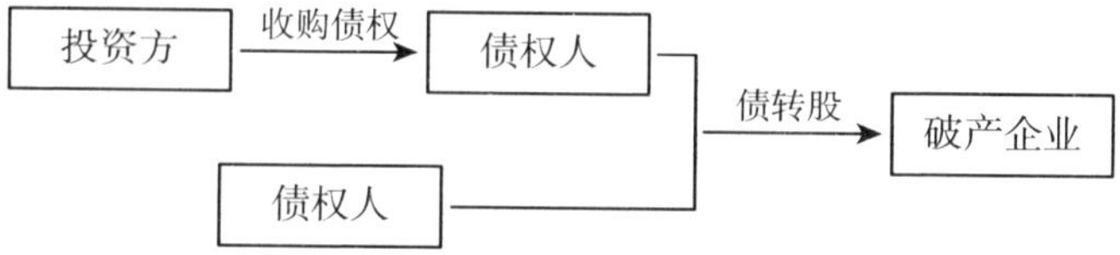

图32　债转股投资示意

（五）退出渠道

企业重整成功后，当债权人获得预期收益，可以转让股权实现退出；亦可约定股息分红率，通过分红实现逐步退出。

第四节
案例剖析

前述内容中，编者重点围绕的是破产重整程序中的投资问题，然而实务中也可能存在协议重整更胜于破产重整的情况，那么在协议重整的战略思想下，在金融债权面临着债权清偿的困境、债务人面临资产盘活受限情形下，投资人如何纾困，如何设定交易结构，来实现金融债权人的清偿目的，债务人资产盘活的目标以及满足投资人资金优先退出的需求呢？本部分将结合编者团队实务经验进行有关协议重整下投资的实操案例。

一、案例背景

本案中，困境企业主营业务为区域综合开发与土地整理、投资建设与房地产开发。土地整理业务因土地出让缓慢等多方面原因几乎全面停滞，现金流趋近枯竭，无法持续投入，近年来持续亏损；房地产业务方面因房地产开发项目再融资困难，也陷入发展受限状态；园林等非主营业务板块也普遍亏损。在此局面下，困境企业目前债务负担沉重，且绝大多数的核心资产已被抵质押或采取保全措施，核心资产面临被执行的风险。

若不及时解决困境企业的经营困境，首先，现有的金融机构债权人可能采取进一步的措施，处置担保物或被保全资产，企业价值将逐步丧失，且将严重阻碍困境企业的债务化解和引入外部投资者的工作；其次，困境企业可能因资金链断裂导致项目烂尾，涉及职工、农民工等利益，易引发稳定问题；最后，主要债权人为当地法人金融机构，若不及时处理，将对当地金融环境造成影响，因此该困境企业亟须拯救。

通过前期尽调发现困境企业的下属子公司 A 以及 B 名下还有价值 700 亿的土地收益权，如引入投资者将盘活整个市场，此时为了全局的考虑最好的方案当然是破产重整，在法院的监督下，管理人的接管下完成困境企业拯救。但结合该案当时特殊的政治背景，不便于进行破产重整，因此编者针对困境企业通过协议重整的方案，借助信托公司自身的经营特点，充分发挥信托制度优势，在困境企业债务重组过程中引入服务信托，助力困境企业的下属子公司 A 以及 B 的债务化解。

二、信托架构设计

本信托采用母子信托的结构设计，在母信托中 A 和 B 作为母信托的委托人向母信托交付信托财产；母信托的受托人为信托公司；母信托是自益信托，A 和 B 作为母信托的委托人向母信托交付信托财产，并成为母信托的受益人；交易结构为 A 以及 B 作为委托人，A 以其持有的 A′项目和 A″项目的特定资产收益权，B 以其持有的 B′项目的特定资产收益权作为信托财产，共同设立母信托，由信托公司作为受托人对母信托进行管理；同时母信托中通过设立受益人大会、管理委员会、现有经营管理团队来组成母信托的治理结构。母信托的具体交易结构图如图 33：

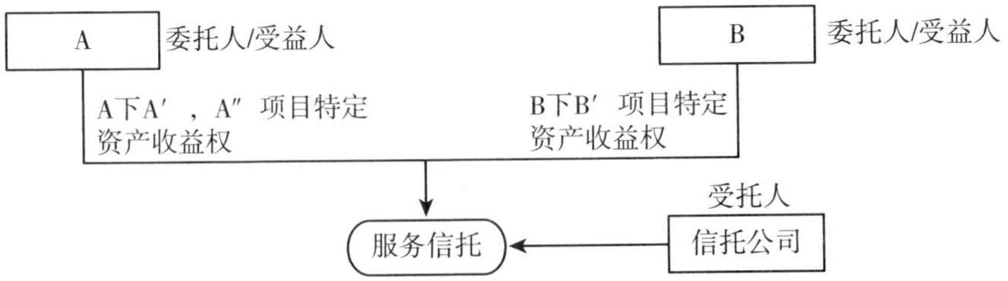

图 33　母信托交易结构

在子信托中，子信托的委托人 1 是母信托，信托公司作为母信托的受托人，根据母信托的内部有权决策机构的决议，将母信托的信托财产中的 A′项目、A″项目和 B′项目的特定资产收益权分别独立设立各个特定子信托；母信托以某个项目的特定资产收益权设立某个特定子信托后，即成为该特定子信托的受益人。

子信托的委托人 2 是特定债权人，在母信托以某个项目的特定资产收益权设立某个特定子信托时，其亦作为该特定子信托的委托人，将其对 A 或 B 所享有的债权及其在该项目项下享有的担保权利作为信托财产交付给该特定子信托。

子信托的委托人 3 是重整投资人，其通过向特定子信托交付信托资金的方式，成为特定子信托的委托人。重整投资人的投资款的进入路径有两种方案，各方案交易结构图如下：

（1）第一种方案的整体交易结构如图 34 所示：

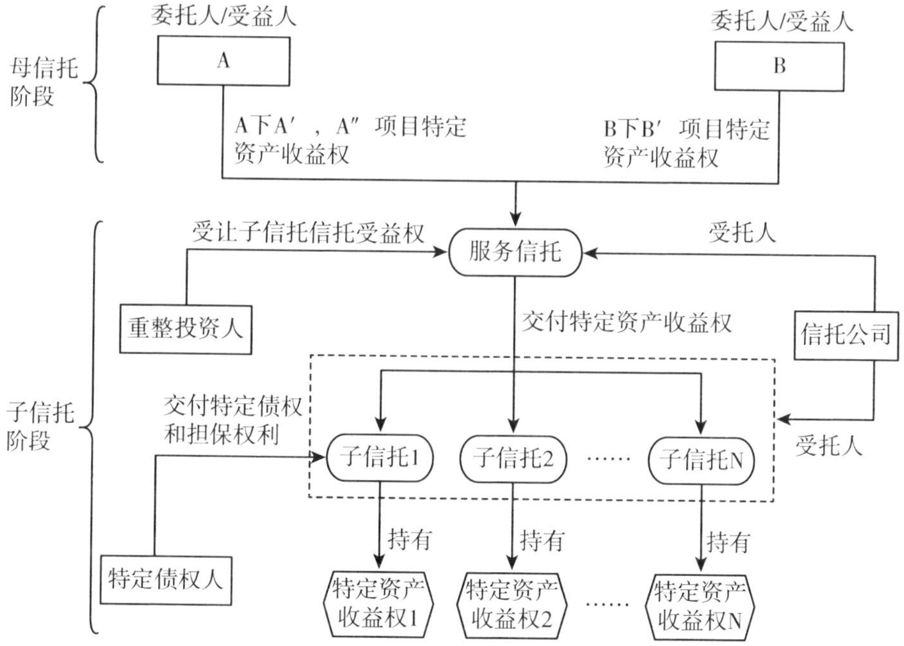

图 34　母子信托交易结构设计（一）

他款项的权利；A 对 A″项目进行整理并有权将 A″项目的土地使用权对外转让、向受让方收取相应的土地使用权转让价款以及在 A″项目基础文件被认定为无效、被撤销等情形下 A 有权要求相关政府部门及其指定第三方向滨海投资返还已投入资金及支付其他款项的权利；B 所享有的权利，是 B 因承担 B″项目的土地整理而有权要求相关人民政府、政府部门及其指定第三方向 B 支付土地整理开发收益、返还土地整理开发成本以及在团泊西项目基础文件被认定无效、被撤销等情形下 B 有权要求相关人民政府、政府部门及其指定第三方向 B 返还已投入土地整理开发成本及支付其他款项的权利。

本方案中所称的特定资产收益权，是 A 和 B 与信托公司通过服务信托合同的约定创设出的一种合同权利，其权利内容是 A 和 B 将特定地块项目基础资产所对应的特定资产收益权交付给信托公司设立服务信托以后，信托公司即有权要求 A 和 B 在取得其于特定地块项目基础资产项下产生的收益后，将与该等收益等额的资金支付给 A 和 B。

特定资产收益权是基于特定地块项目基础资产创设的，特定地块项目基础资产决定着特定资产收益权的实现。由于特定地块项目基础资产作为信托财产存在法律障碍，因此，以特定资产收益权设立信托需要弥补特定项目基础资产的瑕疵，防范法律风险，最大限度地实现以特定资产收益权设立信托的信托目的。

（二）创设母子信托治理结构

1. 受益人大会

受益人大会的决策事项均需经出席会议的受益人所持表决份额三分之二以上通过。受益人大会的决策事项主要包括：（1）提前终止信托或延长信托期限；（2）改变信托财产运用方式；（3）更换受托人；（4）提高受托人报酬标准；（5）决定对管理委员会进行授权；（6）信托文件约定的其他重大事项。

特别的，全体受益人应当确认并同意，全体受益人认可并指定管理委员会作为母、子信托的最高权力机构，如受益人大会作出的决议与管理委员会作出的决议内容有冲突的，受托人将按照管理委员会的决议执行。

2. 管理委员会

管理委员会经受益人大会授权负责管理信托事务，是母、子信托的最高权力机构。管理委员会由金融债权人委员会提名。管理委员会设主任委员岗位，由管理委员会选举产生。主任委员负责召集和主持管理委员会会议，并主持母子信托受益人大会。

管理委员会下设秘书处，秘书处为管理委员会常设执行机构，其成员由管理委员会委派，具体负责执行受益人大会与管理委员会的指令，负责日常联络、定期反馈信托工作报告及管理委员会其他日常性事务。

3. 现有经营管理团队

考虑到特定地块项目体量巨大、开发时间较长、所涉及的多为专业领域，为借助A、B的专业管理团队的力量，原则上仍由A、B的现有经营管理团队成员继续负责运营A、B特定地块项目，但管理委员会有权根据现有经营管理团队成员的实际表现，决定继续聘任或解聘该等成员，并按照法律法规的规定决定其报酬标准。

创设母、子信托的治理结构，尤其是管理委员会的引入，通过受益人大会对管理委员会不可撤销的授权，考虑将母信托重要事项如决定设立子信托及拟交付给子信托的信托财产、决定母信托的信托利益分配方案，在子信托层面行使表决权和决定母信托存续等事项在信托文件中约定委托至管理委员会（债委会通过监督制度）进行决策。可在一定程度上实现整个集团协议重整的效果。

（三）对金融债权人的特有保护措施

鉴于特定债权人（对特定地块收益权享有质押担保的金融债权人）向信托公司交付特定债权及其质押权后，特定资产收益权实现的收益或回款的等额资金即作为信托利益。该等信托利益除了向重整投资人优先分配外，仍然要考虑集团重整层面其他债权人的利益，也就是该等信托利益分配至母信托，母信托再分配给其他债权人（可通过受益人或母信托管理委员会指定付款的方式实现），是重整能否成功的应有之义。同时，考虑到特定资产收益权变现价值往往低于特定债权金额，因此对于特定债权人，在本项目中，其在子信托层面分配的现金比例会非常低。那么特定债权人面临着原债权的灭失，以及原质押权的当然落空。

本项目中，为了保障特定债权人的利益，我们设定的方案系信托终止后将特定债权人的债权原状返还；同时，对于原质押权落空的部分通过补充其他抵质押物的方式予以解决。如此，便在最大限度上保障了特定债权人的利益，在排除其后顾之忧的同时，其向信托公司交付信托财产，重整投资人通过投入纾困资金，盘活项目底层资产，加快协议重整进程，实现多方共赢。